JN057432

学問で平和はつくれるか？

京都大学大学院
人間・環境学研究科 編

京都大学学術出版会

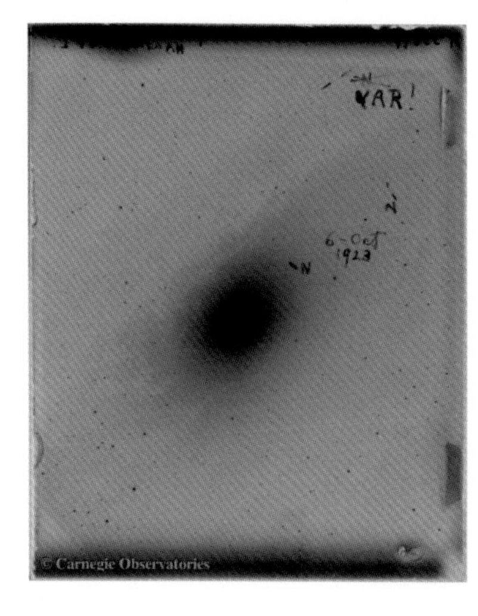

図１　（第1章、〜図３同）
ハッブルが1923年10月５、６日にアンドロメダ銀河を撮影した写真乾板。天の川銀河系内ではなく銀河系外であることがわかった。私たちの銀河系と同種の銀河系の中では最も近い、約230万光年の場所に位置する。

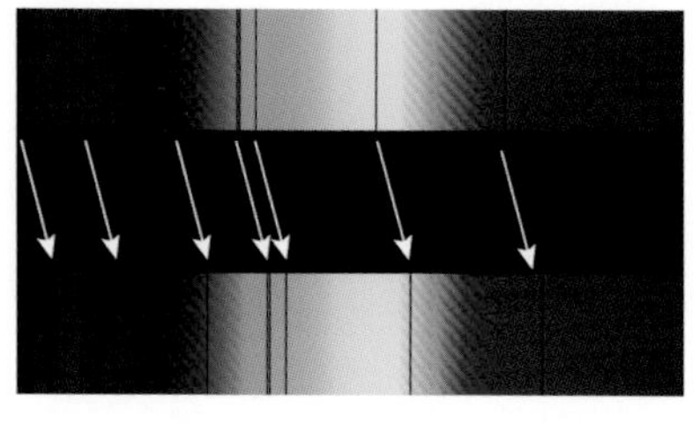

図２
銀河のスペクトルの赤方偏移の模式図。遠方からの電磁波の波長は長い方にずれて観測される。

図３
2013年に発表されたPLANCK衛星による、宇宙背景放射のゆらぎの観測結果。青い部分は10万分の１度ほど温度が低い領域である。
（©ESA/Planck Collaboration）

図４　（第3章、図５同）
リュツォ・ホルム湾沿岸域の氷床に覆われた南極大陸（奥）と氷山（手前）
大陸縁には氷河（ホノール氷河）があり、氷床が流れだしていて、クレパスが見える。撮影：石川尚人

図５
大陸縁から約300km内陸に入った地域（やまと山脈周辺域：標高約1,500m）の南極氷床。太陽の光を良く反射している。表面の凹凸は風により削られてできたものである。
撮影：石川尚人

PART II

多様性に魅せられる　地球のなかの生命

私たちは、共生の前提となる多様性、多様性の前提となる共生を、真には目に入れてこようとしなかったのではないか。

図６　(第5章、～図８同)
植物の多様化に深く関わった送粉昆虫と食植性昆虫。トリカブトの花に訪花したトラマルハナバチ(A)とトリカブトの葉に潜るマルノミハムシの幼虫(B)。
送粉者との送粉共生が植物の多様化をもたらし、植物の多様性に追随するように、食植生昆虫が多様化した。

図７
ハマサンゴに穿孔して暮らすイバラカンザシゴカイ。冠鰓を拡げて、濾過食を行っている。

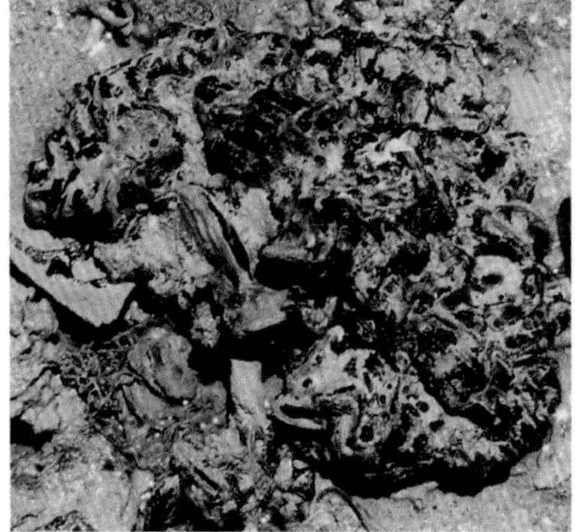

図８
カイメンの中に特異的に共生するホウオウガイ。カイメンは捕食者に対する化学防衛を、ホウオウガイは物理的補強と水循環を担っている。

図９　（第6章、～図11同）
ナゴヤダルマガエルのオス成体。滋賀県産。7000種を優に超えるカエルは、むしろ一様な形をしており完成された形と言える生物。

図10
ツルギサンショウウオのオス成体。サンショウウオはDNAの量がヒトの10倍と桁違いに多い。

図11
コータオヌメアシナシイモリのメス成体。タイ産。ほとんど脚と胴だけであるが、数mmの短い尾をもつ。

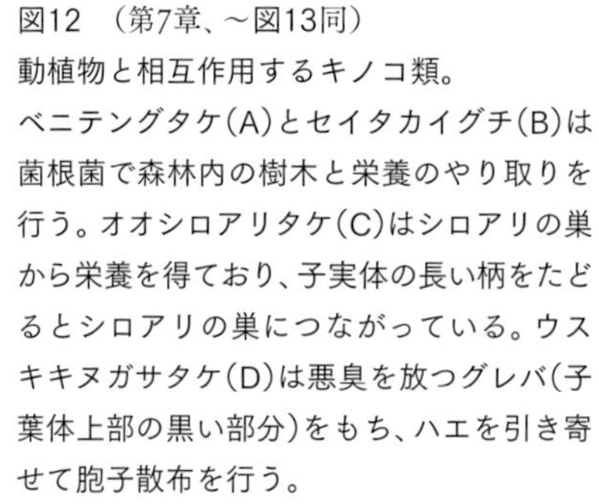

図12　（第7章、～図13同）
動植物と相互作用するキノコ類。
ベニテングタケ（A）とセイタカイグチ（B）は菌根菌で森林内の樹木と栄養のやり取りを行う。オオシロアリタケ（C）はシロアリの巣から栄養を得ており、子実体の長い柄をたどるとシロアリの巣につながっている。ウスキキヌガサタケ（D）は悪臭を放つグレバ（子葉体上部の黒い部分）をもち、ハエを引き寄せて胞子散布を行う。

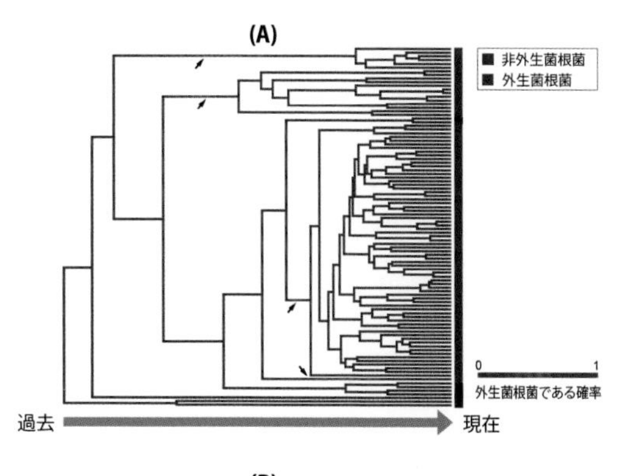

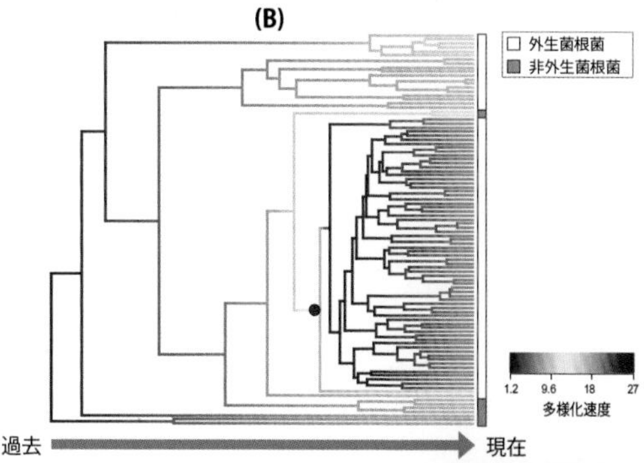

図13
イグチ目菌における外生菌根菌の進化と多様化の対応関係。
(A)進化の過程で外生菌根菌の起こった時期を推定している。外生菌根菌の進化が起こったと考えられる時期を矢印で示している。(B)進化の過程における多様化速度の変化を表している。赤い丸の時点で急速な多様化が起こったことを示している。

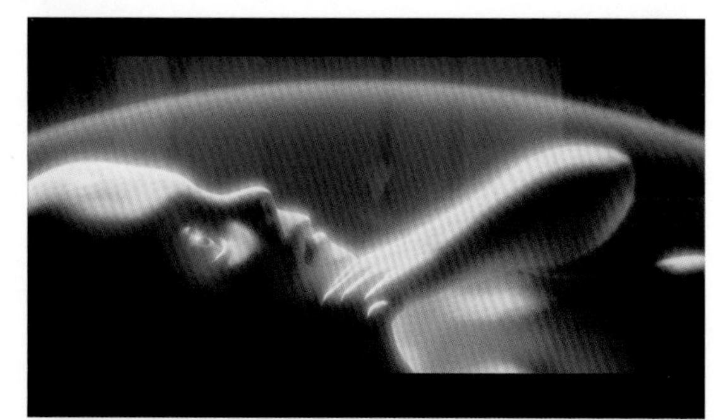

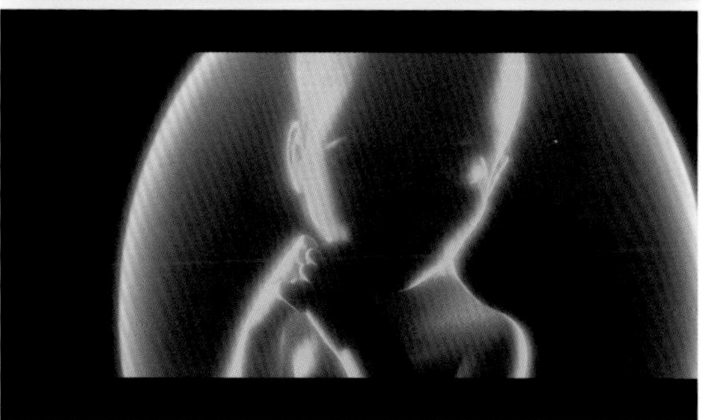

図14 (第10章)
『2001年宇宙の旅』ラストに登場するスターチャイルド

自然知能の持ち主である人間は、その主体的意志を停止に
追い込むことなく、どのように生き、その生を全うできるだろうか。

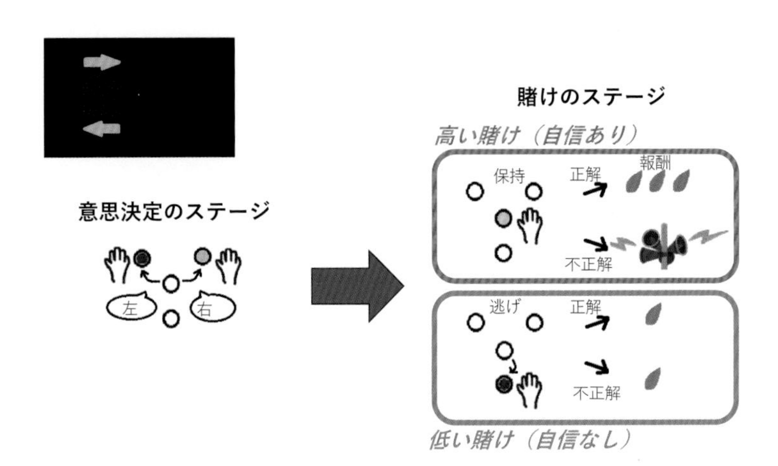

図15　（第11章）
PDW(post-decision wagering)課題
非言語的に、意思決定と確信度を測定するための行動パラダイム。
決定、迷い、確信、賭けという動物たちの「こころ」の形のリアルに向き合う。

図16　（第14章）
村田沙耶香『消滅世界』
（河出書房、2018年、単行本2015年）

PART IV

自明性を疑う　文明の歴史

自明でないものを見出すとは、日々の環境の表皮を剝ぐこと、見えないものを「見えていないもの」として想像する力をつけること、迎え入れる態勢をとることである。

図18　（第18章、図19同）
サン・フランシスコ聖堂、アカテペク
18世紀前半

図17　（第17章）
1538年メキシコの天然痘流行
『テレリアノ・レメンシス絵文書』
（1560年代前半）より

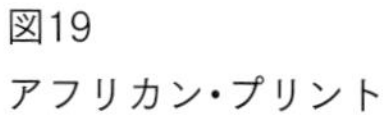

図19
アフリカン・プリント

PART V 未来から振りかえる　地球と人類の未来

地球の水平線は日々に新しい。振り返る、描き出す、切り拓く。
未来を捉える動詞は、もっと無数にあるはずである。

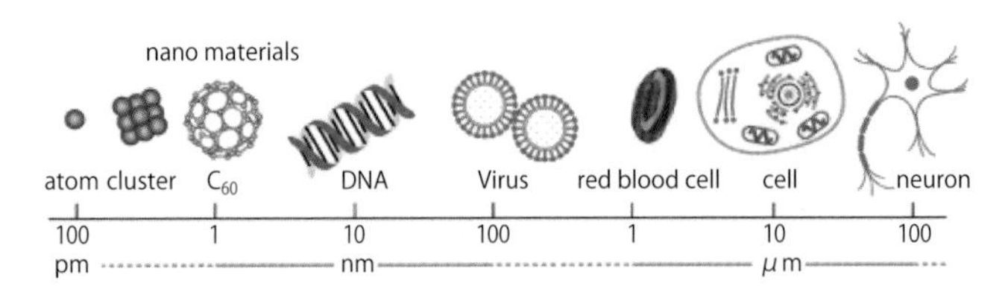

図20　（第23章）
原子から生体物質までナノテクノロジーが対象とする物質
ナノテクノロジーを含む科学技術の進歩によりもたらされる未来では、
我々はより自由になる。自由を得たとき、我々はどのように振る舞うか？

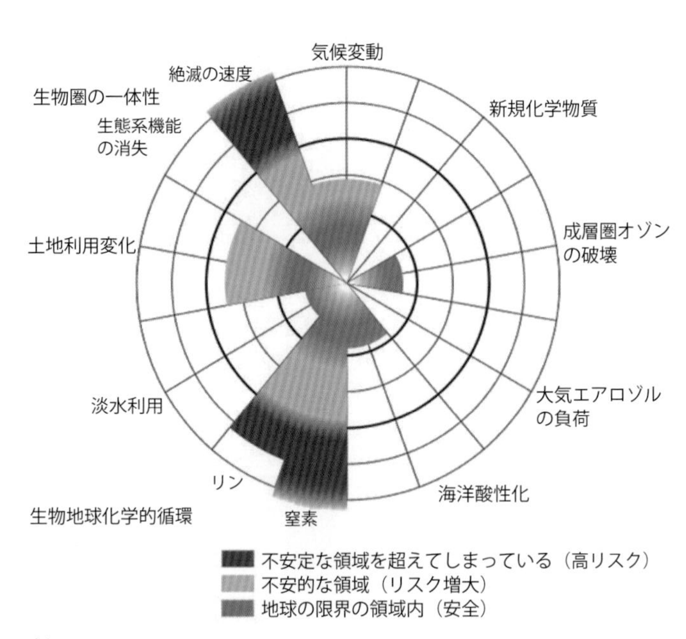

図21　（第25章）
人類が生存できる範囲の限界（Planetary Boundaries）の考え方で表現された現在の地球の状況（環境省『平成29年版 環境・循環型社会・生物多様性白書』。元図はSteffen, W.,et al. Planetary boundaries: Guiding human development on a changing planetより環境省作成）

目　次

PART Ⅳ 自明性を疑う 文明の歴史

PART V 未来からふり返る 地球と人類の未来

序章
新しい平和学のために
「わけ知り顔のリアリズム」を超えて

細見 和之
KAZUYUKI HOSOMI
1962年兵庫県丹波篠山市生まれ、同市在住。1991年大阪大学大学院人間科学研究科博士後期課程修了。博士(人間科学)。大阪府立大学助教授などをへて2016年4月から京都大学大学院人間・環境学研究科教授。専攻はドイツ思想。学生時代から詩を書き、詩集『家族の午後』で三好達治賞、詩集『ほとぼりが冷めるまで』で藤村暦程記念賞を受賞。2014年10月からは大阪文学学校の校長も務めている。

はじめに

宇宙は約138億年前に誕生したとされています。そして、その宇宙において、私たちが暮らしている地球は約46億年前に出来上がったといわれています。その後、約40〜35億年前に地球上に最初の生命が誕生しました。途中、何度も生命全体が絶滅の危機に直面しながらも、多種多様な生物が地球上に生まれてゆきました。そのなかで、霊長類が生まれたとされるのが約1億年前から7千万年前、私たちと同種とされる人類ホモ・サピエンスが誕生したのはようやく20万年前のことと言われています。

その人類が地球上に膨大に広がることによって、地球の環境は大きく変容しました。いまでは多くの植物と生物が絶滅の危機に瀕しており、CO_2の大量排出による地球の温暖化がますますそれに拍車をかけています。いわゆる化石燃料（石炭、石油、天然ガスなど）が遠からず枯渇することについては早くから強い警告が発せられていました。ローマ・クラブは1972年に、「人類の危機に関するプロジェクト」として、人口増加、環境汚染、資源の枯渇などによる人類の「成長の限界」を提唱し、強い衝撃を与えました[1]。あれから50年以上をへて、この事態にどのように対処してゆくのか、さまざまな取り組みがなされているものの、いまもって明るい見通しはとうてい得られていません。

そして、これらの問題にくわえて、2019年末からはじまったコロナ禍によって、人間が自然と共生することの難しさを思わぬ形で私たちはあらためて思い知らされることになりました。肉眼はもとより、どのような光学顕微鏡を使っても見えず、電子顕微鏡のみがその存在を教えてくれるような極小のウイルスが世界中に拡散し、私たちの日常生活の大きな部分が途絶え、多くのひとの命までが奪われました。あれ以来、世界的な規模で私たちの生活は一変してしまいました。

それでも、マスクの着用、ワクチンの開発、ソーシャル・ディスタンスの取り方など種々の工夫を重ねることで、目に見えないウイルスへの対し方も私たちはなんとか身につけてきました。そして、ウイルスとの付き合い方もようやく見えてきたかという時点の、2022年２月24日、今度はロシアによるウクライナへの侵攻という事態に私たちは直面しました。以来、核戦争あるいは第三次世界大戦の勃発という恐るべき可能性を孕んだまま、戦争が継続されてきました。1962年には、世界は同様の「キューバ危機」に見舞われ、ひとびとは同じように核戦争と第三次世界大戦の可能性に震えおののいていました。あれからちょうど60年後のことでもありました。2023年10月７日にはイスラエルがガザ地区へ空爆と地上戦を行う事態が始まりました。

1　新しい平和学をもとめて

ウイルスのような目に見えない自然よりも、はっきりと目に見え、言葉も交わし合える人間同士の「共生」のほうがじつは難しいのかもしれない……。ほんとうにこれは皮肉な事態です。人間と自然が共生するためには、まずもって人間同士が共生してゆかねばなりません。あるいは、人間と自然の共生と、人間同士の共生とを、重層的に展望してゆける視座を私たちは獲得しなければなりません。

こういう事態のなかで、私は「平和学Peace Studies」というものをあらためて構築する必要を痛切に感じています。それでも、そもそも「平和学」という言葉に空疎なものを感じるかたも多いかもしれません。そのこと自体を問題としつつ、新しい意味での平和学を構築してゆく必要があると私は考えています。

平和学というと、ノルウェーの社会学者ヨハン・ガルトゥング（1930–2024）の思想がよく知られています。ガルトゥングは「平和」をたんに暴力のない状態とするのではなく、暴力自体を直接的暴力・構造的暴力・文化的暴力の３つに区分し、その相互関係のなかで真の「平和」を追求しようとし、現に世界の紛争を解決するために具体的な介入を果たしてきました[2]。しかし、私がここで考えている「平和学」はさらに広義のものです。人間同士の共生だけではなく、自然との共生も可能にするような平和学、そしてまた、自然のあり方からも深く学ぶことによって成り立つような「平和学」です。

そのためには、そもそも私たちが置かれている「環境」を、広く、深く、理解することが不可欠です。それは私たちの小さな生活の現場から、日本列島、地球の全体、さらには宇宙にまで拡がっています。宇宙の成り立ち、そのなかでの地球の誕生、さらに生命の発生、そして人類の歩み……。どの局面からも奇跡としか呼びようのないものを私は感じます。宇宙のかけがえのなさ、地球のかけがえのなさ、生命のかけがえのなさを思うとき、特定の宗教を超えた一種の宗教的感情といったものに、私たちは捉われざるを得ないのではないでしょうか。新しい平和学を構想するうえでは、宇宙にたいする、地球にたいする、生命にたいする、そういう畏敬の念を私たちはベースにする必要があると思います。

2　カントが考えた「永遠平和」

私たちは平和をどのように追求すればよいのか、その手段は果たしてあるのか――この問いはけっして現代の私たちだけのものではなく、長い歴史と多くの切望を背負って存在してきました。その一例を紹介しましょう。

『純粋理性批判』、『実践理性批判』などで知られるドイツの哲学者イマヌエル・カント（1724–1804）は、1775年に『永遠平和のために』という小冊子を発表しました。カントもまた打ち続く戦争の時代を生きていました。カントが生まれたのは1724年ですが、彼が３歳の1727年にはじまるイギリス・スペイン戦争、彼が30歳代前半のときの七年戦争、1804年の彼の死の前年にはじまったナポレオン戦争など、彼の生涯において主要なものだけでもじつに19回もの戦争が勃発しています[3]。カントが心から平和を希求して『永遠平和のために』を著わしたことは疑いがありません。日本でもいくつもの翻訳をつうじて熱心に読まれてきた著作です。

とはいえ、『永遠平和のために』は特異な構成で書かれています。「留保条項」を旨とする短い文章のあとに、第1章として「永遠平和のための予備条項」が六つ記され、第2章として「国家間の永遠平和のための確定条項」と「追加条項」二つが記され、さらに、比較的長文の「付録」が掲載されています。また、それぞれの条項には長短の注釈が付されています。この体裁は、当時の和平条約の形式にならったものであり、さらには、1795年4月5日にフランスの革命政府とプロイセンのあいだでバーゼルにおいて交わされた講和条約を踏まえている、と言われています。

バーゼル講和条約は、プロイセン、イギリス、オランダ、スペインの対仏同盟とフランスとのあいだで戦乱が続くなか、プロイセンが単独で結んだ講和条約です。その条約では、ライン川左岸をフランスに割譲することが決められていましたが、その見返りにプロイセンはライン川右岸の地域を獲得することになっていました。これによって、多くの小邦からなっていた「ドイツ」は、領土の大幅な改編にいたることになります。プロイセン以外の小邦の利害を無視したこの欺瞞的な和平条約にカントは強い憤りを覚え、『永遠平和のために』を強い風刺の意味合いを込めて、その和平条約の体裁をなぞる形で執筆したのでした。

『永遠平和のために』の「予備条項」としてカントが記しているのは以下の六つです。

⑴　将来の戦争の原因を含む平和条約は、そもそも平和条約と見なしてはならない。
⑵　独立して存続している国は、その大小を問わず、継承、交換、売却、贈与などの方法で、他の国家の所有とされてはならない。
⑶　常備軍はいずれは全廃すべきである。
⑷　国家は対外的な紛争を理由に、国債を発行してはならない。
⑸　いかなる国も他国の体制や統治に、暴力をもって干渉してはならない。
⑹　いかなる国家も他の国との戦争において、将来の和平において相互の信頼を不可能にするような敵対行為をしてはならない。たとえば暗殺者や毒殺者を利用すること、降伏条約を破棄すること、戦争の相手国での暴動を扇動することなどである[4]。

およそ国際平和をもとめるうえで、この六つの「予備条項」がこんにちでも有効であることを誰しも認めざるをえないのではないでしょうか。とはいえ、カントがこのテクストを発表して230年近くをへた現在、私たちはこの「予備条項」のどれ一つとしてまともに実現できていません。ただし、カントはこのなかでただちに実行されるべきものと、将来的に実行されるべきもの、その意味で「延期」することが許されるものを区別しています。具体的には(1)(5)(6)はただちに実行されるべきこと、(2)(3)(4)については完全な遂行は延期することも許されるとしています。いずれにしろ、この(1)(5)(6)についても現在とうてい実現されていないことは、日々のニュースが伝えるとおりです[5]。

そのうえで、カントは「永遠平和のための確定条項」として以下の三つをあげています。

(1) どの国の市民的な体制も、共和的なものであること。
(2) 国際法は、自由な国家の連合に基礎をおくべきこと。
(3) 世界市民法は、普遍的な歓待の条件に制限されるべきこと[6]。

カントの「永遠平和」という理念をとりわけアクチュアルなものとしているのは、最後の「世界市民法」という規定です。これが「普遍的な歓待の条件に制限されるべきこと」とされていることについてはのちほど説明しますが、まず大事なのは、(1)と(2)があくまで複数の具体的な国家を前提にしているのにたいして、(3)はそのような国家を超えた視点を不可欠としているということです。けっして「国際法」には包摂されることのない「世界市民法」——。カントはそのような「法」が是非とも必要であると考えていました。

しかし、その「世界市民法」が「普遍的な歓待の条件に制限されるべき」というのはやはり貧弱な印象を与えると思います。しかも、カントが認めているのは「居住権」ではなく「訪問権」です。ここで重要なのは、世界が「世界共和国」として一つになることをカントは必ずしも理想としていなかった、ということです。『永遠平和のために』のなかで、カントはむしろ一元的な「世界国家」に強い不信感を抱いています。カントのこのテクストがもっている複雑な襞の一つです。だからこそ、世界の各地を誰しもが対等の権利で行き交うことのできることを「世界市民法」としてカントがもとめていることは示唆的といえます。

一見ささやかなこの権利がほんとうに「普遍的」に、すなわち、いつでもどこでも誰にでも実現されうる「条件」をきちんと整えるのは、現在でもけっしてたやすいことではありません。たとえば、日本とアメリカ合衆国という強固な同盟国であるはずの二国のあいだでさえ、さまざまな理由で入国が拒否される例は、現在も枚挙にいとまがありません。ともあれ、複数の国家が存立するなかで「普遍的な歓待の条件」こそが「永遠平和」にいたる一種の突破口であるとカントが見ていたことは疑いがありません。『永遠平和のために』のカントのつぎの言葉は、その優れた洞察力によって、私たちの時代にまで十分届く射程を有しているでしょう。

> この地球という球体の平面では、人間は無限に散らばって広がることができないために、共存するしかないのであり、本来いかなるひとも、地球のある場所に居住する権利をほかのひとよりも多く認められることはないはずなのである[7]。

3 ホロコーストと原爆

当時カントの名声はプロイセンを中心に揺るぎないものとなっていましたが、そのカントにたいしても思想検閲の締め付けが厳しくのしかかっていました。実際カントは、『永遠平和のために』を発表する前年、宗教的な著作の執筆を禁じられました。『永遠平和のために』は「宗教的な著作」ではありませんが、「宗教」をめぐる問題が実際には政治的な思想弾圧である場合も多かったのです。そういう状況のなか、カントは勇気をもって『永遠平和のために』を発表しました。このことは、カントという卓越した哲学者をつうじて遺された、輝かしい啓蒙の時代としての18世紀それ自体の遺言という性格を、『永遠平和のために』というテクストにまとわせています。

とはいえ皮肉なことに、カントの死の前年に勃発したナポレオン戦争以降、戦争は敵を殲滅し尽くすまで戦い抜かれる殲滅戦として全面化してゆくことになります。そして、19世紀後半、世界はナショナリズムの大きな高揚を迎えます。それはまだカントの想定していないものでした。その危険な流れは1870年から1871年にかけての普仏戦争、そして20世紀に入ると、第一次世界大戦（1914–1918年）と第二次世界大戦（1939–1945年）にまでいたってしまいます。

第一次世界大戦でははじめて、戦車、航空機、毒ガスが使用されました。これらの軍事技術の「発展」によって、戦争の被害は未曾有の規模に達しました。全体で死者は1000万人を超えたと言われています。さらに第二次世界大戦は、第一次世界大戦を遥かに超えた地球規模の戦争として展開され、戦争終結の姿は「無条件降伏」

となりました。それはナポレオン戦争にはじまった「殲滅戦」の、さしあたりの最終形態でした。その結果、全世界でじつに数千万のひとびとが死亡したとされています。

さらに、第二次世界大戦のさなかにドイツのナチス体制のもとでは「ユダヤ人」をはじめ「生きるに値しない」と見なされたひとびとの大量殺戮、ホロコーストが展開される一方、アメリカ合衆国によって日本に2発の原子爆弾が投下されました。この二つの出来事は、20世紀という時代が21世紀を生きている私たちに突きつけている、途方もない問いといえます。

ドイツのフランクフルトに生まれ、「ユダヤ系」のゆえに、ナチス時代にアメリカ合衆国へ亡命していたテオドール・アドルノ（1903–1969）は、戦争終結後ドイツに帰国して「アウシュヴィッツ以後、詩を書くことは野蛮である」という名文句を吐きました[8]。「アウシュヴィッツ」はドイツがポーランドの占領地に設置していた絶滅収容所の代表であって、アドルノは「アウシュヴィッツ」という言葉でホロコーストの全体を指しています。絶滅収容所というのは、強制収容所のように収容されたひとびとに強制労働を強いるのではなく、即座に殺戮する場所です。一方、「詩を書くこと」は、そういう野蛮な殺戮と本来対極にあるような文化的な営みの象徴として用いられています。

のちの哲学的主著『否定弁証法』（1966）のなかでは、「アウシュヴィッツ以降の文化はすべて、そうした文化にたいする切なる批判も含めて、ゴミ屑である」[9]とまで語るアドルノですが、彼は単純に「文化」を否定していたのではありません。事実、若いころ作曲家としての活動もしていたアドルノは、優れた音楽論はもとより、文学論、社会学論などで、亡くなるまで幅広く活躍しました。むしろ、ナチスとは異なったドイツ文化を救いあげようと試みていったのが、戦後のアドルノのもう一つの側面でした。つまり、ホロコーストのような出来事のあとでは「文化」の意味は変容せざるを得ないのではないか、そのことを私たちは深く考えざるを得ない――それがアドルノの問いかけでした。このアドルノの言葉は、ナチス時代のドイツのあり方に強い反省を促すものとして、ときにはドイツの政治家によっても引用されてきました。

しかし、原爆投下というもう一つの決定的な出来事にたいしては、アドルノの問いかけに見合うような言葉を、いまにいたるまで私たちは発することができていないように思います。かろうじてその手がかりを与えてくれるものに、ハンナ・アーレントの「地球疎外earth alienation」という言葉があります[10]。アーレントはドイツに生まれながら、アドルノと同様に「ユダヤ系」であるがゆえにアメリカ合衆国に亡命し、しかしアドルノとは異なって合衆国にとどまり続けた20世紀を代表する政治思想家ないし政治哲学者です。

彼女は『人間の条件』(1958) という著作のなかで、核エネルギーの開発を念頭において、つぎのように述べています。

> 近代の科学は、宇宙的観点から自然を眺め、その結果、自然にたいして完全な支配権を獲得した。これにたいし、こんにちの科学は、真に「宇宙的な」科学であって、あえて、自然を破壊し、それとともに自然にたいする人間の支配権をも破壊するという明白な危険を冒してまで、自然のなかに宇宙過程を引き入れている[11]。

ここでアーレントが「宇宙過程」と呼んでいるのは、端的にいって核爆発のことです。太陽においては、核融合が絶え間なく生じています。ですから、私たちもその太陽からの放射線を微量とはいえつねに浴びています。しかし、そのような核融合は地球の環境の通常の状態では起こりえないことでした。核エネルギーの開発をはじめたとき、人類はまさしく宇宙でしか起こりえなかった核融合(核爆発)という恐ろしい「過程」をこの地上に引き入れ、そのことによって地球そのものを繰り返し破壊してしまうことのできるエネルギーを抱えることになりました。このような事態をアーレントは「地球疎外」と呼んだのでした。

現在、世界の主要国には、戦争にたいする「抑止力」の名のもとに、じつに13,400発もの核兵器が配備されています(そのうち約90パーセントをロシアとアメリカ合衆国が保有しています)。アーレントの死後50年近くをへて、彼女が語った「地球疎外」はますます深まっているとしかいいようがありません。1986年にはウクライナのチェルノブイリ原子力発電所で大事故が発生しました。当時ソ連の衛星国として社会主義政権下にあった東ヨーロッパの国々では、環境問題はもとより原発の管理に関してもひどく杜撰な状態にあることが明らかになりました。その事情は東ドイツでも同様で、東西ドイツの統一にあたっては、東ドイツの原発を管理しなおすという意識も大きく働いていました。しかし、それが社会主義体制だけの問題でないことは、2011年の東日本大震災に際しての福島原発の大事故で実証されてしまいました。ここにも私たちが「新しい平和学」をもとめなければならない根拠があるといえます。

4　わけ知り顔のリアリズムを超えて

とはいえ、さきにすこし述べましたように、現に原子爆弾を投下され、巨大な原発事故を引き起こしたこの日本においてさえ、「平和学」はある種空疎な意味合いで受けとめられているかもしれません。いまでは信じがたいことかもしれませんが、「鬼畜米英を打ち倒す」とか「一億総玉砕」などというスローガンを掲げていたのが、第二次世界大戦（アジア・太平洋戦争）下の日本でした。敗戦後の日本社会にはそのことへの強い反省が一方でありましたし、それが「平和憲法」の受容をも可能にしました。しかし、敗戦後、朝鮮戦争特需なるものでまず経済の回復を実現していったのも、もうひとつの戦後日本の姿でした。また、アメリカ合衆国との同盟関係のなかで、日本の戦後の発展は続いてきました。まぎれもない軍事大国であるアメリカ合衆国の庇護のもとで平和を志向してきた戦後日本の矛盾は、いまもって解決されない沖縄の基地問題に集約されています。

本来、私たちはこれまでの戦後の時間のなかで、まさしく他国に誇れるような「平和学」をまっさきに作りあげるべきだったにもかかわらず、それを実現できないまま、いまに至っています。広島と長崎の惨劇を基盤に強固な平和学が構築・共有されて当然と思えるにもかかわらず、それが実現されていません。原爆を投下したアメリカ合衆国と同盟関係にあることもそのひとつの大きな要因といえますが、世界のありかた、社会のありかたにたいしてしっかりとした理念をもって向き合う態度が失われてしまったことにも少なからぬ原因があるように思われます。

世界や社会について論じる際、理念よりも裏情報に重点を置くような流れがいつしか支配的になってしまったのではないでしょうか。テレビや新聞の報道でも、「識者」が語るのは、あるいは語るのを求められているのは、各国の裏事情であって、もはや世界のありかたについての理念ではありません。世界を動かしているのは理念ではなく裏事情である……。私はこういう考え方を仮にここで「わけ知り顔のリアリズム」と呼んでみたいと思います。

この「わけ知り顔のリアリズム」がひとつの強固なイデオロギーとなって、新しい世界を、新しい社会を構想してゆく私たちの想像力を雁字搦めに縛りつけにしているのではないでしょうか。そして、それが「平和学」をもなにか空疎なものとしてイメージさせているのではないでしょうか。

一方、私は、この宇宙の成り立ち、地球の鉱物や微細な生物たちを見つめる理系の先生方の研究姿勢に、この「わけ知り顔のリアリズム」とはおよそ対極にあるものを感じます。それは、あらゆるイデオロギーを超えて、いわば世界の微細なリアリティに迫るまなざしです。これにたいして、「わけ知り顔のリアリズム」はじつは世界の抱え持っている微細なリアリティをむしろ捨象し、顔をそむけているのではないでしょうか。そのようなイデオロギーとしてのリアリズムとは対蹠的なありかたで世界のリアルに迫ってゆくまなざし――。

この理系の先生方の、世界の微細なリアリティに迫るまなざしと出会うところに、新しい平和学を構築してゆく、かけがえのない原点のひとつがあるように私には思われてならないのです。

本書は、そのような「新しい平和学」そのものを記述したものではありません。あくまで、その前提となるものです。しかし、ここに記されていることを踏まえて、新しい平和学を手探りしてゆくことがとてもたいせつであると私はあらためて思います。どうか本書のあらゆるページから来るべき平和学の萌芽のようなものを感じ取っていただければと思います。

さて、本書は五つのPARTから構成されています。それぞれのPARTには、動詞が一つずつ割り当てられています。これらは新しい平和学をもとめるために大学、学究者、知がその態度として求められることを動詞化したものです。同時に、私たちは若い世代とともに、この知の態度を磨くことを惜しまないという決意表明をするものでもあります。それぞれの動詞のねらいは、各PARTの冒頭「Introduction」にも示されています。

さらに五つの副題をたどれば、それぞれの主語が何かさらに大きなもの／時間軸の中に含まれるものとして設定されていることに気づくはずです。地球は宇宙のなかにあり、生命は地球のなかにある。人類は生命の一部であり第一に生命である。今目に見える文明の姿には歴史がある。そして、未来への責任を考えるという態度を明確にする。知のピントを大小に、遠近に持ち、想像を絶するものを想像し謙虚に向き合うこと。そしてそのために知が協働の姿勢を捨てないこと。これが本来のリアリズムではないかと思います。

PART I「**非日常のものさしを得る――宇宙のなかの地球**」は、日常生活をおくる環境からいかに遠く隔たった時空間の間隔を体感で掴み取るか、あるいは想像のスケールを拡げることができるか、その魅力を伝えてくれます。宇宙のはじまりに想定されているビッグバンの発見にいたる過程（物理学）から、地球がどのように生成していったか（地球科学）、地球がどのようなエネルギー変動のもとに存在しているかが紹介され（古地質学）、さらに人間が宇宙とどのように向き合ってきたかについてが、思想、文学にそくして考察されています（美学）。「太陽や銀河が１円玉の大きさだったら」という発想から出発し、宇宙における地球の運命を決定した大陸の話、南極大陸の寒さが地球の循環にもたらすものという日常の肌感覚を超越したスケールの議論に進み、宇宙のなかで人ならざるものと異交通を行ってきた地球上の人類の姿が浮かび上がります。

PART II「**多様性に魅せられる——地球のなかの生命**」のポイントは、「多様性」が本当に受け入れられているのか、私たちにその準備ができているのかが問われる現状で、“真に”多様性に魅せられるとはどういうことかという、学究者の姿勢です。このPARTには生物学を専門としている執筆者の論考が集まり、生物学の地球上に棲息している生命体が、昆虫や両棲類から、藻類、菌類、微生物にいたるまで、その多様性がいかに想像を絶する豊かなものであるかがスリリングに紹介されています。このPARTは、そもそも生命を私たちはどのように捉えてきたのかという表象論で締めくくられます。

PART III「**人間の意志を問いなおす——生命としての人類**」では、「人類が他の生命と異なる特質は何か」「人間は進化の過程でどこに位置づけられるべきなのか」というアプローチが共通しています。つまり、私たちが想定している人類のありよう、特に認知や行為、その条件は本当にその理解で正しいのか？　という問いです。霊長類やネズミの姿に照らした人間の特徴（システム神経科学・運動生態学）、また言語進化（言語学）や出生コントロールという視点（哲学）で捉えた場合の人間の姿が浮き彫りにされています。さらに、日本を〈平和戦争国家〉というバイオポリティクスのもとにある状況という見方をしたときに私たちにできる生のありかたを考えてみること（東アジア哲学）、こうした提示から、私たちの生命感覚が問いなおされています。

PART IV「**自明性を疑う——文明の歴史**」では、現在目に見えている文明はどのような歴史のもとに積み上がってきているものなのか、目に見えていない歴史や自明だと思われている議論を疑い、目に見えない構造を見ることの重要性を指摘しています。文字と文明の接面・衝突の類似や読み書きの重要性の自明性を疑うこと（社会学・メディア学）、大航海時代の持つ現代的意味（歴史学）、風景の構造とその変遷（建築学）、科学と科学技術の関係の議論そのものの措定し直し（哲学）といった視点で人類の歴史が捉えられます。美術史の語りと地図を、作品の〈根〉を考えることで語り直そうとすること（美学）は、西欧中心主義の相対化という、現在進行中の事態で浮き彫りになった、21世紀にも継続して残る歴史の課題に即しているとも言えます。

PART V「**未来からふり返る——地球と人類の未来**」は、未来との関係の結び直しをはかるものです。そのために、漠然と時の流れの結果として漂着する場所としての未来ではなく、今現在の私たちが立ちうるものとして、今を「未来からふり返る」のです。私たちを規定している近代知を超えてゆく必要性、パレスチナ問題に照らした人類の未来、最先端の技術の一つであるナノテクノロジーの拓く未来、人類の宇宙における共生、地球科学の視点で捉えられた地球の未来が論じられています。

さらに、各PARTには、それぞれのPARTにおいて重要なトピックに関する**Column**を配しています。また、**研究の原点**では、論考の執筆者がそれぞれの研究にいたるきっかけについて振り返っています。これらのコーナーは、とくに今後新たに研究の道に入ろうとする読者に向けてのメッセージでもあります。

本書はこのような構成をつうじて学知の越境も目指しています。学知の越境を象徴する存在として、ドイツではノヴァーリス（1772–1801）がいます。彼は鉱山技師であり、詩人、作家、思想家でもありました。同様の存在として日本では宮沢賢治(1896–1933) のことがすぐに思い浮かぶでしょう。賢治は優れた童話と詩を書き残しましたが、同時に農業技師でもありました。

> おれたちはみな農民である　ずゐぶん忙がしく仕事もつらい
> もっと明るく生き生きと生活をする道を見付けたい
> われらの古い師父たちの中にはさういふ人も応々あった
> 近代科学の実証と求道者たちの実験とわれらの直観の一致に於て論じたい
> 世界がぜんたい幸福にならないうちは個人の幸福はあり得ない
>
> （「農民芸術概論綱要」1926年より）

本書が新しい平和学の萌芽を促すものであるとともに、ノヴァーリスや賢治のような、ある種ルネサンス的知識人の誕生を促すものであってほしいと思います。

注

1 ドネラ・H・メドウズほか（大来佐武郎訳）［1972］『成長の限界――ローマ・クラブ「人類の危機」レポート』ダイヤモンド社。
2 ヨハン・ガルトゥング／藤田明史編［2003］『ガルトゥング平和学入門』法律文化社参照。
3 ジョージ・C・コーン（鈴木主税／朝岡政子訳）［2006］『世界戦争事典』河出書房新社、改訂増補版、664-666頁参照。
4 カント（中山元訳）［2006］『永遠平和のために／啓蒙とは何か 他3編』光文社古典新訳文庫、149-156頁。なお、訳文の表記を若干改変しているところがある。強調は原文。以下同様。
5 パレスチナ問題が何度かの和平案の合意ののちにもいまにいたるまで解決にほど遠い現状は(1)を達成することの難しさを示していますし、今回のロシアにおるウクライナ侵攻は(5)の明白な侵害であり、またその侵攻に際してウクライナのゼレンスキー大統領はロシアの秘密機関によって繰り返し暗殺の危機にさらされたと言われています。
6 同上、164-185頁。
7 同上、185-186頁。
8 アドルノ（渡辺祐邦／三原弟平訳）［1996］『プリズメン――文化批判と社会』ちくま学芸文庫、36頁。1949年に執筆され初出掲載1951年の論考「文化批判と社会」のなかの言葉です。
9 アドルノ（木田元ほか訳）［1996］『否定弁証法』作品社、447頁。
10 アーレント（志水速雄訳）［1994］『人間の条件』ちくま学芸文庫、424頁。
11 同上、430頁。

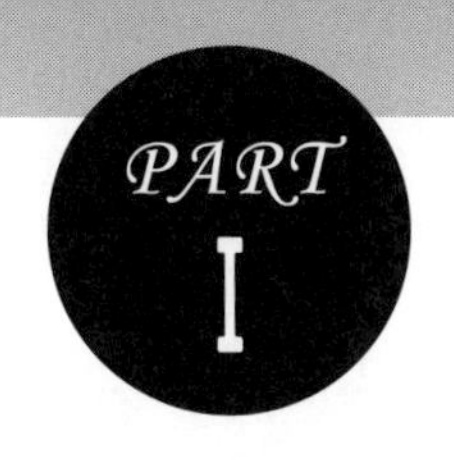

非日常のものさしを得る

宇宙のなかの地球

Introduction

138億年前のビッグバンで宇宙が存在しはじめ、46億年前に原始地球が形成されたといわれる。その後数億年をかけて冷却をはじめ、海が生まれ（40億年前）、38〜35億年前に地球最初の生命が誕生したとみられている。20万年前に生まれた人類が、私たちである。人類史は、地球全体の歴史のごくわずかな表層部にあたる。

私たちが日々生活する環境が稀有であることを、宇宙空間・宇宙時間のスケールで身近に捉えることは難しい。PART I では、「非日常のものさしを得る」がキーワードとなる。

第1章では、20世紀宇宙観の変遷を通じて、星、地球、人を含まない宇宙の姿を見つめ、思考をどの階層に据えるかによって宇宙の見え方そのものが全く異なってくることを示す。第2章は、地球がなぜ海と酸素を持ち得たのか、何が宇宙における地球の運命を決定したのかに迫る。第3章では、南極大陸調査の現場から、地球のリズムとともに10万年の歴史を測るシステムを得ようとする冒険が描かれる。第4章では、宇宙と人の〈あいだ〉、我と異なるものとの関係の多様性と彩りを、交通という補助線を用いて縦横無尽に指し示す。

普段の生活では想像しえない環境を追究するなかから、日常はどのように見えるだろうか。

第 1 章

ビッグバンに至る道

20世紀宇宙観の変遷

阪上 雅昭
MASA-AKI SAKAGAMI
専門は“物理学”である。かつては宇宙を研究対象としていたので、本章を執筆することになった。現在は、魚群などの生物集団、SNSなどの人間集団さらには乳幼児のことばの発達を物理学の視点（ノリ）で研究している。

Key Words　銀河、太陽系、宇宙の広さ、ハッブル、アインシュタイン方程式、ビッグバン宇宙、ガモフ、火の玉宇宙、膨張する宇宙

1 宇宙の拡がりを実感しよう

みなさんは宇宙という言葉からどのようなものを思い浮かべるだろう。ある人は国際宇宙ステーションを思い浮かべるかもしれない。地上からの距離はおよそ400 km（4×10^5 m）である。この原稿を当初書いた2018年であれば、はやぶさ２かもしれない。はやぶさ２が探査しているリュウグウは地球から約３億km（3×10^{11} m）、光で1,000秒かかる距離である。国際宇宙ステーションまでは、光（電波）で約0.001秒であるから、はやぶさ２は国際宇宙ステーションの100万倍の距離に到達したことになる。太陽系の外に出ると、最も近い恒星プロキシマ・ケンタウリまで4.3光年、つまり光で4.3 年である（１光年は光が１年間に到達する距離で、約10^{16}m）。

銀河に眼を転じると、私たちの天の川銀河は半径７万光年ほどであり、そこには太陽のような恒星が約1,000億個存在している。近くにあるアンドロメダ銀河といえども、その距離は250万光年である。宇宙全体では銀河が約1,000億個存在し、その大きさは138億光年と言われている。

このように宇宙は広大でそこには多様な階層が存在する。この宇宙の拡がりを実感するための２つの見方を紹介したい。まず太陽のような恒星を基準にして宇宙を

太陽が１円玉の大きさだったら？

太陽半径	7×10^8m	1cm（１円玉）
地球軌道	1.5×10^{11}m	2m
地球の半径	6.4×10^6m	0.1mm
海王星	4.5×10^{12}m	64m
プロキシマ ケンタウリ（最も近い恒星）	4.1×10^{16}m（4.3 光年）	600km

図１－１　太陽を基準とした宇宙のスケール

銀河が１円玉の大きさだったら？

銀河系の半径	7万光年	1cm（１円玉）
アンドロメダ銀河の距離	250万光年	36cm
	1光年	$\approx1\times10^{16}$m
宇宙の大きさ	138億光年	≈2km

図１－２　銀河を基準とした宇宙のスケール

眺めてみよう（図１－１）。太陽の半径は７ $\times10^8$ m、光で約２秒である。この太陽を１円玉（半径１cm）としてみよう。すると地球は太陽を中心とする半径約２mの円周上を公転していることになる。また、その大きさは0.1 mmである。これで、太陽の周りを公転する地球軌道がイメージできると思う。太陽から最も離れた惑星である海王星までの距離は45億km（4.5×10^{12} m）であり、これは64 mに相当する。従って、太陽を１円玉とすると太陽系の拡がりはざっと100 mのスケールになる。次に太陽のとなりの恒星、プロキシマ・ケンタウリまでの距離を換算すると、何とその距離は約600 kmになる。１円玉の太陽、100 m程度に拡がった太陽系に対して、最も近い恒星は600 kmとはるか彼方にあるのだ。やはり、宇宙は広大である。

今度は、視点を変えて天の川銀河を１円玉だと考えてみよう（図１－２）。するとアンドロメダ銀河までの距離は36 cmとかなり近くにあることに気づくだろう。天の川銀河に最も近い大マゼラン銀河にいたっては２cmの距離である。ちなみに、銀河間の平均距離は約１mとなる。恒星と異なり、銀河は互いに隣接して存在しているのである。宇宙全体の大きさ138億光年はどうだろうか。次節で説明するが、この大きさはビッグバンにより宇宙が始まってから現在までに光が進んだ距離である。簡単にいえば、私たちから見えている宇宙の範囲を表している。換算すると、宇宙の大きさは、わずか2 kmである。

この２つの見方で宇宙は全く異なるものとして見えてくるだろう。太陽を単位として宇宙を眺めると、その広大さと希薄さが実感できる。一方、銀河を単位にして眺めた宇宙では銀河は密集している。そして何より、“宇宙は狭く小さい”のである[1]。

2 遠くの銀河、遠ざかる銀河

この銀河を単位にして得られた宇宙観は米国の天文学者ハッブル（1889–1953）によるアンドロメダ銀河までの距離の測定により始まったといってよい。じつは1920年代までは、アンドロメダ銀河は星雲とよばれ、天の川銀河の中にある星の集団なのか、外にある星の集団なのか分かっていなかったのである[2]。今から約100年前のこの時期以降の物理学、天文学の進歩は驚くべき程に目覚ましい。ここから、何人かの人物に焦点を当てながら、その変遷を見ていきたい。

まず、ハッブルがどのようにアンドロメダ銀河までの距離を測定したのか説明しよう。星やその他の天体の明るさには見かけの等級と絶対等級がある。見かけの等級は望遠鏡などで実際に観測される天体の明るさである。一方、絶対等級はその天体がそもそも有している明るさ（エネルギー発生率）で、その天体を基準になる距離（10パーセク＝約32.616光年）に置いたときの明るさである。絶対等級が同じ２つの天体が異なる距離に存在したとき、遠くにある天体の方が距離の２乗に反比例して暗くなることが分かるだろう。従って、絶対等級が分かっている天体があればその見かけの等級から距離が計測できるのだ。でも、“そんな都合の良い天体があるのだろうか”という疑念がすぐに頭をよぎるはずである。その答えがセファイド変光星である。この変光星は明るさの変わる周期（変光周期）と絶対等級の間に関係があり、変光周期から絶対等級が分かるのである[3]。

1920年代、アンドロメダ銀河の中の変光星を発見することは容易なことではなかった。とはいえ、ハッブルが勤めていたウイルソン山天文台の口径2.5 m望遠鏡では時間は必要としたが、可能であった。1923年10月にハッブルが撮影したアンドロメダ銀河の写真乾板が現存する（カラー口絵、図１）。VARは変光星（variable）を意味している。その後ハッブルはアンドロメダ銀河に12個のセファイド変光星を発見し、それらの周期から距離を算出し、アンドロメダ銀河が天の川銀河の外部の天体であることを示した[4]。この発見は、1924年11月にNew York Timesでも報じられている[5]。それまでの天の川銀河だけが宇宙のすべてであるという宇宙観が葬り去られたのである。

続いてハッブルは1929年に銀河の後退速度と距離の比例関係を発表した。いわゆるハッブルの法則である[6]。ここで、後退速度とは、銀河が私たちから遠ざかる速度のことである。望遠鏡でとらえた銀河の光をプリズムで分光するとスペクトル（カラー口絵、図２（下））が得られる。これを標準とする近くの天体のスペクトル（同、

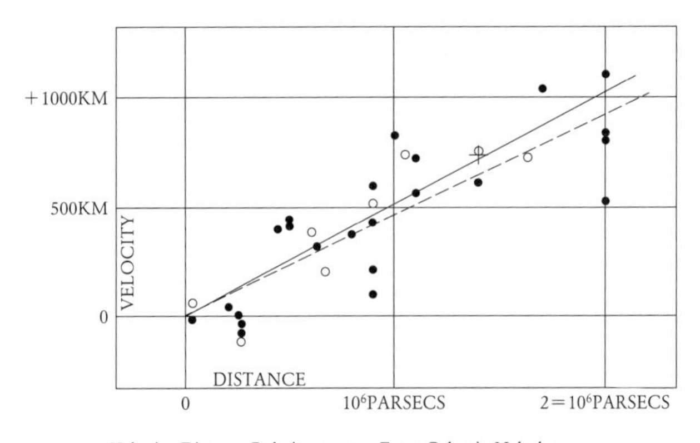

Velocity-Distance Relation among Extra-Galactic Nebulae.

図1－3　ハッブルが1929年に発表した、銀河の後退速度（縦軸）と距離（横軸）の比例関係

図2（上））と比較する。ドップラー効果により赤色の方にシフトする量（赤方偏移）から銀河の後退速度が計測されるのである。図1－3が1929年にハッブルが発表した結果である。横軸に遠くの銀河までの距離、縦軸に後退速度をプロットしたもので、比例関係にあることが示されている。つまり、"遠方の銀河は距離に比例する速度で我々から遠ざかっている"のである。この関係は次式

$$v = H_0 D \qquad (1)$$

と表される。またvは銀河の後退速度、Dは銀河までの距離である。そして比例係数H_0はハッブル定数とよばれる。この観測結果から、膨張する宇宙さらにはビッグバンという現在のダイナミックな宇宙観へと私たちは導かれたのである。まさに歴史的な成果であるといってよい。

宇宙論の入門的教科書であれは、ハッブルが宇宙論という新しい分野のパイオニアであるとまとめ、さっさとハッブルの法則が意味する膨張宇宙に話を移せばよいところであるが、本章では少し粘って当時の宇宙や星雲についての研究の状況をふり返り、歴史的な成果（図1－3）に至った経緯を説明したい。この図で用いられた銀河の距離はハッブルによる測定であるが、後退速度のデータすなわち縦軸の数値はじつはハッブルが観測した結果ではないのだ[7]。当時、銀河（星雲）の分光観測はハッブルが得意とした距離の測定と並んで困難な作業で、この分野はローウェル天文台のスライファーの独壇場と言ってよかった[8]。彼は1913年にアンドロメダ銀河（星雲）の分光観測に初めて成功し、秒速300 kmで天の川銀河に近づいていることを示

している。さらに1917年までに25個の銀河（星雲）の観測を報告している。その殆どはスペクトルが赤方偏移を示し、後退速度は秒速1000 kmを超える銀河（星雲）も存在した。

また1920年にはアメリカ国立科学アカデミーでいわゆる「大論争（Great Debate）」と後に称されることになる“宇宙の大きさ”についての討論会が行われている[9]。ここで、シャプレーは、我々のいる天の川銀河の直径は約30万光年で当時発見されていた星雲はこの銀河系の内部に存在するという“巨大銀河系説”を主張した。これに対してカーチスは、天の川銀河の直径は約3万光年で、星雲は天の川銀河の外に存在するという“島宇宙説”を主張した。スライファーが測定した星雲の速度はとても大きく、カーチスはこれを島宇宙説の根拠の一つに挙げている。

つまり1920年頃には必ずしも多数ではないにしろそれなりの人数の天文学者が宇宙の大きさ、天の川銀河の大きさという宇宙論的な問いに関心を示し、研究を行っていたのである。ハッブルが1923年に行ったアンドロメダ銀河の距離の測定は「大論争」に決着をつけたことになる。スライファーの銀河（星雲）の後退速度の測定はその5年ほど前である。当時の最も著名な天文学者であるエディントンは彼の著書『相対性理論の数学理論（*The Mathematical Theory of Relativity*）』（1923）[10]の5章で、一般相対性理論の観点から、スライファーの後退速度の観測データの中に規則性を発見しようと試みている[11]。残念ながらエディントンの試みは失敗に終わったが、観測されている銀河の後退速度になんらかの法則性を発見しようという挑戦は繰り返し行われていた。ハッブルが得た図1－3のような比例関係はそれらの試みの“観測からの”最後の決定打だったのである。

3 膨張宇宙の発見

さてハッブルが得た銀河の後退速度と距離の比例関係(1)式はどのように理解できるだろう。図1－4のように、私たちさらには銀河のような天体は球の表面にだけ存在していると考えてみよう。本来なら空間は3次元であるが、図を描きやすいように2次元（球の表面）と次元をひとつ減らして考えてみる。図1－4の黒い領域は球の表面を表し、そこが私たちの世界（空間）である。入れ物である球が膨張すると銀河は互いに遠ざかることが分かるだろう[12,13]。膨張宇宙によるハッブルの法則の理解である。この説明は簡単で分かりやすいはずである。実際、非専門家向けに膨張する宇宙を解説する際にはよく用いられている。しかしながら、1930年当時、物理学者・天文学者が膨張する宇宙を受け入れるためには、もっと強固な理論的枠組みが必要であった。その内容をここで説明しようと試みるのは本章の目的に反するので、膨張宇宙の理解の変遷を時系列的になぞることにしたい。

それは1915年のアインシュタインによる一般相対性理論の発表にまで遡らなければならない。それまで重力はニュートンの万有引力の法則により説明されてきた。アインシュタインはこのニュートンに取って代わる新しい重力理論を構築したのである[14]。それは物質の質量分布が生じさせる重力を時空の湾曲として表現する画期的な理論体系であった。一般相対性理論は最初、水星軌道のニュートン力学からの僅かなズレ（水星の近日点移動）や太陽近傍を通過する光の湾曲などで検証されていった。これらは、物質（太陽）により湾曲させられた時空の中での天体（水星）や光の運動についての研究である。これらとは別にアインシュタイン方程式を解くことで時空そのものの性質を理解できることにも当時の研究者は気づき始めたのである。アインシュタイン方程式の最初の解は一般相対性理論の誕生の翌年1916年にシュヴァルツシルトにより発表された。じつはこの解はブラックホール時空を表していた[15]。さらに宇宙そのもののふるまいを表す解についても1917年にアインシュタインさらにド・ジッターにより２つの異なる解が発見されている。先に述べたエディントンの銀河の後退速度の研究はこのド・ジッター解を利用し、スライファーの観測データを説明しようという試みであった。しかし、ド・ジッター解は私たちの宇宙を正しく表す解ではなかったので、彼の試みは失敗に終わったのである。

アインシュタイン方程式のこれらの解の特徴は、宇宙を“静的”すなわちずっと同じ姿を続けていると考えている点にあった。これが本質的な限界であったが、“宇

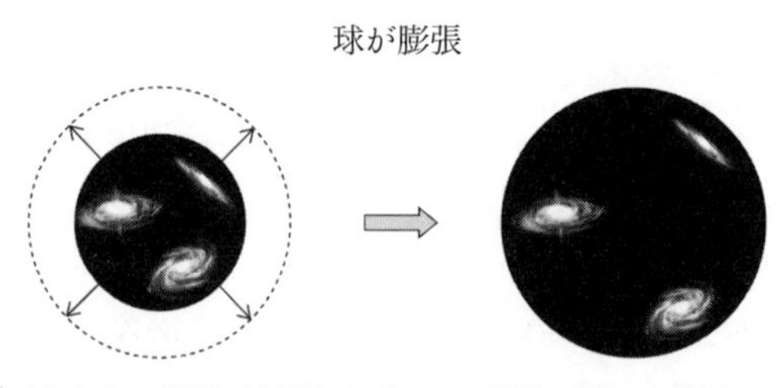

図１−４　膨張宇宙の模式図

宙が未来永劫変わらず同じ姿を続けるであろう”という宇宙観は当時否定しがたいものであった。しかし銀河の後退速度を説明できないのは“静的”な宇宙にこだわっているからではないかという疑念は次第に大きくなってきた。1930年に行われた王立天文学会でのド・ジッターの講演のあと、エディントンは静的な解ばかりを議論してきたことに疑問を呈している。

恩師の発言を知ったルメートルは宇宙の大きさが変化する動的な解を既に発見し、1927年に発表していたことを手紙で知らせた。ベルギーのあまり知られていない雑誌にフランス語で発表したため、誰の目にもとまらなかったのである。ルメートルの論文を読んだエディントンの驚きは想像に難くない。その論文では、“膨張する宇宙”を表す動的な解が得られ、銀河の後退速度と距離の比例関係(1)式が導かれていた。さらには1927年当時入手できたデータを用いて図1－3とほぼ同じ比例係数H_0の値が求められていた。1929年のハッブルの歴史的な論文より2年早く、強固な理論とともに“膨張する宇宙”は発見されていたのである[16]。

エディントンはルメートルの動的な解を1930年に王立天文学会月報で紹介している。その中の一説を引用しよう。

> Observationally, galaxies “at rest” will appear to be receding from one another since the scale of the whole distribution is increasing. It is as though they were embedded in the surface of a rubber balloon which is being steadily inflated.

まさに、本章の冒頭で紹介した説明である。また、1927年のルメートルのフランス語の論文は英訳され1931年に王立天文学会月報に掲載されている。この論文については、本章の最後で振り返ることにしたい。

4 ビッグバン宇宙

ここまで、宇宙には多数の銀河が分布し、それらは互いに遠ざかっているという観測事実から、膨張する宇宙という宇宙観が導かれた経緯を話してきた。それは図1－4のような簡単なモデルで理解することができた。このモデルに従えば、過去に遡れば宇宙は小さくなっていく。小さくなることで温度が上昇すれば宇宙は高温高密度の火の玉状態から出発することになる、これがガモフ達により1948年に提唱された火の玉宇宙（ビッグバン宇宙）である[17]。

ビッグバン宇宙というと“宇宙が大爆発で始まった”と想像する方々が多いかもしれない。しかし、宇宙のある場所で爆発が起こったという記述は全く正しくない。図1－4のモデルを見れば明らかなように、宇宙（球の表面）のどこにも特別な場所は存在しない。初期の密度が無限に高く、温度も無限に高い宇宙でも、いたるところ同じように膨張していたのである。どちらかといえば、ビッグバン宇宙より火の玉宇宙の方が適切かもしれない[18]。

歴史的にいえば1930年代から恒星のエネルギー源についての研究が進み、原子核反応（核融合反応）についての知見が蓄積されていた。優れた核物理学者でもあったガモフはその成果を宇宙にも適用したのである。ガモフ、アルファ、ハーマンは、初期宇宙で水素からヘリウムが生成される過程を研究した。当時、観測により宇宙に存在する元素の約3/4は水素、約1/4がヘリウムでそれより重い元素は非常に少ないことが知られていた[19]。このヘリウムの存在比を説明するためには、初期の宇宙が高温で光（光子）に充ちていなければならないことを示したのである[20]。1930年代までの“膨張する宇宙”の研究では、銀河の“入れ物”である時空の進化だけが議論されていた。ガモフ達の研究は原子核物理という当時の最新の理論を用いて“初期の宇宙”そして“物質の起源”を初めて扱った画期的な挑戦であった[21]。中身のある宇宙論の始まりであった。

しかしアインシュタインがそうであったように進化する宇宙を受け入れることは難しい。しかも始まりが高温高密度のビッグバンという特異的状態であればなおさらである。宇宙は膨張するが温度も密度も変わらないとする“定常宇宙論”が同じ1948年に提案されている。それから、約10年間これら2つの説の対立が続くことになる。しかし、より正確に言えば、双方の説が決め手を欠き、しだいに忘れられていったのだ[22]。

この膠着状態は1964年に全く予期しない形で終わりを告げた。二人の電波天文学者、ペンジャスとウイルソンがベル研究所のアンテナに宇宙からやってくる正体不明の雑音を観測したのである。しかしこの微弱な雑音が何を意味するか全く分からなかった[23]。ある偶然から彼らはプリンストンのグループがガモフと同じ高温高密度の宇宙を考えその名残の光が電波として現在の宇宙で観測されることを理論的に予測し、さらに観測の準備を進めていることを知ることになる。ペンジャスとウイルソンが発見したのはビッグバンの残り火である“宇宙背景放射”だった[24]。こうして定常宇宙論は一夜にして葬り去られたのである[25]。

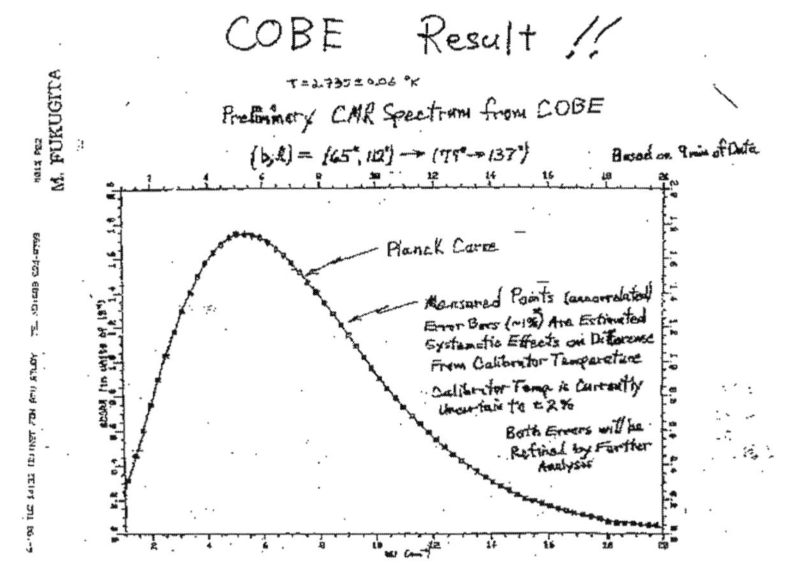

図１－５　COBEにより観測された宇宙背景放射の強度分布。横軸は波数（波長の逆数）、縦軸は放射の強度である。

しかしペンジャスとウイルソンの観測はビッグバン宇宙の完全な勝利を意味するものではなかった。というのも、彼らの観測は波長7.35 cmのみの電波の強度の計測だったからである。火の玉のような宇宙初期の高温高密度の状態の存在は、宇宙が熱平衡状態にあったことを示唆する。宇宙膨張により温度は下がっているが現在でもその名残が電波の雑音（宇宙背景放射）として観測される。その雑音は絶対温度で約３ケルビンのプランク分布に従っているはずなのである。つまりさまざまな波長で宇宙からやってくる電波を観測しなければならないのだ。待ち望まれていた多波長での観測は観測衛星COBE（COsmic Background Explorer）により実現、その結果は1990年に発表された（図１－５）[26]。実線の曲線が絶対温度2.735ケルビンのプランク分布、見にくいが四角の箱（■）が観測値、■の縦の長さが観測誤差を示している。見事に一致している。COBEのもう一つの成果は1992年の宇宙背景放射のゆらぎの観測である。初期宇宙にはわずかな温度のゆらぎ（高低）があり、温度の低い部分の物質が先に集まり、銀河などの宇宙の構造をつくると考えられていた。期待されていた10万分の１程度の“ゆらぎ”がみごとに観測されたのである。この宇宙背景輻射ゆらぎの観測はWMAP衛星（2003年）さらにPLANCK衛星（2013年）と引き継がれていった。全天マップ（カラー口絵、図3）の青色の部分が周囲に比べて10万分の1程度温度の低い領域である。このようにして約100年かけてビッグバン宇宙さらにはそこでの物質や銀河の起源が解き明かされてきたのである。

5 ハッブル・ルメートルの法則

アンドロメダ銀河の距離の測定に始まりビッグバン宇宙に至る、この100年間の宇宙観の変遷を駆け足で見てきた。もちろん宇宙論の研究は最近も、宇宙の加速膨張、ダークエネルギーなど驚くべき結果を出し続けている。本章ではそのような最近の成果をさらに説明することは諦め、もう一度1920年代の話題に戻りたい。

ハッブルよりも2年早く、ルメートルが膨張する宇宙に関する論文をフランス語で発表していたことは第3章で紹介した。この論文は英訳され1931年に王立天文学会月報に掲載されている。しかしその英語の論文では元の論文の核心部分、例えば銀河の後退速度と距離の比例関係(1)式や宇宙の膨張率である比例係数H_0の大きさの推定の部分などが欠落しているのである[27]。誰が検閲したのか、いろいろな憶測が囁かれたが、意外にも削除したのはルメートル本人であった[28]。ハッブルが2年前の1929年に発表した内容なので、再掲する必要がないと判断したらしい。

この是非はともかく、歴史的にハッブルの陰に隠れていたルメートルを再評価する動きが近年出て来ている。2018年に国際天文連合の総会で採択された、“ハッブルの法則ではなくハッブル・ルメートルの法則とよぶことを推奨する決議”もその一例である[29]。

6 視点の行き来を目指して

ここまで20世紀宇宙観の変遷について人の協同的な営みに焦点を当てて解説してきた。通俗書で分かりやすく描かれているように、少数の著名な研究者により膨張宇宙・ビッグバン宇宙というパラダイムシフトが成し遂げられた訳ではない。

私が宇宙論を学んだのは1984年頃である。アインシュタイン方程式を用いることで、私たちが住んでいる宇宙全体の進化すら研究対象になることを学び、物理学の懐の深さに感動したことを今でもはっきりと覚えている。しかし研究を進めるうちに、その理論的枠組みの中には、時空と光そして陽子・電子などの物質が凝集した銀河しか存在しないことに気づかされた。宇宙論の中には、星、地球（惑星）、生命、人、社会などはどこにも見当たらなかった。これは本章の冒頭で解説した、銀河の階層（図1－2）と星の階層（図1－1）で、宇宙の見え方が全く異なることと符合している。ましてや、さらに下の階層である地球、生命、人、社会との隔絶は計り知れない。しかしそれらの階層は確かに存在する。これらのスケールや質の異なる諸階層を、視点を変えながら自由に往来できるようになりたいと私は考えている。

注

1 “狭くて小さい”という宇宙観については補足しておかなければならない。天の川銀河を1円玉としたときの宇宙全体（138億光年）の大きさ約2 kmは、想像より小さいと感じるだろう。もちろん、これは見えている範囲の宇宙の大きさである。その外側には、同じような宇宙がどこまでも続いているはずである。

2 本章の第2節、第3節の内容は、バトゥーシャク［2011］で詳しく述べられている。

3 セファイド変光星の周期と明るさの関係（周期光度関係）は、1912年にリーヴィット（1868–1921）により発見されていた。彼女はハーバード天文台に雇われた女性計算助手（Lady computer）で変光星発見の名人であり、マゼラン星雲に1,777個の変光星を発見している。それ以前に発見された変光星はたった24個であった。ジョンソン［2007］；小暮智一［2015］140頁；ソーン［1997］第6章を参照。

4 セファイド変光星についての知見が不十分であったため、ハッブルの示したアンドロメダ銀河までの距離は約90万光年と現在の距離の約1/3であった。しかし、アンドロメダ銀河が天の川銀河の外部の天体であるという結論は正しかった。

5 https://www.nytimes.com/1924/11/23/archives/finds-spiral-nebulae-are-stellar-systems-dr-hubbell-confirms-view.html［2024年2月23日最終確認］

6 国際天文連合（IAU）の第30回総会（2018年）およびその後の電子投票で、ハッブル・ルメートルの法則とよぶことを推奨する決議が採択された。

7 後退速度のデータはスライファーの観測によるものである。しかも、ハッブルは1929年の論文中でスライファーの研究や測定についていっさい引用していない（バトゥーシャク［2011］第14章）。

8 バトゥーシャク［2011］第5章。

9 同上、第8章。

10 Eddington［1923］.

11 スライファーはエディントンの著書に41個の星雲の後退速度のデータを提供している。Eddington［1923］: 162；Thompson［2011］参照。

12 球が膨張しても、その上の銀河は膨張しないことが重要である。

13 私たちは球の表面だけを認識できるとするモデルなので、球の内側や外側が何だろうかと考えてはいけない。

14 ソーン［1997］主に第2章。

15 同上、223頁。なお、シュヴァルツシルト解がブラックホール時空を表していることが示されたのは1958年である。アインシュタイン方程式の解が得られることと、その物理的・幾何学的な意味が理解されることが本質的に違うことを示す典型例である。

16 じつは、アインシュタイン方程式の膨張宇宙を表す解を最初に発見したのはルメートルではない。ロシアの数学者・物理学者であるフリードマンが1922年に発表している。数学的な側面が強く、ルメートルと異なり観測との比較は行っていない。アインシュタインはフリードマン解のことを知っていたが、そのときは物理的重要性を見いだせなかった。また、後で登場するガモフはフリードマンの生徒であった（バトゥーシャク［2011］374頁；グリビン［1988］149-151頁、171頁参照）。

17 ガモフの火の玉宇宙とは異なるが、1931年にルメートルはミクロな量子から宇宙が創られる可能性に言及している。Lemaître［1931］: 706を参照。

18 実際、ガモフは自分のアイデアを原始火の玉（primeval fireball）とよんでいる。定常宇宙論の創始者の一人であるホイルがガモフの理論を愚弄するために“ビッグバン”とよんだ（オーヴァバイ［2000］68頁）ものが皮肉にも定着してしまった。ビッグバンという言葉で大爆発という間違ったイメージを想像させるのであれば、ホイルの目的は達成されたのかもしれない。

19 炭素、酸素、ケイ素、鉄などは宇宙全体で見れば存在する比率はとても小さい。そのわずかな量で地球などの惑星を造っているのである。

20 ガモフ達は宇宙初期には中性子のみ存在すると仮定し、それらから核反応でヘリウムが作られる過程を研究した。その結果、初期宇宙が高温であれば大量に存在する光によりヘリウムの存在比が1/4程度に押さえられることを示した。ガモフ達の初期状態の取り方が間違っていること、および正しい初期状態の取り扱い方は1950年に湯川秀樹の教え子林忠四郎（京大名誉教授）により明らかにされた。ただし、初期宇宙が高温でなければならないという結論は変わらなかった。以下を参照。ワインバーグ［1995］；グリビン［1988］；オーヴァバイ［2000］。

21 ワインバーグ［2008］４、５章。

22 ノーベル物理学賞の受賞者であるS・ワインバーグは自著で「1950年代には、初期の宇宙の研究は、立派な科学者が時間をさくべき問題でないと一般に考えられていた」と書いている（ワインバーグ［2008］20頁）。

23 彼らは波長7.35 cmの電波を観測した。その結果、絶対温度で約3.5ケルビンという極低温の物体（黒体）が放出するノイズと等価なノイズ（雑音）を検出した。

24 ２つのグループはそれぞれの成果を1965年に雑誌*Astrophysical Journal*に連続した２つの論文として発表した。

25 1961年にベル研の技術者オームが同じアンテナの雑音についてベル研の技術レポートで報告している。それに触発されたのかもしれないが、プリンストングループ以外に英国さらにロシアの２つのグループが、ビッグバンの名残の背景放射について1964年に理論的な予言をしている。ペンジャスとウイルソンはこれらの理論的研究について全く知らなかったようであるが、背景放射発見の期は熟していた（グリビン［1988］210頁）。

26 COBEの宇宙背景放射の分布の観測結果は宇宙論の教科書にも必ず載っている。図１-５は後に発表された論文等の図ではない。COBEの観測結果はまず1990年に国際会議で発表され、その成果は大きな反響をよんだ。図１-５は会議のあとファックスで世界各地に伝えられたスライドのコピーである。

27 Block［2012］. または https://arxiv.org/ftp/arxiv/papers/1106/1106.3928.pdf［2024年２月23日最終確認］。

28 Livio［2011］.

29 注６を参照のこと。

参考文献

バトゥーシャク、マーシャ（長江工・永山淳子訳）［2011］『膨張宇宙の発見――ハッブルの影に消えた天文学者たち』地人書館。

ジョンソン、ジョージ（渡辺伸監修、槇原凛訳）［2007］『リーヴィット――宇宙を測る方法』WAVE出版。

小暮智一［2015］『現代天文学史――天体物理学の源流と開拓者たち』京都大学学術出版会。

ソーン、キップ・S（林一・塚原周信訳）［1997］『ブラックホールと時空の歪み――アインシュタインのとんでもない遺産』白揚社。

"Hubble's Famous M31 VAR! plate," Carnegie Institution for Science Website, https://obs.carnegiescience.edu/PAST/m31var

Eddington, A.S. [1923] *The Mathematical Theory of Relativity*. Cambridge Univ. Press.

Thompson, L.A. [2011] Vesto Slipher and the First Galaxy Redshifts. https://arxiv.org/abs/1108.4864

ソーン、キップ・S（林一・塚原周信訳）［1997］『ブラックホールと時空の歪み――アインシュタインのとんでもない遺産』白揚社。

グリビン、ジョン（野本陽代訳）［1988］『宇宙はどこからやってきたか――ビッグバンの探究』TBSブリタニカ。

Lemaître, G. [1931] The beginning of the world from the point of view of quntum theory. *Nature* 127.

オーヴァバイ、デニス（鳥居祥二他訳）［2000］『宇宙はこうして始まりこう終わりを告げる――疾風怒濤の宇宙論研究』白揚社。

ワインバーグ、S（小尾信弥訳）［2008］『宇宙創成はじめの3分間』ちくま学芸文庫。

Block, David L. [2012] Georges Lemaître and Stigler's Law of Eponymy. In: R. D. Holder (eds.) *Georges Lemaître: Life, Science and Legacy*. Springer. pp. 89–96.

Livio, M. [2011] Mystery of the missing text solved. *Nature* 479: 171–173.

第 2 章

地球が地球になるまで

私たちが存在できる理由

小木曽 哲
TETSU KOGISO

岐阜県生まれ。京都大学理学研究科で博士号を取得後、東京工業大学、理化学研究所、ミネソタ大学、海洋研究開発機構を経て2008年に京都大学人間・環境学研究科に着任。専門は岩石学、地球化学。岩石のでき方を調べることを通じて、地球がどのような進化を遂げて現在の姿になったのかを明らかにしたいと考えている。

Key Words　原始大気、海洋地殻、大陸地殻、原始生物、プレートテクトニクス、マントル、磁場、「共生」と人間

私たち人類の住処である地球。この惑星には、人類が生存するために必要なものがすべて揃っている。近年は、月や火星への移住が実現可能なものとして語られるようになったが、たとえ移住が可能になったとしても、人類にとって地球が最適な環境であることは揺るがない。液体の水（海）があり、酸素に富んだ大気があり、それらが昼夜そして一年を通して適度な温度に保たれていて、多種多様な生物が生存している。そんな環境を月や火星に作り出して維持していくことは、どれほど科学技術が発達しようと無理であろう。なぜなら、地球上にこのような環境が出来上がり、そしてそれが安定に維持されている理由を、私たちは理解していないからである。人類は地球のことをほとんど理解していない。この点こそ、地球において人類が生存し続けるために必要なことを考える際の出発点であろう。本章では、地球の誕生から現在に至るまでの進化に関する最新の知見を追いながら、現在の地球環境を作り上げた重要な要因を私たちがどれほど理解できていないのかについて、私なりの視点で語ってみたい。

1 海を持つ惑星の誕生

地球で人類が生存するために必要なものは、まず第一に液体の水、つまり海である。太陽系の8つの惑星の中で地球だけが海を保っている。それはなぜだろうか。

地球は今から約46億年前、岩石と金属が入り混じった微惑星と呼ばれる小天体が衝突・合体することで誕生した。衝突する微惑星の運動エネルギーが熱となることで地球の表面が融け、マグマオーシャンと呼ばれる溶融層が地球を覆った。マグマオーシャンの表面からは気体成分が脱離し、地球をとりまく「大気」が形成された。マグマオーシャン内部では、溶融した岩石成分と金属成分が分離した。分離した溶融金属は密度が大きいため地球の中心まで沈んでいき、金属だけからなる「核」を形成した。やがて微惑星の衝突が収まると、マグマオーシャンは表面から冷却・固結し、岩石からなる「地殻」[1]が表面付近に形成された。マグマオーシャン内部もやがて固結し、地殻の下に分厚い岩石の層である「マントル」が形成された。このような過程を経て、中心にある金属の核を岩石のマントルと地殻が覆い、さらにその外側を大気が取り囲むという、地球の基本構造ができあがったと考えられている。

太陽系の惑星の中で、水星・金星・火星は、内部に金属の核と岩石のマントル・地殻を持つ、という点で、地球によく似た惑星である。主として金属と岩石から構成されているこれらの惑星は、まとめて「地球型惑星」と呼ばれており、地球と同様の過程を経て形成されたと考えられている。つまり、誕生した時点の地球は、他の地球型惑星と似たような惑星だったのである。

地球と他の惑星との運命を分けたのは、主に太陽からの距離と惑星の大きさである。誕生したばかりの地球型惑星が持っていた大気は、水蒸気と二酸化炭素が主な成分であり、非常に高温状態であったが、微惑星の衝突が収束した後は冷却していった。惑星の大気がどこまで冷却されるかは、太陽から惑星に供給される熱量（太陽からの距離の2乗に反比例する）に大きく左右される。また、小さい惑星ほど重力が弱いため大気を惑星表面に引き付けておく力が弱く、大気が宇宙空間に逃げやすい。地球は、大気を保持したまま、水蒸気がちょうど液体となる温度まで冷却したため海が誕生した。太陽に近すぎた水星と金星では、水蒸気が液体になるまで大気が冷えることができず、海は形成されなかった。火星では、誕生した頃は地球と同様に海が形成されたらしいが、やがて消滅してしまった。火星の海が消滅した理由はわかっていないが、地球より小さく太陽から遠い火星では、冷却が早く進むとともに、大気が宇宙空間に逃げて大気圧が下がったために水が蒸発しやすくなり、一旦形成された海が再び蒸発してしまったのかもしれない。

いずれにせよ、地球だけが海をもつことが可能だったのは、太陽からの距離と惑星としての大きさがちょうどよかったからである。これは、どの程度の確率であり得ることなのだろうか。太陽のような恒星の周りを回る惑星は、2023年夏の時点ですでに5000個以上が見つかっているが、その中で海をもつものは見つかっていない。ただしその理由は、遠い惑星の海の有無を判別できるだけの観測技術がないからにすぎない。今後の観測技術の進歩により、太陽系以外の惑星における海の存在が観測可能となった時、海を保つ惑星が宇宙においてどれほど希少な存在なのかが判明するであろう。

2 陸の存在意義

地球で人類が生存するためには、海以外に陸地の存在も必須である。それは、人類が陸上生物だから、という意味だけではない。陸地の存在が、地球の表層環境を現在のような温暖で穏やかな状態にすることに重要な役割を果たしてきたからである。

誕生直後の地球大気は、先に述べたように水蒸気と二酸化炭素が主成分であった。その水蒸気が液体となったため、大気に残されたのは主に二酸化炭素である。地球誕生後はしばらく、大気は二酸化炭素に富んでいた。実際、35億年前の地層には、大気中に高濃度の二酸化炭素が存在していたことを示す証拠が残っている。ところが、それから時代が進んだ23億年前頃の地層には、氷河がつくる氷河性堆積物が世界中に分布しており、この時代が全地球的に寒冷化した「全球凍結」状態に陥っていたことを示している。二酸化炭素は温室効果の高い気体なので、二酸化炭素を大量に含む大気では全地球凍結は起こり得ない。つまり、23億年前頃には、大気中の二酸化炭素濃度はかなり低下していたはずである。

大気中の二酸化炭素濃度を低下させる要因の一つは、後で述べる光合成生物の活動であるが、もう一つの大きな要因が、陸地における岩石の風化である。大気中の二酸化炭素は、雨水があると炭酸イオンとしてその中に溶け込む。炭酸イオンを含んだ雨水が岩石に降り注ぐと、岩石に含まれているカルシウムをイオンとして溶かし出し、海へと流れていく。海に入ると今度は、炭酸イオンとカルシウムイオンが結びついて固体の炭酸カルシウムとなり海底に沈殿する。炭酸カルシウムが沈殿した海洋底は、後に述べるようにプレートの移動によってやがてマントルへと沈み込む。このように、陸地の岩石の風化によって、大気中の二酸化炭素が海とプレートを通して地球内部へと移動する。つまり、海水に覆われていない陸地があったおかげで、そこに露出した岩石の風化によって大気中の二酸化炭素濃度は低下して、その結果として大気の温室効果が小さくなり23億年前頃には全球凍結が起こるほどにまでなった。つまり、陸地の存在が、海とプレートテクトニクスを介して地球の表層環境を激変させたのである。

ではなぜ地球上には、陸地がある程度の面積で存在するのか。それは、そこに「大陸地殻」があるからである。一般的には、広大な面積の陸地を大陸と呼んでいるが、地質学においては、「大陸地殻」が存在する部分を大陸と呼び、一般的な意味での大陸とその周囲の浅い海（大陸棚）も含まれる。大陸地殻とは、深海の下にある「海洋地殻」よりも有意に厚く、そのために標高が高くなっている部分である（海洋地殻の平均的厚さが約7 kmであるのに対し大陸地殻の平均的厚さは約35 km）。大陸地殻は、海洋地殻とは違う種類の岩石から構成されており、その代表が花崗岩と呼ばれる岩石である。

花崗岩を多く含むような大陸地殻は、プレートテクトニクスによって形成されている。プレートテクトニクスとは地球特有の現象で、地殻と約100 kmの深さまでのマントルとが一体となった硬い岩板（プレート）が、水平方向にゆっくりとした速度（年間で1～10 cm程度）で移動している現象のことである。2つのプレートが離れて行く境界には「中央海嶺」と呼ばれる海底の大山脈（大陸の上では「大陸リフト帯」）ができ、2つのプレートが近づいていく境界には、一方のプレートの下にもう一方が沈み込む「沈み込み帯」と呼ばれる場所ができる。大陸地殻ができるのは沈み込み帯である。沈み込んだプレートの一部が部分的に溶融することでマグマが生成され、そのマグマが地中を上昇し、沈み込まれる側のプレートの上に噴出あるいは貫入してできるのが大陸地殻である。このときにできるマグマが花崗岩質の化学組成を持つことが多いため、大陸地殻には花崗岩が多く分布する。また、沈み込み帯はかなり長い時間（～1億年のスケール）にわたって存続し、その間、同じ場所にマグマが供給されることになるので、大陸地殻は厚くなり、標高も高くなるのである。そのほか、沈み込むプレートの最も浅い部分が引き剥がされて沈み込まれる側にひっつく「付加」という現象でも大陸地殻は成長する。

プレートの沈み込みによって形成される大陸地殻の量は、地球史を通じて大きく変動してきた。花崗岩の形成年代の分布からの推定によれば、35億・27億・19億・10億・6億年前頃に、大陸地殻が大量に形成された時代があったようである。特に、27億年前頃に形成された花崗岩は世界中の大陸に大量に分布している。つまり27億年前は、地球上で初めて大量に大陸地殻が形成された時代であった可能性が高い。27億年前という時代は、後述するように生命の進化にとっても大きな区切りの時代である。このことは、生命の進化にとって大陸地殻の存在、そしてそれを生み出したプレートテクトニクスが大きな意味を持っていたことを意味している。

3 初期の生命とプレートテクトニクス

地球上に人類が存在しているのは、祖先である生命が地球上で誕生したからである。しかし、最初の生命が地球上にいつ、どのような環境下で誕生したかについては、ほとんどわかっていない。最近、約40億年前の地層に残された炭素が生物起源であるとする説や、生物が作ったと思われる組織を含む地層が43億年前に形成されたとする説が発表されているが、それらが本当に生命の証拠と言えるのか、また、地層の年代がどれほど正確なのか、といった点についての論争が続いている。

確実な生命の痕跡で最古のものは、35〜34億年前頃の地層から発見された炭質物である。炭質物の形態や含まれている炭素の同位体比[2]などの複数の証拠から、これらの炭質物が生物起源であることはほぼ確実とされている。ここで重要となるのが、炭質物が含まれている地層ができた環境である。生物起源の炭質物が発見された地層は、中央海嶺の熱水系で形成されたと考えられている。中央海嶺とは、先に述べたように、2つのプレートが離れていく境界にできる海底の大山脈のことであり、そこでは、海嶺の中軸に沿って常にマグマが噴出・固結し、溶岩からなる新たな海洋底を生成[3]する。マグマが噴出する場所の近くでは、海底の割れ目に染み込んだ海水が地下のマグマに熱せられてまた海底に吹き出す熱水循環が起こっている。この熱水は、地下を循環する間に岩石から様々な成分を溶かし出し、それらが熱水の吹き出し口の周辺の溶岩の上に堆積する。また、熱水の通り道にもそれらの成分が沈着することで、やがて岩脈ができる。こうして中央海嶺近辺には、熱水系に特有な地層が形成される。上述の35〜34億年前の生命起源の炭質物は、熱水が溜まってできた地層と、熱水の通り道であった岩脈の両方から発見されている。ということは、これらの生物は、中央海嶺付近の海底に吹き出す熱水のなかで生息していた「好熱菌」

であった可能性が高い[4]。

熱水というと、好熱菌以外の生物の生息には適していないように思えるが、実はそうではない。海底から吹き出す熱水は、上述したように、海底下の岩石から溶け出した様々な成分を含んでいる。その中には、硫黄・鉄・マンガン・亜鉛など、生物に必須の元素も多い。つまり、熱水は生物にとって豊富な栄養の供給源なのである。それだけではない。熱水が噴出する場所では、高温で様々な成分を含む熱水が低温の海水の中に吹き出すことで、高温で安定だった物質が低温で不安定となり、多様な化学反応が常に起こり続ける。それらの化学反応のうちのいくつかは、原始的な生物のエネルギー代謝や生体材料の合成に利用できる。つまり、熱水噴出孔の周辺は、原始の生物たちにとって、必要な栄養が常に供給され、かつ、生命活動を維持するための化学反応も起こしやすい、極めて生息しやすい場所だったと言える。

また、そこが中央海嶺であった、という点も重要である。中央海嶺でなくても、海底に火山があればその周囲で熱水活動は起こり得る。しかし、中央海嶺以外の海洋の火山では（例えばハワイや伊豆大島など）、火山の活動の寿命はせいぜい数百万年のスケールであるため、熱水活動も同様の時間スケールで終息する。それに対し中央海嶺は、その両側にあるプレートの動きが変化しない限りマグマは噴出し続ける。プレートの運動方向は数千万年〜数億年スケールで安定しているので、中央海嶺でのマグマ噴出そして熱水活動も長い時間続く。そのため、生物が生息できる環境も長期的に安定して存在し得る。つまり、地球における生命活動の維持と進化には、中央海嶺の存在、つまりプレートテクトニクスも重要な役割を果たしたのである。

4 生命進化と大陸

初期の生物が生息し続ける上で、中央海嶺は絶好の環境であった。しかし、生命に必須な元素の全てが、中央海嶺から噴出する熱水に十分に含まれていたわけではない。特に足りなかったと考えられるのはリンである。リンは、遺伝子を構成する分子、および、エネルギー代謝に使われる分子に必要な元素であり、すべての生物にとって必須である。人類のような脊椎動物にとっては、骨を作るのに必要な元素でもある。しかし、現在の中央海嶺の熱水中に含まれているリンの量はごくわずかである。原始の生命が活動していた頃の中央海嶺の熱水も同様だったであろう。そうすると、リンの主要な供給源は中央海嶺熱水系とは別の場所でなくてはならない。

現在の地球で、海水に最も多くのリンを供給しているのは大陸である。大陸の岩石を起源とする無機リンは、河川および風によって大陸から海へと運ばれる。その量は、中央海嶺熱水系から供給される量の10倍以上である。海底の岩石に比べると大陸の岩石はリンをより多く含んでいるのに加えて、中央海嶺が線状にしか分布しないのに対して大陸は面状に広がっているため、単位時間あたりのリンの供給量は大陸からの方がはるかに多くなる。

初期の生命が生息していた35〜34億年前に、どのくらいの面積の陸地が存在していのかはわかっていない。もしその時点で、リンの供給源が中央海嶺熱水系だけだったとしても、それなりの量の生物が存在することはできたであろう。上述したように、35億年前頃に大陸地殻形成の最初のピークがあったとすれば、その時代に陸地面積が急激に増え、その結果として陸からのリンの供給量が一挙に増加することで、より多くの生物が生息できるようになった、という可能性は十分にある。生命の痕跡として確実なものが35〜34億年前の地層に発見されているのも、この時代に生物が増えたことを示しているのかもしれない。

35億年前以降の生物進化の歴史の中で、重要な出来事はいくつもあるが、地球環境に甚大な影響を与えたという点で、酸素発生型光合成生物の出現が極めて重要である。酸素発生型光合成を行った生物が生存していた証拠は、ストロマトライトと呼ばれる、炭酸塩からなるドーム状構造物として様々な時代の地層に残されている。ストロマトライトは、酸素発生型光合成生物であるシアノバクテリアが形成するコロニーの残骸である。シアノバクテリアは藻類の一種であり、現在の地球にも様々なシアノバクテリアが生息している（藻類については第８章に詳細な解説がある）。ストロマトライトは、27億年前頃の世界中の地層から発見されているため、27億年前にはシアノバクテリアが大繁殖していたと考えられる。大量のシアノバクテリアの活動によって、二酸化炭素が大量に消費されるとともにO_2分子として酸素が表層環境中に大量に放出されることになり、27億年前以降の地球の大気は、徐々に酸素に富んでいった。

この時代のシアノバクテリアの大繁殖に大きな寄与をしたのが、大陸である。ストロマトライトを形成するシアノバクテリアは、海底に固着したコロニーで光合成を含む生命活動を行う。ということは当然、海底まで太陽光が届く場所がないと、この種のシアノバクテリアは生息できない。海底まで太陽光が届くほどの浅い海が存在し得るのは大陸の周辺である。つまり、27億年前にストロマトライトが大量に発見されるということは、この時代の地球上には十分な広さの浅い海ができるほどに大陸が存在していたことを示している。先に述べたように、花崗岩の形成年代からも、27億年前という時代に大量の大陸地殻が形成されたことが示唆されている。つまり27億年前は、大陸地殻が大量に形成されることでシアノバクテリアが繁殖できる環境ができ、その結果、大気の組成も酸素に富み始めた時代であったと言うことができる。

酸素発生型光合成生物の活動によって大気は酸素に富むようになり、6億年前頃になると、ほぼ現在の大気と同程度の酸素濃度になったと推定されている。酸素を多く含む大気があると、酸素と太陽紫外線との相互作用でオゾン層が形成され、生命にとって危険な太陽紫外線が地表に届かなくなる。4億5千万年前頃には生命が陸上に進出していたことが、化石の記録からわかっている。ということは、その頃には既に大気上空にオゾン層が形成され、太陽紫外線が地表に届かなくなっていたはずである。その後、生物は陸上で進化と絶滅を繰り返し、やがて人類が誕生するまでに至った。生命は、自ら生み出した酸素大気によってその生息可能範囲を陸上にまで拡げ、その果てに私たちが存在可能となったのである。

5 海水量の謎

これまで見てきたように、海があって陸があるという環境が、人類を含む生命の誕生と進化を可能にした決定的な要因である。しかし、海と陸があるという環境は、簡単に実現できるものではない。先に述べたように、地球誕生時にあった原始大気中の水蒸気が液体になったことで海が生まれた。問題は、その量である。原始大気中の水蒸気は、地球の材料となった微惑星に含まれていたものである。地球付近にあった微惑星は、ほとんどが岩石と金属からなる岩石微惑星であったが、当時の太陽系内に存在していた微惑星の中には、氷を主体とするものも大量にあった。なぜなら、氷すなわち固体のH_2Oが太陽系内に大量に存在していたたからである。第1章で述べられている通り、宇宙空間にある元素の大半は水素とヘリウムで、その次に多いのが酸素である。酸素の量は水素の千分の1程度であるが、水素と酸素は非常に結びつきやすいため、宇宙空間にはH_2Oが大量に存在する。当然、太陽系の材料物質にも、H_2Oが大量に含まれていた。ただしH_2Oは融点が低いため、太陽に近くて温度が高い場所では固体の氷になることができず、地球付近にあった微惑星には氷が全く含まれていなかった。しかし、太陽から遠い場所には、氷を主体とする氷微惑星が大量にあった。氷微惑星は現在の太陽系にも残っており、その一部が太陽の近くまでやってくるのが彗星である。地球が形成された頃、氷微惑星が彗星のように地球軌道付近までやってきて地球に大量に衝突していたとしたら、現在よりもはるかに多くの海水が存在したはずである。現在の海水量は、質量にして地球全体のわずか0.023%。10倍しても、たったの0.2%である。もし、地球を形成した微惑星の中に氷主体の微惑星が0.2%含まれていたなら、海水の量は今の10倍となり、表面がすべて海水で覆われた陸地の全くない惑星ができていただろう。なぜ、地球の海水量が質量にしてわずか0.023%にとどまったのか、その理由は全くわかっていない。

先に述べたように、地球の最も浅い部分にある地殻は、厚くて標高の高い大陸地殻と、薄くて標高の低い海洋地殻に分かれている。地球表面で海洋地殻が占める割合は約7割である。現在の地球には、ちょうどその7割の面積だけを覆う量の海水が存在している。これが偶然だとしたら恐るべき一致である。あるいは、海水量と海洋地殻の面積との間に何らかの因果関係があるのだろうか。それもまた大きな謎である。

6 私たちが存在できる理由

以上みてきたように、地球に海ができ、その中で生命が誕生して進化し、ついには人類が誕生するに至ったのには、地球の大きさ、太陽からの距離、大陸の形成、絶妙な海水量など、様々な要因が関わっており、中でも特に、プレートテクトニクスという現象が決定的な影響を及ぼしてきたことがわかる。プレートテクトニクスが起こっていなければ、大陸地殻が形成されることも海底に中央海嶺が形成されることもなく、人類どころか生命そのものが誕生していなかったかもしれない。プレートテクトニクスは、大陸の分布を通じても地球環境を左右する。第3章に述べられているように、南極大陸が現在の位置にあることが、現在の地球の大気海洋循環に決定的な影響を及ぼしている。プレートテクトニクスなくしては、現在の地球表層がこのような温暖で穏やかになることはなかったかもしれない。では、なぜ地球だけでプレートテクトニクスが起こっているのか。それについても全くわかっていないのが現状である。現時点で私たちが言える確実なことは、プレートテクトニクスが起こっている星の上で、奇跡とも思える出来事の連鎖の中で形成された現在の環境に適応したのが人類、ということである。

このように私たちは、私たちをとりまく自然がどうして現在のような状態になったのか、私たちがなぜこの星で存在できているのか、その理由を理解していない。そんな私たち人類が地球上で存在し続けていくために必要なことは何か。自然と人類が共生していくことが不可欠と言われるが、果たしてそうか。共生という言葉には、相互依存という意味合いが含まれている。しかし、人類は自然に一方的に生かされているのであって、圧倒的に優位なのは自然の側である。人類は自然を支配などできない。過去の地球に起こった出来事のどれか一つでも違う結果になっていたら、人類は誕生さえしていないだろう。つまり自然は人類を必要とはしていない。海水の量が何によって決まったのか、プレートテクトニクスという現象がなぜ地球だけで起こっているのか、その理由もわからないでいる私たち人類は、そもそも自然と「共生」できるような存在なのか、それ自体を謙虚な姿勢で検証してみる作業も必要ではないだろうか。

注

1　この時にできた地殻は「原始地殻」と呼ばれており、現在の地球上には残っていない。
2　炭素には、質量数が異なる2つの安定同位体（^{12}Cと^{13}C）があり、生物の体を作る有機物には軽い方の^{12}Cが多い。そのため、生物起源の炭質物の^{13}C/^{12}C比は、非生物起源のものにくらべて有意に低い。
3　噴出して固まった溶岩と地下で固まった溶岩が海洋地殻を形成するとともに、マグマを吐き出した地下のマントル部分が冷却して硬くなることで、両者が一体となった岩板、つまりプレートが形成される。
4　現在の地球上に生息する生物の共通祖先が好熱菌であった、という説は、生物学の分野で、遺伝子情報を根拠に、地質学証拠とは全く独立に1970年代にすでに提唱されていた。35〜34億年前の生物の痕跡を含む地層が中央海嶺熱水系であると提唱されたのは、1990年代になってからのことである。

第 3 章

地球の営み

南極から眺める現在と過去

石川 尚人

NAOTO ISHIKAWA

「石の記憶」—堆積物や岩石が秘めている地球の営みの記録—を古地磁気・岩石磁気学的手法で探り、過去の地塊や大陸の運動、地磁気や古環境の変動の様相を垣間見たいと思い、大学生時のラグビーで培った体力を頼りに様々な場所でのフィールドワークに参加。日本以外に南極大陸（日本南極地域観測隊第35次越冬隊、第42次夏隊、第46次夏隊)、ウッドラーク海盆（Ocean Drilling Program第180次航海)、韓国、中国、フィリピン、インド、エチオピア。

Key Words 南極大陸、南極氷床、南極の寒さの理由、地球のエネルギー収支、大気大循環、海洋の熱塩循環、ゴンドワナ大陸、超大陸、プレート運動、氷河時代、氷期-間氷期変動、ミランコビッチ・サイクル

どうも地球儀を集めるのが私の趣味らしい。大きいものは欲しくはないが、博物館の土産物コーナーに行くと、ちょっとした地球儀に手を伸ばしてしまう。ネットショップで浮き上がる地球儀を見つけたときは、即座に購入してしまった。置物の地球儀よりは軸がないボール状の地球儀が良い。手にとって、様々な方向から見ることができるからだ。そのように手にとって“地球”を眺めてみると、海陸の分布が一様ではないことに気づく。東経178度28分、南緯47度13分からみると海ばかり（約89%が海）で、その対蹠点からみれば陸ばかりである。また、北極から眺めると、ユーラシア大陸、北アメリカ大陸に取り囲まれた北極海があり、一方、南極側には南極大陸があり、それは海で取り囲まれ、他の大陸から孤立している。では今回は、日頃見慣れている地球儀をひっくり返して、南極大陸がある南極側から地球を眺めながら、地球の営みの一端を紹介していこう。

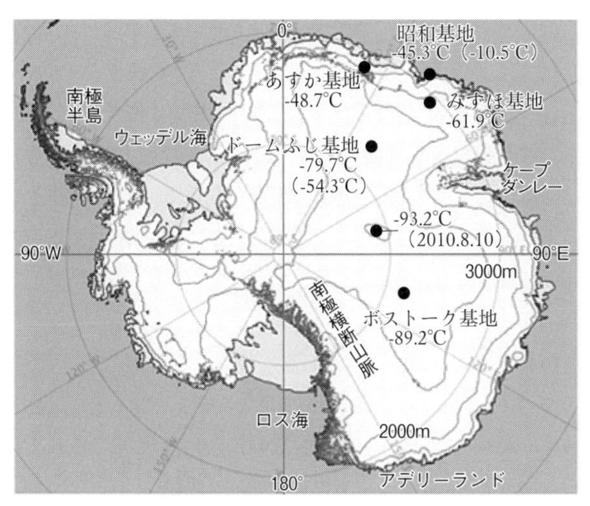

図 3－1　南極大陸での最低気温のデータ
カッコ内は年平均気温。地形図はThe Scientific Committee on Antarctica ResearchのAntarctica Degital Databeのウェブサイトで作成（https://www.scar.org/data-products/antarctic-digital-database/）。

1 南極はどれほど寒いか

日本南極地域観測隊に参加した経験があることから、小・中・高校に出前授業で呼ばれることが年に数回ある。その際に、子供たちに南極のイメージを聞くと、「寒い」「雪・氷に覆われていて白い」という答えが帰ってくる。では、どれくらい寒いのか？　図 3－1 に示したのは、南極大陸に開設された観測基地におけるこれまでに観測された最低気温である。日本の昭和基地（1957年開設）では-45.3°Cが最低気温であるが、これならばそう寒いということでもない。例えば、旭川の最低気温は-41.0°Cが観測されている。それでも、昭和基地の年平均気温を調べると -10.5°C（1967–2017年の平均）になるので、私達の日常からするとやはり寒い。図を見ると南極大陸の奥地の方は相当寒くなることがうかがえる。南極氷床の掘削のために建てられたドームふじ基地（1995年開設）では最低気温 -79.7°Cが観測され、年平均気温は -54.3°Cであった（1996年）。ロシアのボストーク基地では -89.2°Cが観測されている。これが、温度計で観測された気温としては最低の気温になる。近年の衛星からの地表気温観測では、2010年 8 月10日に -93.2°Cが記録されている。これが気温の観測史上では最低気温となる。やはり、南極大陸、それも奥地はとても寒くなることがわかる。

では、なぜこのように寒くなるのであろうか？　以下の３つの理由が指摘されている：⑴高緯度にある、⑵雪・氷に覆われている、⑶標高が高い。

⑴高緯度にある：緯度が高くなるほど、太陽の高度は低くなる。このことで単位面積あたりの日射量は減少する。つまり、南極大陸は太陽からもらうエネルギーがそもそも少ないことになる。更に、地球は自転軸を約23°傾けて太陽の周りを公転しているので、極域では冬には太陽が出ない時期（極夜）がある。昭和基地では6/1から7/12まで太陽は昇らない。これにより、冬季はよく冷やされることになる。

⑵雪・氷に覆われている：雪・氷は太陽の光をよく反射する。その度合い、反射率、を「アルベド」といい、雪・氷は0.80になる。雪・氷に覆われている南極大陸のアルベドは0.6で太陽からの日射量の約60％を反射してしまうという。せっかく太陽から暖かさをもらっても、その多くは反射してしまい、地表を暖めることに使われない。

⑶標高が高い：図３－１に示した最低気温がとても低いドームふじ基地の標高は3,810 m、ボストーク基地は3,488 m、観測史上最低気温を観測した地点は4,000 mを超える。南極大陸の平均標高は1,958 mで、最も平均標高が高い大陸になる。ヒマラヤ山脈やチベット高原という高所を有するアジア大陸は平均標高が２番目に高い大陸だが、その平均標高は960 mにすぎないので、南極大陸の高さは際立っている。標高が高いことが南極大陸の内部がよく冷える理由となる。⑶の理由で、南極大陸の方が北極に比べてよく冷えることになる。

南極大陸がよく冷える理由の⑴⑵は北極でも同じであるが、南極大陸では、よく冷えることから発生する大気の動きがある。大陸奥地で冷やされた空気は密度が増すことで重くなり、大陸斜面をずれ落ちてくる。これは「カタバ風」と言われる。この特有の恒常的に吹く風のために、南極大陸は強風帯である。年平均風速は昭和基地で6.6 m/sで、大陸斜面にあるみずほ基地では11.0 m/s、あすか基地では12.6 m/sであり、ドームふじ基地で5.8 m/sである。また、昭和基地で風速10 m/s以上の風が吹く日数は年間210日程になる。ちなみに京都の年平均風速は1.8 m/sで、風速10 m/s以上の風が吹く日数は年間1.5日程である。南極では寒さとともにこの風が厄介である。物が飛ばされることもあるが、体感気温が下がり、肌を露出していると凍傷に気をつけなければならない。風による体感気温の低下の度合いの見積もりに従うと、年平均気温が-10.5℃である昭和基地は年平均風速が6.6 m/sであることから、体感気温

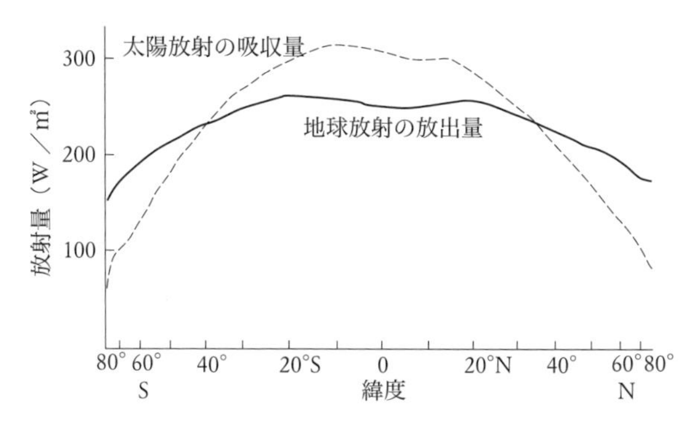

図３－２　地球が吸収する太陽放射と地球放射の量の緯度分布
（中島（1993）に基づく）

は-25℃程度になるという。

南極大陸では、寒いがゆえに起こる大気の動き（カタバ風）があることを紹介した。これは、地球全体の大気の循環にも当てはまることである。図３－２には、地球が吸収する太陽放射の量と地球から放出される地球放射の量の緯度分布を示している。いずれも赤道域が多く、極域が少ない。これは、緯度による太陽高度の違いにより、太陽からの単位面積あたりの放射エネルギーの違いを反映している。その図で注目すべき点は、２つのグラフが中緯域で交差していることである。つまり、極域では地球が吸収するエネルギーより放射するエネルギーの方が多く、赤道域ではその逆である。地球の大気（対流圏）では、この極域と赤道域とのエネルギー収支の不均衡を是正するために、大気の大循環が起きている。常に冷やされていると見ることができる極域では下降流が起こり、常に暖められている赤道域では上昇流が起こる。これを駆動源として、大気は極域と赤道域を結んだ循環を起こすことになるが、実際は、極域、赤道域、それをつなぐ中緯度地域の３つの循環に分かれて、大気は循環している。この大気の大循環により、極域からは冷たさが地球全体に供給されていると見ることができる。

さらに、「南極大陸が寒い」ということは、海洋の大循環にも大きな役割を果たしている。図３－３に海洋の大循環の様子を示す。これは海洋の深層と表層を結ぶ全地球的な海水の循環で、海水の温度と塩分濃度で決まる密度の違いによって起こっているので、熱塩循環と呼ばれる。この循環は、表層水が高密度になり海洋深層に沈降することで駆動している。現在その高密度深層水が形成されている場所は、南極大陸沿岸域と北大西洋高緯度地域のグリーンランド界隈で、南極からの深層水を南極底層水、北大西洋からのものを北大西洋深層水という。海洋表層水が高密度になるのは、冷やされることで海水の密度が増加することと、冷やされることで海氷が形成され、その際に氷から吐き出された塩分により海氷下の海水の塩分濃度が増す

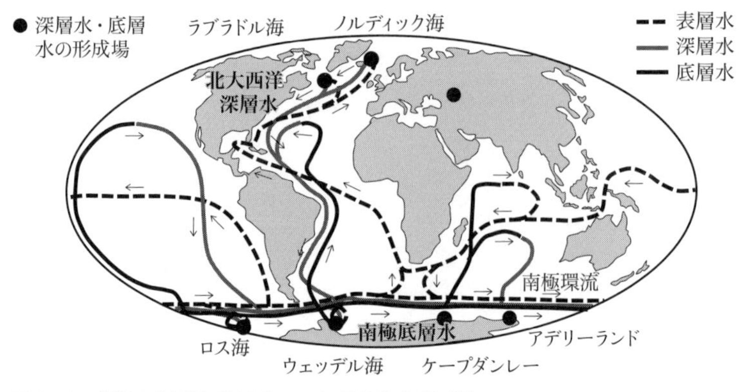

図３－３　海洋の大循環（Meinke et al.（2003）に基づく）

ことで密度が増すためである。図３－３には、南極大陸沿岸域で深層水が発生している場所としてロス海、ウェッデル海が示されているが、近年その他に効率的に海氷が形成されて高密度深層水が発生している場所としてアデリーランド、ケープダンレーの沿岸域が指摘されている。そこでは南極大陸の斜面を吹き下ろしてくる冷たい風により、沿岸域の表層水が冷やされ、海氷が形成されるとともに、形成した海氷が沖合に流されることで新たな海水面が現れ、海氷の形成が促される。これにより表層水の高密度化が促され、深層水の形成が効果的に行われていると考えられている。北大西洋で形成された北大西洋深層水は大西洋を南下し、南極海までくると、南極大陸沿岸域からの南極底層水と一緒になり、南極大陸の回りを巡る南極周極流（南極環流）を形成する。そこからインド洋、太平洋を北上し、全海洋を巡る流れとなっている。南極大陸沿岸域と北大西洋において、その寒さによって形成する冷たくて重い深層水の循環は、大気循環とともに極域から冷たさを供給していると見ることができる。

2 南極大陸

南極大陸は面積1,388万平方キロメートル（棚氷を含む）で、日本の約37倍、オーストラリアの約1.8倍に当たり、その97％は氷で覆われている。ロス海とウェッデル海を結ぶ南極横断山脈を挟んで東経側を東南極大陸、西経側を西南極大陸という（図３－４）。東南極大陸は約５億年前より古い岩石類からなり、一部には約25億年前よ

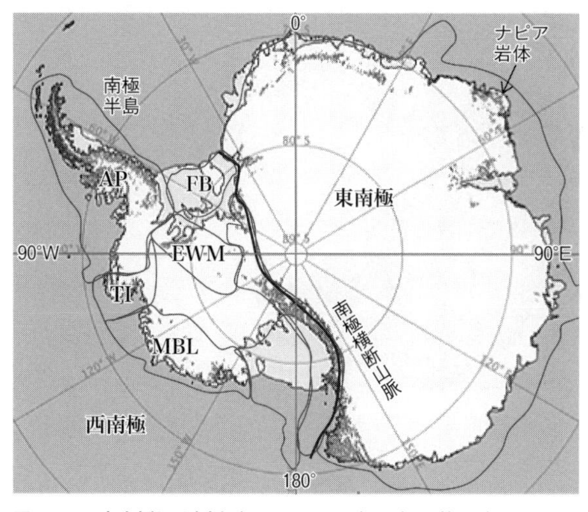

図3－4　東南極と西南極（Torsvik et al.（2003）に基づく）

り古い年代を示す岩石類もある。その一つがナピア岩体で、約24億年前—約28億年前に変成作用を受けた変成岩類が分布し、約39億年の年代情報を持つ岩石もある。また、約19億年、約12億年の年代を示す火成岩類（塩基性岩脈類）も分布している。東南極大陸は地球形成初期からの情報をもつ古い大陸である。西南極大陸は約5億年以降の変動帯で、南極半島地塊（AP）やサーストン島地塊（TI）などの小さな地塊から構成されている（図3－4）。南極横断山脈は約9,000年前まではプレート収束境界の沈み込み帯であり、西南極大陸を構成する小地塊はプレート運動によって東南極大陸に接合した地塊であると考えられていて、図3－4のAPやTIは約1.1億年前には東南極大陸に接合していたと考えられている。現在は、南極大陸を含む南極プレートは、そのほとんどがプレート発散境界（拡大境界）の中央海嶺系で囲まれている。

南極大陸は、現在は南の果に孤立しているものの、かつては、アフリカ大陸、南アメリカ大陸、インド大陸、オーストラリア大陸などとともに一つの大陸塊を形成していた。これをゴンドワナ大陸（Gondwanaland）という。ゴンドワナ大陸の形成は約5.3億年前と考えられている。南極大陸を含むゴンドワナ大陸と北アメリカ大陸やユーラシア大陸を形成する大陸塊は約1.8億年前には一つの大きな大陸、超大陸パンゲア（Pangaea）、を形成していた（図3－5）。超大陸パンゲアは約3.2億年前に形成され、約1.8億年前から分裂を開始した。南極大陸周縁部での分裂は約1.6億年前から約1.2億年前までの期間にそのほとんどが始まったとされる。その分裂の過程で、南極大陸は南極域に移動し、ゴンドワナ大陸を構成していた他の大陸が離れていくことで孤立した。南極大陸がほぼ現在の位置に来たのは約1億年前で、約3,300万年前にタスマニア島と南極大陸の間が離れ、約3,100万年前に南アメリカ大陸南端部と南

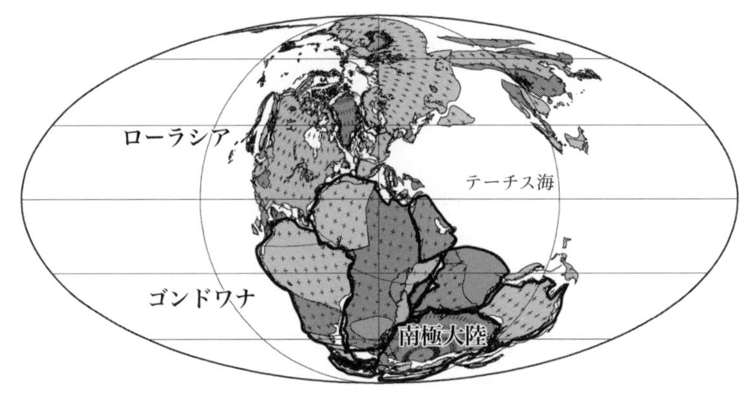

図３－５　２億年前の大陸分布（Lawver et al.（2009）に基づく）

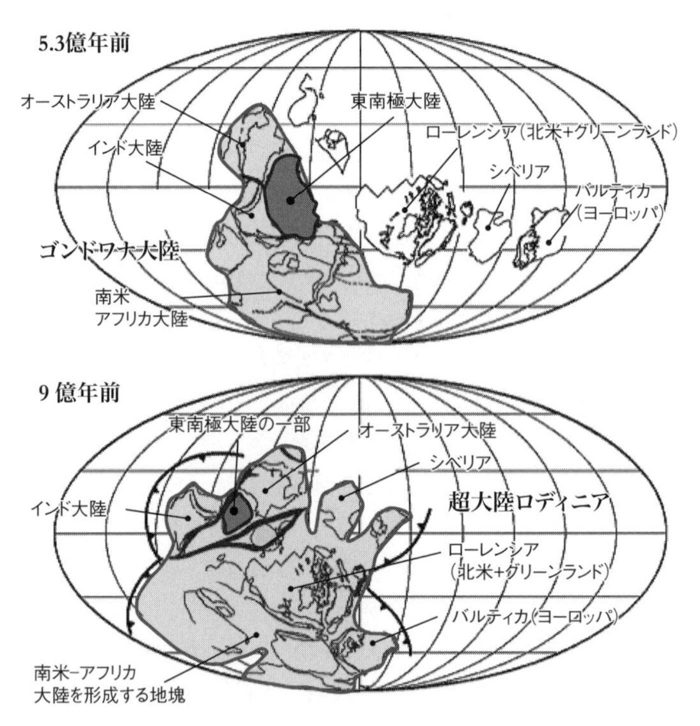

図３－６　5.3億年前と９億年前の大陸分布（Li et al.（2003）に基づく）

極半島が離れてドレーク海峡ができたことで、南極大陸は海で取り囲まれた、孤立した大陸となった。

南極大陸の主要部をなす東南極大陸には、かつてはアフリカ・インド・オーストラリア大陸の一部であったと考えられる地質体が認識されてきている。約9億年前から約7.8億年前の期間には、超大陸パンゲアとは異なる大陸配置で超大陸ロディニア（Rodina）が存在していた（図3－6）。その超大陸が分裂し、約5.3億年前にゴンドワナ大陸が形成される際に、アフリカ・インド・オーストラリア大陸の一部も含めて東南極大陸は形成した（同図）。そして、約1.8億年前からの超大陸パンゲアの分裂の過程で、ゴンドワナ大陸は分裂していき、現在の南極大陸となった。

ここまで南極大陸の形成史を概観してきた通り、大陸塊はプレート運動により地表上を移動し、ひとまとまりの大きな大陸をなす超大陸の形成とその分裂が、地球史において何度も繰り返されてきた。超大陸としては、例えば、約18億年前から約12億年前にヌーナ（Nuna）（またはコロンビア Columbia）、約27億年前から約25億年前にケノールランド（Kenorland）の存在が指摘されている。また、現在は超大陸パンゲアの分裂の過程であるとともに、ユーラシア大陸に対して大陸塊が集合している過程でもあり、将来形成されると考えられている超大陸はアメイジア（Amasia）と呼ばれている。

3 南極氷床

南極大陸の97％を覆う南極氷床の平均氷厚は1,829 mで、最大で4,776 mあり、その量は地球上の淡水の約60％になるという。

南極氷床は約5,100万年前から現在までの地球の寒冷化の中で、約3,400万年前に形成・拡大したと考えられている。図3－7に、海底堆積物に含まれる底生有孔虫の炭酸カルシウム（$CaCO_3$）の殻から求められた酸素同位体比の過去約6,600万年間（新生代）の変動を示す。これは氷床量と底層水の温度の指標で、寒冷化し海水温度が下がる／氷床量が増えると酸素同位体比は大きくなり、グラフ上では下降する。それを見ると、約5,100万年前以降、現在までの寒冷化の傾向の中で、約3,400万年前、約1,400万年前、約300万年前に急激な寒冷化が進んだことがわかる。南極氷床は、約3,400万年前に起こった寒冷化に伴って形成・拡大し、その後、拡大と縮小を繰り返し、約1,400万年前の寒冷化でほぼ現在規模になっていたと考えられている。南

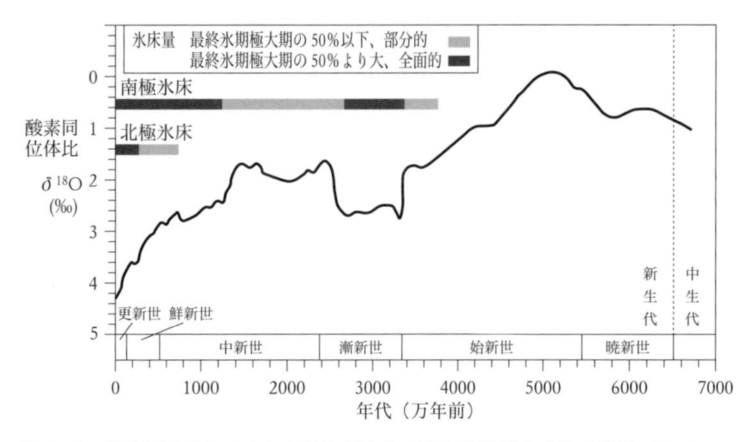

図3－7　海底堆積物に含まれる底生有孔虫の殻の酸素同位体比の変動（Zachos et al.（2002）に基づく）

極氷床の形成・拡大には、南極大陸が極域に孤立したことの影響が指摘されている。極域に大陸が位置すると、岩石からなる大陸の熱容量は海水に比して小さいことからよく冷やされる。それにより上空の大気が冷やされ、それが降雪をもたらす。また、南極大陸は前述の通り約3,300万年前から約3,000万年前にかけて孤立し、大陸周りには冷たい南極環流が形成された。その結果、赤道で暖められた海流との熱交換がされなくなり、南極大陸は熱的に孤立した。このようなプロセスで南極大陸の寒冷化は進み、氷床の発達をもたらした。約300万年前の寒冷化で氷床の拡大が進み、北半球にも氷床が出現した。これで、地球は南北の極域に氷床を持つ気候モードとなり、“氷河時代”（ice age）になったと考えられている。

4　南極氷床から得られる氷期-間氷期変動の情報

氷床は堆積した雪が押しつぶされて結晶化した氷である。雪の堆積物であるので、雪とともに大気循環によりもたらされた物質が含まれている。また、雪として降り積もった際に含んでいた大気が抜け出せなくなり、気泡として氷の中に閉じ込められる。つまり、過去の大気が含まれている。そのため、氷床の氷と含まれる物質や大気を調べることで、過去の地球表層環境の変動に関する情報を得ることができ、氷床は地球表層環境の変動の良い記録媒体である。このため、南極大陸やグリーンランドでは、大陸氷床を掘削し、得られた柱状試料（コア）を様々な手法で解析して、現在から数十万年前までの地球環境変動の解析が行われてきた。ドームふじ基地は日本が行った氷床掘削のための基地である。1995年に開設し、1996年には基地で越冬しながら掘削が行われ、2,503 mのコア試料を採取し、34万年間の記録が得られた。2003年から2007年では夏期に掘削を行い、3,035.22 mのコア試料を採取した。それは過去72万年間記録を含んでいるという。

図3－8にドームふじ基地で得られた氷床コア試料の解析結果として、氷の酸素同位体比と閉じ込められた大気の二酸化炭素濃度の変動を示す。氷の酸素同位体比は掘削地点での気温変化を表している。その変動からは、温暖期と寒冷期、氷期–間氷期、が繰り返されてきたことがわかる。最近で最も寒かった時期が約2万年前で、それ以降温暖化し、現在の間氷期がある。現在のような間氷期が、約12–13万年前、約23万年前、約32万年前にあり、約10万年の周期性があることがわかる。その他の変動には約4万年、約2万年の周期性が認められる。これらの特徴的な周期性はミランコビッチ・サイクルと呼ばれ、過去約260万年間の第四紀の気候変動を特徴づける周期性である。このような周期的な気候変動が起こるのは、地球の公転と自転に関係する軌道要素が太陽・月・惑星の影響により、周期的に変動することで、太陽からの日射量が変動するためであると考えられている。変動する軌道要素とその周期性は以下の通りである。⑴公転軌道の楕円度合い（離心率）：約10万年、約41万年、⑵自転軸の傾き：約4万年、⑶自転軸の公転軌道面に対する向き（歳差運動）：約2万年。図3－8からは、二酸化炭素濃度の変動が酸素同位体比、すなわち気温の変動

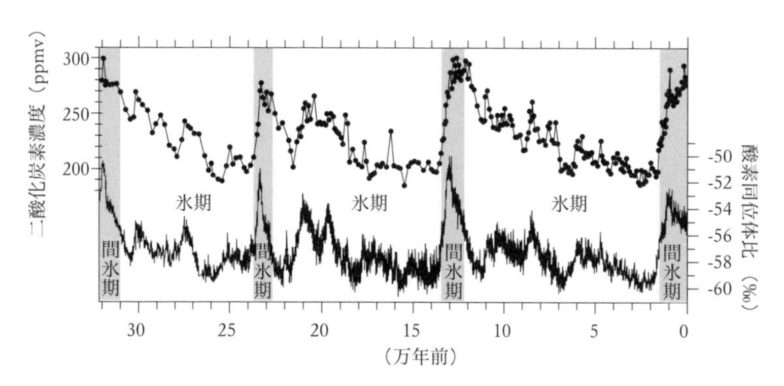

図3－8　ドームふじ基地の氷床コア試料からえられた酸素同位体比と二酸化炭素濃度の変動（Kawamura et al.（2003）に基づく）

に同期していることがわかる。酸素同位体比の変動で示される気候変動の周期性が地球本来のリズムとするのであれば、将来は寒冷化することが予想される。近年の人間活動による大気の二酸化炭素濃度の増大が、温室効果を高め、この地球本来の気候変動のリズムを崩してしまうことが懸念されて、現在の地球環境の問題になっている。

氷期–間氷期変動において約10万年の周期性が顕著になったのは約90万年前からであることが知られている。日本の南極観測プロジェクトとして、その気候変動の周期性の転換を探求するために、100万年間以上の記録を取得することを目指す南極氷床の新たな深層掘削の計画が現在進行している。近い将来、南極大陸からその調査研究の成果がもたらされるであろう。

地球儀を日頃見慣れている状態から傾けて、南極大陸側から眺めながら、地球の営みを紹介してきた。地球史に渡るプレート運動の結果として、南極大陸は今は孤立して南の果てにいる。寒く、氷に覆われたこの大陸のことを日頃は思い浮かべることはないが、地球の大気や海洋の大循環、気候変動に深い関わりがあり、様々な時間スケールの地球の営みを岩石や氷床に記録している。我々の身の回りの現在の自然環境に深く関係し、その成り立ちや将来を探る上での重要な情報を保持していると言える。

南極大陸に足を踏み入れる際にパスポートはいらない。しかし、南緯60度以南の南極地域に領土権を主張している国は7カ国あり、実は地球儀の大陸上にはそれらの国の主張を示す境界線がある。ただし「南極条約」(1961年発効) により領土権の主張は凍結され、平和的利用と国際協力を促進しながらの科学的調査が認められている。南極の環境と生態系また南極地域の固有の価値を保護した上での科学的調査や観光は許可されているが、鉱物資源に関する活動は禁止されている (「環境保護に関する南極条約議定書」1998年発効)。「南極条約」という人が作った枠組みにより特殊な地域となっている南極大陸の現在の状況も今後の“人の営み”により変わっていくのかもしれない。

第 4 章

宇宙と人の〈あいだ〉

交通論で考える

篠原 資明
MOTOAKI SHINOHARA
詩人・哲学者、京都大学名誉教授。著書に、『あいだ哲学者は語る』(晃洋書房、2018年)『まず美にたずねよ』(岩波書店、2015年)『空海と日本思想』(岩波新書、2012年)『まぶさび記』(弘文堂、2002年)等、詩集に、『秘剣まぶさび』(七月堂、2023年)『空うみのあいだ』(思潮社、2009年)、『物騒ぎ』(七月堂、1996年)『サイ遊記』(思潮社、1992年)等。

Key Words 単交通/双交通/反交通、異交通

はじめに　交通とは

交通という言葉を聞いたとき、多くの人は、電車や自動車などの乗り物による移動を連想するだろう。英語でいうトラフィックの意味での交通である。しかし、英語のコミュニケーションも交通と訳されることがあって、哲学書では、けっこう見受けたりもする。たとえば、モナド論を唱えたライプニッツに、「実体の本性及び実体の交通並びに精神物体間に存する結合についての新説」と訳されている著作があるが、そこでいう「交通」の原語はコミュニケーションに該当するフランス語コミュニカシオンである。要するに、一口に交通といっても、二とおりあるわけだ。

ワタシが交通論を唱えたときには、コミュニケーションのほうが頭にあったものだから、トラフィックの意味にとられると閉口することも間々あった。しかし、今日では広い意味で使いたい気持もあって、トラフィックの意味も含めてよいと思っている。

交通論とは、〈あいだ〉を哲学するために編みだされた方法論である。ではそもそも、〈あいだ〉を哲学するのに、どうして交通を語らねばならないのだろうか。それ

は、〈あいだ〉があるところには、何らかの交通が想定されるからだ。交通のありよう、すなわち交通様態である。どういう交通様態であるかによって、どういう〈あいだ〉かも変わってくるし、同じAとBの〈あいだ〉であるように見えても、その〈あいだ〉に生起する交通は、一とおりではない。そこでまずは、交通のありようから〈あいだ〉を探ってみようというのである。

1 四つの交通様態

まず、トラフィックの意味での交通を足がかりにしよう。乗り物による移動は、一方通行が基本と思われる。AからBに行くときは、その方向でしか移動できないからだ。いいかえると、同時に複数の方向に移動することはできない。一方通行的な交通を、単交通と呼ぶことにしているから、移動交通の場合も、単交通が基本だと言いきってよい。この場合、Aは出発地、Bは目的地として意味づけされよう。すなわち、単交通という様態によって、AとBのあいだは、出発地と目的地のあいだとして規定される。この簡単な例からもわかるとおり、〈あいだ〉のありようは、交通のありよう次第なのだ。

ただ、単交通だけでも困るのである。早い話、一つの方向で移動を続けると、無限への旅になりかねない。したがって、世界一周というのでもないかぎり、現実的には、逆向きの単交通も必要となる。すなわち、BからAへという帰還の単交通である。容易に理解されるとおり、このように逆方向の単交通が加わると、一方通行とばかりはいえなくなろう。その場合は双方向的になるから、交通様態としては、双交通と呼ぶことにしている。乗り物による移動は、双交通を想定しないと怖ろしいことになりかねない。なぜなら、生きて帰れないことになりかねないからだ。

さらにいえば、双交通には、反交通もあわせ考えないといけないこともある。たとえば、高速道路を思いうかべればよい。反対方向の車と衝突しないように車線が分かれているはずだ。鉄道でいうと、複線にしてある場合も、逆方向に進みながら、ぶつかり合わずに運行できる。もちろん、反交通の余地は、それぞれの単交通にもつきまとう。交通が遮断されることは、事故や災害あるいは故障などによって、いつでもどこでも起こりうるからだ。

ただ、移動交通の場合、もう一つの交通様態を見落としてはなるまい。というのも、移動交通は、単に二つの地点を行ったり来たりするだけではないからだ。そのあいだ、自分自身だって微妙に変化する。へたをすると、行く気をなくして、途中下車するかもしれない。そこまでいかなくても、目的地が近づくにつれて、なんとはなしに気分も変わってこよう。それに、自分の心や気分、体調が変わるだけではない。目に入ってくる風景だって変化する。風景と自分とのあいだで考えてみると、もちろん、風景と自分は違うけれども、風景の変化とともに自分も変わり、自分が変化するとともに、風景も変わって感じられよう。そういった具合に、相互の異質性を保持しながら、さらなる異質性が生成する様態を、異交通と呼ぶことにしている。

2　宇宙旅行の場合

いま触れた交通様態によって、宇宙旅行を分析してみよう。もっとも、宇宙旅行といっても、当分は、地球と何らかの宇宙空間ないしは天体とのあいだの交通に限られるはずだから、地球を出発地として当該の空間ないしは天体を目的とする単交通と、地球への帰還という単交通、そして両者をセットとする双交通が、まず考えられよう。このセットとしての双交通は、やはり当分は強力なものであらざるをえまい。なぜなら、当該の目的場所に乗員を置きざりにするわけにはいかないからだ。とはいえ、置きざりを目当てとする試みも、考えられないわけではない。事実、遺骨や遺灰を宇宙空間に埋葬する企てが進行しつつあるとも聞く。この場合、宇宙空間への単交通は、生から死への方向と重なり合う。また、事故や故障、状況変化などによって、交通が潰えてしまう危険、すなわち反交通の余地は、地上の交通以上に大きいことは、いうまでもない。

異交通について、忘れてならないのは、移動手段の違いが風景の違いを生むことだ。早い話、飛行機の出現は、雲の上からの風景を作りだしたのである。宇宙ロケットの出現もまた、予想もしなかった風景、ときに感動的な風景を生みだしもした。ソ連の宇宙飛行士、ガガーリンが発した「地球は青かった」という言葉は、そのような新しい風景を発見した歓びを表すものだったに違いない。そのとき、風景と宇宙飛行士とのあいだに、異交通が成立したのである。

3 空海の場合

ただ、交通論にとって移動交通は、あくまで足がかりにすぎない。たとえば単交通といっても、単に移動の一方向性を意味するだけではなく、働きかけるということに含意される能動的な一方向性を意味しもするからだ。能動的な働きかけが端的に目ざすのは、支配空間を広げ、確かなものとすることだろう。鉄道により単交通的な移動が確立されるなら、多数の兵士を効率よく速やかに前線に送ることもできる。それもまた、支配を広げ、確かなものとすることに貢献するのだ。

宇宙への旅にしたところで、単に科学研究のため、楽しみだけのために試みられるわけではあるまい。上空からの監視や攻撃のために企てられもする。見方次第では、地上の支配をめぐる争いが、上空のかなたにまで拡張しているといえもしよう。いうまでもなく、宇宙は限りなく広大だ。その広大な宇宙を前にして、地上の人間は自らの小ささを、いやがおうにも思い知らされよう。だからこそ人間は、この広大な宇宙に、あるいは宇宙のかなたに、神々を仮構した。そういった神々の世界は、宇宙同様、人の手の及ばないものと考えられもしただろう。このように神々の世界と人間世界のあいだの隔絶を強調するなら、反交通が想定されることになる。

しかし、まれなことながら、宇宙が自らの内に入りこむという経験をする人がいて、そのような経験が、その人を変えてしまうとともに、その人にとっての宇宙のありようをも変えてしまうことがある。宇宙と人との異交通というべき経験だ。空海に起こったのは、おそらくは、そのような経験だったに違いない。

空海は、『三教指帰』の序文で、「明星来影す」と記している。明けの明星、すなわち明け方の金星が、土佐の室戸崎で修行中の空海に到来したというのだ。この強烈な経験は、その後の空海に、決定的といってもよい影響を及ぼしたように思われる。密教を本格的に修するべく入唐し、帰国後、日本を密教化することに生涯を捧げたというだけではない。その思想と生き方の全面にわたって、明星来影の刻印を見ることができる。まさに、宇宙が私に入るという経験として。

まず挙げるべきは、密教の中心的な尊格である大日如来が自らの心の奥にいるという悟りである。空海は、その詩文集『性霊集』の巻頭詩篇「山に遊んで仙を慕う詩」中で、感きわまったようにしたためる、「遮那阿誰が号ぞ／本是れ我が心王なり」と。ここでいう遮那とは、大日如来のことである。そして大日如来とは、太陽を神格化した存在、まさに宇宙を象徴する尊格にほかならない。空海とともに、宇宙と私とのあいだに異交通が生起したのである。すなわち、宇宙はマンダラへと生成するとともに、私はこの身のままで大日如来へと化す。即身成仏するのである。

明星来影を発端とする、宇宙が私に入るという経験は、空海の詩学にも見いだされよう。中国の文芸論から空海自ら編集した『文鏡秘府論』の中に、つぎのような一文が見いだされるからである。「語は須く天海の内を、皆な方寸に納むべし」（ことばによって全宇宙のすべてを、心の中に取りこむのだ）。このように宇宙を自らのうちに取りこんでこそ、よい詩が書けるといわんばかりに。

もう一つだけ挙げるなら、密教で修せられる月輪観にも、明星来影の刻印が見いだされるかもしれない。満月の画像を観想しつつ、満月が私に入り、私が満月に入るという修行である。密教的にいえば、入我我入。文字どおり、月という小宇宙が我に入るのである。

ちなみに、高野山に空海が構想し、その死後に完成された多宝塔は、20世紀に再建され根本大塔として、いまに残るが、この多宝塔のデザインは、インドにも中国にも見られない空海独創になる建造物だ。内部に諸尊格をマンダラ状に配する独特の構造をもつ。

興味深いのは、岡本太郎が太陽の塔に着手する直前に、高野山と京都の密教寺院を訪れていることだ。その経験を綴った『神秘日本』（1964年）を読むと、太陽の塔に、現代の多宝塔を見たい気に駆られる。空海と岡本太郎とのあいだに異交通が生起したと、いえるかもしれない。

4 西行と月

西行といえば、月と桜を友とした歌人として知られよう。「願はくは花のしたにて春死なんそのきさらぎの望月の頃」という歌のとおりに、2月16日に亡くなったことが当時の人々を感動させたと、伝えられる。ただ、ここでは、月を友とするという側面を、特に重視したい。理由は二つある。一つには、桜は季節としては春に限られるのに対して、月は季語としては秋に入れられるにせよ、基本的には季節を問わないからである。いま一つは、西行は高野山で修行した密教僧だったこともあって、月を詠む歌の背景には、月輪観があったと思われるからだ。すなわち、月と西行との入我我入の境地である。

さらにわけても、月と露とを詠みこんだ和歌に注目したい。なぜなら、悟りの象徴である満月と、無常の象徴である露とを出会わせること自体、深い意味を感じさせるというだけでなく、草木や石ころのような小さなものにも仏性を認めた密教的世界観をも、読み取られると思われるからだ。数ある中から、いくつか挙げておこう。

浅茅原葉末の露の玉ごとに光つらぬく秋の夜の月
今宵はと心得顔にすむ月の光もてなす菊の白露
夕露の玉しく小田のいな筵かぶす穂末に月ぞすみける
庵さす草の枕にともなひて篠の露にも宿る月かな
こずゑ洩る月もあはれを思ふべし光に具して露のこぼるる

最後の歌でもわかるとおり、露は涙の比喩ともなる。それにより、無常の思いは、いやましに強められよう。月と露とを一首に盛ることは、西行以前も以後にも見いだされるが、西行に、月輪観を修した密教僧ならではの、傑出した歌境を見たくなるのは、ワタシだけではあるまい。

5 地中海の空

思想的基盤はもとより、時代も環境も、まったく異なるように見えながらも、空海とどこか通じあう芸術家が、20世紀のフランスに現れた。イヴ・クラインだ。空海にとっての空と海が、まずは四国のそれであったのに対して、南仏ニースに生まれ育ったイヴにとっての空と海とは、まずは地中海のそれであった。ニースを中心とする地中海沿岸地域は、コート・ダジュール（紺碧海岸）と呼ばれる。その名のとおり、紺碧の空と海。そこからイヴは、彼のブルーを選びとったのである。わけても、空のブルーを。34年という短い生涯を駆けぬけたイヴは、死の1年前の1961年に言いはなった。ニースにて「1946年、いまだ青年の頃、私は空の向こう側へ署名に行った」と。

地中海の空を友とするイヴの、現代アート界への登場は衝撃的なものだった。1957年、ミラノでの個展「イヴ・クライン――モノクロームの提案、ブルーの時代」で、イヴは、はじめて自らをモノクローム・ブルーの画家として提示したのである。なにしろ、画廊の一室には、同一サイズ・同一形態のブルー一色の絵画が11点掛かっていたのだから。しかも、ブルーは作者の手の跡を残さないようにローラーでできるだけ均質に塗られ、一点一点は、壁から距離を置いて、ちょうど宙に浮くような具合に展示されていたのである。この種のブルーのモノクローム絵画を、イヴはIKB（International Klein Blue）と呼ぶことになった。地中海の空を友とすることで、イヴはIKBのモノクローム画家となり、それとともに地中海の空はイヴの署名入りのものとなったのである。まさに空とイヴとの異交通、二重生成が生起したといってよい。

ミラノでの個展の翌年には、イヴの名をさらに高からしめた個展が開かれた。パリでの「空虚」展である。会場の画廊の内部は文字どおりのからっぽ、壁は真っ白に塗られたままだった。見落とせないのは、ブルーの色彩が、画廊に入室する前に、いろんなかたちで仕掛けられていたことだ。個展の案内状や、画廊の建物に来るまでの路上、画廊入口の上などに、ブルーが仕掛けられていたのである。この「空虚」展について、イヴ自身、次のように語っている。「可触的で可視的なブルーは外部、外側の通りにあり、内側でブルーは非物質化されるだろう。見られることのない色彩空間、だがそこに人は浸透するのだ」と。画廊の内部は、なにも無いように見えるけれども、そこには非物質的で不可視のブルーが充満していて、それはあたかも画廊の外部で物質的なブルーの雰囲気に浸されてきた人々の内面そのもののようだというのだ。

イヴが「空虚」展に触れて語る浸透は、その活動にとってキーワードとなる。のちに彫刻やレリーフとして海綿（スポンジ）を用いるようになるからだ。海綿は多孔質ゆえに、浸透はすみずみにまで及ぶ。この性質に目をつけ、イヴは海綿にブルーを浸透させ、立体作品やレリーフを制作した。その試みについて、イヴは、つぎのように記す。海綿は「私のモノクロームを見る人たちの肖像だった。彼らは私のモノクロームを見、私の絵画のブルーのうちを旅した後で、海綿のように、感性をすっかりそれに浸透されて戻ってくるのだ」と。地中海の空を友とすることで生成したイヴ・ワールドは、海底の住民である海綿にも及ぶのである。

6 足穂と彗星

最後に、20世紀の日本からも、宇宙との異交通の突出した例を挙げておこう。稲垣足穂である。その最初の単行本『一千一秒物語』（1923年）はといえば、ほとんど、月や星などの天体が登場する超短篇ばかりだ。あるときは主役として、またあるときは、からかったり、からかわれたり、けんかしたりする相手役として、天体は登場する。中には、天体を食べたりする話、天体が変化した飲み物を飲む話まであるほどだ。

その足穂にとって、生涯にわたり、一種のライトモチーフともなった天体は、おそらく彗星だったろう。自ら処女作と認める「チョコレット」はほうきぼしの話でもあったし、『一千一秒物語』にも、彗星の話がいくつか出てくる。実見したか否かは別として、「チョコレット」以前に、足穂が知りえた彗星で、話題になったものとしては、1910年に地球に最接近したとされるハレー彗星と、1921年に話題になったポン彗星がある。足穂作品にしばしば登場するのは、ポン彗星のほうだが、ハレー彗星への言及も見いだされるから、おそらくは、どちらも知っていたことだろう。ちなみに、あの日本画家の横山大観も、ハレー彗星の絵を描いているほどだから、好奇心旺盛なモダン・ボーイだった足穂が知らなかったというのも、考えにくい。

注目されるのは、『一千一秒物語』の初版から削られた箇所に見いだされる「COMET TARUHO'S MAGIC BOOK」という表現である。以後の足穂を考えるかぎり、足穂がCOMET TARUHOであることをやめたとは考えにくい。それどころか、COMET TARUHOは姿を変えながらも、さまざまに登場する。それは、彗星と足穂との異交通そのものの展開であったのかもしれない。いずれにせよ、宇宙との異交通は、そのようなかたちでも生起しえたのである。

*この章は、『総人・人環フォーラム』2018年第37号掲載の文章の再録である（一部修正）。

Column I

森成隆夫

アインシュタインの相対性理論とエネルギー公式

ひと昔前、ある国で奇跡を起こす人物が話題になった。手のひらを広げ何もないことを示した後、片方の手を軽く握ると砂が落ちてくる。これが奇跡などではなく手品であることを、アインシュタインのエネルギー公式$E=mc^2$で明らかにしてみよう。無から砂10 gを生じさせるとする。公式でmを10 gとし、光速cの値を代入して計算すると、$E=2\times10^{14}$ calとなる。オリンピック公認サイズのプール800杯分の氷をすべて沸騰させるエネルギーだ。おにぎりを食べて賄うとすると10億個。この物質の質量と莫大なエネルギーを結ぶ驚くべき関係式は、核エネルギー利用というパンドラの箱を開けることにも寄与してしまった。エネルギー公式はアインシュタインの特殊相対性理論からの帰結だが、この理論が依拠する原理は、光速cが誰にとっても一定ということである。じっと立ち止まっている人にとっても、超音速のロケットに乗っている人にとってもcは同じ。相対性理論は、それまで独立なものとして認識されていた時間と空間を融合して時空という概念を創出した。日常生活において時間と空間が絡み合うなんてまったく実感できないが、物理法則は相対性理論と整合していないと、満足のいく理論とは言い難い。原子や分子、半導体、超伝導や超流動の記述に不可欠な量子力学を、特殊相対性理論に整合する形式で定式化すると、なんとこの世界に反粒子が存在することが示せてしまう。電子と質量が同じだが、電荷が正の粒子が存在する。

このような反粒子の存在は実験的に確立し、現代では当たり前のことと認識されている。自然の深奥には、摩訶不思議なものが潜んでいる。基礎法則のみならず、多数の要素が互いに相互作用して生じる現象の想像をはるかに超える多彩さと意外性、生命現象の驚異的仕組みなど、この世界のカラクリを調べていくと、自分がいかに無知であるかを思い知り、ただただ謙虚にならざるをえない。それと同時に、自分自身の存在が実は奇跡的なことであり、隣人も含め、あらゆるものがそうなのだということに思いが至る。

研究の原点①

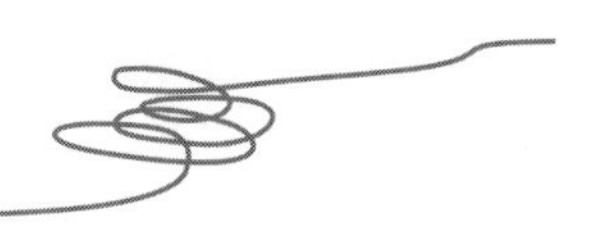

細見和之（ドイツ思想・比較文学、序章・Column IV）

ドナドナの衝撃

田舎から大学に入学して、不案内な私は、さまざまな団体の呼びかけに応答していました。そのなかで、社会運動系の団体の合宿で、懐かしい「ドナドナ」がユダヤ人の歌であることを知りました。ハンマーで殴られたような衝撃……。私は「ドナドナ」はホロコーストの歌だと思い込みました。これはそのままでは間違いですが、「ドナドナ」のイディッシュ語バージョンを収めたレコードには作詞をしたのはポーランドの「イツハク・カツェネルソン」と記されていました。これも間違いですが、カツェネルソンを「ドナドナ」の作詞家と思い込んだ私は、彼のイディッシュ語作品、ヘブライ語作品を翻訳しはじめ、気がつくと私の研究時間の大半はカツェネルソンに費やされるようになっていました。研究者としての私の生涯は間違いに導かれたものですが、カツェネルソンがきちんと読まれ評価されるべき存在であることは、間違いのない事実なのでした。

阪上雅昭（物理学・宇宙論、第1章）

自然や現象の見方

専門は一言で言えば“物理学”である。宇宙物理でも相対論でも非線形物理でもない。“物理学”を志したのは高校に入学し、始めて物理の講義を受けたときだと記憶している。必ずしも面白い講義でなく内容もごく普通のものであった。でも些細な何かを感じ、何故かそのとき“物理学”に嵌まってしまった気がする。全くの後付けであるが、自然現象の中に法則性を見つけそれを実験で実証する方法論の片鱗に触れ、それに惹かれたのだと思っている。つまり私にとって“物理学”とは、自然あるいは森羅万象の見方を創造する学問なのである。そう考えれば研究対象を自然や物質に限る必要はない。宇宙物理がかつて新しい“物理学”であったように、生物集団、人間の集団、意識そしてことばの発達などを対象に、“物理学”の地平線を広げることを志している。

小木曽哲（地球科学、第2章）

岩石で読み解く地球史

子供の頃は、川が山を削って谷を作ったり、平野で川が蛇行して三日月湖ができたり、マグマが噴き出して火山ができたり、といった、自然の力で地形が変わっていく現象に強く心を惹かれていました。地球科学という学問分野の存在を意識し始めたのは中学生の頃だったと思います。大学では、火山で起こる現象を観測する研究をしたかったのですが、希望の研究室に進めず、仕方なく選んだのが岩石学の道でした。少しでも火山に関わることがしたかったので、卒論では火山の岩石の観察と分析から火山活動の変遷を読み解くことをテーマに選びました。その過程で、岩石を調べることで、地球内部で起こっている現象や過去の地球で起こった出来事を明らかにできることに気がつき、興味の対象が地球内部の変動とその歴史へと移りました。現在は、地球ができた直後に地球内部で起こったことを、地下深部から運ばれてきた岩石から読み解くことを目指しています。

石川尚人（古地磁気学、第３章）

偶然の出会い

中学生の時にたまたま入った街の本屋で『地球の科学 大陸は移動する』（竹内均・上田誠也著、NHKブックス）という本に出会いました。「大陸は移動する」という副題が気になって購入したその本には、それまで全く知らなかった地球の姿が書かれていました。大陸が移動したこと、超大陸の存在、そして強く印象に残ったのは「岩石は地磁気を記録している」ということ。その情報から地磁気の極性が逆転することがわかり、過去の大陸の位置を復元することができることを知りました。これが契機となり地球科学、そして特に「地磁気の化石」（古地磁気）に興味を持ちました。大学の選択の際には「古地磁気学」までは意識しませんでしたが、たまたま入れた京大・理学部に「古地磁気学」の研究室があり、そこで良き先生に出会いました。その先生、研究室、研究分野の雰囲気が私には居心地がよく、中学生以来の興味のままに研究生活を続けてくることができました。

篠原資明（あいだ哲学・美学、第４章）

デジャヴュ

小学生の頃、三度ほどデジャヴュの体験をした。なぜ、はじめて来た場所なのに以前来たことがあるように感じられるのか。そのことに、子供ながらに不思議な思いをしたようで、心のどこかにその不思議感が残りつづけたのである。高校生になり、小林秀雄の本を介して、フランスの哲学者、ベルクソンに惹かれるようになった。基本的にむつかしかったけど、すっとわかるところもあって、読みつづけるうち、デジャヴュが見事に解明されている箇所にいきあたったのである。詳細は省くが、心の奥にモヤモヤとたちこめていた霧が晴れわたったかのように感動したものだ。その経験は、現代と過去の問題として、ワタシの用語で言いかえれば、いまかつて間の問題として、展開されていったように思われる。同様のベルクソン経験をもつ稲垣足穂の言葉を借りれば、ワタシなりの「おさな心の展開」だったのかもしれない。

森成隆夫（物成理論、Column Ⅰ）

この世界を理解するパズルの完成を目指す！

明確に意識した時期は不明ですが、「ちっぽけな存在が、一生をかけてどこまでこの世界を理解できるか」ということが研究活動を営む根源的な動機になっています。講談社のブルーバックスを読んだり、数学に熱中したりして、大学では物理学を学ぶことにしました。宇宙の起源といった壮大な理論に憧れましたが、紆余曲折を経て、とても身近な物質世界で起こる現象の理論研究に携わっています。誰も電子を見たことがないのに、半導体の性質や超伝導といった現象を手応えを持って理解できます。五感ではとても認識できない領域に踏み込み、世界の仕組みを理解できる感覚を味わっています。物質中の現象が、素粒子物理学やブラックホールの性質と関連するといった、予想外の関係性に驚かされることもあります。現時点で手が届かない未解決問題もありますが、挑めるギリギリのところで、世界を理解するパズルの小さなピースを見つけたり、理解したりして喜んでいます。

多様性に魅せられる

地球のなかの生命

Introduction

私たちは、「共生」がいかに大事かという議論を積み重ねてきたはずである。人種や宗教、性別などの属性の違いがあるにしろ、ひとはみな尊重すべきいのちであるという理念を、私たちはもとめつづけてきた。しかし現実には、人種・民族・宗教などによるダブル・スタンダードが世界史の上にあからさまに見えている。私たちは自分に「同一」と思わるものを大切にし、「同一でない」と見えるものを暴力的に排除しがちだ。その結果、21世紀にいたっても戦火が絶えない。

私たちは、共生の前提となる多様性を、真には目に入れてこようとしなかったのではないか。PART IIのキーワードは「多様性に魅せられる」だが、ここに論考を寄せているのはアカデミックに実証的に、リアリズムをもって“真に”魅せられてきた、生物学の研究者たちである。第5章では海辺の生物を中心にした共生の多様性、第6章では両生類にそくした進化の多様性、第7章では多様性が菌類から生まれるメカニズム、第8章では藻類が持つ機能の多様性、第9章では生物の最も小さいかたちから見える多様性が考察される。そして第10章は、生命を私たちはどのように描くのかという表象論である。

いのちの多様さにはっと驚く、魅せられることの真なる姿を、各章からつかみとってほしい。

第 5 章

住み込み共生が育む海の生物多様性

加藤　眞

MAKOTO KATO

幼少の頃から貝拾いと昆虫採集に明け暮れ、その生活は高校・大学に引き継がれ、今でもやっていることはあまり変わっていません。専門は生態学で、主要なテーマは、花と昆虫をめぐる送粉共生、海の住み込み共生の進化、潜葉虫の多様性などです。木曽福島に京都大学生物学研究所という小さなフィールド研究施設があり、そこを拠点に約30年間、生物学実習を行ってきました。高原のゆく夏を惜しみつつ。

Key Words　生物多様性、生態系機能、現代における生物多様性の意味、被子植物、動物媒、昆虫媒、プランクトン、濾過食者、住み込み共生、サンゴ礁、カイメン、ナマコ、辺野古大浦湾

生物多様性という言葉が使われるようになって、自然の価値の重要な一側面に光が当たるようになった。ちなみに自然のもうひとつの重要な側面は、食物網や物質循環に象徴される、系の安定性をもたらす生態系機能である。白い砂を入れて造成した人工ビーチは生態系機能において自然の砂浜と遜色がないかもしれないが、生物多様性は絶望的に貧困かつ回復不能である。本章では、まず陸域で進行した植物と昆虫の多様化過程を俯瞰したのち、海の生物多様性の特徴とその形成過程、そして現代におけるその多様性の意味について考えてみたい。

1　陸上生態系で進行した植物と昆虫の多様化

地球上の生物の種数がなぜこれほどまでに多いのか。それは、生物学の重要な問いかけでもあった。熱帯雨林とサンゴ礁はそれぞれ、陸域と海域で最も生物多様性が高い場所として知られている。陸上生態系の生物多様性は植物と昆虫の多様性に因るところが大きいが、まず、植物の多様化の駆動要因を考えてみよう。この疑問

に答えるヒントは、陸上植物でもっとも多様化している植物が被子植物であり、そのほとんどが動物媒（特に昆虫媒）であるという点にある。植物の授粉を担う送粉者は蜜や花粉などの報酬を求めて花に訪花するが、必要な報酬を効率的に得るべく、最適採餌行動（餌を効率的に得ようとする行動）を進化させやすい（カラー口絵、図6参照）。こうして、見つけやすくかつ報酬を得やすい花だけを訪問するようなそれぞれの送粉者の行動が、ランダムではない花粉の流れ、すなわち方向付けられた遺伝子流動を作り出し、植物の種分化を引き起こしてきたのである。

それでは、被子植物の多様化に伴い、昆虫はなぜ多様化したのだろうか。膨大な種数を誇る昆虫のほぼ半分は食植性昆虫である。動いて逃げることのできない植物は、食植性昆虫の食害から身を守るために有毒な二次代謝産物を作って防衛した。それに対抗して、一部の昆虫は解毒能力を進化させて、その化学防衛を乗り越える。すると植物はもっと強力な毒を作る。このようないたちごっこ（軍拡競走 arms race とも呼ばれる）によって、植物の二次代謝産物の毒性と食植性昆虫の解毒能力は相乗的に増強されてゆくが、昆虫が対応できる毒物質の数には限界があり、昆虫は限られた植物だけしか食べられないようになってゆく（すなわち、寄主特異性が高まってゆく）。このような化学防衛をめぐる植物と食植性昆虫の軍拡競走が食植性昆虫の寄主特異性を高めたがゆえに、食植性昆虫は植物の多様化に追随して多様化してきたのであろう。食植性昆虫の種数が増えれば、その後を追って、それを利用する捕食性昆虫や寄生性昆虫も多様化していったにちがいない。中生代白亜紀に進行した被子植物の適応放散は、食植性昆虫の多様化をもたらしただけでなく、PART II 第7章で紹介されるように菌根菌の多様化をももたらした。

2 プランクトンとその濾過食者が卓越する海の生態系

それでは海の生物多様性はどうであろうか。PART I 第2章で見たように、海の生物多様性は地球の歴史を強く反映しているが、海はさまざまな点で陸と性格を異にする。広い海洋は微小なプランクトン（浮遊生物）が漂う世界であり、光合成をする一次生産者も微小なプランクトンである。植物プランクトンは、増殖するそばから動物プランクトンに食べられるので、バイオマスとしては植物プランクトンより動物プランクトンの方が多いこともしばしばである（もちろん、単位時間あたりの生産量で比較すれば、一次生産者の生産量が最大である）。

この膨大な数のプランクトンの存在が、海で濾過食という生き方を可能にさせた。海には、動物でありながら動くことを放棄した濾過食者がたくさんいる。カイメン、イソバナ、コケムシ、カンザシゴカイ、二枚貝、フジツボ、ホヤなどである。これらの動物は、岩などに固着したり、砂や泥の中に潜ったりした状態で、海水を濾過してプランクトンを摂食して暮らしている。前者の中には、炭酸カルシウムで骨格を形成して集合し、「礁」をつくるものもある。サンゴ礁、カキ礁、カイメン礁のように。サンゴは体内に共生藻を共生させているので、その生育は旺盛で、太陽の光が射し入る浅い海ではとりわけ大規模なサンゴ礁が形成される。

一方、砂泥底に暮らす濾過食者には、出口と入り口を持つ孔を開けてその中で濾過食をするもの（アナジャコやユムシ、ツバサゴカイなど）や、入水管と出水管を持ち、体内に水流を作り出して濾過食をするもの（二枚貝、シャミセンガイなど）があるが、いずれも海底に2つの（シャミセンガイ類では3つの）穴を開けるという共通点がある。

それでは、海の中に植物はどれほど生育しているだろうか。底質が岩盤ならば、その上にさまざまな海藻が生育するが、海藻の多様性は陸上植物のそれと比べてかなり低く、またそのサイズは陸上の樹木に比べるとはるかに小さい（ただし、PART II第8章で見るように、微細藻類の多様性は、記載分類が進めば、著しく高いだろうと考えられている）。したがって、陸上で卓越している、セルロースやリグニンを主体とする植物遺体の蓄積が、海の中にはほとんどない。陸上植物が海に進出して、砂泥底にアマモ場などの海草藻場を作ることがあるが、それでもその多様性は低く、現存量はわずかである。さらに海藻や海草を食べる生物はいるものの、食植性昆虫で起こったような寄主特異性の獲得とそれに付随した多様化は、藻食者・海草食者ではほとんど起こらなかった。それでは、海の生物多様性は何に由来するのだろうか。

3 住み込み共生

海洋の大半はプランクトンとそれを食べるネクトン（魚やイカなどの遊泳生物）の世界であるが、それにも増して高い生物多様性が集中しているのはむしろ海底である。海底では、降り積もるデトリタス（有機物残渣）を利用する多様な堆積物食者が生息していることに加え、さまざまな濾過食者たちが多様な構造物を作って暮らしている。固着性の濾過食者ならば、それ自身が構造物であるし、それが集まれば、

「礁」と呼ばれるいっそう複雑な構造物となる。砂泥底には無数の穴が空いているが、それは砂泥底の中に無数の巣孔が織りなす地下世界が広がっていることを物語っている。これらの構造物は、サイズ、形状、明るさ、水流など、さまざまな点で異なっており、それらがまた別の生物の新たな付着基盤や生息場所になる。

サンゴには枝状のものもあれば、塊状のものもあり、石灰質の骨格の中には、サンゴフジツボ類、カサネカンザシゴカイ類（カラー口絵、図7）、イシマテガイ類など、多様な穿孔生物が住み込んでいる。これらの穿孔生物が宿主に与える影響は多様（寄生であったり、相利共生であったり、利害関係がなかったりする）であるが、このような関係は一般に「住み込み共生」と呼ばれる。これらの穿孔生物は通常、ある程度の基質特異性を持っており、それゆえに穿孔生物の多様性も高い。そして、それらの穿孔生物の巣孔にさらに別の生物が住み込み共生をすることもあれば、穿孔生物が死んだあと、その巣孔に別の生物が住み込むこともある。このような住み込み共生の連鎖が、サンゴ礁生態系の著しい多様性を産んでいるのである。

4 カイメンの共生者

サンゴ礁生態系には、サンゴに混じって、さまざまなカイメンが生育している。カイメンは最も祖先的な多細胞生物で、口や消化管や筋肉がなく、器官すら持っていない。スポンジ状の体の中に無数の水路が網目状に伸びており、体の中を海水が通りぬけてゆく。水路に沿って、襟細胞という鞭毛を持った細胞があり、それがプランクトンを捉え、それを栄養にしている。体のひろがりや構造が不確かで捉えどころがないために、カイメンの分類は遅れているが、驚くほどの種多様性を擁していることは確かである。カイメンが腐ると強烈な悪臭を発することが多いことからもわかるように、カイメンは多様な有毒の化学物質を持っていることが多い。このことは、カイメンとカイメン食者・カイメン寄生者との間で化学防衛をめぐる軍拡競走があったことを暗示している。またカイメンの中には、共生藻類をはじめ、多様な微生物が住み込んでいることが知られており、それらの微生物の多様性や、それらとの関係もカイメンの進化に強く関わっているにちがいない。

沖縄本島の羽地内海には塊状の大きなカイメンが生息しており、そのカイメンの中にはホウオウガイという二枚貝が特異的に住み込んでいる（カラー口絵、図8）。海に潜って両者の関係を追ったのが、本研究科の椿玲未さんである。多くのカイメンは自ら強固な骨格を作れないので、波や海流に対して自分の体を物理的に支えるための対策が必要であるが、このカイメンは、住み込んでいる多数のホウオウガイを内骨格として共生させることによって、大きな個体に成長できているようだ[1]。また、水流を起こす器官を持たないカイメンにとって、塊状の形態は水循環に不向きである。内部共生をしているホウオウガイは自らの濾過食のために、貝柱の強力な筋肉運動によって水を吸い込み、その水を鰓で濾過しているが、このホウオウガイの引き起こす水流が、このカイメンの濾過食をも助けていることが明らかになった。カイメンもホウオウガイもともに濾過食者であるが、カイメンは捕食者に対する化学防衛を、ホウオウガイは物理的補強と水循環を担っているわけである。

5 ナマコの消化管に住む二枚貝

ナマコは棘皮動物の一群で、砂の中に潜って、砂を飲み込み、砂の中に含まれる有機物を摂食する堆積物食者である。サンゴ礁の浅瀬の砂の中にはおびただしい数のナマコが生息し、そのナマコの活躍が、海底の底質の浄化に大きくかかわってきた。しかし近年、中華料理におけるナマコ需要の高まりが、世界のナマコの乱獲を招き、各地でナマコの個体群が急速に縮小しつつある。ナマコの減少は、サンゴ礁生態系に影響を及ぼしている可能性が高い。

さて、奄美大島の内湾のサンゴ礁に生息するイソナマコを解剖していたところ、その消化管から不思議な生物が2個体出てきた（図5－1）[2]。片方は大きく、片方は小さく、よく見るとそれぞれ2枚の殻を持っている。大きな足と大きな生殖腺が小さな殻からはみ出しており、殻を外套膜がすっぽり包んでいる。大きな個体と小さな個体はそれぞれ雌と雄であった。多くのナマコを解剖した結果、この二枚貝はナマコの消化管に必ず雌雄一対で住み込んで暮らす、ウロコガイ科の新種であった。ナマコの体表に共生するウロコガイ科としてこれまで2種（ヒノマルズキンとヒナノズキン）が知られていたが、本種は内部寄生する種として、イソナマコノワタズキンという名で記載をした。この貝は、雌でも貝殻の大きさがわずか4ミリほどしかない。しかし、このように特別な底生生物と住み込み共生する、けっして目立たない生物がきわめて多く、それらの大いなる集合が海の生物多様性であると言える。琉球列島に僅かに残された、手つかずの自然海岸には驚くほど多くの種の貝殻が打ち上げられるが、その多様性は海の中に無数の住み込み連鎖が存在していることを物

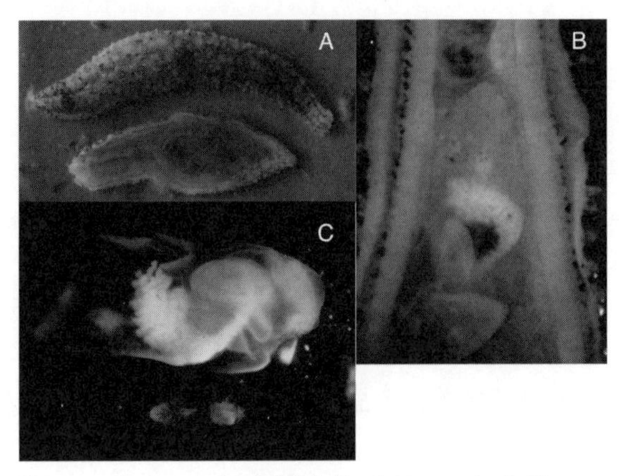

図5－1　イソナマコとその内部共生者、イソナマコココノワタズキン。A：イソナマコの全身と縦断面、B：イソナマコココノワタズキンが住み込んでいるイソナマコの消化管、C：イソナマコココノワタズキンの雌（上）と雄（下）。

語っている。

6　スツボサンゴをめぐる住み込み共生

透き通った水、水中にあふれる太陽光、海底に広がる白砂、色とりどりの多様なサンゴのつらなり、そしてサンゴの間を泳ぐ多様な魚たち、それらはサンゴ礁のまぎれもない際立った特徴である。サンゴ礁を作る群体性の造礁サンゴは約300種、それらの多くは光合成共生をしているので、大雨による赤土流出やそれに伴う水の透明度の減少の影響を受けやすい。したがって、サンゴ礁の多くは、陸水の影響を受けにくい、島嶼の外縁に沿って発達することが多い。

一方、内湾に広がる浅海の砂泥底には、非固着性の小さな単体サンゴが生息することがある。キサンゴ科のスツボサンゴとチョウジガイ科のムシノスチョウジガイ（カイという語尾を持つが、刺胞動物）である（図5－2）。これらのサンゴは、科が異なるのに見かけはそっくりで、奥歯のような形のサンゴ体の中に渦状の空洞を持ち、その空洞の中にホシムシが共生している。ホシムシは環形動物の一系統で、サンゴを引きずりながら移動し、砂泥中のデトリタスを食べている。ホシムシはサンゴの刺胞毒と堅固な骨格によって守られ、サンゴはホシムシの運動によって、埋没から

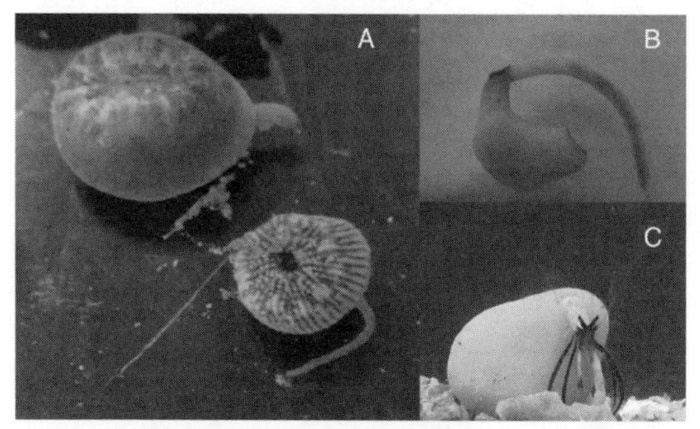

図５－２　非固着性単体サンゴの住み込み共生。
Ａ：スツボサンゴ（左上）とムシノスチョウジガイ（右下）、
Ｂ：スツボサンゴに共生するホシムシ、Ｃ：スツボサンゴに共生するスツボサンゴツノヤドカリ。

逃れ、ひっくり返った殻を起こし、砂泥底を移動することができる。ホシムシの遺伝子解析を行った井川桃子さんの研究によると、沖縄の２種のサンゴに共生するホシムシは２種いて、その２種それぞれが両方のサンゴに共生していることが明らかになった[3]。これらのサンゴは初め、ホシムシの幼体が入っている小さな巻貝の死殻に着底し、それを巻き込むように成長するが、両者の生存に相手の存在が欠かせない。宿貸し・牽引共生とも言うべき両者の関係は、絶対共生の関係でもある。

奄美大島と加計呂麻島の間の海は大島水道と呼ばれ、潮通しのよい内海となっている。そこでドレッジ調査をした折、上記２種のサンゴに、ホシムシではなくヤドカリが入ったものが採集された。このヤドカリはほっそりした体に著しく細長い脚を持っており、これまで報告されたことのない美しい種である[4]。水槽で飼育してみると、このヤドカリはホシムシが果たしていた役割を代行していることが明らかになった。この発見は、絶対共生のような緊密な共生関係においてさえも、共生のパートナーの交代が起こりえて、しかもそれが新たな生物多様性を生み出す契機になることを物語っている。

7　内湾のサンゴ礁生態系

ここに紹介した住み込み共生は、いずれも琉球列島の内湾のサンゴ礁生態系（図５－３）に見られるもののほんの一部である。造礁サンゴがつらなる島嶼外縁のサン

図５－３　大島水道の内湾性サンゴ礁生態系。

ゴ礁生態系のあでやかさに比べると、その景観は少し地味かもしれない。しかし、内湾のサンゴ礁生態系には、砂泥底や礫底、海草藻場や海藻藻場などさまざまな環境があり、それぞれの環境に無数の住み込み共生が存在し、著しく高い生物多様性を擁している。

現在、内湾のサンゴ礁生態系は人間活動によって急速に減少を続けているが、奇跡的に残った最大の内湾性サンゴ礁生態系が辺野古の大浦湾である。空港建設に伴う環境影響評価書では5334種の生物が記録されているが、そのような多様な生物を擁する海域が国内で他にあるだろうか。この海が破格に健全な内湾性サンゴ礁生態系であることをさらに象徴していたのは、ジュゴンの生息であった。そしてよりによってこの海を、戦機が飛び立つかもしれない空港の建設のために埋め立てるような行為は、愚行以外の何ものでもない。海産魚の種数を手掛かりに、海の生物多様性の世界分布を見てみると（図５－４）、日本の海の生物多様性は、おそらくオーストラリアと肩を並べて、世界で最高のレベルにある。その理由は、この列島が寒流域から暖流域に至る広い海域にまたがり、複雑な海岸線が多様な海岸環境を生み、日本海溝に至る大きな深度勾配を持ち、そして何より、著しく高い生物多様性を擁するサンゴ礁生態系を琉球列島に持っていることにある。私たちはそのように豊かな生物多様性に彩られた海のほとりに暮らしており、海の生物多様性は一度失われたら復活させることはできないということを、肝に銘じたい。

図５－４　国別に見た、海産魚の種数の世界分布（FishBaseより作成）。

参考文献

1　Tsubaki, R. & Kato, M. [2014] A Novel Filtering Mutualism between a Sponge Host and Its Endosymbiotic Bivalves. *PLOS ONE* 9(10). e108885.

2　Kato, M. [1998] Morphological and ecological adaptations in montacutid bivalves endo- and ecto-symbiotic with holothurians. *Canadian Journal of Zoology* 76: 1403–1410.

3　Igawa, M., Hata, H., & Kato, M. [2017] Reciprocal Symbiont Sharing in the Lodging Mutualism between Walking Corals and Sipunculans. *PLOS ONE* 12(1). e0169825.

4　Igawa, M. & Kato, M. [2017] A new species of hermit crab, Diogenes heteropsammicola (Crustacea, Decapoda, Anomura, Diogenidae), replaces a mutualistic sipunculan in a walking coral symbiosis. *PLOS ONE* 12(9). e0184311.

第 6 章

両生類から環境を測る

生態系の中央に生きるものたち

西川 完途
KANTO NISHIKAWA
子供の頃から山や川で遊んで、生き物を捕まえるのが大好きで、そのまま成人して研究者になりました。アジアの両生類の系統分類学を専門としているものの、卒論生の研究テーマでは海の無脊椎動物なども扱ってきました。大学内で2つの研究室を任されていることもあって、多様な国籍や経歴を持つ学生が多く、それを研究や教育に活かせないかと四苦八苦しています。

Key Words　両生類、系統分類学、現生種、化石種、指標生物

両生類と言えば、多くの方々はカエルのユーモラスな姿を思い浮かべると思われる。「無事にカエル（帰る）」や「ケロリと治る」などにかけて、置物や薬の広告に使われたり、馴染みのある動物と言えよう。確かに両生類の多くの種はカエルなのだが、他にもサンショウウオ・イモリの仲間や、アシナシイモリという手足のない変わった仲間もいて、とても多様な分類群である。ここでは両生類一般の紹介に始まり、どのような仲間がいて、どのような形態をしているのか、系統分類学的または進化学的な観点から大まかに紹介し、その多様性の魅力を伝えたいと思う。

一口に両生類と言っても、現生種と化石種とがあり、化石種を含めると分類は途端に複雑で難しいものとなってしまう。さらに、読者の方々にとっては化石種には馴染みが少ないと思われるので、本章では現在生きている現生種を中心に紹介することにする。

1　「中庸的」な動物、両生類

まず現生種の両生類は、分類学的には平滑両生亜綱という分類群としてまとめられる。平滑とはその名の通りツルツルした皮膚をもっていることに由来する。しかし、日本のアカハライモリのようにザラザラしているものもいて、例外もある。現生種の両生類は2024年２月の時点で世界で約8,700種が知られている（Frost 2023）。ちなみに爬虫類と鳥類はそれぞれ約11,000種（Uetz et al. 2023; Gill and Donsker 2019）で両生類より多く、我々ヒトを含む哺乳類は約5,400種（川田ら2018）と両生類より少ない。両生類は脊椎動物であるが、脊椎動物の半分ちかくを魚類が占めている。そして魚類を除いた残りの陸上の脊椎動物の中では、両生類は中間的な種数ということになる。そして、この「中間的」という言葉は、両生類という動物群を理解する上で便利な言葉である。皮膚が乾燥に弱いために、水中と陸上の中間に生息しており、昆虫を食べて蛇や鳥に食べられるように食物連鎖でも中間に位置する。両生類は様々な意味で中間的であり、悪く言えば中途半端、よく言えば偏りのない中庸的な動物なのである。

また、カエルに代表されるように、両生類は敵が来ても戦わず逃げる、または、サンショウウオのようにうずくまって粘液を出す、アシナシイモリのように土の中に潜むという平和的な動物で、普通は群れもしないし、何かを建造することもない。序章でドイツの哲学者カントの『永遠平和のために』について紹介されているが、人類が、もし両生類の多くの種のように厭戦的で孤独な動物であれば、戦争とは無縁であっただろう。

さて両生類の種数は現在「約」8,700種と書いたが、「約」と書いたのは理由が主に２つある。まず一つ目は、この数は常に増えていて、この数年は２日に１種くらいの割合で増え続けているためである。陸上の脊椎動物としては異例の増加率が続いているのだ。このことは、両生類は見た目の似ている種が多いので、「隠蔽種」（本書第７章佐藤先生「菌類の多様性とその魅力」参照）が多く、分類の難しい生物であり、分類が進んでいないためである。しかし近年の分子系統学の発展により、従来同種とされていた個体群が遺伝子のレベルで大きく分化していることが分かり、その結果として新種として分けられ、種の増加をもたらしている。例えば日本においても、最近で最も増加した2019年は15種も増えているから、その年は毎月１種以上の増加である（日本爬虫両棲類学会 2023）。現在の日本産両生類は98種なので、１年で15％も増加したことになる。日本のような先進国、つまり手つかずの自然や未踏の場所が少ないフィールドで、両生類のような陸上脊椎動物の種がこれほどに増えているのは、非常に稀なことである（ただし、このペースで日本の種数が増加し続けることはない見込みである）。

もう一つの理由は、研究者（ここでは分類学者）によって種数についての意見が異なるからである。研究者によって、ある2種を認めるか、それらは同種で1種としてしか認めないか、考えに違いがあるのである。特に上述のように近年の種の増加の一因である、見た目が似ている種は、1個体捕まえて手にとってみても、他種と区別の難しいものがある。それらを別種とするかどうかについて、研究者間の意見の相違がある。もちろん他にも研究者間での意見の異なる状況はあるが、とにかく両生類は分類学者泣かせの分類群である。

さて、次に8,700種以上いる両生類がどのように分類されているかと言うと、平滑両生亜綱の下に、無尾（カエル）目、有尾（サンショウウオ・イモリ）目、無足（アシナシイモリ）目という3つの分類群がある。現在、カエルが約7,690種、サンショウウオ・イモリが約820種、アシナシイモリが約220種で、やはりカエルが88％と9割近くを占める。サンショウウオ・イモリが9％、アシナシイモリが3％くらいである。これら3群の系統関係には諸説あるが、最近はカエルとサンショウウオ・イモリが近い関係にあるとされている。

2　両生類の代表カエル

それでは両生類の代表であるカエルから紹介しよう。カエルといっても7,600種以上いるので非常に多様であるが、すべての種が基本的にカエルの体形をしている（カラー口絵、図9）。体の基本的な作りという意味では多様ではなく、むしろ一様なのだ。それだけ、あの頭でっかち、飛び出た目玉、短い胴体、長い後ろ足で跳ねて逃げるといった特徴を持つカエルは、完成された形なのだろう。手に比べて足は長く逞しく、元々は尻尾もあったはずだが、現在のカエルには一見して尻尾は見当たらない。実はカエルにも尻尾はあるのだが、体の中に入ってしまって外見上は見えない。

以上のカエルの特徴は、跳ねる、という行動に着目すれば理解しやすい。地面に這いつくばっているカエルにとって、跳ねる上で尻尾は邪魔だろう。さらにカエルは、目の前に来た餌を丸呑みする。そのために口は大きくなり、いわゆるガマ口になる。舌はあくまで餌を捕らえる器官なので、下顎の先についており、ヒトのように舌で餌を押し込んで飲み込むことはできない。口に入れた餌は、瞼を閉じて大きな目玉を口の中に引き込んで、その圧力で飲み込む。また、先ほども指摘したように、カエルは平和的で敵に戦いを挑むことはなく、跳ねて逃げる。そのためには、いち早く敵を見つけなければならないし、その意味でも目玉は大きい方が良い。大きな餌を収納できるように胃は大きく膨らむことができて、多くの種で肋骨もなくなっている。なので、胃に大きな餌を入れても肋骨が邪魔することはないし、肺で体をとんでもなく大きく膨らませて、大きな声で鳴くこともできる。

この、鳴く、という行動もカエルにとって重要な変革をもたらした。様々な音声コミュニケーションや行動が進化することになったからだ。両生類のもっとも古い化石種であるデボン紀のイクチオステガには、すでに鼓膜があったと推測されているが、声を出していたかは定かではない。実際にトカゲの仲間のように鼓膜はあるが声を出さない動物もいる。ちなみにサンショウウオ・イモリの仲間で声を出すのは、ほんの一部であるし、アシナシイモリは声を出せない。

カエルの種類は両生類全体の9割近くを占めることになったが、その一因は、鳴き声によるコミュニケーションが結果として多くの種を生み出したことかもしれない。しかし世界全体で生息している分布面積当たりの種数を算出すると、カエル、サンショウウオ・イモリ、アシナシイモリの間で大きな差はない。むしろ日本ではサンショウウオ・イモリの方がカエルよりも種数が多いくらいである。では、カエルが他の2グループと大きく異なるのは何か。それは、地球上での分布範囲の広さだ。特殊な地域や海洋を除いて、カエルは地球上のほとんどの地域に生息している。サンショウウオ・イモリの分布は北半球の涼しい地域がほとんどで、アシナシイモリは熱帯地域のみであり、カエルの分布にくらべれば狭い。分布が広いのでカエルの種数は多いのだ。では、なぜ分布が広いのか？　一つの可能性はカエルの生理的な適応範囲が広く、地球上の様々な環境に生息できた、ということがあるかも知れない。寒い地域でも、暑い地域でもカエルは生きていけるからだ。

また、両生類は変態をすることで有名であるが、カエルの幼生はオタマジャクシという特殊な形態をしている。サンショウウオ・イモリとアシナシイモリにも幼生期間はあるが、幼生の形態は変態後とそれほど変わらない。一方でオタマジャクシは変態にともない尾が短くなり外見からは見えなくなるだけでなく、口や歯も作り変えて、体内でも消化管などに劇的な変化が現れる。食べものもオタマジャクシの時は雑食のものが多いが、変態後は肉食になる。今流行りの腸内細菌叢も変態にともなって大きく変わるはずである。このように変態にともなって食性が変わるのも両生類ではカエルだけである（他の仲間は一生肉食）。しかも、進化の歴史の中で、カエルはオタマジャクシから生じたのか、その逆でカエルからオタマジャクシが生じたのか、いまだに分かっていない。

3　両生類の祖先の体型をしたサンショウウオ・イモリ

次にサンショウウオ・イモリの紹介に移ろう。水中生活をする魚類から進化して陸上に進出した両生類の祖先は、初めは細長い体で、長い尾を持っており、手足の長さがそう変わらない体型であったと思われる。歩き方も、魚の頃と同じように体を左右にくねらしていたことが、足跡の化石からわかっている。ゆえにサンショウウオ・イモリは両生類の祖先の体型を現在まで維持していると言える（カラー口絵、図10）。一方で、カエルで言うところのオタマジャクシ、いわゆる幼生の形のままエラやヒレを残して性的に成熟する種がいるし、他にも両足が非常に小さくなったり、後ろ足をなくした種もいて、両生類の中でもっとも見た目の多様性が高い。種数はカエルの９分の１ほどと少ないが、形態は非常に多様なのである。また、なぜかDNAの量が桁違いに多く、ヒトの10倍以上もある（オオサンショウウオだと38倍）。しかも、そのほとんどは使われない、いわゆるジャンクDNA（機能のわからないDNAの総称で、未解明なだけである可能性もあり、この名称は適切ではないという考えもある）で、その機能や意味もまだ完全には解明されていない。

繁殖に関しては、オオサンショウウオ科、サンショウウオ科、サイレン科の祖先的な系統は体外受精であるが、残りの系統は全て体内受精である。しかし体内受精と言っても、ほとんどの種は交尾をせず、オスが精子の塊を生み出して、メスはそれを肛門（専門用語では総排出腔の開口部）から取り込む。このような間接的な精子の授受を成功させるため、多くの種でオスが複雑な繁殖ダンスをしてメスに求愛して、うまく精子の塊を取り込めるようにメスを誘導することが知られている。ゆえに地域間でダンスが異なると、交配がうまくいかずに、将来的に別の種に分化することもある。かつてイモリの繁殖行動についての著名な研究者であるマックス・スパラブーム（Max Sparreboom）博士が「カエルは歌い、イモリは踊る」と表現したことがあるが、言い得て妙である。

また先述のようにサンショウウオ・イモリの仲間は、北半球の冷涼で湿潤な地域を中心に分布しており、かつ細長く体表面積の多い体型であるために、肺を失い、体表と口腔粘膜からのみで呼吸できる種も多い。日本にも生息しているハコネサンショウウオ属もそうである。肺を持たない陸上脊椎動物のほとんどはサンショウウオ・イモリの仲間である。既述のように、このグループは形態的に多様なのである。

日本にはサンショウウオ・イモリの仲間が55種もいるが、カエルと違って声も出さず、半分地下に潜って暮らしている種が多いために、人目につくことは少ない。また、生態的にも地味で、第5章加藤先生の「住み込み共生が育む海の生物多様性」にあるような進化的にワクワクするような他の生物との共生などないと思われてきた。しかし、北米でサンショウウオの卵と共生している藻類が見つかり、第8章の宮下英明先生、第9章の神川龍馬先生と、筆者との共同研究によって、日本でもクロサンショウウオなどの卵に緑藻の仲間が共生している可能性が指摘されている(Muto et al. 2017)。脊椎動物が藻類と共生していれば、非常に珍しい事例である。

4　頭と胴だけのアシナシイモリ

そして最後に、両生類の中で、もっとも変わった体型のアシナシイモリの仲間について紹介しよう。まず彼らには手足がない。さらにほとんどの系統で尻尾もない。極端に言えば頭と胴しかないのだ（カラー口絵、図11）。ほとんどの種が半地中生か地中生で、一部は水生である。目は小さく退化的で瞼もなく、目を閉じることができない。その代わりに触手という小さなヒゲのような一対の感覚器官が左右の目の近くにある。また、両生類なのに多くの系統で皮下に鱗を持つ。一般の方々から見れば、なんだか訳のわからない動物であろう。

繁殖は全て体内受精で交尾をする。その点でも一般的な両生類の印象とは大きく異なる。熱帯に生息しており、地域や種によっては発見が難しくないが、多くの種は地中生活をしており基本的に発見は難しい。そのために陸上脊椎動物の中で、もっとも研究が遅れているグループとなっている。ジュラ紀の化石種には小さな手足がついており、かつては陸上を歩いていた時代があったのだろう。

アシナシイモリは研究の遅れている仲間であり、ゆえに研究のフロンティアである。今後驚くような発見がなされるに違いない。

5　環境の指標生物としての両生類

このように、現生の両生類は非常に多様な分類群であり、系統的にも共通の祖先から進化したのかについて意見が分かれている。魚類から進化して初めて陸上に進出した脊椎動物であるが、まだ完全に陸上に適応できておらず繁殖には水場が必要で、水に帰ってこないとならない。水陸両方の環境がないと生きられないので「両」方で「生」きるという意味で両生類という名称がつけられており、近年は環境の指標生物としても注目されている。両棲類という表記もあるが、これは「両」方に「棲」息するという意味で、個人的にはこの表記の方が好みであるが、一般書向けには両生類を用いることにしている。水陸両方の環境が汚染されておらず健全でなければ、皮膚の薄い両生類は当然生きていけない。さらに既述のように生態系の中でも中央に位置して多くの生物と直接に関わりあう。加えて両生類は様々な環境や地域に適応進化してきているので、地球全体での水陸環境の健全度のバロメーターになる。

もし今後、地球環境に大きな異変が生じれば、まず両生類から、その兆候が現れるに違いない。

引用文献

Frost, D. R.［2024］*Amphibian Species of the World: an Online Reference. Version 6.0.* Electronic Database accessible at http://research.amnh.org/herpetology/amphibia/index.html. American Museum of Natural History, New York, USA.［2024年２月20日閲覧］

Gill, F. & Donsker, D.（eds.）［2019］*IOC World Bird List (v9.2)*. doi: 10.14344/IOC.ML.9.2.

Uetz, P., Freed, P., & Hošek, J.（eds.）［2023］*The Reptile Database*. http://www.reptile-database.org.［2023年７月24日閲覧］

日本産爬虫両棲類学会［2023］「日本産爬虫両生類標準和名リスト」（2023年12月15日版）。http://herpetology.jp/wamei/index_j.php

川田伸一郎、岩佐真宏、福井大、新宅勇太、天野雅男、下稲葉さやか、樽創、姉崎智子、横畑泰志［2018］「世界哺乳類標準和名目録」『哺乳類科学』58巻別冊。

Muto, K., Nishikawa, K., Kamikawa, R., & Miyashita, H.［2017］Symbiotic green algae in eggs of *Hynobius nigrescens*, an amphibian endemic to Japan. *Phycological Research* 65(2): 171–174. doi: 10.1111/pre.12173.

第 7 章

菌類研究はなぜ難しいのか

多様性のメカニズムを求めて

佐藤 博俊
HIROTOSHI SATO

子供のころからきのこが好きで、大学に入ってから菌類の研究をするようになりました。研究分野としては、菌類の分類・進化・生態を幅広く扱っており、特に菌類の多様性と菌類と植物の共生関係に興味をもっています。主要な研究テーマは「菌類の多様性と多様化メカニズムの解明」や「菌類と植物の共生関係や共進化関係の解明」です。学内の講義は生物学実習と真菌自然史を受け持っています。

Key Words　菌類、キノコ、菌根菌、相利共生関係、分子系統樹、遺伝子解析

1 ユニークな生物、菌類

マツタケ、シイタケやエノキタケといったいわゆるキノコ類は、日本人にとっては身近な食材の一つです。また、日本では、野生のキノコを取って食べる文化が古くから根付いていることもあり、キノコの食毒に対しては高い関心をもつ方が多い印象があります。その一方で、菌類が普段、自然界の中でどのように生活しているのかという話題には馴染みのない方も多くおられるのではないでしょうか？　ここではまず、生物学の観点から見た菌類について簡単に解説していきたいと思います。

菌類は分類学的に言えば、菌界（Fungi）に属する生物です。しばしば、菌類は原始的な隠花植物の一部と誤解されることも多いですが、植物のように光合成ができない菌類は植物とは本質的に違う生物群です。近年の研究では、菌類は植物よりもむしろ動物により近縁であることも分かってきています。また、菌類は、キノコ類とカビ類という名称で分けられることが多いのですが、これは分類学的な用語ではなく、俗称になります。というのも、菌類のうち、繁殖器官が目立つものをキノコ

類、目立たないものをカビ類として便宜上呼んでいるだけで、それぞれが単一の共通祖先に由来するグループ（単系統群）というわけではないからです。分類学的には、菌類は、担子菌門、子嚢菌門、ツボカビ門やグロムス門などに分類され、このうちキノコ類と呼ばれているものの多くは担子菌に属し、カビ類と呼ばれるものの多くは子嚢菌に属します（もちろん例外もあります）。

菌類を語る上でまず重要なのは、その独自の栄養獲得様式です。菌類は、植物のように単独で栄養を得ることはできないので、様々な方式で他生物由来の栄養を摂取しています。たとえば、シイタケやナメコなどの腐生菌類は、生物の死骸や排泄物を分解することで栄養を得ています。また、セミタケなどの冬虫夏草類は、生きている動物に寄生することで栄養を奪っている菌類です。一方、マツタケやホンシメジなど菌根菌と呼ばれる仲間は、共生する植物に土壌から吸収した水分や窒素・リンなどの養分を提供しているかわりに、植物から光合成産物を受け取っています（図7-1）。どのような栄養摂取様式をとるかは菌類の系統によって大体決まっているのですが、一部には中間的な様式をとるものも存在します。

また、菌類に関して特筆すべきなのは、しばしば他の生物種（特に植物）と密接な共生関係を結んでいることです（カラー口絵、図12）。その代表例が上述した菌根菌で、菌根菌と宿主植物は、通常、お互いに不足する栄養分を補い合う形で相利共生関係を結んでいます（Smith & Read 2008）。また、キヌガサタケのような一部の腹菌類では、粘液質の胞子（グレバ）が悪臭を放ってハエ類を引き寄せており、グレバの部分を餌としてハエに与える代わりに、ハエに胞子を散布してもらうという形の相利共生関係を結んでいます。一方、オオシロアリタケ属の菌は、シロアリに菌糸を栽培してもらうというユニークな共生の形をとっています。このように、菌類が他の生物と共生関係をもつことは一般的に見られる現象で、共生関係の種類も多岐にわたっています。序章で、我々人間は共生が不得手かもしれないという言及がありましたが、人間から見れば菌類はいわば共生の達人と呼べるかもしれません。

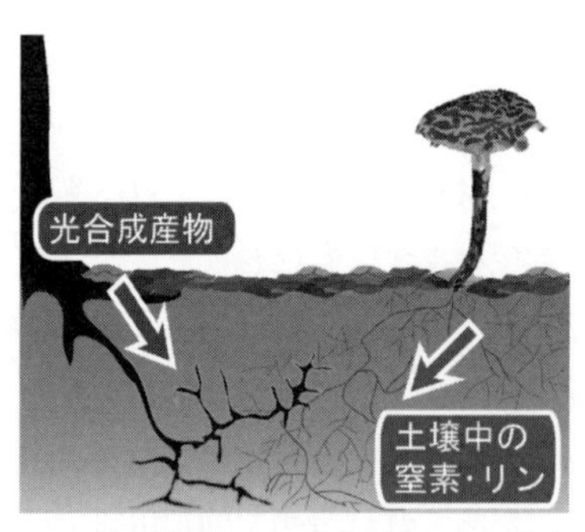

図7-1　菌根菌とその宿主植物の相利共生関係

菌類に関わることで私が現在関心をもっているのは、菌類がどのようにして現在のような多様性をもつに至ったかということです。以降の項目では、菌類の多様性と多様化に関する話題に移りたいと思います。

2 菌類の数を把握するのは難しい

地球上には何種類の菌類がいるのでしょうか？　菌類では2019年の時点で14万程度の種が報告されています（http://www.catalogueoflife.org/）。しかし、これは実際のごく一部に過ぎないと考えられます。というのも、菌類では、種を識別するのに役立つような形質が少なく、可塑性も高いため、形態の似通った別種（隠蔽種）を区別するのが難しく、他の高等生物と比べて種分類が非常に遅れているからです（Petersen & Hughes 1999; Hawksworth et al. 2017）。このような状況は、第6章で紹介される両生類や、第8章で紹介される藻類と類似しています。より問題を悪化させているのは、新種記載をする際に比較検討すべき既知種のタイプ標本（その種の基準となる標本）の多くが非常に古く、経年劣化してしまっていることです。劣化した古い標本では、DNA情報を解読することができず、ただでさえ乏しい形態情報もさらに喪失してしまっているため、比較検討を行うのはしばしば困難です。このような事情から、多くの菌群で種分類は停滞しています。

ですが、地球上の菌類の種数を推定しようという試みは様々な研究者が行っています。たとえば、Hawksworth（2001）では、1種の植物あたり平均しておおよそ6種の菌が生育しているという観測データが英国で得られていることから、全世界の植物27万種に対して菌類の種数は約150万種と推定しています。同様の試みは様々な研究者によって行われ、220万〜380万種（Hawksworth & Lücking 2017）や350万〜510万種（O'Brien et al. 2005）という推定値も提示されています。これらの研究では単純な仮定をおいているので推定値は大まかなものではあるのですが、「現在分かっている菌種は実際のごく一部に過ぎない」というのが共通した見方です。

3 注目される菌類の多様化

それでは、菌類はどのようにして現在のような多様性をもつに至ったのでしょうか？　生物進化の過程でいつ急速な多様化が起こったのかは、分子系統樹（遺伝子配列に基づいてその生物群の分岐の歴史を推定した図）から推定することができます。遺伝子解析技術が飛躍的に向上した近年では、菌類の多様化を解明する研究は盛んに行われるようになってきています。最近行われた研究では、菌類と植物の共進化が互いの多様化につながったという可能性（Lutzoni et al. 2018）や子実体形態の変化が菌類の多様化につながったという可能性（Varga et al. 2019）が指摘されています。おそらく、菌類の多様化を促進する要因は複数あり、菌類の栄養形態や菌群が出現した時期によって多様化した理由は異なるのではないかと考えられます。

ここで、私自身の研究についても紹介したいと思います。私の研究テーマの一つは、菌根菌の中でも、外生菌根菌と呼ばれるグループがどのようにして現在の多様性をもつに至ったかを解明することです。最初の方で菌根菌を紹介しましたが、菌根菌という用語は植物の根系で共生して根の異型化を引き起こす菌類の総称なので、この中には起源や植物との関わり方の全く異なるものが含まれています。菌根菌の中でも、マツ科・ブナ科・カバノキ科・フタバガキ科など森林の優占樹種と相利共生する菌類は、根の表面を菌糸が覆う特質をもつことから、外生菌根菌と呼ばれています（Tedersoo et al. 2010）。外生菌根菌は、共生する植物の種類は多くないのですが、森林環境に適応して大繁栄を遂げた菌群であると言えます。外生菌根菌は、菌根菌の中では比較的起源が新しいグループですが、同時にとりわけ多様性の高いグループでもあります。また、外生菌根菌は、単一起源ではなく、様々な菌群（腐生菌や寄生菌）から並行して進化したことも分かっています。このように独自の進化や生態をもつ外生菌根菌がどのように多様化したのかは、多くの研究者の興味・関心を引いています。

4 菌類の多様化のメカニズムを探る

私は、代表的な外生菌根菌の一つであるイグチ類を研究材料として、植物との共生関係の変化が外生菌根菌の多様化にどのような影響を与えたのかを調べました。私がまず考えたのは、外生菌根菌では、共生樹種を転換することをきっかけとした多様化が起こったのではないかということです。外生菌根菌は、特定の属や科の植物種を共生相手として選ぶ性質、すなわち宿主選好性をもつとされています（Smith & Read 2008）。宿主選好性が進化的に安定であれば、まれに起こる宿主転換のイベントは外生菌根菌にとって進出可能な地域の拡大につながりうる重要なイベントに他なりません。一般的に、生育可能な地域の拡大は異所的種分化（地理的な障壁が生まれ

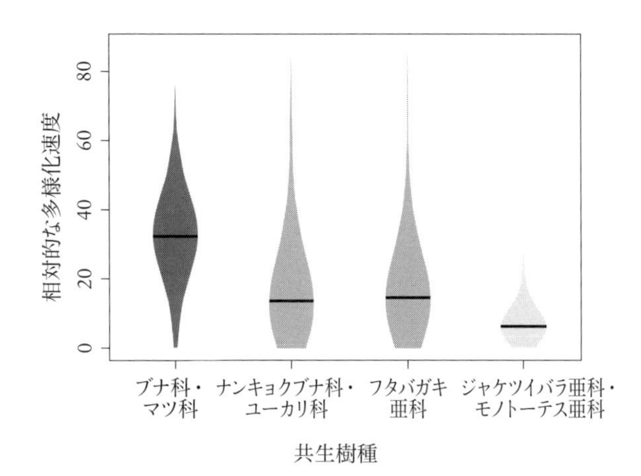

図7-2　共生する樹種ごとに推定したオニイグチ類の多様化速度
多様化速度に違いが見られるものを異なる網掛けで示している。横線は推定値の中央値を示し、淡色の部分は推定値の分布を示している。宿主転換は、ジャケツイバラ亜科・モノトーテス亜科→フタバガキ亜科→ブナ科・マツ科またはナンキョクブナ科・ユーカリ属の方向に起こったと推定されている。

ることで集団が長期間分断されるようになり、生殖隔離が進む現象）を促進するとされているので、まれにおこる宿主転換は多様化を促す要因になり得ます。私は、多数の遺伝子配列からオニイグチ類（オニイグチ属とアフロボレタス属）の分子系統樹を構築することで、この仮説を検証しました（Sato et al. 2017）。その結果、オニイグチ類では、宿主転換が低頻度に起こり、そのたびに多様化が促進されていることが分かってきました（図7-2）。特に、温帯のブナ科樹種と共生をはじめたことがきっかけとなって、急速な多様化が起こったことが分かってきました（同図）。

私がもう一つ気になったのは、外生菌根菌への進化そのものが菌類の多様化につながったのではないかということです。第5章で紹介されるように、新たな共生関係が生まれることは、様々な生物で多様化をもたらす原動力になることが知られています。腐生菌などから外生菌根菌が進化した際には、植物との関わり方や生育環境が根本的に変わってしまうので、外生菌根菌の進化は大きな進化上のイベントであったに違いありません。したがって、宿主転換と同様に、外生菌根菌の進化は、生育地の急速な拡大とそれに伴う急速な多様化が引き起こしたことが予測されます。私は、この仮説について、イグチ目菌の分子系統学的な研究から検証を行いました

(Sato & Toju 2019)。解析の結果、イグチ目菌では、外生菌根菌の進化が少なくとも4回独立に起こったこと、そして、必ずしもそのすべてが菌類の急速な多様化につながらなかったことが示されました（カラー口絵、図13)。特に、急速な多様化は、イグチ目菌の中でも、比較的最近に外生菌根性を獲得したと考えられる菌群でのみ見られることが示されました（同図)。また、私はより最新の研究において、イグチ目の一つ上の分類階級であるハラタケ綱に対して同様の研究を行った結果、イグチ目以外の菌群でもイグチ目と類似した多様化のパターンが見られることが分かりました（Sato 2024)。すなわち、1）急速な多様化が起こったタイミングはイグチ目、ハラタケ目、ベニタケ目やイボタケ目といった複数の分類群で白亜紀後期（7000万年から8000万年前ごろ）とおおよそ共通していることや、2）いずれの分類群でも急速な多様化の起こったタイミングは外生菌根性を獲得したタイミングとほぼ一致することが示されました（図7－3)。白亜紀後期はブナ目の出現時期とおおよそ一致することから、ハラタケ綱菌類の急速な多様化は、ブナ目など外生菌根性の被子植物と共進化することがきっかけとなって起こったのではないかという可能性が示されました。これらの研究の結果から、菌類がいつどのような植物と共進化して外生菌根菌への進化を遂げたのかによって、菌類の多様化の規模は大きく異なることが分かってきました。

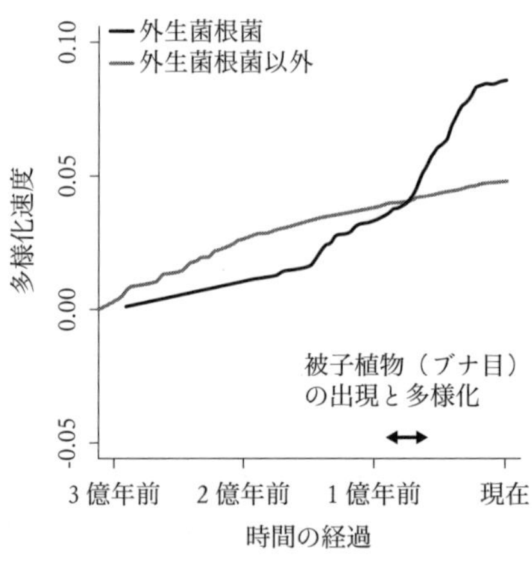

図7－3　ハラタケ綱菌類における多様化速度の経時的な変化
外生菌根菌とそれ以外に分けて多様化速度の変化を示している。

5 困難に立ち向かう

菌類では、多様性の把握自体が遅れており、多様化のメカニズムを解明する研究はまだはじまったばかりです。菌類には、目で追えない現象も多いこと、培養がしにくい種も多いことや、標本にすると生きていたときの特徴がさほど残らないといったような研究のやりづらさもあります。その一方で、菌類は未知の領域の多い生物群なので、研究の対象としては非常に魅力的であると私は考えています。我々研究者は結果（論文の執筆）を常に求められるので、手法が確立していて結果の出やすい楽な研究ばかりに従事する誘惑に駆られてしまいがちですが、あえて困難に挑戦することこそが大きな発見をするためには欠かせないと常々自分自身に言い聞かせています。これから新たに研究を始める皆様も、ご自身の興味・関心のある自然現象を解明するためには、困難に立ち向かう気持ちを大事にしていただければと思っています。

引用文献

Hawksworth, D.L. [2001] The magnitude of fungal diversity: the 1.5 million species estimate revisited. *Mycological Research* 105: 1422–1432.

Hawksworth, D.L., May, T.W., Redhead, S. A. [2017] Fungal nomenclature evolving: changes adopted by the 19th International Botanical Congress in Shenzhen 2017, and procedures for the Fungal Nomenclature Session at the 11th International Mycological Congress in Puerto Rico 2018. *IMA Fungus* 8: 211–218.

Hawksworth, D.L., Lücking, R. [2017] Fungal Diversity Revisited: 2.2 to 3.8 million species. In: Heitman, J., Howlett, B.J., Crous, P.W., Stukenbrock, E.H., James, T.Y., Gow NAR (eds.) *The Fungal Kingdom*. Washington, DC, USA: ASM Press. pp.79–95.

Lutzoni, F., Nowak, M.D., Alfaro, M.E., Reeb, V., Miadlikowska, J., Krug, M., Arnold, A.E., Lewis, L.A., Swofford, D.L., Hibbett, D. [2018] Contemporaneous radiations of fungi and plants linked to symbiosis. *Nature Communications* 9: 5451.

O'Brien, H.E., Parrent, J.L., Jackson, J.A., Moncalvo, J.M., Vilgalys, R. [2005] Fungal community analysis by large-scale sequencing of environmental samples. *Applied and Environmental Microbiology* 71: 5544–5550.

Petersen, R.H., Hughes, K.W. [1999] Species and Speciation in Mushrooms. *Bioscience* 49: 440–452.

Sato H. [2024] The evolution of ectomycorrhizal symbiosis in the Late Cretaceous is a key driver of explosive diversification in Agaricomycetes. *New Phytologist* 241: 444–460.

Sato, H., Tanabe, A.S., Toju, H. [2017] Host shifts enhance diversification of ectomycorrhizal fungi: diversification rate analysis of the ectomycorrhizal fungal genera Strobilomyces and Afroboletus with an 80-gene phylogeny. *New Phytologist* 214: 443–454.

Sato, H., Toju, H. [2019] Timing of evolutionary innovation: scenarios of evolutionary

diversification in a species-rich fungal clade, Boletales. *New Phytologist* 222: 1924–1935.
Smith, S.E., Read, D.J. [2008] *Mycorrhizal Symbiosis*, Third Edtion. London, United Kingdom: Academic Press.
Tedersoo, L., May, T.W., Smith, M.E. [2010] Ectomycorrhizal lifestyle in fungi: global diversity, distribution, and evolution of phylogenetic lineages. *Mycorrhiza* 20: 217–263.
Varga, T., Krizsán, K., Földi, C., Dima, B., Sánchez-García, M., Sánchez-Ramírez, S., Szöllősi, G.J., Szarkándi, J.G., Papp, V., Albert, L. [2019] Megaphylogeny resolves global patterns of mushroom evolution. *Nature Ecology & Evolution* 3: 668–678.

第 8 章

藻類

我々の想像を遥かに超える多様性・多機能性の世界

宮下 英明
HIDEAKI MIYASHITA
1964年山梨県富士吉田市生まれ。1989年東京農工大学大学院工学研究科修士課程修了。新日本製鐵（株）研究員、（株）海洋バイオテクノロジー研究所研究員、1997年博士（理学）取得（東京大学）、2000年東京農工大学助手、2001年東京農工大学講師、2002年京都大学准教授を経て、2012年より現職。「研究対象生物をよく観察し、フィールドに学び、見逃さない」をモットーに独創性の高い研究を心がけている。

Key Words 藻類、海藻、クロレラ、ユーグレナ、水圏生態系、光合成の進化、藍藻類、一次共生藻類、真核生物、二次共生藻類、産業への利用

1 お刺身1切れ＝藻類○ kg？

藻類は、海藻とよばれている多細胞体から、クロレラ（緑藻類）やユーグレナ（ユーグレナ藻類）などの単細胞体まで、多様な形をした生物である。また色調も、緑色、青緑色、褐色、紅色などさまざまである。我々の食生活においても週に何度かお目にかかる身近な食材であると同時に、海、湖、沼、河川など水圏生態系の形成・維持に欠くことのできない重要な役割を果たしている。例えば、生態学では食物連鎖の段階を1段上がるごとに生物量がおよそ1/10になるといわれているが、この関係から海洋に存在する藻類バイオマス量を類推すると、海洋に存在する総バイオマス量のなんと約9割が藻類ということになる。藻類の重要性をさらに身近な例にたとえると、マグロのお刺身1切れ（20グラム）ができるためには、一次生産者としての藻類が200キログラム程度必要であることになる。このように藻類は、我々の食生活のみならず、地球生態系の維持に欠くことのできない生物である。

それでは藻類とはいったいどんな生物の集合であろうか？　この質問に適切に答

えられる方はあまり多くはいないであろう。重要な生物であるにも関わらず、義務教育期間や高等学校で藻類を学ぶ機会がないからである。そのうえ、多くの藻類が水中に存在しているため日常生活において直接認知する機会がないことや、顕微鏡を使わないと見ることができない単細胞生物が多いことも要因であろう。おそらく多くの方々は藻類を「主に水中で生活し、根、茎、葉などの区別がなく、からだ全体で光合成を行う下等な植物である」という旧来の理解をされているのではないだろうか。実際、百科事典や辞書のなかにもいまだにそのように記載されているものも少なくない。「光合成をして生育する」という点においては陸上植物と共通しているため、類縁関係があると考えるのも無理はない。

しかし、遺伝子（DNA）の配列情報に基づいて生物の進化経路を解明できるようになった1980年頃から、その理解は大きく変わり、藻類が進化過程の異なった生物の集合であることがわかってきた。このため「藻類」を厳密に定義することは難しく、用いる教科書によって定義が異なっているのが現状である。日本では主に「酸素を発生する光合成を行う生物の中から、コケ植物、シダ植物、および種子植物を除いた残りの全て」という定義がよく用いられている。

2 たった一度の偶然で

藻類は、現在、進化過程の異なる11グループに分けられている（表8－1。なお、藻類をいくつのグループに分けるかについても研究者の見解が異なる。原核生物である藍藻類（シアノバクテリア）を藻類に加えないと考える研究者も少なくないが、ここでは加えている）。11グループの藻類は、それぞれ異なった地質年代に「それぞれ異なった進化過程で酸素を発生する光合成生物になった」ことに由来する。

「それぞれ全く異なった地質年代に酸素を発生する光合成生物になった」とは、どういうことか。図8－1には、藻類の系統進化・系譜の模式図を示した。そもそも酸素を発生する光合成の仕組みは、およそ30億年前頃までに、現存する藍藻類の祖先によって、地球上でただ一度の偶然によって作りだされたと考えられている。その後約10億年以上の間、酸素発生型の光合成生物は藍藻類だけであり、海洋の酸化、大気中の酸素濃度の上昇をもたらしたのも藍藻類である。真核生物は23–22億年前頃に誕生したと推定されている（Hedges et al. 2004）。その後、真核生物は、細胞内共生によってミトコンドリアを獲得して、酸素呼吸をする生物となり、16億年前頃までに

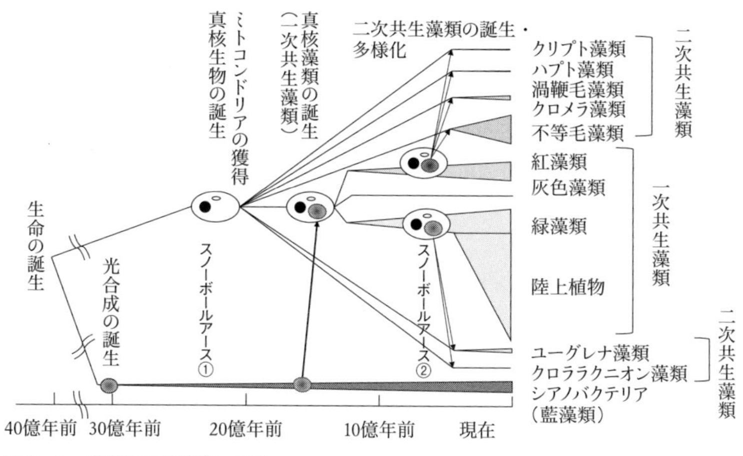

図８－１　藻類の系統進化・系譜

は、藍藻類の細胞内共生によって真核生物の藻類（真核藻類）が出現したといわれている。藻類になる前の祖先真核生物は、摂食栄養（Phagotrophy：バクテリアや有機物質の塊を特殊な膜に包んで細胞内に取り込んだ後に消化してその栄養を吸収する）をする従属栄養生物であったと考えられる。祖先真核生物が、藍藻類を細胞内に取り込みながらも消化せずに保持し（共生させ）、その間に藍藻類の細胞分裂や代謝をコントロールすることを可能にして、祖先真核生物細胞が細胞分裂する際には藍藻類も一緒に分裂させる仕組みを作り上げ、最終的には細胞内の藍藻類の機能を全てコントロールできるようにして葉緑体とよばれる細胞内器官としたものと考えられている。つまり、従属栄養の真核生物が藻類になれたのは、酸素を発生する光合成能力をもつ藍藻類を葉緑体として細胞内で維持しコントロールする仕組みを獲得したからである。この方法によって誕生した真核藻類を祖先として、緑藻類、紅藻類、灰色藻類が進化してきたと考えられており、これらの3グループの藻類を一次共生藻類と呼んでいる。ちなみに陸上植物の「親戚」と呼べるのはこれらの藻類だけである。

一次共生藻類の誕生以降、さらなる真核藻類の多様化はしばらくの間みられず、現在、海に優勢するワカメやコンブの仲間（不等毛藻類）が誕生するのはずっと後のことらしい。DNAを用いた解析によるとワカメやコンブの祖先の誕生は、5億年前頃らしい。多細胞動物が爆発的進化・多様化した6.5億年前頃のエディアカラ期や5.5億年前頃のカンブリア期には、ワカメやコンブの仲間はまだ誕生しておらず、さらに

表8－1　藻類の分類群とそれらの特徴

分類群の名称	主な色調	光合成色素 （Chlはクロロフィル）	葉緑体の由来	形　態
藍藻類 （シアノバクテリア）	青緑・紅・暗緑・暗紅	Chl a (b, d, f, ジビニル a,b)、フィコビリン		単細胞、糸状体、群体
灰色藻類	青緑	Chl a、フィコビリン	藍藻	単細胞
紅藻類	紅、青緑	Chl a、フィコビリン	藍藻	単細胞から群体、葉状体、樹状体など多様
緑藻類	緑、暗緑	Chl a, b プラシノキサンチン シフォナキサンチン シフォネイン	藍藻	単細胞から群体、葉状体、樹状体など多様
ユーグレナ藻類	緑	Chl a, b	緑藻	主に単細胞
クロララクニオン藻類	緑	Chl a, b	緑藻	アメーバ状、細胞壁をもつ球状、1本鞭毛をもつ遊泳性
クリプト藻類	紅・青緑・茶	Chl a, c、フィコビリン	紅藻	主に単細胞
ハプト藻類	茶	Chl a, c、 フコキサンチン誘導体	紅藻	主に単細胞
渦鞭毛藻類	茶・赤・緑	Chl a, c（b）	紅藻・緑藻・その他	遊泳性の単細胞を主とする。群体・糸状体もある
クロメラ藻類	茶	Chl a、 フコキサンチン誘導体	紅藻	主に単細胞
不等毛藻類 （オクロ藻類）	茶、緑	Chl a, c、 フコキサンチン	紅藻	単細胞から群体、葉状体、樹状体など多様

主な特徴	貯蔵光合成産物	応用	環境影響
膜で囲まれた核やオルガネラをもたない原核生物。30億年前頃までに酸素発生型光合成の仕組みを作り出した生物の子孫	藍藻デンプン	スイゼンジノリ、スピルリナ（栄養補助食品）、色素（フィコシアニン、クロロフィル）	アオコ形成、カビ臭
全て淡水、葉緑体が藍藻と良く似た形態をしている。葉緑体の2重膜の間にペプチドグリカン層が存在する	デンプン		
遊走細胞は知られていない。多細胞のものは隣接する細胞との間に、ピットコネクションがある、ほとんど海産	紅藻デンプン	海苔、海藻サラダ、寒天、カラギーナン、色素（フィコエリスリン）	藻場形成
遊走細胞は、主に前端付近に1、2、4もしくは多数の鞭毛をもつ。デンプンを葉緑体内に貯める。主に淡水、陸上植物の起源生物を含む	デンプン	青のり、海ぶどう、クロレラ（栄養補助食品）、水産餌料、βカロテン生産、アスタキサンチン生産、バイオ燃料生産	藻場形成、異常発生による環境被害
太い鞭毛、すじりもじり運動、長い板状のペリクルが細胞を裏打ちしている。ミトコンドリアのクリステが根本のくびれたうちわ（ディスク）状である	パラミロン	栄養補助食品、バイオ燃料生産	稀に赤潮形成
糸状仮足をもつアメーバ状になる。葉緑体起源の緑藻の核の名残ヌクレオモルフをもつ	デンプン		
扁平な米粒型細胞・細胞壁をもたずペリプラスト（瓦状の構造）によって細胞形を保持している。葉緑体起源の紅藻の核の名残ヌクレオモルフをもつ。凹部（開口部）から2本の等長鞭毛が伸びる	クリプトデンプン		稀に赤潮形成
ほぼ等長の2本の前鞭毛をもち、鞭毛の間からハプトネマが伸びる。ハプトネマが退化しているものもある。細胞膜の外側に有機質の鱗片、円石藻では、炭酸カルシウムの鱗片（円石）をもつものがある	クリソラミナラン	水産餌料	白潮
細胞を一週する横溝に横鞭毛、縦溝に縦鞭毛がある。細胞外被は、細胞膜、アンフィエスマベシクル（細胞膜の直下で細胞を全体を裏打ちする周縁ER（小胞体）のこと）、鎧板（セルロース）、ペリクルからなる。鎧版をもたないものもある。染色体構造をもつ核を有する	デンプン	油脂生産、不飽和脂肪酸（EPA, DHA）生産	サンゴ礁の一次生産毒素の生産による二枚貝等の毒化、淡水赤潮
2008年に発見・渦鞭毛藻に似ている	？		
異なる2本の鞭毛をもち前鞭毛はマスチゴネマと呼ばれる特別な構造をもつ・非常に多様である。ケイ酸質でできた殻や鱗片をもつものがある。細胞外皮をもたないものもある	クリソラミナラン	コンブ、ワカメ、ヒジキ、モヅク、海藻サラダ、水産餌料、アルギン酸生産、フコイダン生産、不飽和脂肪酸（EPA, DHA）生産	藻場形成、流れ藻供給、赤潮、淡水赤潮

恐竜が闊歩していた時代の海藻の主役はワカメやコンブの仲間ではなかったことになる。そして、一次共生藻類とは異なる藻類の痕跡が実際の化石証拠等として見出されるのは、恐竜が出現する2.5億年前頃以降になるようだ。その頃に、ようやく渦鞭毛藻類や円石藻類（ハプト藻類）、珪藻類（不等毛藻類）などの化石が見られるようになる。この期間に誕生した真核藻類の祖先も、一次共生藻類が藻類になる以前の祖先と同様に、摂食栄養をする従属栄養生物であったと考えられる。実際にこの頃に誕生したと考えられる現生の真核藻類のなかには、微生物や有機物を捕食し、光合成と摂食による混合栄養によって生育しているものも少なくない。しかし、5億年前以降に誕生した真核藻類の誕生と、一次共生藻類の誕生の仕組みには、大きく異なる点がある。それは、この頃に誕生した真核藻類では細胞内に取り込まれた光合成生物が、藍藻類ではなく、一次共生藻類（緑藻類または紅藻類）細胞である点である。一次共生藻類の葉緑体を自らの葉緑体として維持・利用しているのである。一次共生藻類を取り込んで藻類になった真核生物を二次共生藻類と呼んでおり、これらの二次共生藻類の祖先真核生物は、それぞれ全く異なる起源をもつ生物である。紅藻類を取り込んで誕生した二次共生藻類には、クリプト藻類、ハプト藻類、渦鞭毛藻類、クロメラ藻類、不等毛藻類、また、緑藻類を取り込んで誕生した二次共生藻類には、ユーグレナ藻類、クロララクニオン藻類が知られている。これら二次共生藻類は「陸上植物」とは無縁の進化過程を辿って誕生した藻類である。

3 藻類から未来を考える

藻類と陸上植物は、「酸素を発生する光合成を行う」点は共通しているものの、両者で異なる特性や機能も少なくない。たとえば、植物は、光合成の産物としてデンプンを貯める。理科の実験で、ヨウ素―デンプン反応によって、葉の細胞内にデンプンが蓄積していることを確かめた経験がある人も少なくないであろう。これに対して、ワカメやコンブをつかってヨウ素―デンプン反応の実験をやったことがある人はおそらくいないと思われる。なぜなら、ワカメやコンブが含まれる不等毛藻類は、光合成の産物としてデンプンではなく、ラミナランという物質を貯める。ラミナランは、ヨウ素デンプン反応をしない。また、陸上植物と大きく異なることとして、光の利用がある。教科書には、光合成には青紫色と赤色の光が効率良く利用され緑色光はあまり使われないと書かれている。陸上植物がそうであるからである。しかし藻類は必ずしもそうとは限らず、例えばノリなど紅藻類は、むしろ緑色やオレンジ色の光を効率良く利用している（Haxo and Blinks 1950）。また、藍藻類の中には、陸上植物が利用できない遠赤色光（700 nm以上の光）のみを利用して光合成するものも知られている（Miyashita et al. 1996, 2014）。そのほか、藻類は、デンプンの貯蔵場所、細胞外皮（細胞壁や細胞を包む構造のこと）、生活環、環境因子（温度、pH、光強度など）への耐性・順化の方法、共生関係など、陸上植物と異なる様々な特徴を有している。その豊かさは私たちの想像力が追いついていくのが難しいほどである。

藻類は産業にも広く利用され、かつ注目されている生物であり、その分野は、食品、環境、医学、薬学、農業、エネルギーなど多岐にわたっている。寒天、カラゲナン（カラギーナン）、アルギン酸などの天然多糖生物は、海藻から作られ、食品に限らず様々な分野で利用されている。クロレラ（緑藻類）やユーグレナ（ユーグレナ藻類）、スピルリナ（藍藻類）は健康補助食品として、また、スピルリナの光合成色素（フィコシアニン）はガリガリ君（赤城乳業）ソーダ味の青色色素として利用されている。また、化粧品原料として注目されているアスタキサンチンは、ヘマトコッカス（緑藻類）から作られている。近年では、バイオマス生産効率の高い光合成生物であることや、油脂蓄積性が高いことを利用して、バイオ燃料など地球に優しいエネルギー生産に用いる試みにも注目が集まっている。

藻類は、我々の想像を超えた多様性をもち、光合成生物に関する新たな視点を我々に教えてくれる。また、藻類がもつ多機能性は人類の持続的発展に重要な役割を果たすことも期待されている。一方で藻類学を志向する学生は減少しつつあるように感じている。本文章を読んで「ビビッ」ときた方は是非筆者を訪ねてほしい。

参考文献

井上　勲［2018］「藻類が牽引した地球進化と生物進化」『日本微生物資源学会誌』34：57–72。

Haxo, F. T. and Blinks, L. R. [1950] Photosynthetic action spectra of marine algae. *J. Gen. Physiol*. 33: 389–422.

Hedges, S. B. et al. [2004] A molecular timescale of eukaryote evolution and the rise of complex multicellular life. *BMC Evol. Biol*. 4: 2.

Miyashita, H. et al. [1996] Chlorophyll d as a major pigment. *Nature* 338: 402.

Miyashita, H. et al. [2014] Discovery of chlorophyll d in Acaryochloris marina and chlorophyll f in a unicellular cyanobacterium, strain KC1, isolated from lake Biwa. *Phys. Chem. Biophys*. 4: 149–158.

第 9 章

生物多様性はどう認識されてきたか

微生物から見る生物進化の認識における変遷

神川 龍馬
RYOMA KAMIKAWA

2009年に京都大学大学院農学研究科応用生物科学専攻博士課程修了後、筑波大学にて日本学術振興会特別研究員PDおよび特任助教、京都大学大学院地球環境学堂、ダルハウジー大学（カナダ）研究員、京都大学大学院人間・環境学研究科助教を経て現職。海外に行った際には、マイクロブリュワリー併設のパブを探してローカルフードと地ビールを楽しむ。

Key Words　単細胞の真核生物、膜構造、区画、五界説、電子顕微鏡の発明、モネラ、ミトコンドリアの多様性

地球上の生物はどの生物も最小単位は細胞である。そして細胞はすべからく膜で囲まれている。そこで質問である。生物を２つに分けるとすると、どのように分けるだろうか。

植物と動物？　水生と陸生？　それとも、ヒトとヒト以外？

ここでは真核生物と原核生物に分けて考えたい。前者と後者は細胞の構造が全く異なる（図９-１）。どちらの細胞も膜で囲まれているが、真核生物は細胞の中にも膜系が豊富に存在する。例えば真核生物には核、ミトコンドリア、ゴルジ体、と呼ばれる区画が存在する。核とは、膜で囲まれた袋のようなもので、ゲノムという生命の設計図がしまい込まれている。ミトコンドリアは、２重膜に囲まれた袋であり、エネルギーを生み出す工場のような場である。ゴルジ体と呼ばれる袋状の構造は、細胞外に分泌するタンパク質を濃縮したり修飾したりする。このような膜構造は、基本的には原核生物には存在しない。基本的には、と書いたのは、細胞内の膜構造自体は原核生物の一部には認められるからである。しかし、核やミトコンドリア、ゴ

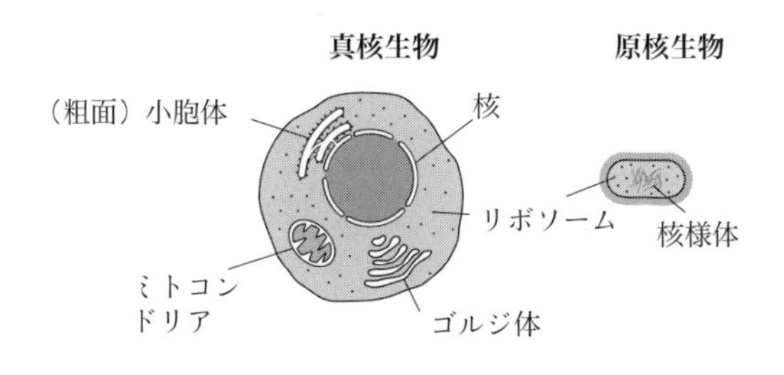

図９－１　真核生物と原核生物

ルジ体に相同な区画は原核生物には存在しない。我々ヒトは真核生物である。大腸菌に代表されるいわゆるバイ菌は原核生物である。

顕微鏡でしか見ることができない「単細胞の真核生物」が発見され、真核生物の多様性を理解するためにそのような小さな生物の重要であるとの認識が誕生してから300年以上がたつ。単細胞の真核生物の多様性と進化における知見は近年特に蓄積が進んでおり、生物学という研究分野にとってのみならず、生態系の理解や寄生生物の起源など、様々な点において重要である。その一方で、単細胞の真核生物を扱う研究分野の外の方々において、生物の多様性に関する知識はおそらく50年以上前に提唱されたロバート・ホイッタカーの「五界説」から進んでいないのではないだろうか。

ホイッタカーの「五界説」とは、形態と栄養様式から生物を５つの界と呼ばれるグループに分けることができるという考え方である。現在、ホイッタカーの「五界説」では生物の多様性を表現しきれないことが分かっており、新たなシステムが提唱されている。五界説以前にも現れては消えていった生物分類のシステムがある。今回の執筆では、生物学、特に微生物学の研究者がいかに生物の多様性を理解しようと試み、いかに生物進化の足跡をたどろうとしてきたのかを概説する。そして、真核生物の多様性における現在の理解についてもできるだけ簡略化して紹介する。最後に、真核生物が共通してもつと考えられてきたミトコンドリアの多様性についての知見を紹介する。

1 博物学から五界説まで

博物学の一部として始まった生物学の初期において、生物といえば動物か植物であった。カール・フォン・リンネ（ラテン名Carolus Linnaeusでも知られる）は二名法を科学界に普及させたことで知られているが、彼もまた、自然界を動物、植物、そして鉱物に分けることで理解しようと努めていた。当時、肉眼で見えない小さな生物が大きな多様性をもって存在するなど、科学の世界でも一般的な考え方ではなかった。ただし、実際には、小さな生物はすでに発見されていた。1665年、ロバート・フックは著書『Micrographia』（微小世界図説）において、ケカビ（*Mucor*）の一種を図示している。ケカビはいわゆるカビの仲間であり、これが最初の微生物の報告とされている（Gest 2004）。その後、微生物学の父として知られているオランダの商人アントニー・ファン・レーウェンフックは趣味で作成した自作顕微鏡を用いて、Animalcules（真正細菌などの顕微鏡レベルで観察される「謎の生物」を彼はこのように呼んだ）を観察したことを報告した。その他にも、自身の歯垢に同様の生物を発見し、赤血球の詳細な記載や、うじやしらみが卵から発生することを示すなど、科学に重要な観察を行った。それらの中には単細胞の真核生物も含まれていた（Gest 2004）。

1866年、エルンスト・ヘッケルは動物と植物に次ぐ第3の生物グループとして原生生物界（Kingdom Protista）を提唱した。この「原生生物」という言葉は現在でも使用されるほどある種汎用性の高い言葉である。ただし、現在の意味における原生生物（特に後述するホイッタカーの五界説以降）とヘッケルの原生生物では意味が全く異なる。ヘッケルの原生生物は、顕微鏡レベルの微小な生物をすべて含めていたため、現在の原核生物も含まれていた（Kutschera 2016）。

科学の世界で急展開を迎えるときには必ずと言っていいほど天才の出現か技術の急速な発展がある。微生物の世界を次に切り開いたのはどちらかと言えば後者であった。電子顕微鏡の発明である。光の代わりに電子を物体に当てて像を結ぶ電子顕微鏡は、より微細な構造を詳細に観察することを可能にした。その結果、今では多様な細胞の中を詳細に観察することが可能である。しかしその以前にエドゥアール・シャットンは細胞内構造によって微生物は2タイプに分けられることを提唱した（Sapp 2005）。すなわち、核があるかないか、である。繰り返しになるが、核がある生物を真核生物、核がない生物を原核生物と呼ぶ。1938年に、この核がない原核生物を動物や植物などと同等な分類群として認めるべきだという提唱がなされた。つまり、ヘッケルの原生生物界にモネラとして含まれていた生物を、独立した生物の

植物界　菌界　動物界

原生生物界

モネラ界

図9－2　五界説の概念図

グループとして認識しようという提唱である。このハーバート・コープランドが提唱したモネラ界（Copeland 1938）と、ヘッケルの3つの界と併せて、当時は4界に分けられていた。

肉眼で見ることができるキノコなどの仲間である菌類はリンネの分類に従えば植物であった。菌類が菌類という動物・植物に相当する一つのグループとして広く認められたのは1969年のホイッタカーの提唱からである。ホイッタカーは菌界（Kingdom Fungi）を設立し、それまでに提唱された動物界、植物界、原生生物界、モネラ界と併せて、生物は5つの界（グループ）で構成されると提唱した（Whittaker 1969；図9－2）。ホイッタカーの五界説は、細胞の形態に加え、進化の流れや栄養様式を組み込んだものである点は注目に値する。極めて簡便に書くと、以下のようになる。

- モネラ界：核をもたない
- 原生生物界：核をもち、基本的に単細胞である。一部、多細胞生物も含むが、それは単細胞生物が凝集しただけのもの。
- 植物界：核をもち、多細胞であり、細胞壁をもつ。光合成を行う。
- 菌界：核をもち、多細胞であり、細胞壁をもつ。光合成は行わず、栄養摂取は体表面からの吸収で行う。
- 動物界：核をもち、多細胞であり、細胞壁がない。光合成は行わず、栄養摂取は消化と吸収で行う。

1969年に提唱されてから現在に至るまで、五界説は日本では教科書に「未だ」登場するほど人気である。しかし、真核生物の研究者は五界説を軸に議論することはないが、その後の生物体系の変遷はあまり一般的に知られていない。

2 モネラと原生生物の崩壊

1990年、カール・ウーズはrRNAと呼ばれる遺伝子の配列から、生物は3つの大きなグループ（ドメイン）に分けられることを提唱した。具体的には、原核生物（モネラ界）が1つのグループではないことを発見したのである。それらは真正細菌と古細菌という2つに分けられた。真核生物と上記2つの原核生物を合わせて3大ドメインと呼んだ（Woese et al 1990）。この考えには、実は当初から異論があった。様々な証拠から、ジェームズ・レイクは古細菌というまとまったグループは存在せず、古細菌と呼ばれる微生物の一部が特に真核生物に近縁なのではないかという考え方を提唱した（例えばRivera & Lake 1992）。3大ドメインと区別して、後者はエオサイト仮説と呼ばれる。3大ドメインの考え方が広く受け入れられ、エオサイト仮説は長いこと忘れられてきたが、エオサイト仮説を支持する論文が2008年から立て続けに報告された（例えばCox et al. 2008; Williams et al. 2013）。ゲノム全体の情報を使って生物の進化を解析する手法により、やはり一部の古細菌が特に真核生物に近縁であり、古細菌として分類される微生物が一つのまとまったグループにならないことが再現された（Zaremba-Niedzwiedzka et al. 2017）。現在では、古細菌として分類される様々な微生物の中から真核生物が誕生したことが受け入れられている。特に、日本のグループが真核生物に極めて近縁な古細菌を単離・培養することに成功した研究がセンセーショナルなニュースとして世界中を駆け巡ったことは記憶に新しい（Pennisi 2019）。

真核生物の多様性への理解も大きく発展するのは2000年に入ってからである。そのころから、真核微生物もゲノムレベルの情報を得ることが可能になり、それらを使って生物の進化を解析する手法が真核生物にも使用され始めた。2019年までに様々な変遷と議論を受けて、現在では真核生物はTSAR、ハプチスタ、クリプチスタ、アーケプラスチダ（植物とその近縁生物）、ディスコーバ、メタモナーダ、アモルフェア、クルムスなど10以上に細かく分けられている。しかし互いの進化関係についてはまだ議論が続いており決着が付いているとは言いがたい（Adl et al. 2019）。ヒトはアモルフェアに含まれる。アモルフェアには、他にもアメーバ生物群や菌類、そしてそれまで原生生物と呼ばれていた様々な顕微鏡レベルの真核微生物が含まれる。特に、動物に近縁な真核微生物は、多細胞化という生物進化の一大イベントを解き明かすカギとして注目されている。上述したその他のグループTSAR、ハプチスタ、クリプチスタ、ディスコーバ、メタモナーダ、クルムスは、ほぼすべて単細胞の真核微生物からなり、真核生物の多様性の大部分が微生物で構成されていることが分かる。つまり、「原生生物」というひとまとまりのグループは存在しない。今後、より解析の精度が高まるにつれて、真核生物、特に単細胞の真核生物のグループ分けもより正しく反映されると期待される。

3 ミトコンドリアの多様性

核に加えて、真核生物のランドマークであるのがミトコンドリアである。ミトコンドリアは、糖と酸素を消費して生体内の様々な反応にエネルギー源として用いられるATPを産生する。その他にもアミノ酸の代謝や脂質の分解など、極めて重要な反応経路がミトコンドリアには存在する。上述したように、ミトコンドリアは原核生物には存在しない。つまり、真核生物が原核生物から進化して誕生した際に獲得されたわけである。真核生物は一部の古細菌に近縁であるため、ある古細菌（もしくは、ある古細菌から進化した真核生物のプロトタイプ）がミトコンドリアを獲得したと考えるのが妥当である（神川 2018）。

ミトコンドリアは、αプロテオバクテリアと呼ばれる真正細菌に近縁な微生物が起源であることが分かっている。ということは、ある古細菌（もしくは、ある古細菌から進化した真核生物のプロトタイプ）がαプロテオバクテリアに近縁なある種の真正細菌を取り込み、その取り込まれた生物が結果的に細胞小器官の一つであるミトコンドリアとなった。ただし、どのように取り込まれたのかに関しては、いくつか仮説が提唱されているが、結論が出ているとは言い難い。どのように細胞と細胞が「合体」して真核生物となったのかは定かではないが、ミトコンドリアの誕生により酸素を必要とするようになったため、我々は常に息をして酸素を取り込む必要がある。

その一方で、酸素が極めて少ない環境に生息する真核生物も存在する。例えば、人間の腸内も嫌気環境の一つである。その他に、池の底泥や海底泥など、水圏環境では嫌気状態は珍しいものではない。酸素を必要としている我々のような生物では、嫌気環境や微好気環境という酸素が極めて少ない環境にすむことはできない。しかし、そのようなヒトや多くの動物にとっての極限環境を生育環境としている真核生物も存在する。

例えば、動物の仲間でも、寄生性である肝蛭（*Fasciola hepatica*）は酸素利用という面において極めて興味深い生態をもつ。肝蛭の幼虫は、酸素を利用したヒトと同様のエネルギー合成を行う。しかし発育の進んだ肝蛭の成体は、酸素が少ない胆管に局在する。そして酸素を利用しないエネルギー合成をミトコンドリア内で行い、嫌気または微好気環境に適したエネルギー代謝を行う。同様のミトコンドリアエネルギー代謝の変化は底泥に生息するムラサキイガイでも見られる（Müller et al. 2012）。真核微生物ランブルべん毛虫（*Giardia intestinalis*；メタモナス門＝メタモナーダに属する）は、ヒトの腸内寄生生物であり、酸素が極めて少ない環境に適応している。ランブルべん毛虫は細胞分裂する時期と、植物の種のように増えたり成長したりはしないが環境ストレスに強い休眠細胞の時期をもつ。シストと呼ばれる休眠細胞は、ヒトの腸から排出された後、環境中で生存し、汚染された水や汚染された水が付着した食物を摂取することによりヒトの腸内に戻ることで再び感染する。このランブルべん毛虫のミトコンドリアは酸素呼吸という点において完全に退化してしまっている。ランブルべん毛虫のミトコンドリアはすでにエネルギーは合成できず、細胞内での役割も分かっていない（Leger et al. 2017）。2016年には、真核生物で初めてミトコンドリアをもたない種が報告された（Karnkowska et al. 2016）。げっ歯類の腸内に片利共生している嫌気性真核微生物（*Monocercomonoides*属；和名無し）は以前から知られており、2016年にそのゲノム解読結果が報告されたが、ミトコンドリアの存在を示す証拠が一切出なかった。*Monocercomonoides*属はメタモナーダに属するが、メタモナーダ生物はミトコンドリアの痕跡器官をもっているので、ミトコンドリアをもたない*Monocercomonoides*は二次的に消失させたのだろう。環境によっては、真核生物のランドマークの一つであるミトコンドリアも必要なくなり消えてしまうという一例であると言える。生物とはかくも複雑で、一言でその性質や特性を表すことのできない、多様性の塊なのである。

参考文献

神川龍馬［2018］「ミトコンドリアの起源・進化」永宗喜三郎、島野智之、矢吹彬憲（編集）

『アメーバのはなし——原生生物・人・感染症』朝倉書店、107-112頁。
Adl, S. et al. [2019] Revisions to the classification, nomenclature, and diversity of eukaryotes. *J. Eukaryot. Microbiol*. 66: 4-119.
Copeland, H.F. [1938] The kingdoms of organisms. *Q. Rev. Biol*. 13: 383-420.
Cox, J. et al. [2008] The archaebacterial origin of eukaryotes. *Proc. Natl. Acad. Sci. USA* 105: 20356-20361.
Gest, H. [2004] The discovery of microorganisms by Robert Hooke and Antoni van Leeuwenhoek, fellows of the Royal Society. *Notes. Rec. R. Soc. Lond*. 58: 187—201.
Karnkowska, A. et al. [2016] A eukaryote without a mitochondrial organelle. *Curr. Biol*. 26: 1274-1284.
Kutschera, U. [2016] Haeckel's 1866 tree of life and the origin of eukaryotes. *Nature. Microbiol*. 1: 16114.
Leger M. et al. [2017] Organelles that illuminate the origins of *Trichomonas* hydrogenosomes and *Giardia* mitosomes. *Nature. Ecol. Evol*. 1:92.
Müller, M. et al. [2012] Biochemistry and evolution of anaerobic energy metabolism in eukaryotes. *Microbiol. Mol. Biol. Rev*. 76: 444-495.
Pennisi, E. [2019] Tentacled microbe hints at how simple cells became complex. *Science* 365: 631.
Rivera, M.C., Lake, J.A. [1992] Evidence that eukaryotes and eocyte prokaryotes are immediate relatives. *Science* 257: 74-76.
Whittaker, R.H. [1969] New concepts of kingdoms of organisms. *Science* 163: 150-160.
Williams, T.A. et al. [2013] An archaeal origin of eukaryotes supports only two primary domains of life. *Nature* 504: 231-236.
Woese, C.R. et al. [1990] Towards a natural system of organisms: proposal for the domains Archaea, Bacteria, and Eucarya. *Proc. Natl. Acad. Sci. USA* 87: 4576-4579.
Zaremba-Niedzwiedzka, K. et al. [2017] Asgard archaea illuminate the origin of eukaryotic cellular complexity. *Nature* 541: 353-358.

第10章

スターチャイルド考

胎児をめぐる映像文化

木下 千花
CHIKA KINOSHITA
専門は映画学、表象文化論。ジェンダーとセクシュアリティ、検閲と自主規制に関心を持って日本映画史を研究している。アメリカの大学院留学中に経験した妊娠・出産をきっかけに妊娠の映像文化に目を開かれ、胎児表象研究の道に入った。

Key Words 胎児表象、「生命」イメージ、転生への誘い

1 はじめに

『2001年宇宙の旅』(スタンリー・キューブリック監督、1968年)をめぐっては、脚本を監督と共著し小説版を出版したSF小説の巨匠アーサー・C・クラークらの作り手も巻き込み、多種多様な解釈が示されてきた。クラークによる小説版では、胎児のような「スターチャイルド」が現れて地球周回軌道上の核弾頭を爆発させる[1]。とりわけ批評家の間では、説明を排した映画版にこの小説版のエンディングを投影する深読みが主流である。しかし、その行為について深淵な解釈を展開する以前に、現在の視点から見ると、この「スターチャイルド」自体がいったい何なのか——胎児、新生児、それとも宇宙人?——意味不明である。実際、共通教育の英語リーディング授業の一環として本作品を鑑賞した経済学部や工学部の1回生の大部分は狐につままれたような顔をしていた。本章では、「スターチャイルド」を糸口として1960年代における胎児映像の大衆文化による引用を分析し、さらに本作の日本における受容に触れることで、「生命」をめぐる認識の歴史性を明らかにしたい。

本書の序章が示す平和学の視座に立てば、『2001年宇宙の旅』は、東西冷戦の歴史的文脈のなか、核兵器による世界殲滅に対する監督とSF作家のアクチュアルな危機

感が結晶した作品であった。科学者と軍人による「世界最後の日」への行程を描いたブラックコメディ『博士の異常な愛情　または私は如何にして心配するのを止めて水爆を愛するようになったか』（1964年）を世に問うたばかりのキューブリックは、地球外生命体を扱う次作のため、クラークに連絡を取る[2]。クラークは、「前哨」（1951年）や『幼年期の終わり』（1952年）において、人類が地球外生命体によって操作あるいは飼育される近未来——まさに第14章第２節で議論の俎上に乗せられる宇宙人による人間のTNR（いわば「強制不妊」による人口調節）——を描いていた。また、製作・配給を担うMGMに1965年に提出された草稿「星の彼方への旅」の段階では、キューブリックとクラークは、宇宙人という共通の敵によって人間同士がついに戦争を放棄するという、楽観的な設定を採用していたことが知られている。

しかしながら、完成した映画のエンディングは、深く両義的なものになった。1968年の時点で夢見られた2001年、人工知能HALとの争いの果てに生き残り、宇宙船ディスカヴァリー号の唯一の乗員となったデイヴィッド・ボウマン（キア・デュリア）は、木星の惑星の附近で謎の石版と遭遇し、サイケデリック調の「スターゲート」を通って時空を越え、ロココ調のホテルの一室にたどり着く。そこでボウマンが見出したのは老いた自分自身である。瀟洒なグリーンのベッドに横たわったボウマン老人の指差す先には再び石版が現れ、屹立する石版を中心に捉えたショットからベッドに切り返すと、輝く球体の中に胎児らしきものが浮かんでいる。老人の姿は跡形もなく消えているので、これはボウマンの更なる変化とみるべきだろう。胎児の横顔のクロースアップが挿入され（カラー口絵、図14上）、続いてキャメラは石版へと速やかに前進移動し、リヒャルト・シュトラウスの『ツァラトゥストラはこう語った』が高まるなか、暗黒へと吸い込まれる。すぐさま画面の中心に月が浮かび、キャメラが下降すると画面右側に地球が、左側に光の輪に縁取られた胎児がフレームインする。胎児のクロースアップへと切り替わり、ゆっくりと回転する胎児がこちら、つまりキャメラを見つめたところで（カラー口絵、図14下）、画面は暗転して映画の本編が終わる。

『2001年宇宙の旅』が語るのは、地球外生命体と思しき何者かが残した石版の影響によって猿人が道具を操る人間へ、人間からより高次の存在へと変化するという物語である。さらに、映画史家ピーター・クレイマーが指摘するとおり、エンディングでは基本的に「見る」という行為を通して主体が自らの視線を向けた対象へと変化する、という事態が起こっており、この論理に従えば、最後のショットにおける胎児のキャメラ目線は、観客＝私たちを胎児へと変化するよう誘っていることになる[3]。キューブリックの許に届いた一般観客からの大量の手紙では、本作品の主題を「未来へ向けての人類の生まれ変わり」としてポジティヴに捉える解釈が主流を占めているという[4]。この映画が誕生と転生のイメージを与えるとすれば、それは上述のエンディング・シークェンスによって構築されたものであろう。

2 「誕生以前の生命のドラマ」

『2001年宇宙の旅』のスターチャイルドについては、映画製作中であった1965年にアメリカの週刊誌『LIFE』に掲載されてセンセーションを巻き起こしたスウェーデンの写真家レナート・ニルソンのフォト・エッセイ「誕生以前の生命のドラマ」の胎児写真からの影響が知られている[5]。スタッフの証言によれば、キューブリックは当初は本物の乳児を使っての撮影も検討したものの、結局は人間を超越したイメージを求めたため、製作会社MGMの英国スタジオ美術部が、ニルソンの胎児写真を基盤とし、ボウマンを演じたデュリアの特徴を取り入れて模型を作成した。撮影は、バックライトも含む大量の照明を当てたうえで、何重ものフィルターを使い、露光時間を確保して被写体深度を出すため 3 コマ／秒の低速度で行われ、半透明の後光のなかに輝くこの世ならぬイメージを達成した[6]。グラスファイバー模型の原型となったクレイ人形は2003年にキューブリックの遺品のなかから発見され、2018年には展覧会「スタンリー・キューブリック展」に展示されている[7]。

このように、スターチャイルドおよびその着想の源となった『LIFE』誌の「誕生以前の生命のドラマ」は、少なくとも60年代後半のアメリカにおいては、字義的な意味でも輝く未来の科学技術の象徴であった。

胎児映像に対してフェミニズムの立場から批判的な言説が興隆するのは、1973年に連邦最高裁判所のロー対ウェイド判決によって人工妊娠中絶が合法化され、さらにその結果、中絶に対するバックラッシュが始まり、共和党のロナルド・レーガン政権（1981～89年）のもとで「プロライフ」対「プロチョイス」の対立が内戦とさえ呼びうる状況へと先鋭化してゆく過程においてである[8]。すなわち、胎児の生命と権利の尊重を訴えるプロライフ運動が胎児映像をプロパガンダのために利用して大きなインパクトを与えたため、女性の身体と生殖に対する自己決定権を主張するフェミニストたちが、高度に政治化された「見世物胎児」の先駆として「誕生以前の生命のドラマ」を見出したのである。それまで女性の身体感覚によってのみ認知される存在だった胎児が、内視鏡、広角レンズ、カラーフィルムのようなテクノロジーによって視覚化され、記録され、メディアによって播種されるようになる。かくして胎児は視覚的に母胎から切り離され、母親から独立しときには対立しさえする一つの「生命」として析出するのであり、歴史家バーバラ・ドゥーデンはこれを「ニルソン効果」と呼んだ[9]。

中絶の是非をめぐる論争のなかで胎児写真が関心を集めるなか、「誕生以前の生命のドラマ」のうち子宮内で生きている胎児の内視鏡による撮影は特集の冒頭に掲げられた15週の胎児の「ポートレイト」のみであり、他は人工妊娠中絶によって摘出された、つまり「死んだ」胎児の写真であることが知られるようになった[10]。実は『LIFE』誌も、控えめな言い回しではあるが、冒頭第3段落目に「諸々の理由によって外科的に摘出された」胎児であることを明記していた[11]。スウェーデンでは1938年の法律とその46・63年の改正により、医学的、人道的、優生学的、社会・医療的な理由に加え、胎児の形態異常の場合に合法的な中絶が可能であり、ニルソン自身もストックホルムやヨーテボリの産婦人科クリニックから胎児の提供を受けたことを後に明らかにしている[12]。このように、「誕生以前の生命のドラマ」は発生学の胎児標本の伝統に連なる、いわば死体のモンタージュであった。それにも拘わらず、中絶合法化以前のアメリカでは、科学のフロンティアに輝く「生命」のイメージとして受容されたのである[13]。

「誕生以前の生命のドラマ」の胎児映像を引用したスターチャイルドにも、80年代以降、批判が向けられることになった。男根的な石版に導かれ、あたかも母やその身体など存在しないかのように男性から転生し、紺青の宇宙を光につつまれて独り漂い、さらに小説版を参照するなら母なる地球を破壊し世界の主たろうとするスターチャイルド――その抽象性と過激な未来志向にフェミニスト批評はマチズモを見出したのである[14]。

3 日本における受容

『2001年宇宙の旅』は、シネラマ（70 mmフィルムを使用して横長の湾曲大画面に映写するシステム）の大作として1968年4月11日からテアトル東京と大阪のOS劇場で公開された。1968年に東京都内でロードショー公開された作品としては第4位の興行収入を上げた本作は[15]、『映画評論』では批評家の投票によって同年公開の外国映画として第1位に選ばれており[16]、商業的にも批評的にも大成功を収めたと言ってよいだろう。ところが、同時代の評価は実のところ大きく割れていた。『朝日新聞』の映画評が「話の筋まで無重力」と副題を付け、HALと宇宙飛行士の闘いのくだりを「物語の上での唯一の面白さ」とし、「それから先のお話はちんぷんかんぷんで、これほど理解不能の映画も珍しい」[17]と切って捨てているのは、本作についての「大人」の評価を代弁するものだろう。『キネマ旬報』は星新一、福島正実、小松左京の三人が揃い踏みした鼎談を7頁に亘って掲載しているが、そのタイトルは「『2001年宇宙の旅』の謎を解く」であり、クラークの小説版を読んでいる福島が難解な部分を解説する形になっている[18]。戦前以来の『キネマ旬報』同人たる飯田心美は、「物語的要素の弱さ」を指摘して困惑の色を隠さない[19]。

そもそも、本作の上映にあたって、少なくとも大阪と名古屋では映画館が解説ナレーションを提供したことが伝えられている。『映画評論』にアニメーション批評を中心に寄稿していた森卓也は、68年4月にまず東京で鑑賞したが、7月に名古屋で二回目に見た際の上映について、「これが日本語解説をテープで流す、という奇天烈なもので、噂によれば、大阪での上映はもっと解説の量が多いのだそうな」とコメントしており、9月に東京で3回目を見たのは、特殊効果をもう一度精査するためばかりではなく、「ご親切な解説を洗い落すため」であった[20]。映画の製作過程のなかでキューブリック自身がナレーションの使用を長らく検討し、熟慮の末に説明を廃した決定版に到達したことに鑑みれば[21]、皮肉としか言いようがない。しかし、すべての上映に弁士（説明者／解説者）のナレーションが付いたサイレント時代（1930年代中葉まで）の映画文化を知る中高年の業界人にとっては、さほど「奇天烈」な行いではなかったのかも知れない。

一方、本作を絶賛したのは、森卓也をはじめとした、『映画評論』に集う1930年代生まれの若手批評家たちであった。とりわけ興味深いのが、スターチャイルドについての深読みが彼らの間でコンセンサスを形成している点である。河原畑寧は、ロココ調の寝室におけるボウマンの転生を以下のように描写する。

> そして地球人としての肉体が限界にきたとき、彼の前に、再たびあの石版状の物体が現われる。この啓示で彼は地球人類の肉体から解脱して、宇宙的規模の認識を持ち得る超人類の最初の一人として転生するのである。輝く球体にはいっ

> たこの超人類の赤ん坊は、かつての故郷である地球をみつめる。暗黒の空間にちりばめられた星の群と大きく浮かぶ地球。それは超人類を生む子宮なのである[22]。

地球を子宮と見立て、受精のプロセスの結果としてスターチャイルドを捉える河原畑の解釈は、「あの、極大と極小——天体と卵子を等価においた予想外の結末」[26]と形容する金坂健二にも共有されている。上述のとおり本作を3回見た森は、満を持して「サイケデリックと呼ばれている光輝のシーンに始まる“難解な”部分が、セックスをシンボライズしている（もちろんそれだけではないが）」[24]という解釈を提示する。ボウマンを精子もしくはペニスに、スターゲートを女性器に準える「フロイト的連想」を次々と繰り出したうえで、「あらゆる生命の源、知性の芽生え、その根源を求めて二十一世紀のオデッセイが突き進む宇宙（マクロ）空間は、同時に子宮（ミクロ）でもあったのだ」[25]と述べる。

管見では、スターチャイルドの成り立ちについてのこのように性化された深読みは、英語圏では必ずしも一般的ではない。他所で詳しく述べたように、1950年代末から1960年代を通して、日本では欧米に先駆けて胎児が注目を集めていた[26]。メディア言説におけるこうした特権的な胎児の位置がスターチャイルドの解釈に作用したと考えられる。

まず、優生保護法（1948年、49・52年改正）による人工妊娠中絶の事実上の合法化が決定的に重要である。さらに、1954年からアメリカがマーシャル諸島ビキニ環礁で行った水爆実験の結果としての「死の灰」と放射能汚染、原水爆反対運動のなかで高まった広島・長崎の胎内被爆被害者への関心、サリドマイド事件（国内での「イソミン」の販売は1958-62年)、胎児性水俣病の発見・報告（1964年)、など、核の脅威、薬害、公害によって、犠牲者としての「胎児」が前景化された。このような地政学的・社会的な事象に呼応して、標本（亀井文夫『世界は恐怖する 死の灰の正体』1957年)、人工妊娠中絶による摘出（若松孝二『胎児が密猟する時』1966年)、あるいは内視鏡（毛利隆彰『早期妊娠人胎児の子宮内運動のHysteroscopyによる観察記録』1955年、『胎児の記録』として1961年に日本テレビで放映）など、さまざまな方法によって胎児の視覚化が進み、メディアによって頒布された。1965年のニルソンの「人間誕生までの胎内のドラマ」は『女性自身』1965年7月30日号、8月7日号にすぐさま翻訳・掲載され、「生命」の神秘であると同時に中絶手術の犠牲者として議論されている。

胎児をめぐるこのような歴史的・地政学的・メディア史的な文脈に照らすとき、キューブリックとクラークの核による人類殲滅への危機意識によって生み出され、母――子宮もしくは卵子――たる地球を見つめるスターチャイルドの両義的なまなざしは、日本の若き前衛的映画人に理想の観客を見出したと言えるかもしれない。

とはいえ、スターチャイルドが60年代さらには80年代の歴史的分脈から離脱し、映画館やコンピュータのスクリーンを通して観客を見つめる限り、その転生への誘いの方向性もまた大きく変容しうる。そもそもスターチャイルドはアナログ特撮の粋を集めたマガイモノであり、ポストヒューマン的な読みとの親和性は高い。

注

1 Clarke, Arthur C. [2001 (2010)] *A Space Odyssey*. kindle ed. New York: Hachette Digital, No.236. なお、クラークの小説は映画の製作と並行して書かれ公開後半年で出版されたため、「原作」ではない。
2 本作の製作経緯については、以下を参照。Krämer, Peter [2010] *2001: A Space Odyssey*. London: BFI, pp. 24–31.
3 Krämer, Peter [2001 (2010)] *A Space Odyssey*. London: BFI, pp. 83–84.
4 Krämer [2001 (2010)] pp. 86–88. スタンリー・キューブリック文庫における手紙の全容については、Krämer, Peter [2009] 'Dear Mr. Kubrick': Audience Responses to 2001: A Space Odyssey in the Late 1960s. *Participations: Journal of Audience & Reception Studies* 6, no. 2 (November 2009): 240–59.
5 Nilsson, Lennart [1965] Drama of Life Before Birth. *Life*, April 30. 現在、このグラビアはオンラインで閲覧することができる。'Drama before Birth': Landmark Work, Five Decades Later. *Life*. http://life.time.com/culture/drama-of-life-before-birth-landmark-work-five-decades-later/?iid=lb-gal-viewagn#1 (last accessed October 14, 2019).
6 Don Shay, Don and Duncan, Jody [2001] 2001: A Time Capsule. *Cinefex*, April 2001: 117. さらに、イタリアのキューブリック研究者によるブログ、Filippo Ulivieri, "Making the Starchild in '2001': A Tribute to Liz Moore," 2001 Italia. it: A Blog Devoted to 2001: *A Space Odyssey*, May 27, 2013. http://www.2001italia.it/2013/05/making-starchild-in-2001-tribute-to-liz.html (last accessed October 14, 2019) を参照。
7 Grundhauser, Eric [2018] The Cosmic Fetus of '2001: A Space Odyssey' Hasn't Aged a Day. *Atlas Obscura*, May 18, 2018. https://www.atlasobscura.com/articles/kubrick-2001-star-child-prop (last accessed October 13, 2019).
8 この過程については膨大な研究の蓄積があるが、日本語での基本文献として、まず荻野美穂『中絶論争とアメリカ社会――身体をめぐる戦争』(岩波書店、2001年) を参照されたい。
9 ドゥーデン、バーバラ (田村雲供訳) [1993]『胎児へのまなざし――生命イデオロギーを読み解く』阿牛社；Stabile, Carol [1998] Shooting the Mother: Fetal Photography and the Politics of Disappearance. In: *The Visible Woman: Imaging Technologies, Gender, and Science*, (ed.) Treichler, Paula A., Cartwright, Lisa and Penley, Constance. New York: New York University

Press. pp. 171–97. 木下千花［2015］「「胎児」の誕生――『悪魔の赤ちゃん』と1970年代妊娠ホラー」塚田幸光編『映画とテクノロジー』ミネルヴァ書房、67–71頁。

10 Stabile［1998］p. 178.

11 前掲『LIFE』記事。

12 Jülich, Solveig［2018］Picturing Abortion Opposition in Sweden: Lennart Nilsson's Early Photographs of Embryos and Fetuses. *Social History of Medicine* 31, no. 2（2018）: 278–307; Behind the Lens: An Interview with Lennart Nilsson. *NOVA online*, 1996. http://www.pbs.org/wgbh/nova/odyssey/nilsson.html（last accessed October 15, 2019）.

13 一方、すでに優生保護法（1948年、49・52年改正）によって人工妊娠中絶が事実上合法化されていた日本においては、『女性自身』に翻訳が掲載され、中絶された胎児として受容された。木下、前掲論文。

14 Sofia, Zoe［1984］Exterminating Fetuses: Abortion, Disarmament, and the Sexo-Semiotics of Extraterrestrialism. *Diacritics* 14, no. 2（Summer 1984）: 47–59. クラークの小説版への批判として、Spector, Judith A.［1981］Science Fiction and the Sex War: A Womb of One's Own. *Literature and Psychology* 31, no. 1（1981）: 21–32.

15 『朝日年鑑』朝日新聞社、1969年、721頁。

16 『映画評論』1969年２月号、27頁。

17 『朝日新聞』1968年５月１日付夕刊。

18 星新一、福島正実、小松左京［1968］「ＳＦ作家特別鼎談　『2001年宇宙の旅』の謎を解く」『キネマ旬報』1968年５月下旬号、50–56頁。

19 飯田心美［1968］「2001年宇宙の旅」＜外国映画批評＞『キネマ旬報』1968年６月上旬号、69–70頁。

20 森卓也［1969］「"胎児"によせる渇望――2001年宇宙の旅」『映画評論』1969年１月号、74頁。名古屋では1968年７月20日（土）から中日シネラマ劇場で「中部地区独占ロードショウ」が行われた。『中日新聞』1968年７月19日夕刊広告では、「家族揃って未知の世界へ出発！」と謳う。紹介記事は７月13日夕刊に掲載されているが、解説アナウンスについての言及は発見できていない。

21 Krämer［2010］pp. 41–51.

22 河原畑寧［1968］「2001年宇宙の旅」『映画評論』1968年６月号、43頁。

23 金坂健二［1968］「ペシミズム時代の"サイケデリック・シネマ"」『映画評論』1968年６月号、47頁。

24 森［1969］75頁。

25 同上。

26 木下千花［2021］「胎児が密猟するまで――原水爆禁止運動と生政治」、宇野田尚哉、坪井秀人編『対抗文化史――冷戦期日本の表現と運動』大阪大学出版会、73–96頁。

Column II

阪口翔太

ゲノミクス時代におけるダーウィン進化論

PART IIの各章でみてきたように、地球上の多様な生物は、もとを辿れば単一の祖先から系統進化を繰り返した結果生まれたものだ。私たちヒトも例外ではなく、約700万年前にチンパンジー属との共通祖先から枝分かれしたヒト属の末裔が現生人類である。生物進化において新しい種が誕生する過程を**「種分化」**と呼ぶ。種分化は地球上の生物があまねく経験した進化イベントとして重要で、多くの進化学者がそのメカニズムを明らかにすべく研究に取り組んできた。

19世紀の生物学者チャールズ・ダーウィンは、異なる環境に移入した個体が徐々にその環境に適した独自の形質をもつようになり、長い時間が経過したあとに別種として確立すると考えた。このダーウィンの**自然選択説**は当時、種分化を説明する仮説としては画期的なものであったが、種分化が起こる過程で自然選択がどのように集団の遺伝的交流を妨げるのか（＝**生殖隔離**の発達）については満足のいく説明がなされていなかった。

近年の研究者たちは、自然選択と生殖隔離の関係を追及する目的で**生態的種分化**に着目している。生態的種分化は、自然選択の副産物によって生殖隔離が生じる種分化として定義される。つまり、集団が対照的な環境に出くわしたときに自然選択が働くと考えるのはダーウィンの自然選択説と同様であるが、そこからさらに、集団が異なる環境に適応したことで他集団と交配する機会が減る、もしくは交配したとしても子孫の適応度が低下し、結果として生殖隔離が生じることを想定する。この生態的種分化では、環境適応に責任をもつ遺伝子群が自然選択の影響を受けて真っ先に分化する特徴がある。2000年代以降、野生生物を対象としたゲノム分析によりこうした特性をもつ遺伝子の特定が進められてきた。

例えば、北米に産するミゾホオズキという植物では赤と桃色の花をつける２集団があり、それぞれ異なる動物（ハチドリとスズメガ）が花を訪れることが知られていた。その後、遺伝学的な分析によってアントシアニン合成に関わる酵素の働きを変化させる遺伝子変異が発見され、この変異が異なる訪花動物への適応と生殖隔離を同時にもたらした種分化遺伝子であることが示された。ダーウィンが生きた時代、再現実験ができない種分化の研究には限界があったが、ゲノミクス研究が全盛となった現代、彼が唱えた自然選択説がゲノムレベルで裏付けられようとしている。

研究の原点②

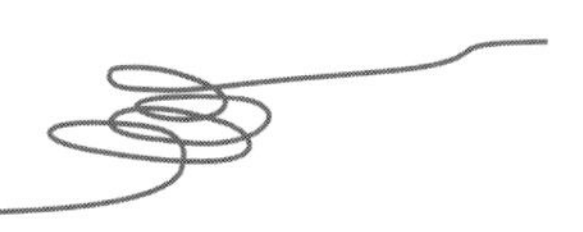

加藤　眞（生物学、第５章）

共生がもたらす多様性

宿命的に利己的である生物において、生物同士の関係は搾取か競争の関係になるのが普通ですが、不思議なことに、共生的になった生物のペアが数多く存在し、しかもそれらの共生関係は、生態系の中でも非常に大きな役割を果たしているだけでなく、生物の多様化をももたらしていることがわかってきました。現在の地球の森林は、圧倒的な被子植物の優占によって特徴付けられていますが、その理由は被子植物が動物媒を採用したことと深い関わりがあります。被子植物の多くは、目立った花を咲かせ、それぞれの花はそれぞれに特異的な送粉者によって送粉されています。私は、日本列島や熱帯雨林のフィールド調査を通して、送粉共生がいかに進化し、生態系にいかに大きな影響を与え、そしていかに生物の多様化をもたらすのかを調べてきました。そして共生関係への興味は、海の生態系にも広がってゆくことになりました。

西川完途（動物系統分類学・両生類学、第６章）

魚類から進化した両生類

陸上脊椎動物の中でもっとも原始的な位置にある両生類は、魚類から進化して陸上に進出したと考えられている系統の子孫です。私個人のことを申し上げると、子供の頃から魚や釣りが好きで、大学では魚類の研究を志して上洛しました。しかし魚類を研究できる学科には入学できず、卒業研究は生物学ですらありませんでした。いよいよ大学院に進んで、さあ研究ができる状況になり、私が選んだのは魚類ではなく両生類でした。今は爬虫類も少し研究しているので、最終的には鳥類、哺乳類へと対象を拡げていくのやも知れません。生物学は歴史学のような一面があり、祖先が何か、それがどのように現生の種につながるのか、過去の環境や生態など想像しながら研究を進めていかねばなりません。その意味で、脊椎動物の進化の歴史を辿る様に興味の対象を変えてきたことで、脊椎動物全体を俯瞰する習慣が身についた気もしています。

佐藤博俊（菌類系統分類学、第７章）

個性と未知に魅せられて

私の研究をはじめた原点は幼少期に父に連れられて地元の森できのこ狩りをしたことにあります。当時、きのこのことは何も分かっていなかったのですが、きのこという生き物の不思議さ、多様性や美しさに触れ、ただひたすら感動した記憶があります。その後、大学に入り、加藤眞先生や相良直彦先生にお会いしたことが、単なる生き物好きではなく、研究者を志すきっかけになりました。大学入学以前は身近に専門家と呼べる人がいなかったこともあり、加藤先生のもつ生き物に関する圧倒的な知識量と観察眼、相良先生のもつきのこ研究への情熱や、両先生方のもつ強い個性に衝撃を受けた記憶があります。そして、それがきっかけで、生き物の未知の現象を探る生物学研究者に憧れをもつようになりました。このような過程を経て、自身の自然科学への興味の原点である「きのこ」を研究したいと思うに至りました。

宮下英明（微生物生態学、第８章）

出会いを見逃さずに

「微細藻類を自然界から分離し増やして眺める」これが私のライフワークであり、学生のときから始まった。生き物との出会いは感動に満ちている。生き物が特定の環境で生育し生き残るために獲得した仕組みは、まさしくミラクルでありまた美しい。さらにそれらが定説を覆すものであればなおさらである。だから止められない。ただ、面白い生き物と出会えるかどうかは運もある。幸いに私は運が良いようだ。私の最も代表的な出会いはクロロフィル dという色素をつかって光合成ができるシアノバクテリアの発見である。実は、別の生き物を分離するつもりが、この生き物が増えてきてしまったのだ。幸いにもこれを見逃さなかった。半世紀以上にわたって謎であったクロロフィル dが実在することを示すとともに、「遠赤色光だけでも酸素発生型の光合成できる」という全く新しい光合成生物研究の起点となった。自然界には、まだまだ“おもしろ藻類”が潜んでいる。

神川龍馬（生物学、第９章）

多様なピース

私が「目に見えない」微生物やその多様性に興味をもったのは、学部生時代の講義が始まりである。恩師である左子芳彦先生によってこの分野に引き寄せられた学生は数多いるわけであるが、私もその一人であった。左子先生が当時助教授を務められていた京大農学研究科の海洋分子微生物学分野で卒業研究からお世話になり、ますます研究の魅力に取りつかれて今に至っている。DNAに潜在する「生き様」の情報から、顕微鏡の中に踊る多種多様な形をした微生物たちがくれるパズルを、少しずつピースを集めてははめ込みを繰り返し、その多様性における全体像の一部でもいいから少しでも捉えようともがいてきたのがこの20年である。一般的にイメージされる植物以外で、酸素を出しながら光と水からエネルギーを得られる生物を藻類と呼ぶが、そんな便利な生き様を捨ててしまうような進化を経た「ものを食べないと生きられない藻類」や「酸素がなくても生きていく能力」、「一人では生きていけない微生物」などの変わり種に今は夢中である。

木下千花（映画学、第10章）

「モノ」としての映画に気づく

美術が好きで中学生の頃から油絵を習い、一方で小説も好きだったので、視覚芸術と物語を結合させた映画にたどり着くことができたのは幸運だった。東京大学教養学部時代、勇気を出して蓮實重彦先生の授業を取って良かったと思う。研究対象としての映画に目覚めたきっかけは何度かあるが、どれも、映画という媒体がモノであることに気づかされる経験だった。１回目は、溝口健二監督の『折鶴お千』（1935年）について卒論を書いていて、トーキー化（音声が加わること）の重要性に気づいた。２回目は、シカゴ大学に留学し、1900年前後のバイオグラフ社のプリント映写を見て、フィルムとビデオの差を気に留めなかったそれまでの自分の目は節穴だったと思い知った。３回目は、同じ『折鶴お千』について今度は英語で博士論文の１章を書いていて、フィルムの色々なヴァージョンの重要性に気づいた。50代に入った現在も、間違いから学ぶことが多い。

阪口翔太（植物系統進化学、Column II）
実感をもって進化をつかむ

図鑑の頁をめくると、姿形が少しずつ違う生物の写真が並ぶ。こうした種がどのようにして生まれたのか、幼心に不思議に思っていた。その後、授業で進化論を学び、ひとつの祖先が枝分かれして多様な種が生まれることを知った。しかし、進化というと遠い過去に起きた物語のように思われて、今一つ実感を持って捉えられずにいた。大学２年の夏休み、生態学の先生に連れられてボルネオ島を訪ねた。そこで見たのが、フトモモ科のギョリュウバイの仲間だった。この樹木は一斉に発芽して成長する性質があり、若木のうちは葉に毛がある個体と無い個体が交ざって生える。それが親世代になると、土壌が乾燥する場所では無毛個体は枯れて、乾燥に強い有毛個体だけの個体群に変化していた。これが自然選択なのか！　それまでぼんやりとしか捉えられなかった進化を、初めて明確に意識できた瞬間だった。フィールドでのこの経験以降、植物進化の面白さに取りつかれ研究を続けている。

人間の意志を問いなおす

生命としての人類

Introduction

前のPARTで、私たちは宇宙・地球の誕生から生命、人類の誕生までたどりついた。生命の認知と行為は、それぞれが複雑なシステムを持ち、そのシステムがさらに、たとえば言語のような複雑なシステムを生みだしてゆく。そのシステムが生まれる仕組みは実は驚くほどに未解明である。同時に、それは人類に特化されるものではなく、動物や自然とも共通するものでもあった。

日々の生活で、AI（人工知能）によって私たちの可能性はひらかれ、他方では一方通行的な暴力も指摘され始めている。そうした21世紀半ばに向けて生命としての人類を捉えるとき、重要なのは、その意志を「自然知能」としての脳をもつ生命として考えることである。

PART Ⅲはキーワードを「人間の意志を問いなおす」として、私たちが当たり前のように操ることができると考えている、その意志と行為について、日々の理解に揺さぶりをかける必要を提示する。第11章では、行為する意思決定と確信度との相関関係を論じ、脳を現代的に捉え直している。第12章では実験動物と比較して先進社会の人類の現実を照射する。第13章では進化言語学の視点から、領域を横断して組み合わせる認知とそのゆくえを考察する。第14章では人間の行為を「意図的に生命を作り出す生命」というすがたであぶり出す。第15章では意志する場所、すなわち生の自由のありかを考察する。

日々は一見、粛々と進んでいくように見える。しかし自然知能の持ち主である人間は、その主体的意志を停止に追い込むことなく、どのように生き、生を全うできるだろうか。

第11章

不確かな世界に生きる迷い方

自然知能に学ぶ、意思決定の在り様

小村　豊
YUTAKA KOMURA

田舎で生まれ、幼少時から花鳥風月を愛でながら育ちました。中高時代は、好きな宇宙・数学の本や雑多な小説を読み漁るなか（総人的？）、自分がこのようにワクワクしたり、悩んだりするのは、どうしてなのかを考えるようになりました。大学から東京に出て10年間、urban lifeを送ろうとしましたが、便利だけど楽しくないことに気づき、地方を転々と満喫し、現在、鴨川付近でアレコレ考える事が好きなオッちゃんになっています。

Key Words　意思決定、確信度、マカクサル、心理測定関数、判断バイアス、生物学的基盤、数理学的基盤、情報理論、自然知能である脳

1　意思決定と迷い

私たちの日常生活は意思決定にあふれています。朝、出かけるとき空模様を見て、傘をもっていくのか、もっていかないのか。昼のランチタイムに、遠くの高級レストランに行くのか、近くの定食屋に行くのか。夜のラッシュアワーに駅ですれ違った人が、鈴木さんだったのか、佐藤さんだったのか？　一日の生活だけでなく、人生という長いスパンでみても、進学や結婚や就職など、数々のイベントでみなさんは、Aを選ぶのか、Bを選ぶのか、意思決定に迫られることでしょう。そして、それらの意思決定は、大なり小なり迷いをともなっています。まして現代は、混迷の時代です。序章で記されているように、コロナウイルスが蔓延したり、ウクライナで戦争がおきたりと、社会は、ひとすじ縄ではいかない問題に直面することが多くなりました。したがって人類は、より意思決定に悩まざるを得ない状況になっていると思われるかもしれません。しかし、悩んでいるのはヒトだけではないのです。ヒト以外の動物たちも、意思決定を行い、迷いに向き合っていることが分かってきました。ここからは、霊長類の先輩、マカクサルに登場してもらい、彼らの意思決定

の在り様を紹介したいと思います。

2 霊長類の意思決定を測る

上の例をまとめると、意思決定とは、環境や状況を判断し、複数の選択肢からベストを決定する認知機能といえます。その過程には確信度（迷い）が伴っている点が、反射行動と比べた際に最も異なる特徴です。これまで、どのくらい自信があるかという確信度は主観的なものなので、言語報告によってしか評価できないと考えられてきましたが、近年、確信度を非言語的に評価しうる行動パラダイムが開発されてきました（Kepecs & Mainen 2012; Komura et al. 2013）。私たちもPDW（post-decision wagering）という手法を確立して、マカクサルの意思決定における判断内容と確信度を測定できたのです。Wageringという単語は、見慣れないかもしれませんが、賭けるという意味です。賭けが、意思決定の確信度の測定にどのように役立っているのか、具体的に説明していきます。

実験の手続きを説明しましょう。この研究の主役であるマカクサルが中央のバーを握ると、目の前のモニターにランダムドットという視覚刺激が現れるようにします。マカクサルには、そのドットが動く向きを判断してもらう課題を行ってもらいました。より多くのドットが左（もしくは右）方向に動いた場合に、マカクサルが左（もしくは右）のバーをタッチすると、1st decision stageの回答が正解と判定します。そして被験体（マカクサル）が1st stageの左右のバー選択を行った後、中央のホームバーを握り直し、そのままホームバーをある一定時間タッチし続けて待機していれば、1st stageの左右弁別が正解の場合、大きな報酬（ジュース）が与えられます。1st stageが不正解の場合、報酬は与えられず、エラーとしてビープ音が鳴らされます。

さらに1st stageの弁別判断を行った後の2 nd stageとして、マカクサルは「逃げ」の選択肢をとることもできるようにしました。被験体が刺激への返答後に中央のバーに戻った後に下のバーを握ると、1st stageでの判断に関わらず、すぐに報酬が与えられます。ただし、ここでの報酬は中央のレバーを握り続けて正解した場合に与えられる報酬より少なく与えられます（図11-1。カラー口絵の図15も参照）。このように2 nd stageにおいて、下のバーを選択するか否かによって報酬の与え方を差別化することで、サルは、1st stageの弁別判断に自信がない場合にはローリスク・ローリターンの下のバーを選択し（low wager）、1st stageの弁別判断に自信がある場合には2 nd

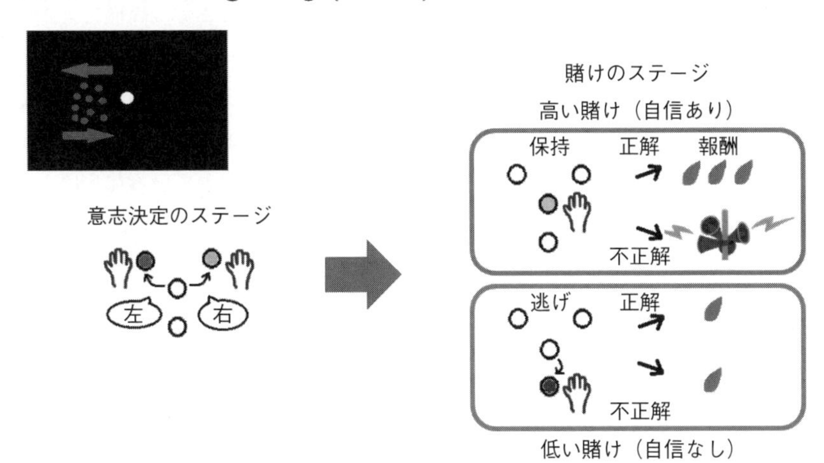

図11-1　PDW（post-decision wagering）課題
非言語的に、意思決定と確信度を測定するための行動パラダイム。

stageにおいて、下のバーを選択せずにホームバーを持ち続ける（high wager）ことが予想されます。

実際にマカクサルが、モーションドットに対してどのような意思決定（decision）を行ったかをみてみると、右モーションの比率が高くなれば右のバーを選択する確率が高くなり、右モーションの比率が低くなれば右のバーの選択確率が低くなる、すなわち左のバーを選択する確率が高くなりました。同様に、マカクサルがモーション刺激に対してどのように賭け（wagering）を行ったかを見てみると、モーションドットが50％付近で、escapeを選択する確率が高くなっていました。これは、左右の判断があいまいなモーションドットが呈示されたときにローリスク・ローリターンである逃げ（escape）を選択する確率が、右モーションが０％や100％といったはっきりした刺激が呈示されたときに比べて高くなっている、つまり左右のdecisionに対する自信が低くなっていることを示しています。ちなみに、ヒトを対象に同じ課題を行っても類似のふるまいをしますし、モーションドットが呈示されたときに、最も自信がなかったと答えます。以上から、マカクサルのwagering（賭け）をみることで、彼らの確信度を測定できることが、お分かり頂けたかと思います。

3 意思決定と確信度のシミュレーション

意思決定は日によって変動し、個体間でも差が認められます。同様に、確信度も日によって変動し、個体間でも差が認められます。では、意思決定の変動にともなって確信度はどのように変化するのでしょうか。もし意思決定と確信度が同じ認知ソースから生成しているならば、意思決定の変動にともなって、確信度もその変動にしたがったふるまいをするでしょう。異なるソースから生成しているならば、そのふるまいも異なってくるでしょう。この問題点を明らかにするために、私たちはマカクサルの意思決定における判断バイアス（bias）と精度（precision）に注目して、その変動にともなって、マカクサルの確信度がどのように変化するかを検証しました。

ここから数理的な手続きの話になるので、少し難しくなるかもしれませんが、正確にお伝えしたいところでもあるので、しばらくお付き合いください。上記の検証のために、まずマカクサルの行動データから、意思決定の心理測定関数（psychometric function）を割り出し、各セッションごと、各個体ごとに、判断バイアス（bias）と精度（precision）を算出できるので、それぞれの変動と確信度の関係性を定量化しました。次にセッションごとに、知覚判別期間において、個体が右と判断した確率を、呈示された6種類の視覚刺激の関数として算出しました。その6点の確率値を、正規分布の累積分布関数でフィットし、decisionの心理測定関数を求めました。さらに、視覚刺激の関数として、個体がlow wagerを選択した確率（low wager rate; P（Low wager｜Sm））を算出し、知覚判別期間における判断内容で場合分けした時に、左右の判断で均等にlow wagerを選択したのか、それともどちらかの判断でより多くlow wagerを選択したのかを調べるために、選択の非対称性の指標として、Asymmetrical Low Wager（ALW）indexを求めました。

その結果、2種類の傾向があることがわかりました。その代表例を図11-2に示します。ひとつは左右の判断でlow wager rateの偏りが少ないセッションで（図11-2a・b）、それらのALW indexは低く、判断バイアスが小さく、low wager rateも低い傾向がありました。もうひとつは左右の判断でlow wager rateの偏りが大きいセッションであり（図11-2c・d）、それらのALW indexは高く、判断バイアスが大きく、low wager rateが高い傾向にありました。

さて、これらの実験結果をどのように考えるかですが、まずPDWの過程を数理モデルとして表現することにしました。そのために、結果の原因を推定するときに役立つベイズ理論という枠組みをつかって、意思決定（decision）と賭け（wagering）

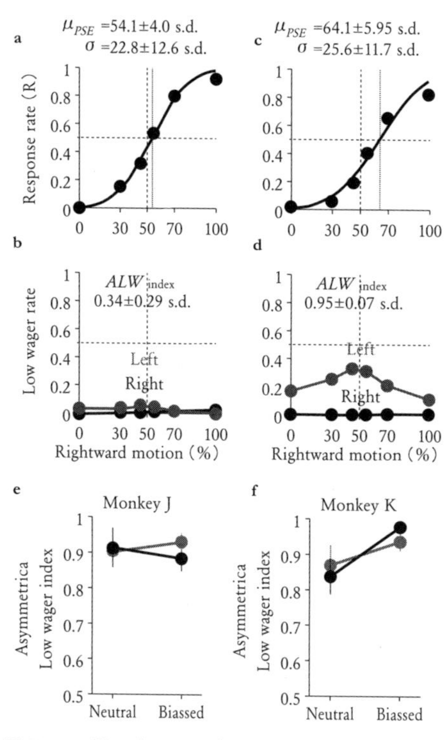

図11-2　賭け（Wagering）の判断内容の非対称性
a）判断バイアスが小さいセッションでは、b）low wagerを選択する頻度は低く、c）判断バイアスが大きいセッションでは、d）low wagerを選択する頻度は高かった。

を2通りの方法で定式化しました。PDWの第一の数理モデルとして、判断バイアスに即した事前確率を組み込んだ状態で、確信度（confidence）を計算する現実モデル（model_1: factual confidence）と、第二のモデルとして、判断バイアスには依存せずに、常に中立な事前確率でconfidenceを計算する反実仮想モデル（model_2: counterfactual confidence）を用意しました（Zylberberg 2018）。それぞれのモデルにおいて、判断バイアスと精度を操作し、wageringをシミュレートしてみました（図11-3）。その結果、判断バイアスがない状況においては、両モデルともに、左右どちらの判断をしても均等にlow wagerが選択され、ALW indexは0となりました（図11-3b・c左）。次に、判断バイアスを加えた状況で両者のモデルを比較すると、現実モデルでは、判断バイアスが生じていても、判断内容によらず、均等に近い状態でlow wagerを選択することがわかりました（図11-3b右）。一方で、反実仮想モデルでは、判断バイアスによって増加した方のレスポンスでのみlow wagerを選択するという、判断内容による不均衡が生じていました（図11-3c右）。つまり、反実仮想モデルでのみ実験結果がうまく再現されることがわかりました。

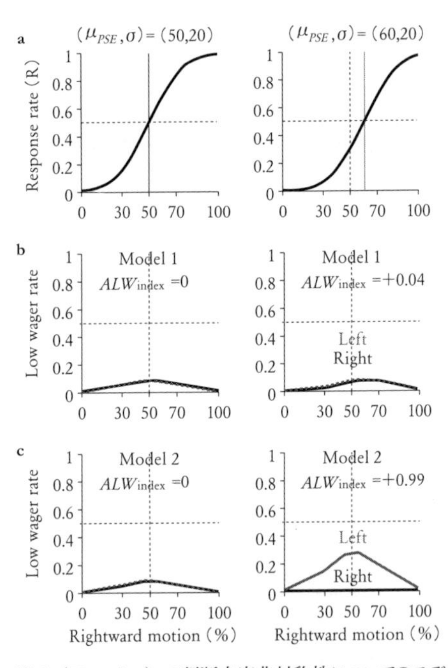

図11-3　賭け（Wagering）の判断内容非対称性についてのモデリング結果
（a）シミュレーションで使用した心理測定関数。左図：中立な判断バイアス、右図：左判断を増やすバイアス。
（b）Model 1（factual confidence model）によるALW indexの予測。
（c）Model 2（counterfactual confidence model）によるALW indexの予測。
中立な判断バイアスのもとでは、2つのモデルは等しくなるため、ALWの予測も、どちらも0で等しい（b, cの左図）。一方で、判断バイアスが生じたときに、model 1のALW値は影響を受けないが、model 2は、ALW値を急激に増加させた（b, cの右図）。

はじめの問いに戻ると、もし意思決定と確信度が同じ認知ソースから生成するならば第一の現実モデルが、異なる認知ソースから生成するならば第二の反実仮想モデルが支持されるはずです。今回の結果は、第二のモデルが支持されているので、意思決定と確信度は、お互い関連はしているのでしょうが、異なる計算過程から生まれることを示唆しています。

4 確信度の脳内表現

このシミュレーション結果は、実際の脳内表現の知見とも合致しています。私たちの研究室では、脳の視床枕という領域で、確信度が、意思決定とは別の形で表現されていることを発見しました（Komura 2013）。確信度は、脳の多くの領域がかかわっているのですが、そのほとんどがまず意思決定の内容が表現されている中で、副次的に確信度の情報も埋め込まれているという形をとっていました。先ほどのモーションドット刺激の例にとると、頭頂葉という領域のある神経細胞は、ドットが左向きに動く時の方が、右向きに動くときよりも強く活動します。その上で、左向きに動いたという確信度は、その活動強度の差となって反映されているのです。一方、視床枕の神経細胞は、ドットが左向きに動くか、右向きに動くかは区別せず、つまり意思決定の内容とは関係なく、確信度そのものを表現しているのです。これらのことは、意思決定と確信度は、脳内では同じ領域で計算しているところもあれば、異なる領域で計算しているところもあることを意味しています。

さて、確信度を表現している視床枕には、進化的に面白い特徴があります。ラットやマウスといったげっ歯類に視床枕はないことです。視床枕という領域は、ネコやイヌには存在するのですが、霊長類になると発達するようになって、ヒトにおいては、視床の最大容積を占めます。一方、確信度自体にも面白い仮説があります。それはevolution of overconfidence（Johnson 2011）といって、自信過剰な動物ほど、これまでの生存において有利に働き、進化淘汰の中で生き残ってきたのではないかという説です。この説と、視床枕という脳領域が進化的に発達しているという事実をすぐに結びつけることはまだ早計で、科学者としてはためらわれますが、楽しい想像をいろいろ掻き立てられる知見かと思います。視床枕の機能的意義はまだ謎が多いので、科学的に解明したい方は、ぜひ我々と一緒に検証してみませんか。

5 自然・生命・知性の連なり

以上、私たちの研究室では、一見つかみどころのない「こころ」の形を、行動学的手法、情報数理学的手法、神経科学的手法など、集学的な方法を使って明らかにしようとしています。論文として発表するときには、淡々とデータと解析結果を示すわけですが、現場としては、毎日が、動物たちのこころの「リアリティー」に向き合っている感覚です。率直に言って、彼らから学ぶことは大変多いと感じています。

まず私たちは、もちろん人間ですが、その前に動物であり、森や川に覆われた地球に立つ生き物でもあります。現代社会は、この視点を、つい忘れがちになっていないでしょうか。別の言葉で言うなら、人間中心の世界に固執すぎていないでしょうか。動物たちの躍動をみると、自分の悩み事がばかばかしくなり、人間社会での囚われ事から解放される気分にすらなることがあります。またメディアで、人間とは何かという特集をよくみかけますが、それは我々が、我々自身のことを、おどろくほど知らないことの裏返しでもあります。しかし、そのような状況になることは当然で、現代社会において、普段、人間だけを対象にしていることが多いからで、その由来や背景になっている「ヒト以外の動物や生命の在り様」の理解がおろそかになっているからだと思います。

もっと動物や生命が織りなす、豊かな世界をのぞいてみると、人間だけが特別という考えは幻想で、自然・生命との円環的な関係の中で、物事を、広く深く理解できるようになるかもしれません。その意味でも、宇宙・地球から、菌類・藻類・両生類など多様な生命までの論考を本書において通読すれば、現代において欠落しがちな視点を復元するうえで、大きな意義があると思います。また昨今、人工知能の発展がめざましく、今後も、社会は、どんどん取り入れていくことが予想されます。そのときに、自然知能である「脳とは何だ」という問いが、これまで違った形で、立ち上がってくることでしょう。自然・生命を背景にした知性を宿す脳は、根源的な問いと将来的な問いを同時に突き付けており、その謎解きをする興味は尽きません。

引用文献

Kepecs, A. & Mainen, Z. F. [2012] A computational framework for the study of confidence in humans and animals. *Phil. Trans. R. Soc. B* 367: 1322–1337.

Komura, Y., Nikkuni, A., Hirashima, N., Uetake, T. & Miyamoto A. [2013] Responses of pulvinar neurons reflect a subject's confidence in visual categorization. *Nature Neuroscience* 16: 749–755.

Zylberberg, A., Wolpert, M. D. & Shadlen, N. M. [2018] Counterfactual reasoning underlies the learning of priors in decision making. *Neuron* 99: 1083–1097.

Johnson, D. D. P. & Fowler, J. H. [2011] The evolution of overconfidence. *Nature* 477: 317–320.

第12章
実験ネズミが食べ過ぎてしまう話

林　達也
TATSUYA HAYASHI

主な教育テーマは健康科学・内科学、主な研究テーマは、骨格筋代謝とその制御機構、生活習慣病の運動療法。京都大学学生総合支援機構障害学生支援部門長を兼務。日本内科学会総合内科専門医、日本糖尿病学会専門医、日本糖尿病協会療養指導医、日本パラスポーツ協会障がい者スポーツ医。人を対象とした研究からラット、マウス、培養細胞を用いた研究まで広く実施している。

Key Words　健康寿命、飼養箱、自由摂食、実験動物

1　分かっちゃいるけどやめられねぇ

私は1986年に本学医学部を卒業し、１年間医学部附属病院で内科研修医をした後、大学院入学までの３年間、京都府舞鶴市にある市立舞鶴市民病院に勤務した。一般内科の医師として、新米なりに日々熱心に診療していたように記憶しているが、当時の私には苦手にしていた患者があり、それは植木等[1]の「スーダラ節」(1961年発売）に唄われている「分かっちゃいるけどやめられねぇ」というタイプであった。

チョイト一杯の　つもりで飲んで
いつの間にやら　ハシゴ酒
気がつきゃ　ホームのベンチでゴロ寝
これじゃ身体に　いいわきゃないよ
分かっちゃいるけど　やめられねぇ
ア　ホレ　スイスイスーダララッタ
スラスラ　スイスイスイ

「まあいいか」と酒を飲んで肝臓や膵臓を悪くする、「まあいいか」と煙草を吸って肺を悪くする、「まあいいか」と食べ過ぎて血糖値が下がらない、あるいは、体調がよくなると「まあいいか」と通院や服薬をしなくなる、といった患者である。当時の私は、若気の至りもあって、診察中に「(病気がよくならないのは)あなた自身のせいですよ!」と声を荒げたこともあった。そして、人間はなぜ必ずしも健康長寿を目指した生活をしない生き物なのだろうかと考えたりもした。

2 飼養箱ではネズミは食べ過ぎになる

その後、様々な縁があって、1990年に第2内科の大学院に入学した。所属したのは糖尿病研究室で、そこでは主に実験動物や培養細胞を用いて、インスリンの作用に関する基礎的研究を行う研究が行われていた。しばらくして、ラットやマウスの飼養法を先輩に教えてもらっているとき、「餌は24時間、356日切らすことのないように。気を許しているとすぐ餌切れになるから」の後に続いた一言がとても気になった。「餌がいつもあるとどうしても食べ過ぎになるので、ネズミの健康にはよくないんだけれどね。」

私は「餌がいつもあると食べ過ぎる」ということが本当かどうか、あれこれと調べてみた。その結果、やはりどうもそうらしいということがわかった。

代表的な研究結果を示す[2]。図12-1は与える餌の量を変えてマウスを飼養した時の生存曲線を示したものである。24時間いつでも餌にアクセスできるようにして自由摂食させた群が最も体重が重くなり、最も短命となる。そして摂食量を自由摂食量より25%減らすことで生存曲線は右にシフトし、最大寿命も延長する。摂食量を50%以上減らした群では、さらなる右シフトが認められる。マウスは自由に餌にアクセスできると、自分の健康を害するところまで食べてしまう性質を持っていたのである。

私は、「マウスはなぜ食べ過ぎになるのか」ということを考えてみた。言い換えると「なぜマウスは健康長寿になるように摂食を制限できないのか」ということである。そこで気が付いたことが、(当たり前のことであるが)飼養されているマウスは野生のマウスと生活環境が全く違うということであった。

飼養されているマウスは、気温や湿度が管理された部屋の中に住み、栄養バランスを考慮した餌が十分に与えられる。食料の獲得に奔走する必要もなく、仲間内で

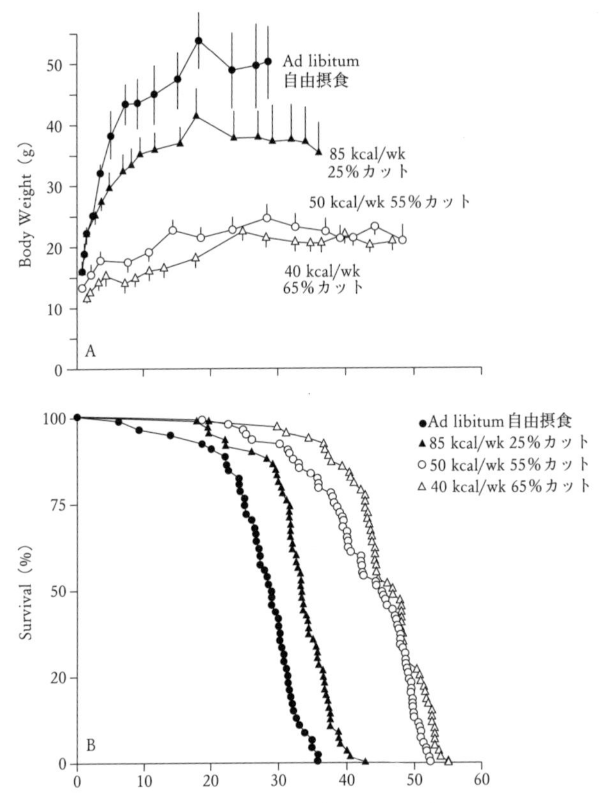

図12-1 摂食制限によるマウスの寿命延長効果(Weindruch, R. et al.(1986)より引用改変)
上図:体重、下図:生存率、横軸は月齢を示す。

食料争いや縄張り争いをする必要もない。気象の変化に耐えて生活する必要もなく、いつ襲ってくるかわからない外敵もいない。衛生面でも管理され、細菌やウイルスなどの病原体に感染する機会も少ない。このようなのんびりした生活環境は野生のマウスにとってはあり得ないものである。実際、摂食量が持続的に自由摂食の50%以下となった場合、野生の状態で長生きできるとは思えない。天候変化への不適応、身体活動能力の低下、臓器障害や感染、創傷治癒遅延、などによって、おそらくは短命になってしまうであろう。

動物が自然界で生き残っていくためには、当面の活動に必要な分に留まらず、「食いだめ」をしておく本能が必要不可欠なはずである。食料とは、今目の前にたくさんあっても、いつなくなるかわからないものだからである。その一方で、動物の代謝機構は、食料不足に備えた省エネシステムが基本になっており、慢性的な飽食（という野生ではありえない事態）に適応してエネルギーを発散するシステムはほとんど備わっていない。逆に、いつ訪れるかわからない食料不足に備えて、過剰なエネルギーを脂肪として身体に備蓄しておくシステムが充実している（つまり肥満を生じやすい)。おそらく「食べ過ぎ」とは、長い地球の歴史を生き抜いてきた動物に備わっている「食物の明日は信じない」という摂食本能と、食料不足に照準を合わせてプログラムされた代謝機構とが、飼養箱という想定外の飽食環境に出くわした時に生じるミスマッチの結果なのであろう。

「飼養箱では食べ過ぎになる」という現象は、現在では、マウスやラットのみならず、酵母やキイロショウジョウバエ、線虫など他の多くの生物でも確認されている。高等動物ではアカゲザルを用いた20年にわたる観察結果として、摂食量を自由摂食に比して30％減らすことで、糖尿病、癌、心血管疾患、脳萎縮などの加齢性疾患の罹患率や死亡率が減少することが報告された[3]。こうして、飽食環境下での自由摂食は生物の健康にとって負の影響を与えるということが（なぜそうなのかはともかく）一般認識となっている。

3 飼養箱でネズミを運動させると

私は1996年から3年間ポスドクとして、米国ハーバード大学のジョスリン糖尿病センターに留学した。私の研究テーマは身体運動が糖代謝を活性化する分子機構の解明というもので、当時この分野では、ワシントン大学のジョン・O・ホロジー（John O Holloszy）教授の研究室が世界をリードしていた。ある日のこと、ホロジー教授が1997年に単著で書いた論文があることに気づいた[4]（糖代謝機構には直接関係のない論文であったためスルーしてしまっていた）。それは、自由に摂食させたネズミでも運動すると長寿になるのだろうか、ということに示唆を与える興味ある論文であった。

ラットは起きている間はとてもよく動く。ホロジー教授は、ラットが好きな時に好きな速さでランニングを行うことができる回し車を用意した。Group Aは「ほぼ自由に摂食させた運動群」で、飼養箱に回し車を設置するとともに、自由摂食量の

9割を摂食させたものである（図12-2）。完全な自由摂食としなかったのは、そうすると満腹のためかあまり走らなくなるためで、少しだけ摂食を制限した。Group Bは「ほぼ自由に摂食させた非運動群」であり、摂食量をGroup Aと同じとし、回し車は設置しなかった。Group Cは「マイルドな摂食制限を加えた運動群」であり、回し車を設置するとともに、摂食量を自由摂食量の7割に制限した。Group Dは「厳しい摂食制限を加えた非運動群」であり、Group Cが運動で使うであろうエネルギーを考慮して摂食量を自由摂食量の5割とした。生後24ヶ月時に測定した体重はGroup Bが最も重く（平均597 g）、その次がGroup A（平均420 g）であり、Group C（平均333 g）とGroup D（平均330 g）には差がなかった。1日走行量は、Group Cが約5 km、Group Aが約3.5 kmとGroup Cのほうが多かった。

この研究において生存率がもっとも早く低下したのはGroup Bであった。これは自由摂食群が最も短命であることを示したマウスの結果（図12-1）と一致している。そして、Group Bと同じ摂食量であっても、回し車を設置して運動させたGroup Aでは、最大寿命に変化はなかったものの、生存曲線が明らかに右にシフトした。摂食量を「腹7分目」に制限しつつ運動させたGroup Cでは、生存曲線はGroup Aよりもさらに右にシフトし、最大寿命も延長した。こうして、摂食量が多くても運動

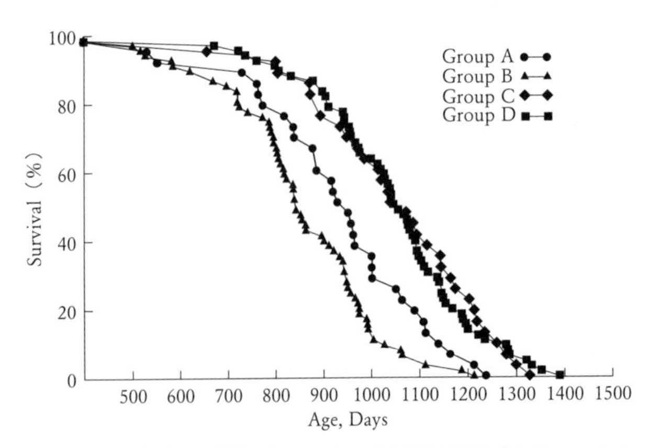

図12-2　摂食制限と運動によるラットの寿命延長効果（Holloszy, J. O.（1997）より引用改変）
Group A：摂食9割・運動あり、Group B：摂食9割・運動なし、Group C：摂食7割・運動あり、Group D：摂食5割・運動なし、横軸は日齢を示す。

を取り入れることで生存率が高くなり（Group A vs. Group B）、摂食制限を加えるとさらに生存率が高くなること（Group A vs. Group C）が示された。やはりネズミの健康にとっても運動は意味のあることのようである。

4　長寿のためには運動は要らない？

その一方で、ホロジー教授の実験結果は、長寿のためには運動は要らないことも示している。運動をさせずに「腹５分目」と厳しく摂食量を制限したGroup Dの生存曲線は、Group Cのそれとほぼ完全に一致した。これは厳しい摂食制限が長寿をもたらすことを示したマウスでの結果とも整合している（図12-１）。長寿のためには、摂食制限さえしっかり行っていれば、運動はしなくてもよいのであろうか。

ここで注意すべきことは、グラフの縦軸は単に生存率を示すに過ぎないということである。Group Dは確かに長生きである。しかし、運動をしないことによって、骨格筋や骨、関節の老化、つまり加齢性筋減少（sarcopenia）や骨粗鬆症、関節障害等を早期に生じてくる可能性が高い（論文ではそこまでの検討はなされていない）。そしておそらくは心肺機能も早くに衰えてくるはずである。飼養箱は一種の介護施設でもあり、多少このようなことが生じても、ラットがこの中に居る限り、大きな不自由にはつながらない。しかし、これは長寿ではあっても健康長寿ではない。長寿とは、それを実現する方法によっては、生きている間のquality of life（生活の質）を大きく損なう可能性のあるものである。

5　飼養箱に似てきた先進社会

我が国を含めた先進諸国の生活環境は、しだいに飼養箱のそれに近づきつつあるように思われる。多くの国では、一年を通して快適な室内環境が得られるようになり、また24時間営業の店が増えて、いつでも好きな時に食事が摂れるようにもなった。交通手段の充実や通信ネットワークの発達に伴って日々の身体活動量は少なくなり、Group B（ほぼ自由摂食、運動なし）に近い状態に陥りやすい状況になっている。おそらくは、人間も他の生物と同様に「飼養箱では食べ過ぎになる」という性質を多少なりとも持っているはずで、かと言って、ネズミのように設備さえあれば本能的に運動するという性質は持っていそうにない。Group C（腹７分目、運動あり）

のような生活を目指してはいても、つい「分かっちゃいるけど……」と億劫になりがちなのは、人間という生物にとって、その建て付け上、仕方のないことなのかもしれない。

6 実験動物を通じて人間を知る

かつて我が国の死因の第1位は結核であり、その対策として、衛生状態を整え、栄養を摂取し、休息を取ることが大事だとされた。それが、数十年のうちに大きく様変わりし、食べることや休むことが「仇」となるとともに、「生活習慣病」という言葉が広く認知されるに至った。また、「平均寿命をいかに伸ばすか」ということが公衆衛生上の目標とされた時代から「健康寿命をいかに伸ばすか」ということが重んじられる時代へと変化した。その傍らで、「分かっちゃいるけど……」をどう克服するかは、時代を超えて未解決のまま健康科学上の課題であり続けている[5]。

「分かっちゃいるけど……」とは、おそらくは多数の生物が共通して持っている、自然界で生き延びてゆくための根源的なメカニズムの人間における発露なのであろう。この現象を解き明かすためには、人間を対象とした研究とともに、前述したような実験動物を対象とした研究が有力な手段となるものと思われる。実験動物は、人間の生物としての側面や、人間特有の側面を教えてくれる貴重な情報源なのである[6]。

7 動物実験の限界と人間の現実

その一方で、実験動物を用いた研究には順守すべき倫理上の制約がある。とりわけ「動物が耐えることのできる最大の苦痛、あるいはそれ以上の苦痛を与えるような研究」は行うべきではなく、仮に倫理委員会に申請しても承認されない。たとえば、麻酔や鎮痛処置をしないで重度の外傷や火傷をひきおこす実験や、異常な情動反応を生じるような高度の精神ストレスを加える実験などである。また動物をたたいたり、押しつぶしたりして殺傷することもこれに含まれる。これらの実験は、それによって得られる結果が人間にとっていかに重要なものであっても決して行ってはならない、というのが現在の標準的な考え方である。つまり、「人間が耐えることのできる最大の苦痛、あるいはそれ以上の苦痛を与えるような事象」に関する研究に動物を巻き込むことは許容されないのである。しかし、このような事象に関するデータや知見は、実験動物を用いるまでもなく、これまでの人間の歴史の中で数多く蓄積されてきた。そして、今のところまだ整理はされていないものの、毎日のように追加されているというのが現実である。飼養箱のような生活環境は、健康長寿の観点からは一定の注意を要する一方で、皮肉にも平和や安寧の象徴とも言える側面を持っている。

8 だからみんなでホンダラダホイホイ

植木等は「ホンダラ行進曲」(1963年発売) で、

一つ山越しゃ　ホンダラダホイホイ
もう一つ越しても　ホンダラダホイホイ
越しても越しても　ホンダラホダラダホイホイ
どうせこの世は　ホンダラダホイホイ
だからみんなで　ホンダラダホイホイ

と踊りながら明るく唄っている。この歌は、「ホンダラダホイホイ」という、リズミカルではあるが意味のない言葉を使ったコミックソングの体裁を取っており、「一つ山を越してもさらに越すべき山が現れる」という人間社会の現実を、各人各様の思いとともに笑いながら想起できる仕掛けになっている。確かに、「どうせこの世」とは「越しても越しても」似たようなことが形を変えて繰り返されるものなのかもしれない。しかし、この歌詞のポイントは「だからみんなでホンダラダホイホイ」の部分にあるように勝手に思っている。「平和学」を基本テーマとする本書の発刊のお話をいただいたとき、この歌詞を思い出して、「だからみんなで」の一人になりたいと思い、執筆者に加わらせていただいた。本書の内容は、私に限らず、各執筆者それぞれの立場からの、渾身の「ホンダラダホイホイ」のはずである。

引用文献

1 1960年代を中心に一世を風靡したコミックバンド「ハナ肇とクレージーキャッツ」の中心的メンバー。本章で取り上げた2曲の作詞はともに青島幸男。

2 Weindruch, R. et al.［1986］The retardation of aging in mice by dietary restriction: longevity, cancer, immunity and lifetime energy intake. *J. Nutr.* 116: 641–54.

3 Colman, R. J. et al.［2009］Caloric restriction delays disease onset and mortality in rhesus monkeys. *Science* 325: 201–4.

4 Holloszy, J. O.［1997］Mortality rate and longevity of food-restricted exercising male rats: a reevaluation. *J. Appl. Physiol.* 82: 399–403.

5 健康の概念の変遷についてはColumn3についても言及されている。

6 実験動物を通じて人間を知ることの意義については第11章にても言及されている。

第13章
言語進化の謎に挑む

藤田 耕司
KOJI FUJITA
1958年大阪生まれ。研究テーマは人間の言語能力の起源・進化。2023年3月に京都大学人間・環境学研究科を定年退職し、現在は同・名誉教授。ロック音楽とプロレスを愛する、気持ちだけは永遠に中学2年生の「老害上等野郎」です。退職後、身体のあちこちに不調が出て病院通いの毎日。現役時代、病気する暇もないほど忙しかったのが逆によかったのかも。目下、地域の自治会会長として奮闘中。

Key Words 進化言語学、生成文法、普遍文法、言語の種固有性、統語演算系、概念意図系、感覚運動系、階層文法、内在化、組み合わせる知性

言語はこの地球上で現生人類だけが持つ生物学的形質であり、思考とコミュニケーションをはじめ、我々の知的活動のほぼすべてに深く関わっている。もし我々が言語を持たなければどのような暮らしぶりになるだろうか想像してみて欲しいが、このような反実仮想的な問いかけ（第11章）自体が言語なしでは不可能であるし、本書で再構築を試みようとする平和学（序章）を含め、あらゆる学問も言語が作り上げる可能世界の1つである。人間は言語がもたらす仮想現実の中に生きるしかない存在であり、それは言語を持たない動物たちの目に映る世界とはずいぶん異なっているだろう。言語は人間の本質に迫る上での重要な手掛かりであり、近年、そのより根源的な理解を求めて言語能力の起源・進化を探る「進化言語学」が急速に発展している。日本語や英語といった個別言語の通時的・文化的変化を追う歴史言語学がせいぜい5千年程度の時間幅に限定されるのと異なり、進化言語学では数十万年ないし数百万年に及ぶ人類進化史の中での言語能力自体の出現が研究対象である。これは非常な難問であり、長い間、永遠の謎とされてきたが、言語学のみならず進化生物学、人類学、考古学、霊長類学、動物行動学、分子遺伝学、比較認知心理学等、

数十の関連分野の協働によって新たな知見が次々と積み重ねられ、言語進化の実相に迫りつつあるのが現代の進化言語学である。地球最後の大進化とも、現代科学最後のフロンティアとも言われる人間言語の出現（より正確には言語という新形質を備えた新生物種の出現）について何が明らかになり、そこから我々は何を学び取ることができるか、が本章のテーマである。

1　生成文法・生物言語学の視点

一般に進化研究を行うにあたっては、まず説明の対象がどのようなものであるかを明確にする必要がある。眼の仕組みが分からないまま眼の進化について語ることはできないのと同様、言語についてもそもそもそれがどういったものであるかを知っておかなければ、進化を考えることは不可能である。極めて高い学際性を誇る進化言語学において、理論言語学が貢献するのは第一にこの部分であるが、特に「生成文法」の観点が有益である。1950年代にN・チョムスキー（1928-）が創始した生成文法は、現代科学において言語学を人類の言語能力を対象とする生物学（生物言語学）に昇華させ、今なお目覚ましい進展を続けている。生成文法は人間言語の基本特性について数多くの知見を提供してきたが、とりわけ重要であるのは、言語は単一の能力ではなく複数の下位機能が連合して成立する複合的な能力であるという言語観である（図13-１）。

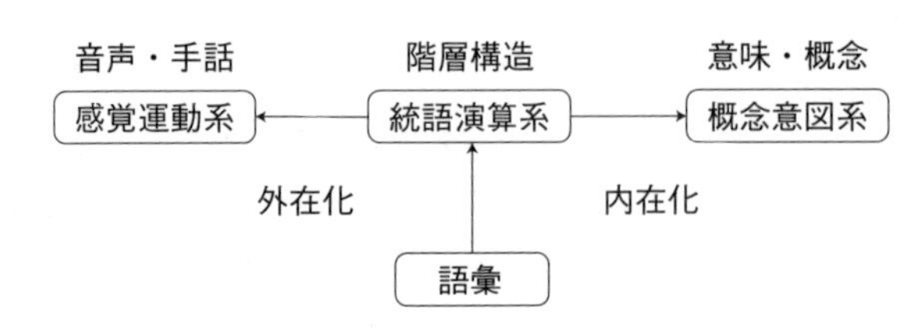

図13-１　人間言語の基本設計

第一義的に、言語は音声（手話を含む）と意味という本来は無関係の二物を階層構造を介して対応づけるシステムである。語彙項目を配列して階層構造を生成する統語演算系と意味・概念を処理する概念意図系の接続は、主に思考という個人内部の機能（内在化）に対して適応しており、一方、発声や聴覚を統御する感覚運動系と統語演算系の接続は、主にコミュニケーションという社会的機能（外在化）に適応している。

過去において言語の起源・進化が難問だとされた一因は、言語の種固有性にある。一般に進化研究は常に種間比較という方法論を要請するが、言語が人類固有であることから言語進化研究ではこの方法論が使えない。しかしながら、言語がこれら独立した下位機能の結合であるなら、その各下位機能について他種との比較が可能になる。そういった比較研究が精力的に行われ、現在では言語を構成する下位機能のうち真に人類固有と呼べるものはほとんどないということが明らかになっている。つまり種固有ではない部品を組み合わせて言語という複合的機能を実現している点においてのみ、言語は人類固有だと言える。

今日の進化言語学の嚆矢ともいうべきハウザーらの研究（Hauser et. al 2002）では、人間言語を構成する下位機能のうち人類固有かつ言語固有である「狭義言語機構」は「回帰（再帰）」（recursion）のみを含むという仮説を提示したが、そこでいう回帰とは図13-1の統語演算系の持つ特性に他ならず、ある操作の出力が繰り返し同じ操作の入力となる性質を指す。以降、この仮説の妥当性を巡って多数の動物実験が行われたが、今日に至るまでこれを覆す決定的な証拠は見つかっていない[1]。しかしながら、この統語演算系の種固有性・領域固有性はむしろ言語進化の生物学的理解を阻むものであり、その出現を進化的連続性の中で無理なく説明することが言語の進化可能性を保証することにつながる。

生成文法は人類のみに備わった言語の生物学的・生得的基盤として「普遍文法」の存在を主張する。これはイデオロギーとしての普遍論やイデア論とは無縁の、現生人類共通の生物学的資質に関する経験的な仮説であり、その妥当性を巡っては現在もなお激しい論争が認知科学全体を巻き込んで継続中である。もし普遍文法があるならそれは人類進化の産物でなければならず、従って言語の起源・進化は特に生成文法・生物言語学にとっては避けては通れない喫緊のテーマとなっている。また普遍文法の存在は、少なくとも言語能力に関しては地球上のすべての人間が対等であることの生物学的証明に他ならず、平和学に寄与するところも少なくないであろう。あらゆる根拠なき差別や偏見を排除することが言語学の最大の目標であり意義であるように私自身は感じている。

2　人間言語の構造依存性

人間言語は線形順序（語順）ではなく階層構造に決定的に依存しており、この点で他種のコミュニケーション能力と大きく異なる。階層文法は、同一の語順であっても構造が異なるため複数の意味解釈が可能であるという構造的曖昧性を生む。

（1）a. 太郎はいつ花子が帰ったと言ったの？
　　b. When did John say Mary left?

（1a）の「いつ」や（1b）のwhenは主節の要素としての解釈と従属節の要素としての解釈の両方を許す。このような構造的曖昧性は意図した意味が正しく伝わらないという危険性を常にはらんでおり、従って階層文法の起源・進化をコミュニケーションの効率化の観点だけから説明することは困難である。類例を名詞表現でも示しておく。

（2）a. 青いイヌの目
　　b. 最新英語辞典

（2a）は［青い［イヌの目］］（目が青い）と［［青いイヌの］目］（イヌが青い）で構造的に曖昧であり、（2b）は［最新［英語 辞典］］（辞典が最新）と［［最新英語］辞典］（英語が最新）で曖昧である。

現在の生成文法（ミニマリスト・プログラム）はこうした言語の階層構造を生み出す仕組みをすべて「併合」（Merge）という最も単純化された演算操作に還元することに成功している（Chomsky 2017 他多数）。併合とは2つの統語体を組み合わせて1つの無順序集合を形成する回帰的操作であり、これのみであらゆる言語の構造が生成可能であるとされる。

（3）Merge（α, β）→ {α, β}

例えば（2b）の2つの構造も併合の適用様式の違いとして捉えられるが、その構造を（現在はあまり用いられない）樹形図で示せばそれぞれ以下のようになる。

（4）a.　　　　　　　　　　　b.

この併合がどのように進化したかが、統語演算系や普遍文法、さらには人間の言語能力全体の進化を理解する上でのカギである。

人間言語が出現するはるか以前、おそらくは180万年前に出現したホモ・エレクトスの段階で原始的な「原型言語」が存在していたが、それには階層文法はまだなく、せいぜい線形文法のみがあったと推定される。併合が生じ、これを組み込んだ人間言語が誕生したのは約30万年前以降のホモ・サピエンスの系統においてであり、それは現在では10〜20万年前のことであったと考えられている。地球上の生命進化史から見ればこれはごく最近の出来事である。生成文法では、この併合は最初から言語専用の機能として突然変異により突発的に出現したとされることが多い（Berwick and Chomsky 2016 他多数）。しかしこれでは真の進化研究にはつながらない。進化においてはすべてが連続的であり、言語と同様、併合の出現もC・ダーウィンの言う「変化を伴う由来」（descent with modification）として説明されなければならないはずである。

3　併合の運動制御起源仮説

ここで重要となるのは、組み合わせ操作による階層構造の構築は人間言語以外にも存在するという観察である。例えば道具使用であるが、道具使用の本質は物を組み合わせることによる身体機能の拡張である。かつては道具使用は人類固有の行動とも考えられたが、実はそうではなく、チンパンジーやカラスをはじめ他の動物たちも巧みにこれを行う。チンパンジーが堅い木の実をハンマー代わりの石を用いて割る階層的行動はよく知られている。比較心理学者の松沢哲郎はこの行動を生成文法の樹形図を用いて次のように表記している。

（5）

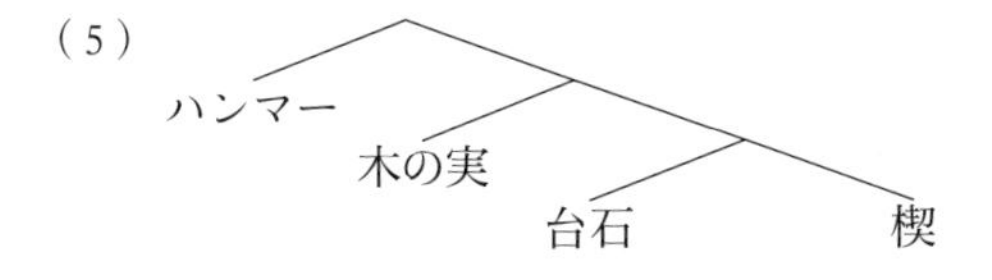

（松沢 2000：61 から改変）

このような物体操作と言語構造の並行的な関係を捉えた研究は少なくとも発達心理学者P・グリーンフィールドの「行動文法」（action grammar）の提案まで遡る

(Greenfield 1991 他)。グリーンフィールドは幼児の物体操作と言語に発達的関係があることを指摘して、行動文法における3種の組み合わせ方略を区別した。入れ子カップを例にとると、それらは図13-2のように示される。

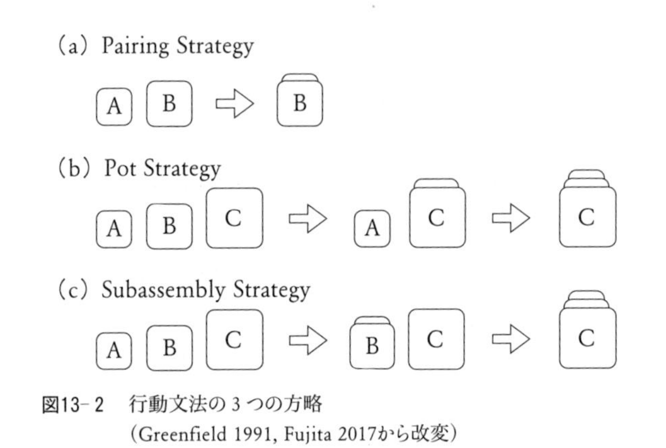

図13-2　行動文法の3つの方略
(Greenfield 1991, Fujita 2017から改変)

(a)のペアリング方略は最も簡単な方式であり、2つの物を1つに組み合わせて終わる。これが連続的に適用されると(b)のポット方略となり、ここでは大カップCに中カップBと小カップAを順次組み合わせている。(c)のサブアセンブリ方略は最も複雑な操作であり、AとBを組み合わせたものを1つの部分組立部品として次にCと組み合わせている。重要なこととして、サブアセンブリ方略は基本的に人間にしか観察されず(集中的訓練を受けたチンパンジーを除く)、ヒトの幼児は生後約20ヶ月からこの行動を示すのに対し、チンパンジーではそういったことがない(Conway and Christiansen 2001)。

私はこのような階層的な物体操作能力が進化においても言語に先行し、併合の前駆体になったと考えた。これを「運動制御起源仮説」と呼ぶ(Fujita 2014, 2016, 2017)。具象物を対象とする行動文法が抽象的な概念操作に拡張して言語構造の生成エンジンとなったが、その際、行動文法の3方略と同様に併合は漸進的に複雑化していった可能性が高い。(2b)の例を使えば、これらの併合は以下のように区別されるが、これはあくまで適用方式の違いであり、併合そのものは1つの操作である。

（6）a.　核併合（Core-Merge）

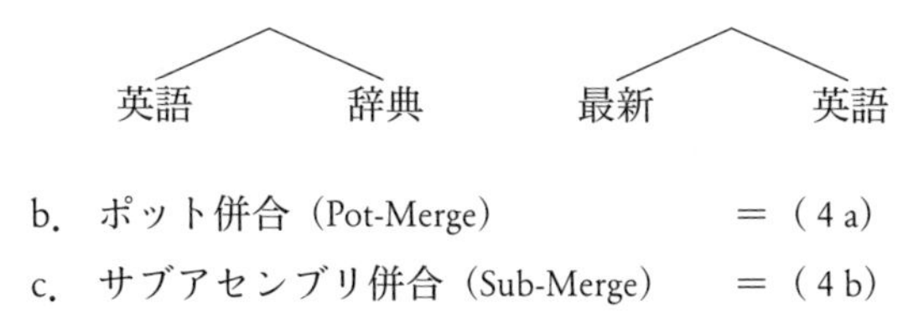

b.　ポット併合（Pot-Merge）　＝（4 a）

c.　サブアセンブリ併合（Sub-Merge）　＝（4 b）

核併合（Fujita 2014）は2体の組み合わせのみで終わる非回帰的操作であり、併合が回帰性を持つ前の前駆体として存在していたと考えられる。ポット併合は基本的には核併合の繰り返しによる系列的操作であり、階層構造がまだない原型言語の段階に対応しているであろう。サブアセンブリ併合が可能になることでようやく人間言語が誕生したことになる。ポット併合からサブアセンブリ併合への拡張は、言語進化のみならず、個別言語間の共時的多様性、「文法化」に代表される通時的多様性、さらに発達的多様性を説明する上でも効力を持つが、ここでは立ち入る余裕がない。近年、野性のシジュウカラが核併合を持つことが報告されているが（Suzuki and Matsumoto 2022）、人間言語に固有と思われた併合が他種にもその進化的前駆体を持つことを示す重要な発見であろう[2]。

以上の運動制御起源仮説に基づく言語の進化様態は図13-3のようにまとめられる。もちろんこのシナリオにはさらに説明を要する点が少なくない。2点挙げると、(i) 行動から統語演算への拡張、および (ii) サブアセンブリ併合への拡張はなぜ人間でのみ可能となったか、である。(i) については抽象的概念の外在化によるメタファ的拡張[3]が、(ii) については作業記憶の増大、特にヒトの「自己家畜化」がもたらし

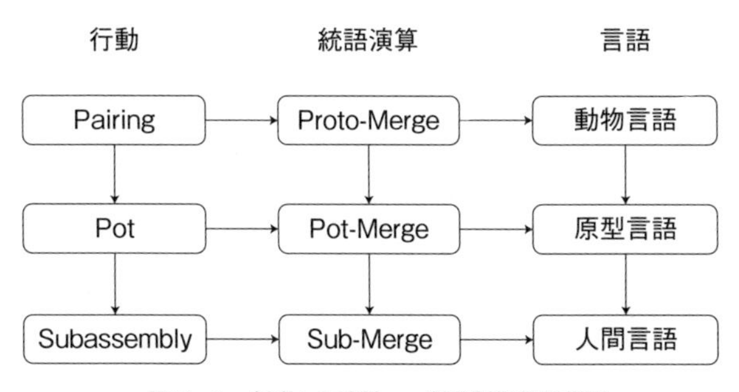

図13-3　行動から言語へ―運動制御起源仮説

た多重注意能力[4]が、それぞれ関与していると私は考えているが、ここでは詳しく述べる余裕がない（藤田 2022 参照）。

運動制御起源仮説の意義は、これまで人間言語だけを対象にしていた言語学を比較認知科学や動物行動学等の知見に初めて結びつけたこと、統語演算系の進化についてより自然な漸進進化の可能性を示したことにある。

4 認知考古学的考察

認知考古学では、発掘された遺物の分析を通じて祖先たちがどの時代でどの程度の認知能力を有していたかが推定される。石器技術の進化は言語を含むヒトの高次認知機能の進化プロセスを反映している。道具作製方法においてサブアセンブリ方略が認められるならば、それよりやや遅れてサブアセンブリ併合も可能となり人間言語が出現したと想像できる。これまで、道具と言語には密接な進化的・発達的関係があるとされ、それは (i) 作業記憶等の一般的認知能力、(ii) ブローカ野やミラーシステム等の特定の神経基盤、(iii) 共同注意等の社会的知性が両者に共通して関与するからであった（Stout 2010）。しかし言語が複数の下位機能から構成する複合的能力であることを勘案すれば、そのすべてのルーツを運動機能に求めることは妥当ではない。運動制御起源仮説は特に統語演算能力と物体操作の関係を重視するものである。

石器作製は約250万年前、ホモ・ハビリスによるオルドワン型石器から始まりホモ・エレクトスのアシューリアン型石器に徐々に複雑化していくが、最初にサブアセンブリ方略が認められるのは約27万年前だとされる（Moore 2010）。サブアセンブリ方略を駆使した道具作成の典型は弓矢技術であるが、最古の弓矢技術の痕跡がおよそ7.1万年前の南アフリカの洞窟で発見されている。この頃にはほぼ間違いなく人間言語が出現していたのであろう。かつては約 5 万年前の「文化のビッグバン」が言語出現時期だとされていたが、現在では10〜20万年前という推定が支持を集めている。この頃アフリカにいたサピエンスの集団にサブアセンブリ併合が拡がった。これはより複合的な概念の構築を可能にした点で、主に内在化（思考、推論、計画立案等）に対して適応的であった。我々が「今、ここ、私」に縛られることなく、時空を超えた状況に思いをはせることができるのも、多数の出来事を階層的に関係づけることができるからである。他の動物たちも限定的にはエピソード記憶を持つが（第

14章参照)、これを飛躍的に向上させたのは階層文法を備えた言語である。この能力を最大の武器として、約6万年前にアフリカから世界各地に旅立ったサピエンスの子孫が現在の我々である。世界各地に暮らす現代人が人種・民族を問わず等しい言語能力を生得的に有していることはこの人類進化史の帰結であって、ヒトは言語によって人間に変容したのだと言える。

5 組み合わせる知性――進化的観点と平和学

ところで併合のような回帰的組み合わせは言語以外にも人間の多数の認知ドメインに等しく働いている。自然数を定義する後者関数(successor function)はその一例であるが、音楽や絵画、心の理論、道徳、宗教等のすべてが心の回帰的作用がもたらすものである。すると領域一般的な組み合わせ能力(汎用併合)がまず出現し、それが個々のドメインにおいて適用対象(言語の場合、語彙概念)の相違によりそれぞれに固有の特質を帯びるようになったのではないか。この意味では普遍文法も端緒から言語専用だったのではなく、汎用併合の領域固有化の一例に過ぎない。またこのような領域固有の機能が繋がって総合的知性を形作っているのも人間の特質である。

我々はあらゆるものを領域横断的に組み合わせて新しいものを想像し創造してきたが、これこそが人類の生存と繁栄をもたらした知性である。かつてフランスの遺伝学者、F・ジャコブは生物進化の本質が旧形質の再結合による新形質の創造であることをTo create is to recombine.と表現したが、これはそのまま人類の知的営みにも当てはまる。この「組み合わせる知性」が、新しい平和学を構築する原動力にもなるのではないだろうか。

生物進化は自身の遺伝子の生き残りを賭けた利己的闘争の歴史でもあり、自集団の繁栄はしばしば他集団との抗争の上に成り立つから、全人類的な地球規模の平和の構築が困難であり続けるのも無理のない話かも知れない。その一方で進化的考察は、我々現生人類はすべて同じルーツを持ち、しかも過去には多数いた仲間はすべて絶滅した孤独な種であること、言語をはじめ人類独自に思われる優れた能力・知性も実は他種と連続していること、我々も自然や環境と対峙し支配する存在ではなくその一部に過ぎないことを教えてくれる。このような進化的観点が広く共有されることも平和学には必要であろう。

注

1　特に鳥類の回帰的学習能力の有無が集中的に議論されたが、これはそれまでの霊長類偏向主義を改める契機となった。
2　これまでも動物たちが２つの信号を組み合わせる行動はよく知られていたが、できあがった信号の意味は元の信号とは無関係なものになるのが常であった。シジュウカラでは元信号の意味が保存され、全体として合成的な意味を持つ信号を作る点が違っており、人間言語により近い。
3　このことは概念の外在化がヒトでだけ可能となったのはなぜかという問題を新たに提起する。他種の警戒コールが捕食者が接近している状況に対する反応であるのに比べ、人間言語の語は概念そのものを表す。私自身は語の形成にも併合が関わっており、統語演算と語彙は平行的に進化したと考えている（Fujita 2014, 2017）。またここでの考え方は内在化から外在化への拡張のみならず、外在化から内在化へのフィードバックも言語進化にとって重要であることを示唆している。
4　近年、（自己）家畜化が言語進化に及ぼした影響について多くの議論がなされている（Thomas and Kirby 2018 他）。家畜化され淘汰圧が緩和されることにより、生物はより多くの選択肢を比較・検討する余裕が生まれ、それが複雑な言語構造をも可能にしたのではないかというのが、ここでの考察の骨子である（藤田 2022）。本書第12章では過食に関する野性のマウスと飼育下のマウスの違いが述べられているが、これとて家畜化がもたらす変化（家畜化症候群）の文脈で論じることもできるようで興味深い。

参考文献

Berwick, R. C. and Chomsky, N. [2016] *Why Only Us: Language and Evolution*. MIT Press.

Chomsky, N. [2017] Language architecture and its import for evolution. *Neuroscience & Biobehavioral Reviews* 81B: 295–300.

Conway, C. M. and Christiansen, M.H. [2001] Sequential learning in non-human primates. *Trends in Cognitive Sciences* 5 : 539–546.

Fujita, K. [2014] Recursive Merge and human language evolution. In: T. Roeper & M. Speas (eds.) *Recursion: Complexity in Cognition*. Springer. pp.243–264.

Fujita, K. [2016] On certain fallacies in evolutionary linguistics and how one can eliminate them. In: K. Fujita & C. Boeckx (eds.), *Advances in Biolinguistics: The Human Language Faculty and Its Biological Basis*. Routledge. pp.141–152.

Fujita, K. [2017] On the parallel evolution of syntax and lexicon: A Merge-only view. *Journal of Neurolinguistics* 43B: 178–192.

藤田耕司［2022］「階層性と意図共有を繋ぐ」岡ノ谷一夫・藤田耕司（編）『言語進化学の未来を共創する』ひつじ書房、263–273頁。

Greenfield, P.M. [1991] Language, tools, and brain: The ontogeny and phylogeny of hierarchically organized sequential behavior. *Behavioral and Brain Sciences* 14: 531–595.

Hauser, M.D., Chomsky, N. and Fitch, W.T. [2002] The faculty of language: What is it, who has it, and how did it evolve? *Science* 298: 1569–1578.

松沢哲郎［2000］『チンパンジーの心』岩波書店。

Moore, M.W. [2010] ‘Grammar of action’ and stone flaking design space. In: A. Nowell & I.

Davidson (eds.) *Stone Tools and the Evolution of Human Cognition*. University Press of Colorado. pp.13–43.

Stout, D. [2010] Possible relations between language and technology in human evolution. In A. Nowell & I. Davidson (eds.) 159–184.

Suzuki, T.N. and Matsumoto, Y.K. [2022] Experimental evidence for core-Merge in the vocal communication system of a wild passerine. *Nature Communications* 13: 5605.

Thomas, J. and Kirby, S. [2018] Self domestication and the evolution of language. *Biology & Philosophy* 33: 9.

第14章

意図的に子どもを作り出せる生物としての人間

TNR、反出生主義、『消滅世界』

青山 拓央
TAKUO AOYAMA

哲学の観点から、自由意志、時間、幸福などを中心的なテーマとして研究しています。「分析哲学」と呼ばれる分野の入門書を出版したり論文を書いたりしてきましたが、できる限り、特定の分野にとらわれない「たんなる哲学者」でありたいと願っています。ちなみに、哲学者として出版デビューをしたころから飼っていた三毛猫を17歳で看取り、いまは保護猫団体より譲り受けた白と黒の２匹の兄弟猫（いずれも４歳）を飼っています。

Key Words　不確定性、非行為性、コントロール可能／不可能な行為

1 子どもを作り出すという〈行為〉

「人間は他の生物に比べてどこが特別か」という問いには、さまざまな返答が思い浮かぶ。たとえば、人間は言語を使用でき、それを用いて約束をしたり他者を騙したりできる。あるいは、人間は自分自身がいずれ死ぬことを理解できる。地球上の生物のなかでこうしたことができるのは、おそらく人間だけであろう。また、人間はもしかすると、エピソード記憶をもつことのできる唯一の生物かもしれず[1]、そのこととの関連において、過去というものの存在を理解している唯一の生物かもしれない。

本章では、あまり注目されてきたとは言えない人間のある特別さを主題として、そこからいくつかの論点をひき出そう。人間のその特別さとは、〈子どもを誕生させることを意図して子どもを作り出せる〉というものである。人間以外の生物ももちろん生殖活動をしているが、子どもを誕生させることを意図して子どもを作り出しているわけではない。彼らは、いわば本能のままに、あるいは機械論的な仕組みのもとに生殖活動を行なっており、結果的に子どもを作り出すことはできても、それは

意図されたものではない。

意図的であることを〈行為〉の必要条件と見なす、有力な一つの哲学的見地に立って本章の議論を進めることにしよう。この見地に立つならば、人間以外の生物にとって子どもを作り出すことは行為ではない。犬や猫、あるいは類人猿のように高度な知性をもった生物は、意図的に餌を食べることのような、何らかの行為をなすことが可能であるように思われるし、この見立ては、D・C・デネットの言う「志向的スタンス（intentional stance）」を彼らに適用することによって擁護できるだろう[2]。しかし、彼らが交尾をすることを意図してそれを実行することはありえても、彼らが子どもを作り出すことを意図して交尾をすることはありえない。交尾と、交尾から時間的に距離のある出産という出来事とを、ひとつながりのものとして自らの行為に繰り込むことはできない、ということだ[3]。

もちろん、人間の場合でも、子どもを作り出したいという意図の実現には不確定な要素が多く、意図しても妊娠に至らないこともあれば、意図せずに妊娠に至ることもある（この点については本章の第3節でも論じる）。だが、そこに一定の意図性・計画性が関与しうることは周知の通りであり、とりわけ、子どもを作り出したくないという否定形の意図については、適切な避妊や性交の忌避によって、かなりの確定性をもってそれを実現できる。こうして、われわれ人間にとって子どもを作り出すことは上記の意味での行為であると見なされ、子どもを作り出した人間はその行為についての責任を求められることになる。

ここまでの叙述から明らかな通り、本章で「子どもを作り出す」と記すときには、性交から妊娠・出産に至る一連の過程を念頭においており、それゆえ、「子どもを作り出す」という行為の主体が女性のみであるとは考えていない。妊娠・出産において母体には多くの負担や危険があり、その点で、「子どもを作り出す」行為にとって女性の存在はきわめて大きいが、男性がこの行為の主体でありえないわけではなく、また、この行為の責任を免除されるわけでもない（少なくとも、近代化された社会の慣習のもとでは）[4]。

2 猫のTNRとの比較

子どもを作り出すことが人間にとって〈行為〉であることの意味を、違う角度から理解してみよう。野良猫の多くは、飢え、怪我、病気に苦しめられて短い一生を送るものであり、たとえば、生きたままカラスに食べられてしまう仔猫もいる。愛猫家にとって、これは胸を痛ませる事実だが、すべての野良猫の生活を保護してやることは不可能だ。すべてどころか、ごく少数の野良猫についてさえ、彼らを保護し良い里親を見つけて譲渡することにはたいへんな手間がかかる。

そこで、不幸な野良猫の数を減らすため――そして副次的には人間の住環境が野良猫に荒らされるのを防ぐため――「TNR」と呼ばれる活動が行なわれている。野良猫を捕獲し（Trap）、不妊手術を受けさせ（Neuter）、捕獲した場所に戻す（Return）という活動だ。TNRを知らなかった方でも、耳の先がV字にカットされている猫を見かけたことがあるかもしれないが、あのカットはTNRを受けたことの印である。

私個人は猫のTNRに好意的な考えをもっているが、いまは、そのことは問題としない。猫のTNRに賛成の方も反対の方も、それがいかなる狙いをもった活動であり、そして少なくとも特定の倫理的観点から見て善い活動である――それを悪い活動であると見なす別の倫理的観点があったとしても――ということは理解して頂けるはずであり、以下の議論にとってはそれで十分である。

猫のTNRをある観点から善い活動と見なせる大きな理由の一つは、猫にとって子どもを作り出すことが行為ではないからである。野良猫たちはその生活環境において、どうしたって交尾をしてしまうし、そして、その交尾が高い確率で出生につながることを理解していない（猫の妊娠率はとても高い）。野良猫たちは行為としてではなく、ただ結果として、たくさんの子どもを作り出す。だから、人間がTNRによって不幸な野良猫を減らそうとすることは、いま生きている野良猫たちから子どもを作り出すという結果を奪うものではあっても、彼らから子どもを作り出すという行為の**主体性を奪うものではない**。

さて、ここで少し奇妙な――しかし至って真剣な――こんな想定をしてみよう。人類よりも文明の進んだ宇宙人が地球にやってきて、人間たちの暮らしを観察し、悲惨な一生を送る人間の割合が高すぎるという理由から、人間に対してTNRを行なうようになったらどうだろうか。つまり、不幸な人間の数を減らしたいという倫理的な観点から、人間へのTNRを行なうようになったら。〈悲惨な一生を送る人間の割合が高すぎる〉という判断は、世界の人々の生活環境を見たときに、われわれ人間にとってさえ、かなりの説得力をもつものである（食事、医療、養育などについて、劣悪な環境に暮らす人々は多い[5]）。文明の進んだ宇宙人から人間を見ればなおさらであり、それはちょうど、人間にとって野良猫の生活環境が恵まれないものに見えるのと同じだ。

なお、この想定において「宇宙人」は人間の上位者の役割を果たしており、その役割を果たすのであれば「宇宙人」でなく「神」などでもよい。他方で、いかなる意味で優秀な人間であろうと、ある人間（集団）にこの役割を与えることは妥当ではない。一部の猫が他の猫に対してTNRを行なったとき、その活動の意味するところが現状とまったく違ってきてしまうように、一部の人間が他の人間に対してTNRを行なうことは、これまでの文脈とは独立の大きな倫理的悪を生じさせる。また、併せて確認しておきたいが、人間による猫のTNRにせよ、宇宙人による人間のTNRにせよ、遺伝子の優劣を決めつけて一部の出生を妨げるような優生学的な発想はそこに含まれていない。一般論として、ある猫にTNRを行なうのは、その猫が他の猫に比べて遺伝的に劣っているからではない。

上記の想定における宇宙人は、倫理的な観点に立っている。人間たちへの慈愛の心をもっていると言ってもよい。ちょうど、猫のTNRに努める人々が猫を愛しているように。だが、それにもかかわらず、宇宙人による人間のTNRが許されるべきでないとするなら――そう考える人は多いだろう――その倫理的な理由は何だろうか。それはちょうど、猫のTNRをある倫理的観点から善いと見なせた理由を裏返しにしたものである。つまり、人間たちにとって子どもを作り出すことは行為であり、上位者（宇宙人）によってある人間の生殖能力が奪われたなら、その人間からは子どもを作り出すという**行為の主体性が奪われ**てしまうからだ。

もう少し言葉を補っておくなら、これはたんに、その人間が意図的に子どもを作り出す可能性を奪われたということではない。その人間は、意図的に子どもを作り出さない可能性をも奪われており、ある行為を為すことも為さないこともできるという意味での主体性を、子どもを作ることに関して奪われている。だから、宇宙人による人間のTNRが許されるべきでない理由としては、上記の理由に次のことを付け加えることができる。宇宙人から見て〈悲惨な一生を送る人間の割合が高すぎる〉ことが事実だったとしても、宇宙人は、子どもを作り出すという行為の主体性を人間の側に預けたままで、つまり、人間が自らの行為として出生を減らしていくことを促すような仕方で、救済をすべきだろう。何かを差し控えることのできる相手に、それを差し控えさせるのではなく、それをできないようにさせることは、固有の倫理的な悪であるから。

3 不確定性と非行為性

ここまで私が述べてきたことは、大きく間違ってはいないと信じる。人間にとって子どもを作り出すことは、意図的にそれを実現したりあるいは差し控えたりすることのできる〈行為〉としての側面をたしかにもっている。だが、もちろん、私の強調してきたこの側面は一つの側面にすぎない。人間が子どもを作り出すことには、他の生物には見られない計画性と行為性がある一方、他の生物と共通する不確定性と非行為性もある。子どもはいわば「授かりもの」であり、子どもを作り出すという行為については、日常の多くの行為と違い、その結果を十分にコントロールすることができない。さらに、人工授精等のケースを除くなら、出生の原因となる性交にはたいてい出生とは別の目的が（も）あり、そのことによって、性交という行為にもそれ自体としてのコントロールの難しさがある。ようするに、子どもを作り出したいか、そうでないかという意図と独立に、性的衝動が人々に性交を促すということだ。

性交という一つの行為に、不確定性をもった出生への意図と、性的衝動の充足への意図という原理的には独立した二つの意図が絡み合っていることが、人間という生物の在り方を他の生物には見られない仕方で複雑にしている。（私の『創世記』解釈を述べるなら、この絡み合いによる苦しみは知恵の木の実を食べた人間への「罰」であり、知恵の木の実を食べたことにより、その後の人間たちにとって子どもは意図的に作り出されるものとなった。このことがもたらした他の苦悩については、私の別稿を見て頂きたい[6]。）

いま述べた「二つの意図の絡み合い」は、パートナーの選好についても発生する。ある人物とのあいだに子どもを作りたい（あるいは作りたくない）という意図は、ある人物と性交をしたい（あるいはしたくない）という意図と、原理的には独立している。村田沙耶香の小説『消滅世界』のように[7]、技術革新と社会設計を通じて人為的にこうした絡み合いが解きほぐされる未来がやってくるかもしれないが、今日のわれわれの社会において、それはまだSFの領域にある。ここで、『消滅世界』での社会の在り方を参考までに素描しておこう。その社会では、「ふつう」の夫婦はいっさい性交渉をもたず――それは「近親相姦」と見なされる――お互いに別のところに性愛のパートナーをもっており、そしてお互いにそのことを良いこととして認めあっている。男女は皆、普段から体内に避妊器具を取り付けられており、夫婦は望んだ時期にそれを外してもらって人工授精によって子どもを作り出す[8]。

不確定性をもった出生への意図と、性的衝動の充足への意図。これらが絡み合う現実社会において、人間にとって子どもを作り出すことが意図性・計画性をもった行為である、という前節までの論述は、真実を捉えたものであるとともに、一種の建て前ともならざるをえない。つまり、われわれ人間は、子どもを作り出すか否かをコントロールしているかのような社会的振る舞いをしなくてはならない――そのことをお互いに求めあう――が、他の一般的な行為に比べてそのコントロール力は概して低く、ひとによっては、自分にそれがコントロール可能であると見なされること自体が重い負担となる（たとえば、「なぜ子どもを作らないのか」と問われたときなどに）。

それゆえ、子どもを作り出すことについて、近代化された社会の人間たちは引き裂かれた状態にあると言ってよい。行為としてそれをコントロールして妊娠・出産からその後の養育までを親の人生設計と調和させなければならない反面、それは通常の行為ではなく、コントロールしきれない部分が多い。そして実情としてわれわれは、コントロール不可能な部分がひき起こした結果を、コントロール可能な部分になんとか取り込んでいくことで出生／非出生に向かい合っていくしかなく、初めからその全体を合理的に計画することはできない。

子どもを作り出すことのコントロールのしがたさについて、次の点を補足しておこう。受精から妊娠・出産に至るまでの過程をより良くコントロールできるようになったとしても、子どもを作り出そうという意図は、ある個別の子どもでなく、子どもというもの一般に対してしか向けることができない（デザイナーベビーのような事例においても、一般的な子どもというものの特性が絞り込まれるだけである）。だが、実際に作り出された子どもはつねに個別の子どもであって、親は子ども一般ではなくその子どもの親となる。それゆえ、子どもを作り出すという行為は、個別の他者をそもそも志向できない状況で、ある個別の他者に対して何かをする――何かをするどころかその個別の他者を存在させてしまう――行為であり、そこには独特のコントロール不可能性がある。

4 反出生主義を論じる前に

子どもを作り出すということについての人間に固有の在り方は、上記である程度示されたと思う。生物にとって生殖は本質的な営為であり、それゆえ、他の生物と異なる人間の在り方としてその生殖の特殊性を挙げるのは、理にかなったことだろう。本章では最後に、人間にとっての生殖と、反出生主義との関係について見ることにする。

「反出生主義」と呼ばれる思想によれば、われわれは新たな子どもを作り出すべきではない。とりわけ、近年盛んに論じられている反出生主義の一形態によれば、われわれは倫理的観点から、新たに生まれてくるかもしれない子ども自身の福利のために、新たな子どもを作り出すべきではない。私の理解では、この結論に至るには大きく二種類の論脈があり、それは次のようなものである。

> 論脈Ⅰ：生まれてくることは、生まれてこないことに比べて、つねに、その当人にとって福利的に悪である（「福利的に悪である」をより直観的に言い換えるなら、「苦である」、「害である」、「不幸である」）。われわれが新たな子どもを作り出すことは、福利的な悪を他者（その子ども）にもたらすことであるから、倫理的に悪である。よって、つねに、それはすべきでない。
>
> 論脈Ⅱ：生まれてくることは、生まれてこないことに比べて、ときに、その当人にとって福利的に悪である（苦しみに満ちた人生を送る人々は部分的に存在する）。われわれが新たな子どもを作り出すことは、その子どもの人生を原資とした一種の「賭け」の結果として福利的な悪を他者（その子ども）にもたらす可能性があるため、倫理的に悪である。よって、つねに、それはすべきでない。

これらの論脈についての私見は別の箇所で述べたことがあり[9]、また、今後もより詳細に述べていく予定である。いまは、これらの論脈の是非を性急に断じることはせずに、本章のこれまでの考察をふまえて次のことを記しておこう。ある論脈において子どもを作り出すことが倫理的に悪であったとして、そのことを根拠に子どもを作り出すべきでないと結論するという思考の流れには、子どもを作り出すことを〈行為〉――意図的でコントロール可能なものとしての行為――と見なす姿勢が現れている。そして、上述した通り、出生についてのこのような見方にはたしかに真実が含まれている。

だが、それが現状にて一面の真実でしかないことは、論脈Ⅰや論脈Ⅱの議論にいきなり参入した場合、十分に考慮されない恐れがある。前節で記した表現を使うなら、自分自身の生と性において、〈コントロール不可能な部分がひき起こした結果を、コントロール可能な部分になんとか取り込んでいくことで、出生／非出生に向かい合っていく〉とき、子どもを作り出すことを他の一般的な行為と同種のものと見なすことは難しい。子どもを作り出すことにもし倫理的な悪が含まれているとしても、「では、社会全体でその行為を抑制していこう」と舵を切るために必要なコントロール力を、理念というより生物としての次元で、人類はまだ備えていない。

このように述べるとき、私はけっして、われわれが出生／非出生に関して無責任であってよいと述べているのではない。ただ、出生／非出生を特定の倫理的観点から十分にコントロールできるほど人類はまだ「進化」しておらず——『消滅世界』での表現を借りれば人類はつねに変化の「途中」である——その意味で、反出生主義の是非をめぐる議論とわれわれの生活実践とのあいだには、個人差はあれ、大きな隔たりがある。たとえば、頭では反出生主義に賛成しながらも何らかの内なる非合理性によって子どもを作り出した人もいれば、これとは逆の組み合わせを体現した人もいるだろうが、彼らを矛盾しているとして一方的に非難すべきではない。現状として人間の多くはそのような段階にいる生物なのであり、生物としての在り方を科学的に変化させることなしに、理念の力のみによって「次の段階」に進むことは難しい[10]。

注

1 たとえば次の論文を参照。Tulving, E.［2002］Episodic memory: From mind to brain. *Annual Review of Psychology* 53(1): 1–25.

2 「志向的スタンス」に言及した最初期の論文として次を挙げておく。Dennett, D. C.［1973］Mechanism and responsibility. In: T. Honderich (ed.) *Essays on Freedom of Action*. Routledge and Kegan Paul. pp. 157–184.〈邦訳〉ダニエル・C・デネット（小草泰訳）「機械論と責任」（青山拓央・柏端達也（監修）［2020］『自由意志　スキナー／デネット／リベット』岩波書店に所収）。なお、本書の第11章ではマカクザルの「意思決定」に関する興味深い研究が紹介されているが、この研究はまさに、人間以外の生物に志向的スタンスを適用したものと理解できる。

3 行為についての一般論として、時間的に距離のある諸出来事をひとつの行為に繰り込むことは、人間以外の動物だけでなく人間の幼児にとっても困難である。

4　本章では、出生後の養育の負担についてとくに考察をしていないが、そこには本章の射程を超えた別の問題が含まれている（たとえば家父長制に関して）。そのうえで、「子どもを作り出す」という行為の主体が女性のみであると考えないことは、今日、子どもの養育の負担に男女不均衡が見られることと矛盾しない。

5　傍証として、たとえば、次の第3章最終節など。Benatar, D.［2006］*Better Never to Have Been: The Harm of Coming into Existence*. Oxford University Press.〈邦訳〉デイヴィッド・ベネター（小島和男・田村宜義訳）［2017］『生まれてこないほうが良かった――存在してしまうことの害悪』すずさわ書店。

6　青山拓央［2021］「生まれることの悪と、生み出すことの悪」『現代と親鸞』45号、親鸞仏教センター、216-232頁。http://hdl.handle.net/2433/284629

7　村田沙耶香［2018］『消滅世界』河出文庫。

8　『消滅世界』はしばしばジェンダーの観点から論評されているが、同書をジェンダーの観点のみから読み解くのは少しもったいない。同書の描く社会の在り方は、性交という一つの行為に「二つの意図が絡み合っている」（本章第3節での表現）ことに苦しめられてきたすべての男女にとってユートピア性をもちうる。そして、少なからぬ男女にとってディストピア性も。（『消滅世界』の文庫版に収録された斎藤環による解説も、このことを考えるうえで有益だろう。）

9　これら二つの論脈と他の一つの論脈との三者が、それぞれどのように異なっており、他方でどのように混同されてきたかについては、次の拙論で解説した。青山拓央［2020］「反出生主義をめぐる混乱」『アンジャリ［Web版］』2020/6/15更新号。http://www.shinran-bc.higashihonganji.or.jp/anjali_web20061502_aoyama/

10　ここには、特殊な形態における自然支配の欲望を見出せる。人間による自然支配が完徹され得ないことの問題点については、本書所収の「座談会　新しい「平和学」をもとめて」を読まれたい。

第15章

〈思考停止平和戦争国家〉でどう生きるか

小倉 紀蔵
KIZO OGURA
現在やっていることは、「トランスアジア世界観学」というもの。アジアを横断して、多様な世界観の関係性を探ります。西洋との比較も必須。特に東アジアの思想・哲学・文学に関しては、これまでは日本と中国の関係だけが扱われてきたのですが、これはよくない。朝鮮・韓国もそこに入れないとだめですし、アイヌや琉球ももちろん入れないと。世界哲学の観点から。

Key Words 戦争メタファー、ソフト・ウォー、国家/権力の思考停止、平和安全安穏戦争、バイオフリーダム

1 「戦争メタファー」の韓国

2021年、ある学会で韓国人研究者が、新型コロナウイルス（COVID–19）に対処する日韓のやり方の違いについて発表した[1]。

彼女の研究によれば、韓国では政府も社会も、流行の最初期から「戦争」というメタファーを全面的に使ってコロナに「応戦」した。コロナは国や身体の外部から襲ってくる悪辣な「敵」であって、国家や社会や個人は、これと徹底的に戦って撲滅すべきだという語りが、政府やメディアによってもっぱら動員された。この恐るべき敵に立ち向かって勇敢にたたかう医療関係者や軍人たちは英雄として称えられた。逆に規律を守らない国民は法的に処罰されるだけでなく、不道徳な背信者として世間から厳しく糾弾された。その糾弾の激烈さは、日本社会においては想像もできないほどであった。もちろん個人情報を守ることよりも、「戦争」に勝つことが完全に優先された。

韓国人研究者によれば、韓国のこのような対処法と比べて日本では、最初から

「(自然) 災害」というメタファーが好んで使われた。コロナは敵であるかどうかが明確でなく、「コロナ禍」という受動的な表現が好んで使われ、国民はこの事態にどう対処していいのか、いつまでもあいまいだった。「戦争メタファー」は日本では徹底的に忌避され、「たたかうひと」を可視化したり英雄化することを極度に嫌った。

韓国から日本を見ると、このような対比が浮き彫りになる。この研究者は、「だから日韓のどちらがよい、わるい」という評価はしなかった。だが彼女は、新型コロナが流行りはじめたときに自身と家族が日本で暮らしていて、「非常にこわい」と思ったという。「コロナという敵を絶対に撲滅する」という強いたたかいの姿勢を日本政府や社会が見せずに、あいまいな態度をとりつづけたから、こわかった、というのである。

つまりこの研究者は、「戦争のほうが安心だ」ということを語っているわけである。日本社会では「自粛警察」も悪いこととされ、「コロナウイルスとの共生」などというメッセージが全面的によいこととされる。街をマスクなしで歩いても通報されたりしないし(「世間」を守るために「通報」などということをするのは社会の破壊者だ)、外国から来たひとや感染者に対する厳格な隔離や監視や追跡調査もまったく行われないか、せいぜい形式的に行われるだけである。これではこわくて生活できない、というわけなのだ。

韓国思想の研究者であるわたしは2020年からの2年間ほど、多くの韓国人から、この研究者と同じようなことをずっと聞いてきた。「なぜ日本では、コロナに対して戦争する、というメタファーを使ってはいけないのか。そういうことをいうと悪人扱いされてしまうのか」という強い疑問が、彼ら彼女らの意識には共通して存した。

この背景には、韓国社会がSARS (2003年)、MERS (2015年) の脅威にさらされた恐怖の経験と記憶を鮮明に持っている、という理由もあるが、この国家がいまだ北朝鮮との停戦状態にあるため、社会全体が軍事的雰囲気を色濃く持っているという理由も大きい。いざとなれば強烈な二項対立の論理で「敵と味方」を分ける(これを韓国語では「黒白論理」という)ことは、自己と社会の生存のためには必須の世界観なのである。韓国社会はすでにじゅうぶんに民主化されており、それだけでなく思想的にはポストモダンに突入してすでに久しい。だが「いざ」という局面にはいると、一気に「戦争」ないし「たたかい」のメタファーによって事態を解釈しようとすることへの忌避感は、ほとんどない。

2 「戦争メタファー」を嫌悪する日本

日本で新型コロナウイルスに対して「正しく怖がる」ことを主張したひとたち、日本で新型コロナウイルスに対して「正しく怖がる」こと、あるいはウイルスとの「共生が正しい」と主張したひとたちは、新型コロナよりももっと強力なウイルスが発生したときにも、同じことをいえるのだろうか。

日本ではコロナ禍の早い時期から、「戦争メタファーを使うのはいけないこと」という論が社会をほぼ完全に支配した。これはもちろん、戦後的平和主義の貫徹という意味で論理一貫している態度だった。とにかく日本人はいかなる状況においても、戦争モードになってはいけないし、戦争を連想しても戦争をメタファーに使ってもいけない。「戦争」の二文字を語ることそのものが悪である。このような強固な意志が日本社会にはある。このことを今回のコロナ禍において再確認できた。

しかし、このような窮屈な思想状況はわたしには、逆に一種の〈戦争〉であるようにも見えた。パンデミックで社会が大混乱に陥りそうになっても、あるいは新型ウイルスによって日本人が十万、百万の単位で死ぬような事態になっても（今回のコロナではそういう事態にはならなかったが、当初はその可能性はあった）、つまりいかなる状況にあっても、決して「戦争」を連想してはならない、という強烈な全体主義的雰囲気が、ある意味で〈戦争〉状態を感じさせたのだ。

これは、コロナ禍以前からずっと続いてきた、日本社会の窒息的な状況である[2]。この窒息的状況をわたしは、ずっと以前から〈　〉つきの〈戦争〉状態だと考えている。つまり、端的にいえば、わたしたちは現在、〈戦争〉状態にある。わたしたち日本人はいま、〈戦争〉をしているのだと考えたほうが、この社会を正確に理解することになるのではないか。

3 われわれは〈戦争〉をしている

わたしがこのようにいえば、ほとんどの日本人は、にわかに納得しがたいであろう。日本はきわめて平和な国家であり、世界に冠たる憲法９条があるがゆえに自衛のための戦争以外は原理的に放棄しているのであり、自衛隊はあるが軍隊はなく、おそらく戦争というものからは世界でもっとも遠く離れた温和な国家である。そのように認識している日本人が多いのではないだろうか。

だが、現実はそうではないだろう。「そうでない」理由はふたつある。

ひとつは単純で、「戦後日本は実際上、世界各地の紛争や戦争に間接的なかたちで加わってきた」というものである。事実として日本は、朝鮮戦争に深くかかわったのだし、ベトナム戦争にもかかわっている。戦後日本の米国との非対称的な関係によってかかわらざるをえなかった、といえるが、事実としてそれらの戦争から日本が利益を得たことは隠蔽できない。だがこの認識は政治・外交・安全保障の分野の問題であって、本章ではこの問題は扱わない。

もうひとつの理由を本章では考察する。これは単純なものではない。主に人文学や社会科学の分野の問題である。この後者の問題を理解するには、「戦争とはなにか」というところから議論を始めなければならない。

戦争とはふつう、国家と国家のあいだで、武力や軍事力を用いて衝突や闘争が起こることを指しているようである。この場合の「国家」は、「国家らしきもの」であってもよい。つまり、国家あるいは国家らしきものが、自らの目的を達するために、相手を破壊する武器や暴力によって、たたかいをすることを、戦争と呼ぶのがふつうだろう。第一次世界大戦や第二次世界大戦、朝鮮戦争、ベトナム戦争などが典型的な戦争であるとイメージされている。

戦争はある一定の場所で行われるのだから、その空間は「戦場」と呼ばれることになる。実際上、戦争は戦場だけで行われるわけではないが、戦闘が行われる場所はどんなところであろうと戦場となるわけだから、結局、戦争は戦場で行われるということになる。そして古典的・典型的な意味での戦場においては、武器を使用した物理的暴力が展開されるわけだから、もっともわかりやすい典型的な戦場においては、建物や自然物が破壊されたり、人間が殺傷されたりする。

このような「戦争イメージ」に慣れているわれわれは、ふつう、戦争といえばビルや家が倒壊したり、市街地が焼け野原になったり、人間の死体がころがっていたり、顔を泥だらけにした子どもたちが泣いていたり、血を流したひとがうずくまったりしている光景を思い浮かべる。またそういう写真や動画などで見て、「ああ、これが戦争だ」と思う。だが、これはきわめて古典的な、あるいは近代的な、といってもよいが、つまりわれわれの時代から見ると古くさいタイプの戦争である。われわれの時代には、まったく別のタイプの〈戦争〉が進行中なのである。

4 ソフト・パワーからソフト・ウォーへ

本論考で〈　〉つきで表記している〈戦争〉とは、ほんものの戦争のことではなく、比喩である。それは、古典的・典型的な戦闘という形態をとらずにたたかわれている。いまや、戦争や武力衝突や物理的闘争という外見を持たずに、〈戦争〉がたたかわれているのである。そのこと自体は容易に理解されうるだろう。しかしわたしはいま、別のレベルのことを語ろうとしている。

つまり、「戦争や衝突や闘争から離れること」自体が、いまや〈戦争〉なのである。「古くさい戦争イメージで増幅される鉄や火薬や煙や血の匂いがするものから、いかに離れることができるのか」という競争が、この〈戦争〉のなかみである。そして戦後日本人こそは、この〈戦争〉を嬉々としてたたかっている民族である。だからコロナ禍においても、古くさい戦争のメタファーは、絶対に使ってはいけないのである。そしてコロナに対して戦争メタファーを使って対処するひとや社会や国家を、徹底的に忌避し蔑視するのである。

このことを考えるうえで、参考になる重要なキイワードがある。やや古い概念ではあるが、いまだに有効であると思われる。

それは、20年以上まえに米国の国際政治学者ジョセフ・ナイによって唱えられた「ソフト・パワー」である。この概念の核心は、相手を軍事的な力によって屈服させたり従わせたりするのではなく、自国の持つ魅力によって相手から好感度を得ることによって自国の立場を有利にしようという考え方である。従来のように軍事力のハード・パワーで相手を押し込めるかわりに、文化・経済・社会などの魅力をパワーとして、「相手が自分を好きになる」ように引っ張り込む戦略を立てなくてはならない、という考えだ。相手をねじふせるのではなく、相手が積極的に自分を好きになるようにしむけるわけだ。そしてそれに成功した（ハード・パワーだけでない）国家が真のパワーを持つ、というのである。いまや世界は、グローバルな経済力や文化力といったソフト・パワーどうしが角逐する競争の場となったといっているわけだ。このことはなにを示しているのか。

ある国が、「自分の国をよくしよう」と思って自国を改善するということは、それがどんな方向性であっても、国家間の競争という概念から自由にはなれないということを意味している。そして「自分の国をよくしよう」という企図が成功し、自国が魅力的になったとすれば、それはどんな方向性であれ、自国の競争力を高めてしまうのであるから、競争に勝利したということになるわけだ。

つまり、相手が自国のことを好きになってしまったら、それだけで国際的な自国の地位が上がるという世界観なのである。このようなソフト・パワーの世界観が浸透してしまうと、自国の意図や考えとは無関係に、その国を好きな人びとが世界のなかに増えるということは、その国の国際的な競争力を高めることになる。つまり、自分たちは競争をしたいと考えていなくても、競争力は上がってしまうわけだから、積極的に競争しているのと結果的にはなんら変わりないということになってしまうのである。

このようにソフト・パワーという概念は、世界のすべての国家が競争ないし〈戦争〉をしているのと同じであるという世界観を浸透させることになる。のどかな農村社会を保全する国家も、憲法で戦争放棄を規定している国家も、教育がうまくいっている国家も、国民が長生きの国家も、おいしい食べ物を食べている国家も、ゆたかな自然と純朴な民心を保存している国家も、それらの国家が魅力的であるとすれば、それは激烈な競争をたたかっていることになるのであり、世界の国家ランキングという〈戦場〉で闘争していることになるのである。これは殺傷や破壊といったハードな暴力をともなわないので、戦争とはふつう認識されない。しかし、「魅力」の乏しい国家はグローバルな競争に敗北し、そしてその国の経済や文化は消滅してしまうわけだから、これを〈戦争〉、つまりソフト・ウォーといってもよいのである。

5 日本型〈戦争〉の時代

これは理不尽である。戦争や競争という概念を否定したり忌避したりしている国家すら、実際は〈戦争〉や〈競争〉をしているのだというのは、矛盾そのものであり、理解しがたいことだ。しかし、ソフト・パワーという概念は、戦争や競争というものを徹底的に変えてしまったのである。魅力的なテレビドラマをつくる国は、世界中でその国への好感度を高めることができ、そのおかげでその国の電気製品や自動車がたくさん売れ、その結果世界における国家間競争で優位に立ち、さまざまな国際機関においても重要な地位を獲得して、世界を自国に有利な方向性へと向かわせることができる[3]。つまり魅力的なテレビドラマをつくることが、ここではグローバルな〈戦争〉を有利にたたかっていることとほぼ同義なのである。

だがわたしはここで、議論を一歩進めてみようと思う。たしかに現在、世界ではグローバル経済やソフト・パワーといった新しい概念による〈戦争〉が展開されている。だが、そのような新しい〈戦争〉つまりソフト・ウォーがもっと進化すると、どうなるのだろうか。わたしは、「日本のようになる」と答えたい。日本こそは、世界でもっとも最先端の高度な〈戦争〉をたたかっている国家なのである。

それではその最先端で高度な〈戦争〉とは、具体的にどういうものなのか。毎日の新聞や雑誌の記事、ラジオから聞こえてくる曲、映画やテレビドラマ、そして小説や詩や短歌や俳句などなど。それらを強力に収斂させて一言でいうなら、「ボクは／ワタシは、とても繊細なんです。絶対に人畜無害なんです。世間で正しいと思われていることしかしないし、いわないんです」という強いメッセージである。

その世界観は強固にイデオロギッシュであり、競争的である。単なる競争ではなく、グローバルな競争だ。人畜無害で、繊細で、闘争心を捨て、ポリティカル・コレクトネスにのっとった清く正しい生をいとなみ、それでもちゃんと暮らしていける、というのは、グローバルなソフト・ウォーにおける究極の勝利者の姿なのである（敗北者は、競争心と闘争本能まるだしで生存のためにたたかっており、いまだ実現していないPCを実現させるために奮闘している[4]）。現代の勝利者は、英雄の姿をしていない。おとなしくて人畜無害で闘争心や競争心のない、無色透明な姿をしている。たたかいを嫌い、自分の嗜好のみを世界大の関心事としながら午後のお茶を飲む。これが現代の〈戦争〉の遂行形態であり、〈戦争〉の勝ち組のふるまいである。かつて20世紀半ばにコジェーブが語った「スノビズムの日本人」は、21世紀についに、新しい〈戦争〉の遂行者となった。

この〈戦争〉は、日本国民の圧倒的な支持のもとに遂行されている。政治というのは、この無害で非暴力的で繊細で正しい〈戦争〉を遂行するためだけに要請されている権力装置なのであって、その本質は国民の思考をいかに停止しうるか、という〈思考停止権力〉である。

戦後日本の強大な生権力とこの全体主義的な〈思考停止権力〉が合体したもっとも激烈な〈戦場〉は、たとえば大病院の病棟にある。身体に管と電気を通してカプセルの中で一分一秒でも長生きさせることが、〈戦争〉だ。「国民が非暴力的に思考停止しながら長生きする国は善い国である」というテーゼを掲げたグローバルな競争に勝つための〈戦場〉であり、「医療化」（イヴァン・イリイチ）された国家権力が行使される現場である。

6 思考停止する〈戦争〉国家

わたしたちが現在遂行中の〈戦争〉は、かなり特異なものである。もう少し日常的ないい方をすると、わたしたちはいま、かなりへんな〈戦争〉をしているのである。それは、古典的・典型的な戦場からはもっとも遠い場所で行われているといってもよい。戦場とは思えない〈戦場〉という場所で、戦争とは思えない熾烈な〈戦争〉が繰り広げられている。大病院の病棟だけではない。日本中いたるところが〈戦場〉である。

つまり、半径一メートルより外のことはなにも考えずに「キミが大切さ」という歌を聞きながらおいしいものを食べているのは、グローバルな競争、いいかえれば新しい形式の〈戦争〉をしているといっていいのである。猪瀬直樹・元東京都知事はかつて米ニューヨーク・タイムズ紙とのインタビューで、イスラム圏の国々はけんかばかりしているという認識を披露した。東京オリンピックの誘致のために「トルコのひとびとも長生きしたいなら、日本でわれわれが持つような文化をつくるべきだ」といったそうだ。国民が平和で長生きし、すばらしい文化を持っていることが、その国家のグローバルな競争力を高める。「国家ブランド力」という尺度で高く評価され、国際的な投資を集め、観光客がやってき、その国がつくる商品の価値が高まり、富が蓄積され、世界中からうらやまれる。

日本という国家は、「国民がなにも考えずに平和で長生きできる」善い国である。そのためには権力はあらゆる努力を惜しまない。これが国家の新しい権力の形態である。かくして日本は、世界に冠たる〈思考停止国家〉となった。それを遂行したのは、戦後の巨大な〈思考停止権力〉である。無論この権力は、国民の圧倒的な支持によって怪物化したのである。

7 生の日本的苦しさ

戦後日本はこのような〈戦争〉、つまり〈平和安全安穏戦争〉を遂行してきた。その結果、わたしたちの生はどうなったのか。生の長さは長くなり、質は高くなったらしい。そして同時に、いかにもニセモノっぽいものとなったのである。日本人は生きていることは生きている。むしろ生に対する執着はおそろしいほどだ。だが同時に、「ほんとうに生を生きている」という実感を持てなくなった。ひとびとは、自分の、あるいは他人の生の「ニセモノっぽさ」にじゅうぶん気づいているが、そのことに意識を向けないようにしている。

これほどゆたかになった現代社会において、日本人は今日も苦しそうな顔をして「現代人」を営業している。なぜこんなに苦しいのか。その要因はさまざまであろう。しかしそのさまざまな要因の中心部分には、おそらく、「生の空疎化」あるいは「生のニセモノ化」という現象があるにちがいない。生きているはずなのに、ちゃんと生きているようには思えない。これが、現代日本人が共通に抱えている難題であろう。もし自分のすぐ横に、「わたしの生は本当に充実している。毎日生き生きと生きている。わたしはきらきら輝きながら生きている」などというひとがいたら、迷惑な話だろう。そんなに生命力を旺盛にしてもらったら、あつくるしくて仕方がない。こちらの生は青息吐息だというのに……。しかし大丈夫、心配は無用である。現代社会でそんなひとは、広告のなかにしか存在しないのだから。

この「生きにくさ」「生の倦怠感」「生のニセモノ感」というのは、どこからやってくるのだろうか。出所はさまざまであろう。しかし、その中心部分に、さきほどから述べている日本型の〈平和安全安穏戦争〉という概念があることはたしかであろう。

8 バイオフリーダム（生自由）へ

近代国家の生権力（バイオパワー）と結びついたこの日本型〈戦争〉というものに、どうしたら対抗できるかを考えたとき、もはや抵抗する術がほとんどなくなっているという絶望感が絶頂に達しつつある。つまり国民の生命を収奪するという古いタイプの権力から、国民の生命を管理して質を高めるということを一応標榜している権力（生権力）になっているわけであるから、国家が規定する生命、あるいは国家が管理する生命に対抗しない限りは、本当の抵抗にはならないのである。

そのような抵抗の軸、つまりバイオポリティクスに対抗する軸をわたしは「バイオフリーダム（biofreedom：生自由）」といっている。政府や国家が規定する生命の管理・保持に対抗するためには、生命に対する自由を国民ひとりひとりが確保するほかに、道はない。たとえば北朝鮮や中世の国家のように、国家権力が国民の生命をあからさまに強奪することに対しては、「われわれには生命がある、これはかけがいのない大切なものだ」という形で抵抗することができる。しかし日本の国家権力は、そういうあからさまな強奪、収奪をやっていない、あるいはやっていないということを標榜している。一秒でも人間の生命を長引かせる権力ということを誇示している。そして国民の平均寿命が長ければ長いほど、それがすばらしい国家であるというような間違った考えを国民に信用させようとしている。

近年の日本の政権が、それでもあからさまに「軍事」という方向性を打ち出したことは、抵抗の論理からいえば好ましいことなのだが（抵抗が容易になる）、その抵抗がまた〈平和安全安穏戦争〉に回収されてしまうというアポリアが、ここにはある。

いま、わたしたちが提起しなくてはならない概念は、「バイオフリーダム（生自由）」というものであろう。生命に対して、国家やグローバル権力が規定するものとは異なる考えを打ち出し、それを死守する自由である。わたしたちの生がこれほど弱々しく、管理されつくされ、手段化され、中身のない空虚なものになってしまったのは、あきらかに国家やグローバル権力が生の定義を独占したことに一因がある。わたしたちは、生を解放するために、何よりもまず生の定義を権力から解放させなくてはならないのだ。

注

1 この発表はのちに論文化され、以下の論文集に収録された。諸昭喜［2022］「韓国のCOVID–19対処における「戦い」のメタファー」加藤泰史・後藤玲子編『尊厳と生存』法政大学出版局、135–156頁。

2 2011年３月の東日本大震災の際にも、東北地方のひとびとがパニックにならずに「秩序正しい」行為をしておとなしくふるまったことが、ことさらに肯定的に評価された。日本社会の秩序を愛する中枢的な勢力にとって、東北地方のひとびとは政治的に「正しい」ふるまいをしたと高く評価されたのだろう。

3 たとえば韓国の大衆文化がアジアや世界で人気を得たことと、自国の総合的な（文化的・経済的・外交的・安全保障的な）「力」という概念をなんの疑念もなく直結させる語りは、韓国ではごく一般的なことである。

4 したがってこの〈戦争〉は〈内戦〉でもある。いまだに生存本能まるだしでPCもわからず闘争的に生きている日本人は、この社会における〈内戦〉の敗者なのである。この敗者をしばしば揶揄して「昭和のオヤジ」などと呼ぶ。

Column III

船曳康子

健康の未来

生命体はいつか死を迎えるが、子孫を残すことで滅びずに現在に至っている。いつかは死ぬのであっても、知恵を有する人類はその個々の命を少しでも延ばそうと努めてきた。他種の命を削ってでも。事故や病気から身を守り、宇宙史から鑑みるとわずかな時間であるが、病気を治すために年月をかけて医学を目覚ましく発展させてきた。さらに、できる限り健康でいようと健康寿命の延伸を唱え、人々は健康維持のために日々努力し、医療従事者は目の前にいる人の健康のために日々働き、医学研究者はその発展にいそしんでいる。このような中、それらを台無しにするような、殺人や戦争など人為的な破壊が行われ、健康のための営みはいったい何だったのか、と思わせられるのである。つまり、平和がなければ、健康は成立しないのではないか。逆に、心も含む健康度が上がれば、平和に近づくのではないか。

ここで、健康とは何かについて考えてみる。WHOは1946年に「健康とは、肉体的、精神的及び社会的に完全に良好な状態であり、単に疾病又は病弱の存在しないことではない」と定義している。ここから、健康とは「病気のないこと」を前提として、精神的や社会的な意味合いが加わってきた変遷が読み取れる。しかし、肉体的に完全に良好でなければ健康ではない、という考えはもう現在には合わないだろうし、今後は、病気であっても精神的にも社会的にもよい状態が増え、その状態を健康と捉える、つまり健康概念において精神と社会の要素が大きくなるのではないかと予想される。医療技術の進歩により社会復帰できる慢性疾患の状態が増え、人工知能の導入により一人ひとりに合わせた病気予測・病気予防・治療策定が可能となり、オンラインの導入により特別な検査や手術以外は健診も診断も治療も在宅で可能になり、病気にまつわる制約が軽減する、そんな未来がくるのではないか。その一方で、自己管理、自己責任での判断に対する心の負担は増え、人との関わりが減り、さらに様々な新たな社会の変化に付いていけず、病気がなくても社会的に精神的に不健康な状態が生じるかもしれない。その状態では、他者への寛容性が低下し、共生が困難となりうる。つまり、多様性時代の平和には、社会的・精神的健康は必要な要素と考えられ、一人ひとりの心の健康への配慮、他者とのつながりの確保など、ボトムアップ型の健康政策が望まれる。

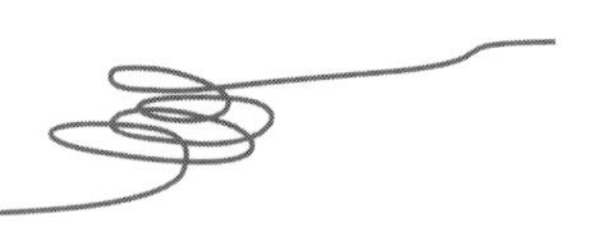

研究の原点③

小村　豊（システム神経科学・動物認知科学・知能情報学、第11章）
心が通じた

　私の大学院時代は、molecular biology全盛で、同級生は、新たな蛋白質やDNAを探すことに邁進していきましたが、その趨勢に乗る気は、どうしてもおこりませんでした。そこで中高時代から気になっていた、ワクワクや悩みの源を、研究することにしました。そのために神経科学の実験にとりくみましたが、初めは計測しているデータが、何の情報を反映しているのか、全く分かりません。その謎も、結果検証と仮説の見直しを繰り返しているうちに、少しずつ解けていきます。ある日、ニューロン活動を記録しながら、次にこのような行動をとるだろうと予測したとおり、動物がふるまった時に、彼らと心がピタッと通じた気になりました。この経験から、ヒト・動物を分けて考えるのではなく、心の連続性に注目しながら、それらの根っこにある機構を解くことが面白くなりました。今は、複雑系や人工知能とも関連付けながら、生命知能の創発原理に迫りたいと目論んでおります。

林　達也（運動生理学・運動生化学・糖尿病学、第12章）
メカニズムの探求

　1990年、私は大学院生になり糖尿病研究室に所属しました。勤務していた病院で、コントロール不良の糖尿病を基礎に持つ心血管疾患や重症感染症を数多く経験したことが、所属先を決める大きな契機となりました。また、糖尿病の大半を占める２型糖尿病の病状が、食事習慣や運動習慣によって良くも悪くもなることから、肥満症や脂肪肝などを含めた「生活習慣病」全般に興味を持つようになったことも大きかったと思います。大学院に入って勉強するうちに、糖尿病の病態の複雑さや診療の難しさを痛感した一方で、自分が面白いと感じる研究テーマがはっきりしてきました。それは「メカニズムの探求」であり、「現象Ａが生じると現象Ｂが生じるが、ＡとＢを結ぶメカニズムが不明」というテーマに強く惹かれました。当時は糖代謝器官としての骨格筋の役割が注目され始めた時期で、とくに運動によって活性化される分子メカニズムがほとんど未解明でした。迷わずその世界に飛び込んで現在も研究テーマの一つであり続けています。

藤田耕司（進化言語学・生物言語学、第13章）
ヒトはいかにして人間になり得たか

　かのスティーヴン・ホーキング博士いわく、「何百万年もの間、ほかの動物と同じように暮らしていたヒトに、想像力を解放する何かが起きた。話すことを覚えたのだ」（ピンク・フロイドの名曲 Keep Talking にも収録）。言語は人間のあらゆる知的活動の原動力であり、人間の本性そのものでもあります。元々は単に英語好きの高校生だった私が大学で「生成文法」なるものと出会い、言語の研究は人間の本質の探求であると知りました。人間には言語能力の根幹が生得的に備わっているという（当時は）驚愕的な学説に惹かれ、やがてその根源を知るには起源・進化の問題に取り組むほかないと気づいて現在に至ります。研究経緯の中で言語学プロパーから、進化生物学や進化人類学など他分野に関心領域が拡大し、今では自身を言語学者などとは思っていないのですが、業界的にはやはり言語学の人間としてしか見てもらえないようで、ちょっと残念ではあります。

青山拓央（哲学、第14章）

自動操縦される行為／されない行為

自分で何かをした後で「なんで、あんなことをしたのだろう？」と疑問に思った経験は、おそらく、ほとんどの方にあるでしょう。しかし、私の場合には、その内容とタイミングがひととはだいぶ違っているようで、たとえば、2、3歳のころ、自宅の階段を降り始めたときに「なんで、反対の足ではなく、こちらの足から降り始めたのか？」と疑問に思ってしまい、それにこだわっているうちに階段を転げ落ちたりしました。私も歳を取るにつれて、自分のほとんどの行為がいわば「自動操縦」に支えられていることに慣れましたが、その一方で、より明確な哲学的疑問を抱え込むことになります。自分の行為のなかに自動操縦の部分とそうでない部分があるとして、その境界線はどこに引かれるのか。自動操縦ではなく、ほかならぬ自分自身が何かをするとは、どういうことなのか――。この疑問は、自由意志についての研究者になった今でも、私のなかでたしかな存在感を持ち続けています。

小倉紀蔵（東アジア哲学・比較文明論、第15章）

語ることは暴力

「研究の原点」などという核心的で極私的で秘密のことを、ここで気前よく語ることはできません。そんな大盤振る舞いはできないのです。長いあいだずっと、「語ることができないもの」をどうやって語ればよいのか、と考えてきたことはたしかです。たとえば日本人であるわたしが、朝鮮・韓国のことをどういうわけで語ることができるのか、というのが長いあいだの煩悶でした。自分の所属する国家がかつて併合植民地支配してしまった地域のこと、そのひとびとのことをどうしたら語ることができるのか。このことについておよそ40年以上考えてきましたが、まだ答えは出ません。答えが出ないまま、たくさん語ってきてしまったようです。すべて暴力です。朝鮮・韓国について、内容はなんであれ、わたしが語ること自体がめちゃくちゃな暴力なのです。早くこの暴力の行使をやめなくてはなりません。嬉々として堂々と語っている左翼や右翼のひとびとがこのうえもなく嫌いです。

船曳康子（健康医学、Column III）

小鳥の歌の研究から

私の現在の研究テーマは、発達障害のメカニズムの探求や社会支援、メンタルヘルスについてです。元々は内科医で中でも認知症を専門とし、忘れる前の覚えるところから生涯にわたって一貫して研究をしたいと米国に小鳥の歌の研究に行き、帰国後、精神科医をしておりますが、現在のテーマに至ったきっかけは、留学時の経験です。特に困りを抱えた子どもの社会における状況の、日米での差を痛感したことが原動力になりました。子どもは大人になりますので、結局は生涯にわたる取り組みをしています。認知・行動メカニズムの理解とそれに基づいた全体的な支援というスタンスはそれ以前から変わらず、個別理解を通したボトムアップからのシステム改善に力を入れようとしております。そうやってシステムが変われば、より多くの人が助かるという循環を目指しています。

自明性を疑う

文明の歴史

Introduction

宇宙のなかの地球に生命として生まれた人類は、文明の歴史を連綿と続けてきた。そこでは他者どうしが行きかい、触発し合い、多様な人間のありようが生まれてきた。同時に、その歴史はものがたられるものとして、語り継がれ、記述され、史書となり、教科書となり、メジャーな語りとなってゆく。過ぎ去ったものは過去のものとされ、現代の中央と周縁が形成されていった。文明の歴史とは何だったのか。

PART IVのキーワードは、「自明性を疑う」である。「正当」な歴史の語りから零れ落ちるものを、研究者たちは丁寧にすくいあげ、自らの言葉がどのような場所から発せられるかに誠実に向き合いながら発信する。第16章は、今日の先進社会で読み書き能力が重視されすぎているのかもしれないとの気づきを提供し、オルタナティブなコミュニケーションへの想像を喚起する。第17章は、現代の宇宙開発と大航海時代の類似性を指摘しつつ、ある特定の時代に対する所与の語りを疑ってほぐしてゆく。第18章は、グローバリゼーションの中で生まれる芸術作品の「根」の由来から、美術史の地図を疑ってみることに誘う。第19章は、科学技術と文明の関係を、いい面もあれば悪い面もあるという回答を回避するために「あえて間違いを犯し」なるべく科学の歩みを肯定する、という刺激的な文明進歩論だ。第20章は、私たちが日々目にする風景に社会、時間、記憶の構造を見出す。

自明でないものを見出すとは、日々の環境の表皮を剥ぐこと、見えないものを「見えていないもの」として想像する力をつけること、迎え入れる態勢をとることである。

第16章

文字から文明社会を見る

読み書きの現在と〈文字圏の衝突〉

鵜飼 大介
DAISUKE UKAI
趣味に近い仕事は社会学、仕事に近い趣味は音楽。研究の傍ら、楽譜を書いています。楽譜の歴史やそのリテラシーについて、文字の歴史に照らしながら再考したいと思っています。

Key Words　識字率、誤読、帝国／宗教共同体と文字、俗語／国家語、ラテン文字の世界標準化

1 読み書きという基礎的技能

活字離れ、新聞離れ、出版不況などと言われて久しい。「日本人の情報行動調査」に基づく研究によると、日本人が新聞・雑誌・書籍など活字に接する時間は、1995年以降、全ての年齢層で減り続けている（橋元 2017）。他方でパソコンや携帯、スマートフォンなどで電子的な文字に接している時間は、若年層を中心に増加傾向にある。20世紀末からインターネットが普及し、2010年代の後半以降は若年層を中心にソーシャルメディア上での文字のやりとりが盛んになっている。活字に接する時間は減っても、電子文字を読み書きしている時間は顕著に増えており、若者（10代および20代）の文字の消費量は、「有史以来、最高のレベルにある」とする見方もある（橋元 2017）。日本に限らず、携帯電話やスマートフォンが普及した国々では似たような状況であろう。今や文字を書く行為にしても、筆記用具を使って紙に書くことよりも、キーボードやタッチパネルで画面に入力することの方が圧倒的に多い。文字はもはや「書く」ものというより、「打つ」「入力する」ものになっている。音声で電子文字を入力・出力する機能もある。文字は、電子メディアの著しい発展と普及に促されて、新たな展開を見せている。

現在の日本の15歳以上の識字率——日常生活の簡単な内容についての読み書きができる人の割合——は100%に近い。日本のように識字率が非常に高く、文字情報があふれている国にいると忘れがちなことだが、今でも識字率がそれほど高くない国、低迷している国も多い。開発途上国では識字率が低迷しており、なかでもニジェールやチャド、南スーダンなどアフリカの後発開発途上国の識字率は低い（総務省統計局 2021）。また、ほとんど例外なく男性よりも女性の方が識字率が低い。

おおまかにいうと識字率が低迷している地域は、経済発展が遅れていたり、独裁や戦争・紛争などで民主主義が定着していなかったり、教育制度があまり整備されておらず学校が不足していたりするような地域である。つまり、近代的な諸制度が十分に普及・定着していない地域である。ただ、それでも世界全体の識字率はゆるやかに上昇し続けていることも付言しておこう。21世紀に入って社会的分断や紛争・戦争、窮乏などに事欠かず、（民主主義や資本主義などの）近代的な諸制度には綻びや行き詰まりがみられるが、そのなかでも人々の識字化という近代的なプログラムは進行しているようだ。

現代の生活で読み書きができなければ、なにかと不便である。読み書きが十分にできなければ、公共サービスが利用しづらかったり、アクセスできる知識や情報が限られたり、職業選択の範囲が狭くなったりと、現代の生活ではさまざまな制約や不利益をこうむらざるをえない。メールやLINEでのコミュニケーションにも苦労するだろう。読み書きはさまざまなサービス、情報、技能にアクセスするための基礎的な技能になっている。文字は多様な情報のインフラストラクチャーとなっており、読み書きを身につけることによって可能な行為の選択肢が増え、「当人が選べる生き方の幅」が広がることにつながる。さまざまな能力の獲得につながる基礎的能力という点で、読み書きは、アマルティア・センの言う「潜在能力（capability）」の一つと言えるだろう。その反面、文字や読み書きから疎外されることは、多大な制約をもたらすものとなっている。

2 読み書きの習熟はそれほど容易ではない

人間を他の動物から区別する指標として、言語の使用が挙げられることが多い。もっとも、人間以外の霊長類も言語の使用能力が皆無ではないので厳密な指標ではないが、それでも高度で複雑な言語を使うことは人間の特徴である。言語は人間の条件の一つであり、言語を表記する文字は文明社会を象徴するものの一つとされてきた。

人間の脳と言語とは、100万年以上の期間をかけて共に進化してきたのであり、その結果、言語の処理を司る領野が人間の脳にはそなわっている。しかし文字はそうではない。文字は——初歩的な絵文字的記号は除くとして——せいぜい数千年程度の歴史しかない。文字の歴史は浅く、人間の脳には文字を読むための専門領域がそなわっていない。結局、人間は既存の脳の領野（視覚野、39野・40野、ブローカ野など）を複合的に用いて、どうにか読み書きしているにすぎない。文字情報の処理は、いうなれば脳に結構な負荷がかかることであり、人間にとって文字は必ずしも使い勝手のよい技術ではなさそうである。

実際、読み書きの習得には時間と労力がかかるものだ。読み書きの習得には、生活のなかで文字に接することはもちろん重要だが、学校教育も大きな役割を果たしている。現在でも学校教育の中心的目標のひとつは、読み書きに習熟することである。学校の試験では、自国語および他国語の読み書きの能力をはかるものが多いし、その能力を前提としているものがほとんどである。だが文章を速く正確に読んだり、文字や綴りを間違えずに書いたりすることはさほど容易ではなく、長年の教育と訓練が必要である。アルファベットは字数の多い漢字よりも習得が容易であるという話があるが、アルファベットは綴りを覚えなくてはならないので、アルファベットであろうと漢字であろうと、読み書きの習得には苦労するものである。

また、識字率の表面的な調査にはあらわれないが、基礎的な読み書きはできるものの高度な読解ができない人々がかなりいることが、とりわけ1980年以降、先進国内で問題になってきた。高度な読解とは、文字が読めるだけではなく文脈に照らして文意が理解できる、少し複雑な文章が読みこなせるといったことである。今や先進国では文字とは無縁な人、読み書きを学ぶ機会が全くなかった人、つまり完全な非識字者はごくまれである。しかし読み書きの習熟には至っていない人が少なくない。それはたとえばSNSにおける文章の惨状や、そこで誤読によるトラブルが絶えないことを見ればすぐにわかることであろう。

読むことの習得の困難が顕著にあらわれているのが「読字障害」（dyslexia）である。それは正常な視力をもち、一つ一つの文字は正しく知覚できるのに、文字で書かれた文章を正確に読めないという障害である（酒井 2002: 188）。読字障害は決して珍しい障害ではなく、欧米では全人口の５％から10％の人に読字障害の可能性があるという。この障害を社会的次元で捉えるならば、社会の急速な識字化に誰もが適応できているわけではないことを示しているだろう。翻って考えれば、今日の社会が読み書きの能力を重視しすぎているのかもしれない。

3 帝国的な社会と文字

万人が読み書きを習得するのが望ましいと考えられるようになったのは、近代に入ってからである。歴史を振り返れば、そもそも文字のない社会も多かった。帝国のように地理的に広大で、階層的な構造をもつ社会においても、文字のない場合があった。たとえばインカ帝国は、キープと呼ばれる計数手段はあっても文字はなかったし、初期のモンゴル帝国は文字をあまり使わなかった。反対に、支配の媒体やアイデンティティの拠り所として、文字を十分に活用した帝国もある。漢字を用いた中華帝国や、アラビア文字を用いたイスラームの諸帝国がそうである。

コミュニケーションの範囲が対面的な相識関係を大幅に超えない程度の、小規模な共同体ではもちろんのこと、帝国のような大規模な社会ですら、文字の使用は必然ではなかった。とはいえ、帝国的な社会がしばしば文字を支配の媒体として用いたのも事実である。当初は文字をあまり使っていなかったモンゴル帝国も、勢力の拡大にともなってウイグル文字を採用し、さらにそれに手を加えたモンゴル文字を使うようになっていった。一般的に帝国的な社会のもとでは、文字が使えたのは一部の人々であったし、大部分の人々は文字とは無縁な生活を送っていた。帝国では法が成文法として記されたり、支配を正統化するような神話や歴史が書かれて編纂されたり、文書による行政がなされたりした。

なかでも注目すべき帝国的な文字は漢字である。20世紀の中国ではさまざまな漢字廃止論が唱えられたが、それでも漢字の使用は全く廃れなかった。中国における漢字使用の継続性・根強さは特筆に値するが、その要因のひとつは漢字と集権的権力との結びつきに求められるだろう。漢字の原型とされる甲骨文字は殷の王権のもとで発展したし、秦帝国のもとで漢字の字体や用字法が統一された。隋代以降の官吏登用試験の科挙では、漢字の習熟や古典に精通していることが求められた。20世紀の中国における漢字の簡略化（簡体字化）も、強力な政府の主導により推進された。中華帝国および中国の強大な権力と漢字とは、相互に支え合うような相補的な関係にあったように思われる。漢字なくして中華帝国の広域におよぶ安定的統治が可能だったかどうか想像してみるのもよいだろう。中華帝国は漢字を支配の中枢に組みこんだ、いわば「漢字の帝国」である。

漢字はユーラシア大陸の東端で形成された文字であるが、いわゆるアルファベットはユーラシア大陸の西側で形成された文字である。どちらも紀元前に形成された文字であるが、両者は形状も機能もかなり異なっている。漢字は複雑な形状を呈する表語文字であり、アルファベットは簡素な形状の表音文字である。ここでアルファベットの成立過程をごく簡単に述べておこう。古代エジプトのヒエログリフからシナイ文字が生まれたが、シナイ文字をもとにフェニキア文字ができた。フェニキア文字は子音を表記する表音文字である。フェニキア文字は地中海東部でおもに交易を通じて広がり、帝国のような集権的権力の域外でも使われる傾向があった。そして、フェニキア文字からは母音をも表記するギリシア文字が作られ、ギリシア文字からは(イタリア地方のエトルリア文字を介して)ラテン文字が作られた。われわれが「アルファベット」として想像するのは、たいていこのラテン文字である。ラテン文字は、ローマ帝国の拡大とともにヨーロッパ各地(とくに西ヨーロッパ)に広まったが、帝国の権力が衰えた後も使われ続けた。アルファベットは、特定の(帝国のような)集権的権力と必ずしも強固に結びついていなかった——だからこそ各地の王権や宗教権力など多様な権力のもとで使われた——ことは、中華帝国と漢字との緊密な結びつきとは対照的であるように思われる。

印刷技術の展開についても手短に触れておきたい。文字(書物)は、印刷技術によって大量に生産され拡散されることが可能になったが、ユーラシアの東西(東アジアとヨーロッパ)で、印刷技術と権力との結びつき方が異なったのである。東アジアにおける木版印刷術は、少なくとも当初は集権的権力の周囲で用いられることが多かった。それに対して、15世紀ヨーロッパでヨハネス・グーテンベルクが発明した活版印刷術は、発明の当初から特定の権力によって独占的に用いられたのではない。活版印刷術による出版は、種々の宗教的・政治的権力と関わりながらも、独自の営利追求活動を展開したのだった。ベネディクト・アンダーソンが「出版資本主義(print capitalism)」と呼んだように、活版印刷術はその発端から、資本主義的な経済活動のなかで用いられた。聖書をはじめ多様な書物が印刷され、広まり、ヨーロッパ各地で俗語の出版市場を形成していった。文字で記され、出版・印刷を介して広まっていった俗語が、ヨーロッパにおける各国語の下地となった。

4 宗教と文字の多様なつながり

音声は発せられたとたんに消失するが、書き記された文字は（書写材料や保存状況に左右されるが）残る。書き記されたテクストは、さまざまな機会に、さまざまな場所で読まれうる。こうしたことから宗教共同体はしばしば、文字で記され、聖別化されたテクスト（聖典）を安定した準拠点としてきた。聖なるテクストは、「誤読」される危険をはらみながらも、時間的・空間的に散らばった宗教共同体のメンバー（信徒）を結びつける準拠点のひとつである。

特定の文字と宗教とが緊密に結びついている例としては、アラビア文字とイスラーム教が挙げられる。言うまでもなく、アラビア文字は聖典クルアーンを記す文字である。アラビア文字は、フェニキア文字・アラム文字の系統に属するが、イスラーム教が誕生した7世紀頃に整えられた。イスラーム教は軍事的征服をともないながら広がり、同時にアラビア文字も広まっていった。イスラーム教が広まらなければ、アラビア文字もさして広まらなかったであろう。フェニキア文字（およびアラム文字）から派生した表音文字群は、イスラーム教に限らず、ユダヤ教、キリスト教といった一神教を表記・表現する文字となった。

イスラーム教はクルアーンの翻訳に消極的・否定的であり、「翻訳された」クルアーンはせいぜいクルアーンの註釈にすぎないとされる。イスラーム教はアラビア語とアラビア文字に密着した宗教であり、それ以外の言語や文字で聖典を読むことは重要性の点で劣ることとみなされる。特定の文字と宗教との密着という点では、たとえばキリスト教や仏教よりもイスラーム教において顕著である。アラビア文字の使用者は今も非常に多いが、この文字はクルアーンや宗教生活から完全に切り離されるものではなく、究極的にはイスラームという宗教共同体（ウンマ）を軸としている文字といえよう。また、偶像崇拝の禁止という規範のもとで、カリグラフィという装飾書法を発展させたことも、アラビア文字の特徴である。

デヴィッド・ディリンジャーは、「アルファベットは宗教の後を追う（Alphabet follows religion）」と述べたが、アルファベットに限らず、文字は宗教の伝播に随伴するものであった。ブラフミー文字を祖とするインド系の文字は東南アジアへと伝わり、それをもとにビルマ文字、クメール文字、タイ文字、ラオ文字（ラオス文字）などが作られた。東南アジアは――中華帝国と漢字・漢文の影響が強かったベトナムを除いて――いわば「梵字世界」を形成することになった。こうしたインド系文字の東南アジアへの伝播は、東南アジアへの仏教（上座部仏教）の伝来と無関係ではないと考えられる。インド系文字と仏教は、インドから（一神教の勢力が強い）西方へは伝わらず、東方へと伝播していった。ただし仏教誕生の地のインドでは、仏教徒は少数派にとどまる一方で、さまざまなインド系文字が使われていることからもわかるように、仏教とインド系文字との結びつきはさほど強固なものではない。

ところで、パキスタンで話されているウルドゥー語と、インドで話されているヒンディー語とはよく似ている。だがイスラーム教が主流のパキスタンではアラビア系文字が使われており、ヒンドゥー教が主流のインドではインド系文字が使われている。つまり話されている言葉はほとんど同じなのに、宗教も文字も異なるのである。

東欧を見れば、セルビアとクロアチアではほとんど同じ言語が話されているのに、正教会が根強いセルビアではキリル文字、カトリックが主流のクロアチアではラテン文字が使われている。また、東方正教が信仰の主流であるブルガリアではキリル文字が、カトリックが主に信仰されていたポーランドやチェコではラテン文字が使われている。フロリアン・クルマスは「文字使用の境界線は、信仰の境界線と概ね一致している」（Coulmas 2003=2014: 230）と述べたが、宗教と文字には看過できない関連性がある。世俗化が進んだ現代においても、使われている文字には宗教的な歴史や背景が絡んでおり、宗教と文字はそれぞれの文明の根幹をなしているように思われる。

5　近代世界における識字化・ラテン文字化と〈文字圏の衝突〉

文字は各国語の形成にも大きく寄与した。ダンテ・アリギエリは14世紀初頭に『俗語論（*De Vulgari Eloquentia*）』を記し、俗語のあるべき姿を模索した。俗語とは、ヨーロッパにおいてはラテン語――ヨーロッパにおけるいわば帝国的な言語――との対比で「俗なる言語」のことである。ヨーロッパで資本主義の萌芽が出現しはじめる頃、ラテン語ではない俗語の文字表現が少しずつ求められ始めた。それ以降、俗語が文字によって書かれ、印刷されて広まり、俗語の統語的な規範を示す文法書が記されるようになるなどして、当の俗語は国家語の下地となっていった。文字と印刷術がなければ各国語（国家語）の形成はおよそ不可能であったはずだ。

さて、読み書き能力が万人に求められるようになるのは、近代化という社会の総体的変容においてである。宗教改革のなかで誰もが聖書を自ら読むべきであるという考え方が生まれたが、実際に数多の人々が読む能力を身につけていったのは、宗教改革からずいぶん後のことである。ヨーロッパの国々で識字率が著しく上昇したのは19世紀である（Vincent 2000=2011　図16-１、図16-２参照）。つまり産業化が進行し、ナショナリズムが勃興し、国民国家という制度が定着していく時期である。それぞれの国内の共通語としての国家語の教育、新聞や書物等の普及などを通じて識字率は上昇していった。読み書き能力を前提とするような労働、肉体を使うだけで

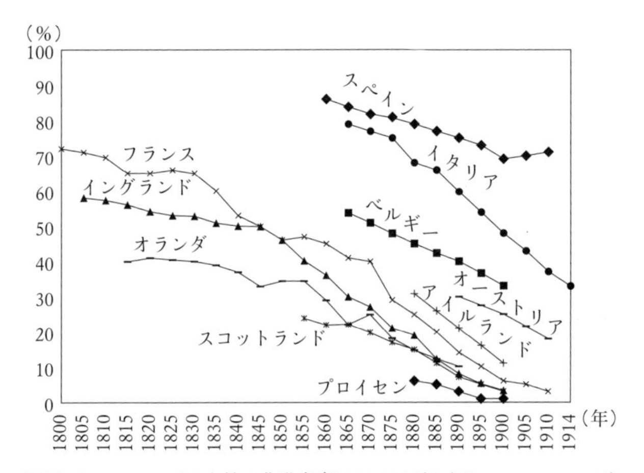

図16-１　ヨーロッパの女性の非識字率1800-1914年（Vincent 2000=2011）

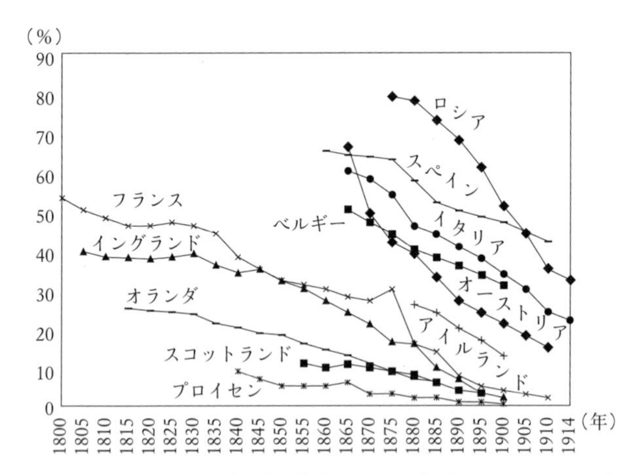

図16-２　ヨーロッパの男性の非識字率1800-1914年（Vincent 2000=2011）

はない、いわば意味的な労働もしだいに増加した。

「大航海時代」（詳しくは第17章を参照）を皮切りに、ヨーロッパ（西欧）は世界各地に進出していった。西欧のさまざまな制度文物とともに、ラテン文字も世界各地に進出していったのである。北米や南米ではラテン文字が広まった。ベトナムでは、17世紀頃からカトリックの宣教師たちがラテン文字を一部改変してベトナム語を表記したが、それが後にクオックグーとなった。インドネシア、マレーシア、フィリピンなど東南アジアの島嶼部の国々でも、現在ではラテン文字が使われている。トルコでは1928年にムスタファ・ケマルが、アラビア文字を廃止してラテン文字を採用した。アフリカで広く使われているスワヒリ語も、かつてはアラビア文字で表記されたが、今はラテン文字で表記されることが多い。イギリスの植民地であったオーストラリアもラテン文字を用いている。近代化とは西欧化である以上、近現代世界でラテン文字（ラテン・アルファベット）がグローバル化し、世界標準化したことは半ば必然であるように思われる。しかし今でもアラビア文字、インド系文字、キリル文字は広く使われており、それらが各々の文字圏・文明圏を構成していることも見逃せない。

漢字はどうだろうか。今でも漢字を主要な文字として使い続けているのは、中国と台湾と日本だけである。かつて「漢字文化圏」に属していた朝鮮や韓国やベトナムでは、漢字の使用をほぼ廃止した。漢字の「本場」である中国が漢字を使い続けていることはともかく、日本ではひらがなとカタカナという独自の文字がありながら漢字が使われ続けている。日本語の文章は漢字かな交じり文で綴られる。それどころかアルファベットが交じっても許容されるように、日本における文字使用は混成的であり、単一の文字だけが使われるということにはならなかった。よほどのことがない限り、今後もそうなのであろう。

なお、いささか誇張されてきたきらいがあるとはいえ、日本の識字率は（おそらく近代以前から）比較的高かった。中国では、中華人民共和国が建国された時、読み書きがほとんどできない人が全人口の８割以上もいた（阿辻 1999：７）。同時期の日本では、非識字者はわずか2.1％であった（1948年「日本人の読み書き能力調査」）。これらの数値に疑問の余地があるとしても、両国の識字率の差が歴然としていたことはわかる。漢字・漢文を使いこなすことは、長らく男性のエリートやサブ・エリートの所作であったが、日本におけるかなの使用には、それをいささかはみ出していく部分があったように思われる。

現代の文字世界は、ラテン文字圏、アラビア文字圏、キリル文字圏、梵字圏、漢字圏などいくつかの文字圏に分かれている。この構図は、サミュエル・ハンチントンによる「文明の衝突」を思わせるところがある。「文明の衝突」論は発表当初から激しい批判にさらされたが、基本構図は大きく間違ってはいないように思われる。それぞれの文字圏の境界部分は、各文明圏の境界部分でもあり、対立や紛争が生じやすい場所でもある。文字（圏）から文明を捉えていくことは、各文明の歴史や構造を見ることにつながり、それは序章で提起された「平和学」の予備的な作業となりうるものだろう。

参考文献

Anderson, Benedict［1991（1983）］*Revised Edition Imagined Communities: Reflections on the Origin and Spread of Nationalism*. London and New York: Verso. 邦訳はB・アンダーソン（白石隆・白石さや訳）［1997］『増補 想像の共同体』NTT出版。
阿辻哲次［1999］「21世紀の漢字文化圏を考える」蘇培成・尹斌庸編、阿辻哲次・清水政明・李長波編訳『中国の漢字問題』大修館書店、1 -34頁。
Coulmas, Florian［2003］*Writing Systems: An Introduction to Their Linguistic Analysis*. Cambridge: Cambridge University Press. 邦訳はフロリアン・マルクス（斎藤伸治訳）［2014］『文字の言語学――現代文字論入門』大修館書店。
Diringer, David［1948］*The Alphabet: A Key to the History of Mankind*. New York: Philosophical Library.
橋元良明［2017］「文字の消費時間の推移と文字消費に関するタイポロジー――「日本人の情報行動調査」から」『社会言語科学』20(1)：5 -15頁。
酒井邦嘉［2002］『言語の脳科学』中公新書。
総務省統計局［2021］「世界の統計2021」（2021年10月30日取得）
https://www.stat.go.jp/data/sekai/pdf/2021al.pdf#page=268）
鈴木董［2020］『文字世界で読む文明論――比較人類史七つの視点』講談社現代新書。
Vincent, David［2000］*The Rise of Mass Literacy: Reading and Writing in Modern Europe*. Cambridge: Polity Press. 邦訳はデイヴィド・ヴィンセント（岩下誠・相澤真一・北田佳子・渡邊福太郎訳）［2011］『マス・リテラシーの時代――近代ヨーロッパにおける読み書きの普及と教育』新曜社。

第17章

大航海時代は文明史上どのような意味を持つのか

合田 昌史

MASAFUMI GODA

幼少時、手塚治虫の「ジャングル大帝」や「鉄腕アトム」に夢中で漫画家になりたいと思っていました。その夢は破れましたが、絵画やタペストリーなどの美術品や図像史料を研究にとりいれるようになったのはささやかなリベンジかもしれません。

Key Words　グローバル化の第一波、コロンブスの交換、近代世界システム、財政＝軍事国家論、宇宙大航海時代、世界布教

1 大航海時代とはなにか

タイトルに掲げた問いに答える前に、「大航海時代」の定義にふれる必要があるでしょう。南蛮・紅毛が活躍したこの時代の呼称は日本発です。欧米では「(地理的)発見の時代」と呼ばれていたのですが、1960年代前半、「発見」という言葉にこめられたユーロセントリズムを克服するために導入されました。その契機となったのは、西欧人による非西洋世界への航海記等の日本語訳シリーズ『大航海時代叢書』(岩波書店)の編纂・刊行でした。今日、この呼称は多くの書籍論文のなかで用いられるばかりか、オンライン化されたシミュレーションゲームのタイトルにも採用されており、我が国のみならず韓国でも定着しました。

ただ、「大航海時代」には内陸部の踏査検分が含まれないこと、そして初期の「地理的発見」においては「大航海」と呼べない航海がほとんどであったことから、近年、欧米では「海上拡大の時代」を意味する用語がよく使われています。

「大航海」をかりに「陸標を見ない、途中で上陸補給をしない、ひとつながりの外洋航海」とするならば、大航海時代はコロンブスの登場する15世紀末からですが、私

を含む多くの研究者は、「海上拡大の時代」は15世紀初頭から始まった、と考えています。大航海時代のおわりについては確たる定説はありません。『大航海時代叢書』では17世紀半ばとされていますが、「海上拡大の時代」は18世紀まで続くとする説もあります。ここでは、1415年から1480年頃までのポルトガル人が先行する時期を海上拡大の時代初期、1480年頃から16世紀末までのスペインがポルトガルと競合した時期を海上拡大の時代中期、16世紀末以降のオランダ・イギリスが台頭した時期を海上拡大の時代後期とします。

2 グローバル化の第一波

さて、冒頭の問いにもどりましょう。ごくありふれた答え方としてあげられるのは、大航海時代は「グローバル化の第一波」であったというものでしょう。アメリカの「発見」、海路によるアジア・アフリカ・アメリカの連結、アメリカ・日本銀の流通による世界経済の一体化は、近代世界の黎明をつげる現象と見なされてきました。20世紀末からのグローバル化を第三波、19世紀末のイギリスを中心としたグローバル化を第二波とする見方を前提としていますが、第一波に関しては、モンゴル帝国が覇権を握った13世紀に遡るとする説や、中国からインド・アラビア半島・東アフリカまで海上交易でつながり、ノルマン人が北米に到達した西暦1000年頃に起こったとする説さえ提示されています。

グローバル化は文化面でも大きなインパクトをもたらしました。鵜飼大介氏（第16章）は、西欧が世界各地に進出していった結果、西欧のさまざまな制度文物とともに、ラテン文字も世界各地に進出していった、と述べています。また、武田宙也氏（第18章）は、大航海時代以降のグローバル化に伴って人とモノの移動が加速化され、文化の混交（クレオール化）が生み出された、と述べています。

3 コロンブスの交換

新型コロナ禍のなかで思い起こされるのは、アメリカの歴史家アルフレッド・クロスビーの『コロンブスの交換』（1972）です。クロスビーによると、大航海時代、新旧両世界間で人・動物・植物・鉄器・火器・病原菌の大交流がおこり、旧世界から伝来した天然痘・チフスなどの疫病により免疫のないアメリカ先住民人口の壊滅的減少という空前の悲劇を招きました（カラー口絵、図17）。スペインによるアステカやインカの征服が成功したのは、主として病原菌のせいだとされます。他方で、アメリカ原産のトウモロコシやジャガイモなどのおかげで19世紀の世界的人口爆発が可能となった、といいます。

クロスビーのいわば生態学的・環境史的な視点は、文明史家ウィリアム・マクニール（1976）、生理学者ジャレド・ダイアモンド（1997）、ジャーナリストのチャールズ・マン（2011）らによって引き継がれています。ただし、これはアカデミズムにおいて傍流扱いをされてきました。『コロンブスの交換』には邦訳がありません。主流とみなされてきたのはマクロな経済史的な視点にたつ学説です。

4 近代世界システム

アメリカの社会学者イマニュエル・ウォーラーステインの『近代世界システムⅠ』（1974）は、大航海時代の位置づけに関して通説を担ってきました。ウォーラーステインによると、ヨーロッパは「中世末の危機」を解決するために地理的に拡大したのであり、この対外進出が成功し、ヨーロッパ世界経済が成立した。この世界経済は中核・辺境・半辺境の三層からなり、互いに補完的な分業体制をなす。自由な労働力による西欧諸国が中核となり、辺境の東欧（再販農奴制）とスペイン領アメリカ（エンコミエンダ）、半辺境の地中海地域（分益小作制）から余剰を吸い上げる。やがて西欧諸国間で競争が激化し、1640年頃までにイギリスとオランダが中核に登りつめた、と。

川北稔氏による邦訳出版の頃、大航海時代史研究を志しはじめた私にとって、南北問題が構造化された現代世界の起源は500年前の大航海時代にある、という考え方は新鮮でした。当時、産業革命以前の西洋史に研究の意義を認めない一部の歴史家たちに対して、前近代史の研究者らが有効な反論を用意できていないように見えていたのです。ウォーラーステイン説は細部の実証性や西洋中心史観が問題視され、様々な批判を被りましたが、フェルナン・ブローデル流の長期的なパースペクティブのなかで事象をとらえる視点は、現在でも魅力を失わず、引用され続けています。

5 長篠合戦の世界史

1980年代後半以降、大航海時代のとらえ方にあらたな視点をもたらしたのは、軍事史研究の進展でした。かつて日本の西洋史研究の現場では、地政学的な視点を持つ研究や軍事面に焦点をあてる研究をタブー視する傾向がありましたが、マイケル・ロバーツが提唱しジェフリー・パーカーによって流布された「軍事革命」論は、それを打破するインパクトを斯界に与えました。パーカーの『軍事革命と西洋の勃興1500―1800年』(1988) は、邦訳『長篠合戦の世界史』(1995) の出版で我が国でも評判となりました。

軍事革命とは、16世紀のヨーロッパで生じた軍事技術上の革新、とくに火器による包囲戦とそれに対抗するイタリア式築城術による城郭 (低く分厚い城壁で守られ、城壁に張り付く敵に十字砲火を浴びせられる稜堡を備えた星形要塞) の普及、軍隊の規模の飛躍的拡大、その政治的社会的影響を総合的に説明する概念で、ヨーロッパのみならずアジアやアフリカにおける新たな政治秩序の形成を促したとする点で様々な議論を呼びました。

大航海時代の文脈において重要なのは、15世紀後半に帆船に舷側砲が搭載され艦砲斉射が可能となったことでしょう (図17-1)。強化された海軍力は、戦略上交易上の要地におかれた商館＝要塞とリンクすることで、非ヨーロッパ世界における優位性をヨーロッパ、とくにポルトガルやオランダに与えた、と考えられています。

6 「財政＝軍事国家」論

しかし、イタリア式築城術による城郭にせよ、大砲を満載した軍船にせよ、調達には莫大な費用が必要で、財政に大きな負担がかかります。1989年に歴史家ジョン・ブリュアが提唱した「財政＝軍事国家」論によると、イギリスは対外進出でポルトガル・スペイン・オランダの後塵を拝していたが、大国フランスとの「第2次百年戦争」を勝ち抜き、ヨーロッパ内外で覇権を確立することに成功した。その要因は、国債の増発・ロンドン証券市場の成立・効率的な徴税機構によって、膨大な軍事費をまかなえたことにある。戦勝は経済活動をさらに発展させ国債の信用を向上させるという好循環を生んだ、というのです。「財政＝軍事国家」論は勝ち組の変遷を説明するうえで有効であり、「軍事革命」論を吸収するかのような勢いがあります。とはいえ、主要な論点は17世紀末〜19世紀初頭に及んでおり、大航海時代の位置づけ

図17－1　船首に砲門が開かれた帆船（15世紀の写本挿絵より。フランス国立図書館Ms fr 2829 f.32v）

に直接寄与するとは言えません。

7　宇宙大航海時代

近年、私は経済史的あるいは財政史的な視点に立つ大航海時代のとらえ方には限界があると考えるようになりました。2018～2022年、私はJAXA（宇宙航空研究開発機構）の会議に招聘され、その考えを確認する機会を得ました。宇宙開発と歴史学は縁遠いように思えますが、JAXAは「宇宙大航海時代」という概念をもうけ、初期段階にある現代の宇宙開発が大航海時代となんらかの類似性があるかどうか、あるいは大航海時代の事象から学ぶべきことがあるかどうかについて、歴史家と語り合おうと考えたのです。招聘された歴史家は、キリシタン史の浅見雅一氏、川村信三氏、スペイン中近世史の関哲行氏、ポルトガル近世史の私の４名です。

私は当初、理系のエリートたちとの対話はかみ合わないのではないかと危惧していましたが、何度か会議を重ねるうちに、現代の宇宙開発と大航海時代の間にいくつか類似点があることが確認できました。ひとつは国家事業と私的事業が並立しているという点です。周知のように、宇宙開発は第二次大戦後、アメリカとソ連による国家の威信をかけた事業として加速的に展開されましたが、冷戦終結後は民営化への流れが生まれ、近年「スペースX」社などのベンチャー企業が次々と立ち上げられています。中世末のポルトガルは、国家の命運をかけたモロッコのセウタ（現スペイン領）への遠征で大航海時代を先駆けましたが、大西洋沿岸への航海事業では「民活」に依存していました。後続のスペインでも、コロンブスの航海は国家事業でしたが、コルテスやピサロらコンキスタドーレスたちはいわば手弁当で一族郎党を率いて海を渡りました。

もうひとつの類似点は動機付けに関わります。大航海も宇宙飛行も危険な事業です。宇宙飛行士の死亡率は約５％だそうです。16世紀の喜望峰航路によるヨーロッパ・インド間の航海の難破率は約８％でした。船が沈まなくても壊血病で命を落とす航海者も珍しくありませんでした。何のために命をかけた冒険にのりだすのか。いずれの場合も大赤字覚悟の国家事業はともかく、私的事業体あるいは国家事業に参画する私人としては、一攫千金の経済的動議付けがありそうに見えます。

しかし、一部の宇宙ビジネスに収益が見込めるようになったのは、つい10年ほど前からです。大航海時代の経済的動機付けは、アジアの物産（香料・生糸・磁器）や金銀への欲求などいろいろと挙げられています。もちろん、軽視はできませんが、過度に評価するべきではないでしょう。実際、ポルトガルの対外進出は、奴隷貿易など一部の私的事業で利益があがるまでにおよそ30年、金・香料貿易などで国家の財政を潤すほどとなるまでに、そこからさらに30年以上の歳月を要しました。このようなタイムラグは大航海時代初期において経済外的要因が強く働いていたことを示唆しています。

では、大航海時代の経済外的要因とは具体的にどのようなものだったのでしょうか。

8 「ステイタス」を求めて

ヨーロッパの一部の国々には今も身分社会が残っており、貴族と王室も維持されていますが、かつてのような影響力はありません。大航海時代においては、身分の壁は厚く高く、乗り越えがたいものでしたが、同じ貴族層といっても爵位を持つ高位貴族と下級貴族の差異は明白でした。身分の壁あるいは身分内の差異を克服すること、すなわちステイタス向上への欲求が大航海時代における経済外的要因のひとつです。以下、大航海時代を代表する航海者、マゼランの事例をとりあげます。

ポルトガルの下級貴族マゼラン（フェルナン・デ・マガリャンイス、図17-2）は1480年頃、北部内陸部のポンテ・ダ・バルカあるいはポルトガル第二の都市ポルトの出身で、10代のある時期に国王ジョアン2世の妃レオノールの宮廷に入り、小姓として奉職しながら養育を受けました。のちに次の国王マヌエル1世のもとで1505～12年頃、インド・東アフリカ・東南アジアの沿岸各地で軍人として転戦しましたが、帰国後、奉職の対価である廷臣手当の増額や年金の下賜がなされた形跡はありません。このころの一部下級貴族は国王に抱え込まれる存在となっており、月給の廷臣手当や年金の額は経済的な意味合いばかりでなく、ステイタスの指標ともなっていました。17世紀の歴史家マヌエル・デ・ファアリア・イ・ソウザは「5レアルの加増は多大なる等級の加増に等しい」と述べています。

1513年8月、マゼランは弟ディオゴとともに武器・軍馬を自弁して今度はモロッコのアザモール遠征に参画しました。戦いのなかで膝に傷を負い馬を失ったマゼランは廷臣手当の加増百レアル（現給の8％に相当）を国王に要求しましたが、マゼランを嫌っていたマヌエルはこれを退けました。その後もマゼランは廷臣手当の加増を求め、やはり拒否されたため、忠誠替えの許可をえて王宮を去りました。

図17-2　サンティアゴ騎士修道会の徽章を身につけたマゼラン（マドリード海事博物館）

マゼランが隣国のセビーリャに姿を現したのは1517年10月、同年末頃までにセビーリャ在住のポルトガル人ディオゴ・バルボザの娘ベアトリスと結婚しました。バルボザはポルトガル随一の大貴族ブラガンサ家の庇護下にあり、マゼランの受け入れ役を担った人物です。セビーリャ王宮と造船所の長官代理および市参事会員という要職にあり、サンティアゴ騎士修道会の受領騎士でした。受領騎士は騎士より上位で騎士修道会の地所を受領されました。

騎士修道会の所領はイベリア半島南部に集中していたため、北部出身のマゼランは母国で騎士修道会と縁が無かったのですが、スペインに移った後、権威最上のサンティアゴ騎士修道会の一員となり、まもなく同会の受領騎士に昇格しました。同会受領騎士であった義父バルボザとの関係も影響しているでしょうが、それ以上に重要なのは、西回りアジア航路「発見」を託された艦隊の総司令に相応しい格付けとしての意味です。総司令は渡来先でスペイン王の代理として現地権力と交渉する権限が与えられていました。マゼラン隊の航跡を辿った遠征隊の総司令ガルシア・ホフレ・デ・ロアイサもホスピタル騎士修道会の受領騎士でした。

新大陸進出の牽引者たちの間にも騎士修道会員の姿があります。コロンブスの後を継いで第二代インディアス総督となるフランシスコ・フェルナンデス・デ・ボバディージャはカラトラバ騎士修道会の受領騎士、その後継総督ニコラス・デ・オバンドも、アルカンタラ騎士修道会の受領騎士でした。ポルトガルでも同様に、ヴァスコ・ダ・ガマは最初のインド遠征隊総司令に任命される前にサンティアゴ騎士修道会（スペインと同名ながら別組織）の受領騎士に昇格されていました。ガマ以降のインド遠征隊と海外領諸拠点の要職は騎士修道会員によって占められていました。十字軍時代の遺物とも言うべき騎士修道会が海上拡大の器として機能していたという事実は、大航海時代に中世的心性が残存していたことを示唆しています。

9 「世界分割」と「世界布教」

海上拡大にいかなる動機付けがあったにせよ、それが拡大の対象とされた側の権利を侵すことになることは明白でした。海上拡大初期ポルトガルの年代記家アズララは、西アフリカで奴隷狩り・奴隷貿易の対象となった人々に同情の言葉を述べながらも、キリスト教への強制改宗によって彼らの魂が救済されることを強調しました。海上拡大には正当化の論理が求められたのです。1452〜56年、教皇庁はアフリカ西岸からインドに至るまでの地域を征服予定領域としてポルトガル王に「贈与」しました。その対価は布教活動への支援で、これがいわゆる「(海外）布教保護権」

の原型となりました。

スペイン王のためにコロンブスがカリブ海域に達する航海に成功すると、1493年今度はスペインに同様の「贈与」がなされ、大西洋上に引かれた分界線の西側がスペインの征服予定領域とされました。これに抗議したポルトガルとの間で翌年トルデシーリャス条約が結ばれ、分界線が西へ移動したことはよく知られています。しかし、二国間条約に第三国をしばる効力はありません。この条約が意味するところは、両国に与えられた「贈与」の教皇勅書の国際法的権威を認め合ったうえでの微調整です。

それにしてもなぜ教皇は世界征服の権利を特定の君公に付与することができると考えられていたのでしょうか。両王権に与えられた教皇勅書は、非キリスト教世界の支配権が神からキリスト・ペテロを経て歴代教皇に伝わったとする「教皇権至上主義」に立脚していました。13世紀のホスティエンシスに代表されるこの立場は、中世末の知識人らの間で少数派となっていたのですが、教会大分裂や公会議主義の台頭に直面し、オスマン帝国の圧力に危機感を募らせた教皇らはこの立場に回帰しました。こうして教皇庁では、強制改宗でキリスト教世界の拡大に寄与したポルトガルの業績を嘉し、その「先行投資」を補償する意味で、「贈与」がなされたのです。15世紀後半、年間700〜800人のアフリカ人が奴隷として海路ポルトガルに運ばれ、キリスト教徒とされました。16世紀に入ると、その数は激増し悪名高い環大西洋奴隷貿易へと発展しました。

「世界分割」と「世界布教」の理念は表裏一体となって地球の反対側に及びました。16世紀末〜17世紀初頭、ポルトガル王の支援を受けたイエズス会士とスペイン王の支援を受けた托鉢修道会士は分界と布教保護権を念頭に日本布教を争うこととなりました。一部の研究者らは、このような海上拡大の有り様が近世日本の国家意識を変革させたとする「イベリア・インパクト」論を展開しています。

大航海時代史においてあまり知られていないのは、海上拡大の初期段階が赤字まみれであったという事実でしょう。ポルトガルの帝国経営は15世紀末以降、金と香料の貿易でようやく儲かるようになりましたが、その後も財政に大きな負荷をかける北アフリカへの「十字軍」的軍拡路線は長く継続されました。侵略戦争の動機付けは様々ですが、昨今の国際情勢でも確認できるように、往々にして経済的合理性を度外視したかのようなメンタリティーの働きが見受けられます。世界分割をもくろむ権力者や世界布教に邁進する宣教師については、ある程度文献史料が残っていますが、海上拡大の前線に立った軍司令らについてはエゴドキュメントが乏しく、その心性に迫ることは難しいと見られていました。近年私が注目しているのは、大航海時代の重要な戦役を描いた豪奢なフランドル製のタペストリー・シリーズです。絵画などに比して圧倒的な情報量をもって戦士階級の自己像と他者認識が織り込まれており、平和の対極にある政治文化の解析を誘っているのです。

参考文献

Alfred W. Crosby［1972］*The Columbian Exchange: Biologcal and Cultural Consequences of 1492*. Greenwood Publishing Group.

ウィリアム・H・マクニール（佐々木昭夫訳）［1985］『疫病と世界史』新潮社。

ジャレド・ダイアモンド（倉骨彰訳）［2000］『銃・病原菌・鉄』（上下）草思社。

チャールズ・C・マン（布施由紀子訳）［2016］『1493――世界を変えた大陸間の「交換」』紀伊國屋書店。

イマニュエル・ウォーラーステイン（川北稔訳）［1981］『近代世界システムⅠ　農業資本主義と「ヨーロッパ世界経済」の成立』岩波書店。

ジェフリ・パーカー（大久保桂子訳）［1995］『長篠合戦の世界史――ヨーロッパ軍事革命の衝撃 1500年～1800年』同文館出版。

ジョン・ブリュア（大久保桂子訳）［2003］『財政＝軍事国家の衝撃――戦争・カネ・イギリス国家 1688–1783』名古屋大学出版会。

JAXA宇宙大航海時代検討委員会編［2022］『宇宙大航海時代――「発見の時代」に探る、宇宙進出への羅針盤』誠文堂新光社。

合田昌史［2021］『大航海時代の群像――エンリケ・ガマ・マゼラン』山川出版社。

第18章

グローバリゼーション時代の芸術作品

武田 宙也
HIRONARI TAKEDA

1980年生。専門は美学。主な著書に、『フーコーの美学』(人文書院、2014年)、『フーコー研究』(岩波書店、2021年)、『ミシェル・フーコー『コレージュ・ド・フランス講義』を読む』(水声社、2021年)、主な訳書に、エスポジト『三人称の哲学』(講談社、2011年)、ウリ『コレクティフ』(月曜社、2017年)、クロンブ『ゾンビの小哲学』(人文書院、2019年)、ブリオー『ラディカント』(フィルムアート社、2022年)など。

Key Words ラディカント、アイデンティティの翻訳、ハイブリッド化、グローバルなクレオール化、接ぎ木、アフリカン・プリント

芸術は、それが生存の必要とかかわりなくなされる営みであるという点において、人間を動物から画する、いわば人間性のあかしであるとしばしばみなされる。また、先史時代にさかんにつくられた壁画や彫像、さらにはボディペインティングや多彩な装飾品などを思い浮かべてみればわかるように、それは人類の歴史のかなり初期の段階から行われていたことが推察される活動でもある。先史時代の人類の営みを「文明」の範疇に含めるべきか否かについては議論の余地があるかもしれないが、ともあれ芸術の歴史は文明(的なもの)の歴史とおおよそ同程度に古いものであって、その意味においてそれは文明史の一翼を担い続けてきた、ということはできそうである。

いま「生存の必要とかかわりなくなされる営み」と述べたが、言い換えればそれは基本的に「平時」の営みであって、したがって非常時には後回しにされがちなものでもある。いわば平和あってこその芸術なのである。ゆえに芸術は歴史上、しばしば平和の大切さを訴えてきた。とりわけ近代以降、戦争の悲惨さを伝え、反戦を呼びかけるおびただしい数のイメージが生産されてきたのはその証左である(岡田

2023)。ただし本章では、これとは異なる切り口から芸術と平和の関係について考えてみたい。手がかりにするのは「グローバリゼーション」という論点である。近代以降加速したグローバリゼーションは世界にさまざまな恩恵をもたらした一方で、いたるところで無視できないひずみも生みだした。近年、「グローバルサウス」なる言葉が人の口に上るようになったが、グローバリゼーションの負の側面は世界の不和の一因ともなっている。本章では、この正負の効果を併せもつグローバリゼーションと芸術の関係を考えることを通じて、来たるべき文明観の展望を示せればと思う。

1 グローバリゼーション

いうまでもなく、芸術はそれが生まれ育った場所や地域と深いかかわりをもつ。たとえばエジプト美術やギリシア美術、あるいはフランス美術や日本美術というように、国名を冠した美術の呼び名がわたしたちにとって一定のなじみ深さをもつのはこのためである。各国の美術は必然的に、その国の社会や文化のありよう、つまり文明を反映したものとなる。ただし、芸術に限らずあらゆる文化についていえることだが、一般にある国や地域に独自のものとされる文化は、しかしじつは必ずしもその領域の内部だけで自閉的に発展してきたわけではなく、つねに領域外との接触にさらされ、ときにそこから予期せぬ変化を被るかたちで形成されてきたものがほとんどである。こうした文化の相互交流、相互触発は、交通・輸送手段がある程度発達し交易がさかんになった16世紀以降、世界規模での展開を見せるようになった。それは、以前なら相互に影響を及ぼしあうことが稀であった、遠く隔たった国や地域同士が緊密なかかわりをもつようになった時代であり、政治・経済から文化にまでいたるそれら影響の結果が世界規模で、しかも比較的短期間で顕著になるようになった時代である。現代的な表現を用いるならば、それはグローバリゼーションの段階に入った時代ということができるかもしれない。

一般にグローバリゼーションといえば、1970年代から80年代にかけて、人やモノの流動性が世界規模でいよいよ高まった時代に対して使われることが多い。それに対してM・B・スティーガーは、この「世界化」過程の起源が必ずしもそこまで新しいものではなく、場合によってはもっとずっと古い時代にまでさかのぼれるかもしれない、と示唆している。実際、スティーガーのように、この言葉を「世界時間と世界空間を横断した社会関係および意識の拡大・強化」(スティーガー 2010:20)

とみなすならば、先に見たような理由で、その画期を16世紀以降の初期近代に見ることにそれほど無理はなさそうに思われるし、歴史家のV・ハンセンのように、その起源を大航海時代──大航海時代の文明史上の意味づけについては第17章を参照──よりさらに前の西暦1000年頃に推定する論者もいる（ハンセン 2021）。いずれにせよ、このようにある程度広い意味でグローバリゼーションという言葉を用いるならば、つまり文明史のある時期から顕在化してきた「世界の圧縮」現象を指してこの語を用いるならば、それは世界規模の文化混交のなかで醸成されてきた各地の芸術──便宜上国名を冠した名で呼ばれてきたそれ──について考えなおす上でも示唆に富むものとなろう。

2 根をめぐって

キュレーターのN・ブリオーは、2009年に発表した『ラディカント──グローバリゼーションの美学に向けて』のなかで、まさにグローバリゼーションの時代における芸術の可能性について論じている（ブリオー 2022）。ここでブリオーは、モダニズム芸術の特徴である「ラディカル」な前衛性を、ラディカルという語の語源（「根を張る」）を参照しつつ、根に固執するような存在様態──つまり起源や純粋性へと執拗に回帰しようとする姿勢──と結びつけたうえで、グローバリゼーションの時代によりふさわしい芸術のあり方として「ラディカント」な存在様態をこれに対置する。ブリオーによれば、ラディカントとは、地面にしっかりと根を張って直立する樹木と異なる、近接する表面に沿って展開するつる植物のような存在様態をあらわすものである。根によって特定の場所に固定される樹木と異なり、あらゆる方向に広がり、生長にあわせて自在に根を張りなおすことができるつる植物には、「移民、亡命者、観光客、都市の放浪者」といった現代的な移動民のありようと通じるものがあるという。

> ラディカントはそれを受け入れる地面に応じて発育し、その渦巻きにしたがい、地質の構成要素や表面に適応する。それはみずからが動きまわる空間の用語に**翻訳**されるのだ。（ブリオー 2022：70）

こうして、グローバリゼーションの時代にふさわしい存在様態は、唯一のアイデンティティ（根）にしばられるものではなく、たえざる移動のなかで、その都度動きまわる空間にあわせてアイデンティティを「翻訳」したり、あるいは移動のさなかに出会う異他的な要素によってそれを交雑（ハイブリッド）化したりするものとなる。ブリオーはさらに、この地球規模でたえず翻訳や交雑（ハイブリッド）化が継起する現代社会を「グローバルなクレオール化」（ブリオー 2022：105）という表現で特徴づけている。クレオールとはもともとカリブ海の植民地生まれの者を指す言葉だが、言語学では、共有する言語を持たない集団同士がコミュニケーションの必要から生みだした簡略的な言語（ピジン語）が母語として定着したものをクレオール語と呼ぶ（今福 2003：211）。この文脈においてクレオール化とは、一種の言語的な交雑（ハイブリッド）化のことを指し、第16章で論じられる大航海時代以降のラテン文字の拡大や日本語表記の混成性ともかかわる。一方で、たとえばカリブ海フランス領マルティニーク出身の作家E・グリッサンは、この概念を文化一般にまで拡張適用して、「いつの時代にも、随所に、クレオール化の場（文化的混合）が保持されてきた」（グリッサン 2000：21）と述べる。

> クレオール化は複数の文化、あるいは、少なくとも複数の異なった文化の要素を世界のある場所で接触させ、合力の結果として、単なるそれらの要素の総和ないしは総合からはまったく予測できなかったような、新しい与件を産出することである。（グリッサン 2000：32）

ブリオーが「グローバルなクレオール化」というときのクレオール化も、この拡張された意味でのクレオール化、つまり文化的な異種混交を意味するが、それはグローバリゼーションに関してしばしば指摘されるもうひとつの、いわば負の側面たる文化の標準化——往々にしてグローバルな資本の論理に駆動されたそれ——に対する抵抗手段の役割を果たすだろう。こうしてブリオーは、グローバリゼーションの時代における芸術の可能性をそのクレオール性に見いだすことになる。

3 クレオール化と暴力

グローバリゼーションを、基本的に冷戦終結後の世界で顕在化してきた現代的な現象と捉えていたブリオーに対して、ナイジェリア出身のキュレーター、O・エンヴェゾーは、現在のグローバリゼーションが、15世紀半ばからの西欧諸国や初期の多国籍企業（オランダ東インド会社やイギリス東インド会社）の領土拡張政策に始まる歴史的過程にはっきりと根ざしていることを指摘する（Enwezor 1997: 8）。彼によれば、コロンブスのアメリカ到達はこの政策の本格的な開始を告げるものであり、それは遠く離れた世界同士をつなぐだけでなく、そのつながりを利用して経済のグローバルな流動性や影響力を高めることになったという。これ以降、西欧が繁栄にむかうのと反比例するかのように、アフリカ、アジア、アメリカといった地域は衰退の時代へと入ってゆく（ここに現在の南北問題の原型を見ることもできるだろう）。こうして植民地主義は、西欧の発展のために非西欧地域を犠牲にすることになったものの、他方でこれ以降加速するようになったグローバルな人とモノの移動は、まったく新しい民族、コミュニティ、文化といったものを生みだしもした。この時代のグローバリゼーションは、社会、文化的表現、人種的アイデンティティといったものの複雑な混合をもたらすことになったのである（Enwezor 1997: 9)。エンヴェゾーは、この初期近代のグローバリゼーションの結果生じた文化的混交を、やはりクレオール化という言葉によって説明している。「クレオール社会は、奴隷制度と植民地主義の制度にまでさかのぼるものであり、また近代的主体性と歴史的プロセスが出会う交差点である」(Enwezor 2002: 51)。この意味においてクレオール社会は、「世界文化の形成過程」となってきた。「文化的現実の変容過程」としてのクレオール化は、カリブ海地域を発祥としつつも、やがて世界へと広がってゆく。それはまた、現代のグローバリゼーションの弊害たる文化の均質化に対する抵抗の契機をも秘めている、とエンヴェゾーは考える。

とはいえ、歴史的経緯を参照すれば明らかなように、クレオール化を引き起こす要因は必ずしもポジティヴなものとは限らない。それはそもそも植民地化という不幸な出来事に端を発するものであったし、現代でも、グローバルな人の移動は、（移民や難民のように）自発的というよりも、むしろ強いられてのものが少なくないだろう。ブリオーはクレオール化を「接ぎ木」（ブリオー 2022：107）にたとえているが、接ぎ木とは人工的なキメラの創出である。この人工性にかんして南アフリカ出身のアーティスト、C・リチャーズは、接ぎ木を行うためには、接ぎ穂と台木の両者をそもそも人為的に切断する必要があることを強調している。異なる種同士を接合するためには、それぞれを「トラウマになるくらい深く切り込む」(Richards 1997: 234)必要がある、と指摘することによってリチャーズは、クレオール化の起源にひそむ人為性とともに、そこで作用する暴力の問題に注意を促す。「「差異」に切り込み「差異」を横断することで「接ぎ木」は、文化の融合を支える暴力と欲望を否定することなく「ハイブリッド性」の言説を強いることになる」(Richards 1997: 234)。

4 ラテンアメリカ、アフリカ、日本の事例から

さてそれでは、ここまで見てきたグローバリゼーションとクレオール化の議論は、具体的な美術史とどのようにかかわるだろうか。たとえば16世紀から19世紀にかけてのラテンアメリカ美術には、荒々しい「接ぎ木」のあとをはっきりと認めることができる。西欧による植民地化からしばらくたつと、これらの地域では「単純にヨーロッパ的でも先住民的でもない、「植民地的」なもの」(岡田 2014：13) が形成されてゆくのである。今日のメキシコにおいて最も熱心な信仰の対象となっている褐色の《グアダルーペの聖母》、中南米で独自の発展をとげたバロック建築（カラー口絵、図18)、植民地生まれのスペイン人や先住民首長たちが生みだした、先住民の伝統と西欧文化とのアマルガム的イメージといったものは、ラテンアメリカ地域の伝統文化にキリスト教をはじめとする西欧文化が大いなる暴力とともに移植された結果生まれたものである。それは現代のわたしたちが想像するいわゆる部族美術（マヤやインカといった先住民の芸術）とルネサンス以降の西洋美術、いずれとも大いに異なった印象を与える。実際これらの美術は、その「クレオール」的な出自や外観から、長らく「正当」な美術史からは無視されてきたが、グローバリゼーションの枠組みをふまえた美術史再考の気運が高まるなかで、近年その意義が見直されてきている。

ステレオタイプな部族美術とオーソドックスな西洋美術のいずれにも属さないことによって美術史の語りからこぼれ落ちてきたという点では、アフリカの現代美術をめぐる状況も示唆に富む（川口 2011)。アフリカの部族美術は、19世紀後半から「プリミティヴ・アート」として西洋で注目を集めるようになり、19世紀末から20世紀初頭にかけて、同時代の前衛芸術家たちのインスピレーション源として存在感を高めてゆく。一方で、20世紀には宗主国の美術の影響を受けて、アフリカ各地で従来の部族美術とは異なるスタイルの美術、つまりモダンアートが花開くようになる。先行研究によれば、アフリカにおけるモダンアートの出現は少なくとも1920年代には認めることができ、20世紀を通じて各地方で独自の発展をとげてきた (Mount 1973)。だが、アフリカに求められるのはその「真正」なアイデンティティを表現した部族美術のみであり、西洋文明によって「汚染」されたモダンアートではない、という考えが当の西洋を中心に根強かったこともあり、長らく後者は西洋中心の美術史からは顧みられてこなかった。この流れが変わり始めるのは、89年にフランスのポンピドゥー・センターで行われた「大地の魔術師たち」展ではじめてアフリカの同時代美術が取り上げられて以降である。同展は、取り上げられたのがモダンアートの

作家ではなく民衆芸術の作家である点に批判が寄せられたものの、アフリカに虚構のアイデンティティ的純粋性を押しつける西洋の欺瞞を問い直すきっかけとなった点では意義があった。

こうして90年代以降、美術の分野でもアフリカのクレオール的な側面に注目が集まるようになってゆく。たとえば、ナイジェリア系イギリス人アーティストのY・ショニバレの作品は、それをよく体現している（川口 2011；正路 2020）。1962年にロンドンでナイジェリア人の両親のもとに生まれたショニバレは、イギリスでの美術学校時代、指導教員から「アフリカ（人）らしい」作品をつくることをしきりに求められ違和感を覚えたという。ここから彼は、「アフリカ（人）らしさとは何か」という問いをみずからの創作活動の根本に据えることになる。彼が自作に常用し、作品のトレードマークにもなっている「アフリカン・プリント」は、まさにこの問いの視覚的表現となっている（カラー口絵、図19）。アフリカン・プリントとは、アフリカで一般的に見られるろうけつ染めのテキスタイルで、そのビビッドな色使いとユニークなデザインは、いかにもアフリカ的な印象をわたしたちに与える。実際若いころのショニバレ自身がそうであったように、アフリカ人のなかにもこのテキスタイルをアフリカ独自のものと考えている人は多いそうだが、じつはそれは事実とは異なる。アフリカン・プリントのルーツはインドネシアの伝統的なろうけつ染めの更紗（ジャワ更紗）にある。当地を植民地にしていたオランダがこれに目をつけ19世紀に機械式の大量生産を行うようになると、この「ダッチ・ワックス・プリント」は販路をもとめて（同じくオランダの植民地であった）西アフリカ諸国に出回るようになる。やがてアフリカの工場でも生産が始まり、現地の好みに合わせてデザインが改変されるにつれてこの布は、ジャワ産という起源が次第に忘れられ、アフリカの特産品として当地に根付いてゆく。このようにアフリカン・プリントとは、植民地支配を背景としたグローバルな交易の結果もたらされ、それがいまやアフリカのアイデンティティの一部となったという意味で、すぐれてクレオール的な産物ということができる。ショニバレの名を世に知らしめることになったのは、このアフリカン・プリントを使って大英帝国時代の紳士・淑女の衣装をつくり、マネキンに着せた一連の作品（インスタレーション）であるが、さまざまなポーズのマネキンたちが現出する光景は、観る者を植民地主義の重層的な歴史をめぐる省察へといざなうだろう。

クレオールは、近年日本美術史においてもキーワードになりつつある。近代日本美術を専門とする美術史家の古田亮はつぎのように述べる。

> 日本画とは何かを考えた時に、そもそも中国からの強い影響によって、古代から変化を遂げながら現象してきた近世までの日本絵画は、中国絵画に対するクレオール絵画であったと言うことができる。[……] そして、十九世紀後半、近代化＝西洋化という開花の波の中で、西洋絵画の圧倒的な影響を受けた日本絵画は、日本画と洋画という二つのクレオール絵画を生みだした、と言うことも可能なのである（古田 2018：6-7）。

もちろん、日本はカリブ海地域やアフリカ諸国のように他国から植民地化された経験はないため、クレオール化の経験についても——またその背後にある人為性や暴力性の問題についても——、厳密には同レベルで語ることはできない。ただ、グリッサンやブリオーが世界のクレオール化を語るときのように、この語をある程度拡張された意味で捉えるならば、それは日本美術史の語りについても有益な視座をもたらしてくれるかもしれない。美術批評家の北澤憲昭は、90年代の日本画論が、明治以降の日本画のハイブリッド性を強調するあまり、それと対置される江戸時代以前の日本画を本質主義的に捉えすぎていたとし、ここにクレオールの観点を導入することによって、このハイブリッド性を江戸時代以前にまで遡らせることができるのではないか、と示唆している（北澤 2020：11-17）。

5 グローバルな美術史記述へ

冒頭にも述べたように、芸術の観点から文明史にアプローチしようとすると、どうしても文明と芸術の関係を本質主義的に捉えがちになる。しかしながら、少なくとも文明史のある時点から顕著になってくるグローバリゼーションや、それに伴う文化の混交（クレオール化）という事象を意識するならば、美術史についても少なからず違った見通しが立てられるのではないだろうか。また、こうしたグローバルな力学のなかで形成される美術史という見地に立てば、従来の西洋中心の美術史記述の問題点や、さらには西洋中心のアートワールドの問題点も見えてこよう。この真の意味での「世界美術史」記述の試みはいまだ端緒についたばかりであり、それは今後、文明史に対するわたしたちの見方にも多かれ少なかれ修正を迫ることになるに違いない。

最後にふたたび平和の問題に触れるならば、もちろん西洋中心の文明観を見直したからといって、ただちに平和がもたらされるわけではない。しかしながら、第22章でも指摘されているように、大航海時代に端を発し、19世紀以降の加速化を経て二度の世界大戦を引き起こすに至った植民地主義の歴史を顧みるならば、そこに確固たる基盤を提供してきたのが上述の思考であることは紛れもない事実である。その意味で、史実に学び、これに代わる文明観を模索することは、21世紀を生きるわたしたちにとって喫緊の課題といえるだろう。

参考文献

Enwezor, Okwui［1997］Travel Notes: Living, Working, and Travelling in a Restless World. In: *Trade routes : history and geography : 2nd Johannesburg Biennale 1997*. Greater Johannesburg Metropolitan Council.

Enwezor, Okwui［2002］Die black box. In: *Documenta 11_Platform 5: Ausstellung : Katalogue*. Hatje Cantz.

Richards, Colin［1997］Graft. In: *Trade routes : history and geography : 2nd Johannesburg Biennale 1997*. Greater Johannesburg Metropolitan Council.

Mount, Marshall Ward［1973］*African Art: the Years Since 1920*. Indiana University Press.

今福龍太［2003］『クレオール主義』筑摩書房。

岡田温司［2023］『反戦と西洋美術』筑摩書房。

岡田裕成［2014］『ラテンアメリカ　越境する美術』筑摩書房。

川口幸也［2011］『アフリカの同時代美術――複数の「かたり」の共存は可能か』明石書店。

北澤憲昭［2020］「東アジアのなかの日本画、日本画のなかの東アジア」北澤憲昭・古田亮編『日本画の所在――東アジアの視点から』勉誠出版。

グリッサン、エドゥアール（恒川邦夫訳）［2000］『全―世界論』みすず書房。

正路佐知子［2020］「「Yinka Shonibare CBE: Flower Power」初の日本個展　インカ・ショニバレの姿」ウスビ・サコ／清水貴夫編著『現代アフリカ文化の今――15の視点から、その現在地を探る』青幻舎。

スティーガー、マンフレッド・B（櫻井公人・櫻井純理・高嶋正晴訳）［2010］『グローバリゼーション』岩波書店。

ハンセン、ヴァレリー（赤根洋子訳）［2021］『西暦一〇〇〇年　グローバリゼーションの誕生』文藝春秋。

ブリオー、ニコラ（武田宙也訳）［2022］『ラディカント――グローバリゼーションの美学に向けて』フィルムアート社。

古田亮［2018］『日本画とは何だったのか――近代日本画史論』KADOKAWA。

第19章

文明と科学あるいは技術

戸田 剛文

TAKEFUMI TODA

1973年奈良生まれ。1993年京都大学総合人間学部入学後、1998年大学院人間・環境学研究科入学、その後同大学院を終了後、2005年に同大学院で助手、2007年に准教授を経て現在に至る。翻訳にバークリ『ハイラスとフィロナスの三つの対話』(2008年、岩波文庫)、『人間の知的能力に関する試論』(上・下、2023年、岩波文庫)、著書に『世界について』(2011、岩波ジュニア新書)、『今日からはじめる哲学入門』(編著、2019年、京都大学学術出版会)など。

Key Words　累積的な科学観、科学革命の構造、ホーリズム的科学観、文化政治、技術と倫理の融合、いたわり

1 概念の曖昧さ

文明と科学の歴史について何かを書いてほしいという依頼を引き受けては見たものの、私にとってこのテーマには二つの問題があり、それについてまず書いておきたい。最初の問題は、どのようなテーマについても言えることだが、多くの概念は曖昧である。今回の場合、文明という概念自体が、あまり明確なものではないと思われるし、また科学という概念もなかなかやっかいである。曖昧であるということは、逆に言えば、これらの概念をどのように使うかということは、筆者の裁量に委ねられていると言っても許されるかもしれない。

第二の問題は、私にとって第一の問題よりははるかにやっかいなもので、文明という概念は曖昧ではあるけれども、ある程度、発展や衰退といった変化のようなものをそこに含んでいるように思われる。しかも発展や衰退という一種の価値観を要求するようなものを、文明というような大きな観点から語ろうとするならば、必然的に、具体的な、そして非常に大事なものが失われるように思われる。いつの時代

にも、その時代の文明によってうまくいく人もいれば、その文明のために苦しむ人もいる。だから文明とか科学技術などについて何か自分の評価を述べるときに、最も間違いがない言い方は、いい面もあれば悪い面もあるという、読む人が一番うんざりするような答えになる。それで本論で私は、あえて間違いを犯してみよう。つまり、科学と文明についての歩みに、なるべく楽観的な評価を与えたいと思う。

上述したように、文明が何かということは、それ自体必ずしも明確なものではないように思える。調べてみると、精神的・物質的な文化や技術を指すとされたり、特に物質的なものの発展、豊かな状態を指すと言われることもあるようだ。ただしそういう精神的なものあるいは物質的ものという単純な二分法をとることはできない。科学や技術の展開の背後には、その担い手の精神性が深く関わっていると考えられるからであり、例えば福沢諭吉などもそのことを指摘している。しかし、文明の発展と言われるものが、そのまま精神的なものの発展につながると考えられているわけではないこともまた確かだ。

というのも、よく失われた高度な文明についての物語がある。代表的なものはプラトンのアトランティスなどであり、そこでは非常に高度な文明が発達していたとされる。アトランティスの話は、現代の「アクアマン」なんかにも出てくるので、聞いたことがある人も多いと思う。また、宮崎駿の『天空の城ラピュタ』に出てくるラピュタは、とんでもない科学力を持った帝国であり、これもアトランティス的な、高度な文明の描かれ方だと言って良いだろう。

このような優れた科学技術を持った文明は、しばしば滅ぶものとして描かれている。アトランティスは、高度な文明を持つ一方で不遜になった人々に対する罰として、そしてラピュタでは、そのような技術でも克服できない疫病によって。

もちろんこういったフィクションを用いずとも、今書いたような危険は、現実に目の前にあるということだってできるだろう。本書の序章で細川氏が描いているように、コロナウィルス、ロシアが引き起こしたウクライナ戦争、そしてそこに見え隠れする核の脅威。それに対する思想家たちの警鐘。

こういったモチーフには、常に一つの戒めがあるように思われる。技術的、物質的にどれほど繁栄したとしても、より大きな力がそれを吹き飛ばすことがあるのであり、自らの限界を知り、謙虚たれ、というわけだ。

2 科学と真理、科学と科学技術

京都大学の名誉教授である佐伯啓思氏は、ニーチェやハイデガーの思想に着目しつつ、現代をニヒリズムの時代として描いた。それは伝統的で絶対的な価値が崩壊した時代であり、その虚無に苦しむ時代である。

絶対的な価値に対する不信は、科学においても例外ではない。近代以降、自然科学は道徳をはじめとする精神科学に対して最も進んだ学問の典型として捉えられた。自然科学は、一歩一歩、確実に発展している、世界の真理を解き明かしていると考えられた。20世紀前半に大きな影響力を振るったウィーン学団を中心とする実証主義は、まさしく実証された数だけ、真理が増えていくという累積的な科学観を表したものとも言える。

しかしクーンの『科学革命の構造』は、そういう累積的な知識体系としての科学観に一石を投じることになった。クワインなどに見られるホーリズム的な科学観も、現在の科学が唯一の事実の描写ではないと主張する。これらによって真理の書としての科学が否定されたわけではない。ポパーのように、論理実証主義と戦い、累積的な知識としての科学観を否定しつつも、科学が真理へと向かって進んでいると信じて疑わない哲学者もいる[1]（図19-1）。しかし少なくとも真理の書たる科学の地位は、必ずしも絶対的なものではないと言えるだろう。

アメリカのプラグマティストであるローティは、科学は事実や真理を明らかにするものであるから価値の問題によって妨げられるべきではないという考えを、文化政治という概念――どのような言葉や概念をわれわれが採用するべきかという問題をめぐる争い――を用いて批判した。科学は事実や真理を明らかにするものであるから価値の問題によって妨げられるべきではないという発想自体が、一つの価値の問題であり、その主張もまた文化政治の中で行われる立場でしかない。ローティのような立場からすると、科学が真理に向かって発展しているかどうかも文化政治の舞台で争われる問題であり、しかもローティからすればそれは捨て去るべき選択肢なのかもしれない。

図19-1　ポパー『科学的発見の論理』の英語版（Basic Books, 1959）。1934年刊のドイツ語原著を英語で執筆し直して刊行した。

真理の書として科学の地位がどのようなものであれ、あるいはホーガンのように科学にこれ以上な大きな発展は見込めないのではないかという疑いは置いておいても、近代以降の文明において科学技術が極めて大きな影響を持っていることは疑いようがない。真理の書として伝統的な科学観は、まさしく真理との対応いかんによってその発展が語られるのだろうが、科学技術の発展は、むしろ有益さに関わる。科学と科学技術は、しばしばはっきりと区別される。ポパーなどは科学技術は全体主義的な国家でも発展しうるが、真の科学は開かれた国でしか発展しないと述べる。C. P. スノーは、科学と科学技術を区別することに批判的だが、科学技術がしばしば彼とは違う立場の知識人によって侮蔑的に語られると述べている。私はこの文章では両者を特に区別せずに扱う。

科学技術が現代における影響は多岐にわたる。われわれの生活のすみずみまで、それは体を作る組織のように浸透している。そして、食料問題、医療技術の問題、エネルギー問題などにおいて、従来の多くの問題を解決してきた。そういう意味で、科学や科学技術の発展は、われわれの文明のこれまでの発展と強い絆で結ばれてきた。

もちろん、こういった現代の科学技術が、手放しで歓迎されるようなものではない一面を持っていることも理解している。生命科学およびそれに伴う技術は、寿命を伸ばし多くの難病を克服し、生殖技術は不妊に悩む人々に希望を与える。それと表裏一体をなすかのように、それらは社会問題や倫理的問題を引き起こしてきた。極端な長寿社会は、ときとして次世代に大きな負担を強いるし、ときには世代間の分断を引き起こす。生殖技術は、ときとして生命へのデザインなどへの不安を生み出す。すでに言及したが、原子力の利用は、軍事的利用は論外だとしても、われわれの生活にとって重要なエネルギーを供給する一方で、その放射性物質の処理などについて深刻な問題を残している。地球温暖化現象などを代表とする環境問題も、しばしば現代の科学技術を用いて便利さ・豊かさを求めたすぎた結果であるとも言われる極めて大きな問題である。

3 現代における表現

もう一つの事例をとりあげよう。IT技術は、以前にもまして多くの人々がその意見を主張することを可能にしている。多くの人がSNSを利用し、そこで発言し、ときには国家的な機密（特にその国にとって都合の悪い機密）までが明らかにされることもあるし、またアラブの春に見られるように、SNSによってどのような深刻な問題が起きているのかが世界に知らされることもある。一方で、しばしば顔の見えない多くの人々が、ある特定の人間を攻撃することは社会問題になっている。絶えず社会と繋がっているように思える状況が、逆に繋がっていないことに対する不安を生み出す。自分の顔も相手の顔も見えない状況は、自分の発言に責任が伴うこと、また発言には自分の個性や見識が露わになることを人は忘れがちになる。ある意味で自己表現の場となる所で、人は自己も他者の存在をも希薄にしてしまう。故意に偽の情報を流すことで敵対する勢力にダメージを与えることもできる。

もう少し、このIT社会における表現について述べてみたい。さきほど述べたように現代では多くの人々が自分の意見を社会に発信できるようになった。発言の機会における格差が減少しているという点では、まるで総中流評論家の時代とでも言えそうな状況である。他者に対するあからさまな誹謗中傷もその匿名性ゆえに目立つものになっているが、多くの人が広く意見を言える状況は、必ずしも表現の技術を向上させているわけではない。SNS上では字数の制限などもあるが、多くの人が意見を述べているほどには多様性は感じられず、画一的で、感情的すぎたり論理性が感じられないことも多い。もう一つの特徴的な点としては、現代は行きすぎた正義感の時代でもあるように思われる。悪意のあるバッシングは論外とはいえ、道徳的に許されないと感じた出来事に対する批判があまりにも激しい。厳しすぎる不文律は、ときとして明文化された規則よりもはるかに社会を窮屈にするように思われるし、行きすぎた正義感は、神の側に自分がいるという錯覚と大差ない。真理を巡る戦いは、まさしく古来より哲学や科学を戦場としてきたのだが、絶対的な真理を人が掴めるのかどうかということについて、多くの思想家たちがそれをもとめつつ極めて慎重に探究を進めてきた（ときにはそれを放棄してきた）歴史的な事実をなかなか学ぶことは難しいようだ。そしてこの点にはさらなる問題が背後に控えているかもしれない。それは、現代が極めて大きな格差社会であり、それがこのような行きすぎた正義感を生み出している可能性があるということだ。現代の社会学者は、社会の不平等さと他人への辛辣さの間に関係があることを指摘している。また情報にあふれた現代社会は、多くの人々を他者との比較へ容易に誘う。そしてそういう社会の不平等さを促す一因に、現代の科学技術（SNSの普及など）があるかもしれない。

ただこういう現代の状況に直面したときに、昔はよかったと考えることはできるかもしれないが、本当にそうかと言えば私は疑問だ。いつの時代にも問題や困難に直面して昔は良かったという人はいるだろうし、今の時代が完全に幸福な時代だと思っている人はほとんどいないだろう。問題は常にある。一つの問題の解決は新しい問題の扉を開く。それはむしろ当然のことであり、それこそが進歩なのだ。

4 人の善さ

ポパーは、人は賢いが邪だという考えを、彼らしいあまのじゃく精神によって人は善であるが愚かだという意見に置き換えようとする。もちろん先ほど書いたような状況では、善意のかけらも見えない状況も多々見られるだろうが、そういった場合でも、向こうにいる人を想像できない愚かさがその良さを妨げていると考えられるかもしれないし、またある特定の個人に対する攻撃は、愚かで浅薄な正義感の裏返しのこともあるだろう。そしてしばしば取り返しのつかない事件の後である場合もあるが、そういった問題に対する反省もまた、現代の科学技術が可能にした多くの人の発信によって行われることもある。もしもわれわれが、特に大人が、社会がよくなっていっているという希望を、さらに将来を担っていくこれからの人がもつことを望むならば（そしてそれは望むべきではあると私は信じているが）、さらに多くの意見をあげる自由を拡大していくべきだし、同時により教育にさらに力を注ぐべきだ。われわれは昔からの問題、正しさとか善さとかといった問題について、より真摯に向かい合うべきだ。もしかしたら私たちの行きすぎた正義感の背景にあるかもしれない社会の歪みなどについてももっと共に考えていくべきだろう。

私が希望を感じる人間の善良さの一例をあげよう。20世紀の畜産技術の大きな発展は、アメリカを中心に非常に効率的な食肉の生産方法を生み出した。それは豊かな食生活を求める人々の欲望と大きな経済的な利益を求める巨大企業の欲望の結晶とも言えるが、それを可能にしているのは科学技術の発展であることは疑う余地がない。しかし一方で、この食料供給の方法に歯止めをかけてきたのもまた人間である。ピーター・シンガーやトム・リーガンといった哲学者の著書などをきっかけに、こういったわれわれの欲望の中で苦しむ弱き動物たちを救おうという運動が起こり、現在にまで続いている。そしてそれはEUを中心に、少しずつではあるが、多くの国で展開されている。もちろんシンガーなどが明らかにしたように、大規模な工場畜産は、そこで利用される動物に対してだけではなく、土壌汚染、環境汚染といった仕方で、われわれ自身にも悪影響をなす。しかし、多くの国で動物の福祉が問題になるとき、まずそこで利用され、殺される動物たちへの共感の眼差しがあるだろう。人間自身に対する不利益もないわけではないが、人間に利用される動物自身の利益を考えることなしには、こういった運動は成り立たない。ときにそれはわれわれ自身への不利益をも生み出すかもしれない。それでもそこに問題を見いだすのが人間なのだ。そしてこういった問題に対する眼は、動物実験や畜産といった目に見える動物の不利益だけではなく、より大きな環境の問題へと拡大していこうとしている。そしてこれはたんなる倫理的な問題ではない。倫理の力だけでは、解決には至らない。こういう問題を解決するのも、また倫理と科学のネットワークなのだ。

新しい科学（そして科学技術）が、新しい問題を、しかも以前よりも大きな問題を生み出しがちだということは誰も否定しないだろう。実際のところ、すべて解決済みのハンコがわれわれの歴史書に押されることはないし、それが嘆かわしいことだというわけでもない。新しい問題を解決しようと、また取り組めば良い。多くの人々の願いのなかでより基礎的な願いをかなえる——困難を解消する——ために、しばしば科学が貢献したことは疑いがない。スノーの「自分は享受しながら他人がまだ享受していないような基本的な要求を軽んじてはならない」という言葉をわれわれは忘れてはならないだろうし、そのための科学は有力な手段であったし、これからもあるだろう。ただし無条件であらゆる技術の開発や科学の研究が認められるべきではない。それは市民のチェックを受け続けなければならない。また科学技術によって生み出された問題のすべてが科学技術によって解決できるかどうかもわからない。いやあらゆる問題は、科学技術だけによって生み出されるわけでもそれによって解決されるわけでもないだろう。すべては、先ほども述べたように、技術と倫理の融合によって解決されなければならない。それによって文明は少しずつ進んでいくだろう。

5 文明の進歩と平和

冒頭でも述べたが、私の基本的な立場は楽観的なものだ。科学の発展に伴う文明の進歩は、確かにその科学技術の影響の強大さもあり、それが生み出す問題も大きくなっているのは事実だろうが、そういった問題もまた、科学と倫理の融合によって人々はそれらを乗り越えていくと信じている。一番の根拠は、私は人の善さを信じているということだ。

先ほどの節で見たように、私たちは、人種という枠を超えて、私たちが不利益を被るかもしれないにもかかわらず、その思いやりを拡大させていっている。人種差別、性差別、こういったことに対する嫌悪はますます拡大しているように思われる（もちろん変化に対してはいつの時代にも大きな抵抗があることは否定できないだろうが）。コロナウィルスの流行やロシアのウクライナ侵攻によって再び危機が訴えられるようになったが、それ以前までは飢餓の数も順調に減少していた。私は、人々のそういった善さを実現するためには、科学技術を問題視するのではなく、大いに活用すれば良いと思う。私が楽観的だと思うのは、まさにそういうところだ[2]。

だが、文明あるいは科学技術の進歩と平和の歩みをさらに同調させるのに必要なのは、私たちの「愚かさ」の自覚だと思う。ポパーやプラグマティストたちがしばしば描くような、可謬主義的な知識の発展（展開）は、平和への歩みにも適用できる。われわれは完全な平和に到達することなどないと私には思える。それは、可謬主義的認識論において、真理というものに私たちの知識が到達することがないのと同じである。その上で進歩や発展を望むならば、私たちに必要なのはまさに可謬主義的な自覚、つまり「私たちは誤っているかもしれない、間違っているかもしれない」という自覚である。

このような言葉はあまりにもありふれていて陳腐ですらある。だが、この言葉を自分のものとして体得することの難しさもまた世の中には溢れている。すでに本章の第3節で書いたことだけれども、自分が絶対に正しいと思うほど、人は他者に対して辛辣になる。すぐに正義感は行きすぎる。自分が間違っているかもしれないという態度は、他者に対して正義の鉄槌を落とそうという局面に今一度反省を加える可能性となる。そして自分は間違っているかもしれないという意識が、さらなる発展を探究しようとするモチベーションともなる。

この可謬性への強い自覚の中で科学を発展させ、経済的・物質的にも豊かさを追求すること、やはりそれが理想としての平和への推進力となるのではないか。科学技術の発展に伴う経済的・物質的なものの追求は、しばしば好ましくないものと語られることもあるが、私はそうは思わない。だいたいそういう豊かさに対して批判するのは、案外恵まれた人が多いのだ。

もちろん、そういう経済的・物質的な豊かさ追求への批判、警告が常にあることが重要なのもまた確かだ。個人レベルで可謬性の意識を浸透させることはなかなか難しい。でもある方向に向かおうと多くの人々がするときに、そこに対して常に何らかのブレーキをかけようとする人々がいる。それこそが、われわれ人類全体における可謬性の意識だと言っても良いかもしれない。そしてこういった状態もまた、人の善さの発露ではないかと思う。

可謬主義的な立場を取る哲学者たちは、私たちの信念の形成において、批判・検討・合意といった民主的なプロセスを好む。そういうプロセスを考えたときに、合意あるいは意見の収束という状態こそが理想と思われるかもしれない。しかし、必ずしもそうではない。たとえ合意に達することがあるとしても、可謬主義的な立場からすればそれは一時的なものでしかない。それは真理といった確固として安定したものではない。常にそれに動揺を与える批判が求められるだろう。ミルやポパーなどは、はっきりと合意はそれほどいいものではないとまで言うのだ。

私たちは真理なり、完全な平和（いささかこれ自体怪しい概念だが）を理想として前進するべきかもしれない。だが、そういった理想的な概念さえ、普遍的に確定できるものではない。それらが何かすら、われわれは求めて彷徨わなければならない。そのために必要なのは多様性、多様な意見だろう。

そして私たち学者と言われる人間のすることは、理想やそこへの道を示すことなどではない。人の誤りやすさという慣れ親しんだ考えを繰り返し、多様性が維持されるように人々と共に語らうことだろう。

6 傷の舐め合い

ここで、もう一つ書いておきたい。傷の舐め合いという言葉がある。この言葉は、傷ついたものどうしがお互いにいたわり合うという意味だけでなく、しばしば軽蔑的な意味で用いられる。それが軽蔑的な意味で用いられるのは弱者への軽蔑の心の表れであり、また自分が弱者ではない（あるいはそうなりたくない）という気持ちの表れであろう。しかし、傷を舐め合う行為を、あるいは自分はまだ傷を負っていなくても、それはちょっとした偶然によって自分だったかもしれないと思い他者の傷を舐めていたわる行為を、われわれはもっと価値があるものとして捉えるべきだ。われわれの人生やわれわれが育つ文化・文明の多くは、偶然の所産なのだ。行きすぎた正義感のエネルギーを、徹底的な批判に用いるのではなく、いたわりに用いるべきだ（図19-2）。われわれにそのような気持ちがあれば、社会を良くしようとするために科学の発展を促そうとすることは、たとえそれによってまた問題が生じるとし

図19-2　人間以外の動物への共感は時代と共に拡大している。

ても（そして生じるだろうが）、必ずしも悪いことではない。

最後に、冒頭に書いたことだが、多くの問題があることは認めつつも、基本的には現代に至るまでの科学・科学技術の発展に対して、私は控えめにではあるが肯定的に書いたつもりだ。しかしわれわれの文明のプロセスには、多くの不幸があるのもまた事実であり、たとえ全体的な発展があったとしても許されるべきものではない。そこから目を逸らすならば、それこそ文明の衰退である。

注

1　ポパーの反証主義は、その代表的な著書である『科学的発見の論理』（大内義一・森博訳［1971］恒星社厚生閣）のみならず、その後のさまざまな著書において広範な領域へと浸透している。

2　文明の発展とそのリスクについては23章5節なども参照されたい。

参考文献

Fraser, David [2019] Why We Need a New Ethics for Animals. *Journal of Applied Animal Ethics Research* 1: 7–19.
ウィルキンソン、リチャード [2020]『格差は心を壊す 比較という呪縛』東洋経済新報社。
佐伯啓思（2011）『現代文明論講義――ニヒリズムをめぐる京大生との対話』ちくま新書。
シンガー、ピーター（戸田清訳）[2011]『動物の解放 改定版』人文書院。
スノー、チャールズ・P.（松井巻之助訳）[2011]『二つの文化と科学革命』みすず書房。
プラトン（田之頭安彦訳）[1975]「クリティアス」『プラトン全集12　ティマイオス・クリティアス』岩波書店。
ホーガン、ジョン（竹内薫訳）[1997]『科学の終焉』徳間書店。
ポパー、カール（大内義一・森博訳）[1971]『科学的発見の論理』（上・下）恒星社厚生閣。
ポパー、カール（藤本隆志・石垣壽郎・森博訳）[1980]『推測と反駁 科学的知識の発展』法政大学出版局。
ポパー、カール [2014]「開かれた社会と民主国家」ジェレミー・シアマー、ピアズ・ノーリス・ターナー（編）『カール・ポパー 社会と政治』ミネルヴァ書房。
ローティ、リチャード（冨田恭彦・戸田剛文訳）[2011]『文化政治としての哲学』岩波書店。
『e-World Premium 2019年12月号　SNSが変える世界』時事通信社。

第20章

風景と文明

空間・時間・記憶の構造を見出す

中嶋 節子
SETSUKO NAKAJIMA

京都大学工学部建築学科卒業。同大学院工学研究科博士後期課程修了。博士（工学）一級建築士。専門は近代建築史・都市史／都市論・風景論。都市と景観をめぐる歴史を建築、自然、居住の視点から研究。建築―庭園―風景の関係性と歴史が近年の関心。文化財行政や景観行政、地域まちづくりにおいて、歴史的環境、歴史的建造物の保存と継承にも携わる。

Key Words 風景の発見、「山紫水明」の京都、媒体としての風景、風景の不連続性、見えない風景／実態のない風景

1 はじめに

新型コロナウイルス感染症（COVID-19）が世界中に蔓延した2020年1月以降、「風景が変わった」という言葉をよく耳にした。ロックダウンによって誰もいなくなったまち、マスクを着け会話なく家路を急ぐ人々、感染を防ぐための手指消毒や黙食といった行動様式を「風景」として捉え、COVID-19流行以前との違いを指摘した表現である。昨日も今日もそしてこれからも、変わることなく持続すると考えていた日常が、ある日、ある時、大きく姿を変える。その変化を目の当たりにしてはじめて、われわれは日常を「風景」として相対化し、知覚する。

それは自然災害や戦争においても同様である。東日本大震災の被災地、ロシアの侵攻によって破壊されたウクライナの街や村、気候変動によってこれまでにないスピードで融解するアルプスの氷河は、われわれの前にまず「風景」として現れ、やがてその背後にある意味を問いかける。そう考える時、「風景」は可視化された今であると同時に、過去を記憶し未来を予見する現実である。「風景」について考えてみたい。

2 風景の発見

風景はあらかじめあったのではなく発見された。西欧においては、美術史家のケネス・クラークらによって、17世紀の風景画の登場に「風景」という概念の誕生が指摘されている[1]。風景画は人々を取り巻く自然に、眺めとしての審美的な価値を見出すものであり、自然を客体化して評価するところに風景の誕生をみる。主体の価値観によって切り取られ、再構成された自然の認知が「風景」である。18世紀以降、イギリスの人々を魅了し、絵画のみならず庭園や建築、文学ほかの美的範疇となる「崇高（sublime）」や「ピクチャレスク（picturesque）」の概念もまた、自然が本来持つ危険や恐怖から切り離されたところに観賞者（主体）が立つことによってはじめて成立する点において、風景として自然を捉える態度を前提とする。

風景の成立について、ゲオルグ・ジンメルは、「「風景」が表象されるときには、それはおそらく視覚的な、またおそらく美的な、またおそらくは情趣的な自律的存在たることを要求する」とする[2]。さらに、風景の出現を「自然の総体の統一的な感受からの離隔」とし、離隔する以前の「古代ならびに中世が風景にたいする感情をもたなかったことは、なんら驚くべきことではない」と述べた。つまり、自然から切り取られた一部分をもって全体とみなすことが風景を成立させる要件とし、自然と人間とが総体としてあった古代、中世には風景は存在せず、自然を隔離し、それ自体として認知、理解するようになってはじめて風景が表象されるとする。同様の指摘は文学史家で文化人類学者のピエーロ・カンポレージ、建築理論家のノルベルグ・シュルツほかによってもなされている[3]。

では、日本では風景はいつ発見されたのだろうか。柄谷行人は日本近代文学を論じるなかで、以下のように述べる[4]。

> 私の考えでは、「風景」が日本で見出されたのは明治二十年代である。むろん見出されるまでもなく、風景はあったというべきかもしれない。しかし、風景としての風景はそれ以前には存在しなかったのであり、そう考えるときにのみ、「風景の発見」がいかに重層的な意味をはらむかをみることができるのである

柄谷は明治以降、近代西洋文明と向き合うなかで、それ以前の日本の文学が英文学に対する国文学、漢文学として、月並や四季絵が風景画に対する山水画として規定され、解釈されるようになったことをあげ、「文学」や「風景画」の出現によって

日本人の認識の布置そのものが変化したと指摘する。同じ現象として風景もまた「一つの認識的な布置」として現れるものであり、いったん「風景」が見いだされると、それ以前の風景について語るときも「風景」によって見ているという転倒があることにも柄谷は注意を払っている。柄谷の説明はジンメルのそれと極めて類似していることは興味深い。

1894（明治27）年に、日本の風景論としてベストセラーとなった志賀重昂の『日本風景論』が出版されている[5]。この書は火山や水蒸気といったこれまで認識されていなかった日本の環境の特徴を風景として見出し、科学的な分析を交えてナショナルな視点で解説した点において画期的であった。近代西洋文明のインパクトによってもたらされた知覚の変化が明治20年代に至って、新しい日本の風景と日本の風景の新しい見方を発見させたことを『日本風景論』は示す。

柄谷の指摘するところの風景の発見と志賀の風景論は性格を異にするものの、自然に対する日本人の認識が変化した時点を捉えたものとして重要である。

3　風景の客体化・装置化

具体的な例をあげてみよう。風景は近代の京都においても発見された。それはまず、三山と呼ばれる市街地を取り囲む山々においてであった。『日本紀略』の平安遷都の詔に「山河襟帯にして自然に城を作す」と記されたように、京都盆地を囲む三山は、都市の位置とかたち、そこに暮らす人々の身体を定位する存在であり続けてきた。

前近代の三山は里山としてのみならず、都市に近い立地から市中に移出する林産物の生産地として、また信仰の対象、都市民の行楽地、さらには葬送の地として存在した。こうした山々の多くは麓にある社寺によって所有、管理され、一部の禁足地や堂舎周辺以外は、一定の約束事のもとで入会利用が許されていた。つまりコモンズとして山はあったといえる（図20-１）。

そうした前近代の山は現在みるような鬱蒼とした緑に覆われた姿ではなく、アカマツを主体とする疎らな林で、はげ地もみられるような状況であったことが小椋純一ほかの研究で明らかにされている[6]。アカマツの疎林は人間の過度な利用によってもたらされたもので、こうした植生は松茸の生産や燃料の供給に有利であったため、利用をコントロールしつつ長く維持されてきた。極限までの利用とその持続へ強い志向がつくりだしたコモンズとしての山の姿は、「風景」として見出される以前の京都の風景だったといってよい。

山に大きな変化がみられたのは明治期のことである。明治初期の社寺上地令によって山が社寺から切り離され、その混乱に乗じて濫伐が行われるなど山は著しく荒廃した。上地後は社寺林の大部分が官有林（国有林）となるものの、以前のような日常的な管理は行われず、入会利用も制限され、山は半ば放置された状態に置かれた。

山の荒廃を目の当たりにした人々は、そこに京都らしい風景を発見する。むろん古代から山へのまなざしは存在したが、それは生活や生業と深く結びついていた。しかし、近代に山へとむけられたまなざしは、もっぱら外からの眺めとしての山の価値に注がれた点において、それ以前とは異なるものであった。

明治以降、他の都市と同様、京都でも近代化、工業化を推し進める都市経営方針が打ち出されるが、その一方で歴史性と一体となった自然、とりわけ山並みを他都市との差別化において再評価し、その整備を重視するようになる。1890年代には京都の美しさを示す言葉として「山紫水明」が新聞などに繰り返し登場する[7]。このフレーズはその後の京都の都市像として定着していった。

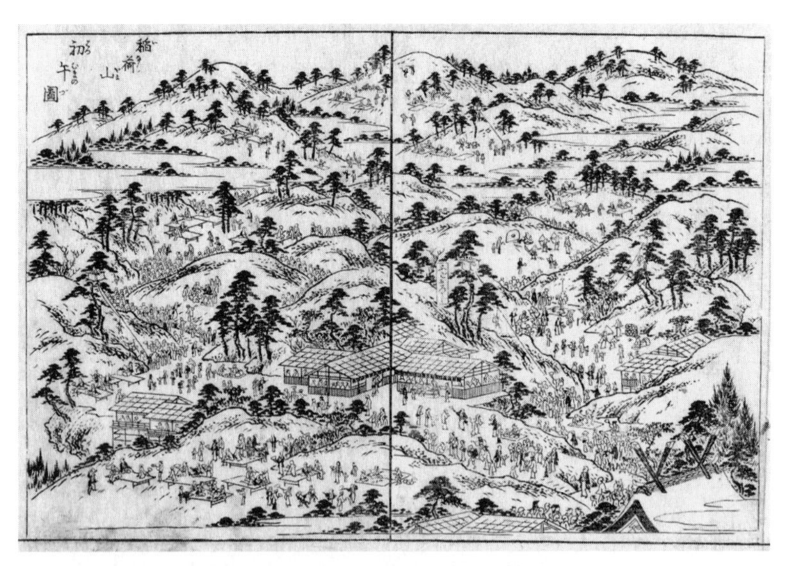

図20-1　稲荷社の二月初午。人々が山に入って楽しむ様子が描かれる。まさにコモンズの風景である。（稲荷山初午図『拾遺都名所図会』巻之二、1787（天明７）年）

そこに求められたのはコモンズとしての山の姿ではなく、古都京都にふさわしい眺めとしての山の姿であった。つまり、生活や文化と不可分にある環境としてではなく、視覚によって切り取られた「風景」として山が見いだされたのである。それは風景の客体化・装置化といってよい。

翻って考えると、イギリスでは15世紀末から17世紀にかけての第一次エンクロージャー、18世紀からはじまる第二次エンクロージャーによって、中世以来の共同利用地であった三圃式耕地や牧草地は姿を消し、資本主義にもとづく大規模農地へと転換されたが、こうした耕地からの人々の締め出しとロマン主義的な風景への憧憬の登場は同時期に起こっている。隔離によって生まれた外からのまなざしが風景を発見させたといってよい。明治期に京都の山々に向けられた関心はこれと同種のものである。

4　媒体としての風景　土地と人間とをつなぐ

風景はまた内なるものとしても発見された。それは原風景、あるいは原風景の一部をなす故郷の風景である。原風景とはそれぞれが生まれ育った郷里で経験した個人的な風景とひとまず定義できるが、奥野健男が指摘するように民族や国民、地域、歴史や伝統が共有する「共通した“原風景”」も含む[8]。京都においては三山や鴨川が京都の人々に共有された原風景といってよい。

こうした故郷の風景へのまなざしはまず、地方から都市部への人々の移動と、近代化によるかつての風景の変容や喪失によってもたらされた。成田龍一は故郷の概念の成立を論じるにあたって節目となるのは1880年代であるとする[9]。風景が発見される直前の時期である。

「うさぎ追いしかの山　こぶな釣りしかの川」からはじまる唱歌「ふるさと」は、1914（大正３）年の『尋常小学校唱歌』に発表されている。風景を構成する要素とそこでの思い出をうたったその歌詞は、風景が人を故郷につなぎとめる媒体、帰属意識の表象であることを示す。小学校の校歌にしばしばその土地の山や川、城などが登場することを思い出して欲しい。

こうした風景をめぐる動きとして1935年前後から、それぞれの土地の自然を「郷土風景」として捉え、それが美しくあるべきとする「郷土風景論」があらわれる。林学者の田村剛は「郷土風景」を「幼時の記憶を繋いでいる土地たることを要件」として、「自然と人文との交錯したる文化景観の一種」とした[10]。京都については同じく林学者の小寺俊吉が、京都の代表的な郷土風景は東山であると指摘する[11]。「郷土風景論」には、ナショナリズムの高揚など時代の要請から国民を結束させるための媒体として風景を利用する意図も含まれていたが、人々が故郷の風景に目を向け、そこに暮らす、あるいは暮らした人間が共有する内なる風景を発見する契機となった。そして地元民による植林など、具体的な美化活動を通して風景へのアプローチがなされていく。

5 風景の喪失と回復／奪還

風景はひとたび発見され、共有されると、その後はいまある風景が持続することが強く求められる。そのため風景が失われたとき、それを懐かしみ、取り戻そうとする強い意志が働く。風景に刻まれた個人と集団の記憶とアイデンティティの回復であり奪還といってよい。風景は表象であり、媒体である。

明治期前半に風景として発見された京都の山々のうち、市街地から望むことができる部分はその後、風景の保護を目的に手を入れないことで森林を管理する禁伐林に指定された。のちに禁伐主義と呼ばれるこの方針は、やがて山の姿を変えることになる。アカマツの山の風景は、林産物の生産地、また入会地としての利用によってもらされたもので、利用がなくなったあとは、アカマツは次第に姿を消し、シイやカシなどの樹種に置き換わっていったのである。

こうした植生の変化が指摘されるのは、1920年代後半のことである。これまで馴染んできた山の風景が変わりつつあることへの危機感が訴えられ、その原因となった禁伐主義が否定された。そして近代技術によって理想の風景をつくり出す「風致施業」の必要性が指摘されるようになる。それを受けて1933（昭和８）年に『嵐山風致林施業計画』、1936（昭和11）年に『東山国有林風致計画』が策定されている[12]。嵐山では詩歌に詠まれたヤマザクラとモミジが混在する「一幅の絵画」となる風景が、東山ではアカマツを主体としつつ、社寺の背景にスギやヒノキ、カエデなどが適宜混在する風景が目標とされた。こうした樹種は長く京都の山々を覆っていたものであった。つまり、懐かしい風景の回復が目指されたのである。

失われた風景を回復／奪還する動機は、戦争や災害ではより強いものとなる。

中世の美しい街並みで知られるワルシャワの旧市街は、第二次世界大戦中の1944

年、ナチス・ドイツによってその85%が破壊された。それに対しポーランドの人々は終戦直後から復原工事に着手し、残された実測図面などを手掛かりにかつての街並みを徹底的に取り戻した。旧市街は、ポーランドの人々の歴史と誇り、精神的拠り所であったが故に攻撃の対象となり、また同時に取り戻すべき場所、風景となったのである。

日本では原爆によって壊滅的な被害を受けた広島や長崎、東日本大震災の津波で流されたまちで、風景を取り戻そうとするさまざまな試みが行われている[13]。ワルシャワのように街をもと通りにすることは出来ないものの、被災前の写真や文書、聴き取りによって失われた街の輪郭と細部、そこでの人々の振る舞いを模型やCGとして復元する活動などが、地元の人々と研究者らによって進められている。

しかし、失われた風景と回復/奪還した風景は同じではない。風景はその時代の人間と社会の価値観によって編集される。取り戻した風景は、風景が失われたのちの時代の価値観によって再構築された風景であることに注意しなければならない。

篠原氏は、〈あいだ〉を哲学するための方法論として交通論を提示し、交通機関での移動を例に、「風景の変化とともに自分も変わり、自分が変化するとともに、風景も変わって感じられよう。そういった具合に、相互の異質性を保持しながら、さらなる異質性が生成する様態を、異交通と呼ぶ」とする(PART I 第4章)。風景と人間の〈あいだ〉の異交通の生成それ自体に、風景の本質があるように思われる。

6 重層する風景とその不連続性

西洋においては17世紀、日本においては明治20年代、19世紀末に発見された風景は、まずもって地表面の可視化された眺めであった。しかし19世紀以降の科学の進展は、風景を地質学的なレベルまで掘り下げ、いくつものレイヤーの重なりとして理解すべきであることを提示する。それは科学によって与えられたもうひとつの風景へのまなざしである。

地球の誕生へと遡るレイヤー(小木曽氏によるPART I 第2章参照)から、人類の影響が顕著になった後の「人新世(Anthropocene)」[14]のレイヤーまで、46億年もの時間と空間の持続として風景をみる見方である。それぞれのレイヤーはさらに複数のレイヤーから成る。われわれが視覚によって捉えることができるのは、最上層のレイヤーにある近年の人間の営みがつくる風景にすぎない。

2000年以降、重層する風景のうち注目を集めるのは、自然と人工との境界にあらわれる風景である。思想家・人類学者の中沢新一は「アースダイバー」の思想と方法論によって、旧石器時代や縄文時代の人間が体験し意味づけた土地の「世界図」が、のちの時代の人々にどのように受け継がれたのかを、東京、大阪をフィールドに辿った[15]。たとえば東京では、洪積層と沖積層の境界地帯に古代の祭祀場が設けられ、そのほぼ同じ場所に中世、近世には神社や寺院が建てられ、それが近現代の土地開発のあり様にも影響を与えていると指摘する。つまり、地質学的な境界が人間の聖なる場所の分布と重なり、それが現在の風景へとつながっているというのである。ユーラシアプレートとインドプレートの境界を踏査した建築史家の中谷礼仁は、プレートがぶつかる場所には文明が生まれ、現在も独自の居住文化が存在することを報告している[16]。

中沢や中谷らの人文社会学的視座からの関心とは別に、地質学においては自然地層と人工地層との間の不連続面を「人自不整合面」と名付け、その重要性に注意が向けられている[17]。人為的に改変された地層と自然の地質学的堆積物との境界を指す用語で、東日本大震災を契機に注目されるようになった。

東日本大震災の津波で流されたのは、多くは堤防や橋、道路といった土木構築物と建築物を含む人工地層であり、そのあとにあらわれたのはかつての地形や自然地層であった。埋立地の液状化によって傾いたマンションは、自然地層の上にのる人工地層の不確かさを示す。2022年7月、熱海市伊豆山で不適切な盛土が引き起こした大規模土石流もまた、人自不整合面のズレによる悲劇である。

風景は常に一方向に連続的に変化するとは限らない。ときおり姿をあらわす不連続面はそのことを教えてくれる。港千尋は東日本大震災の被災地を歩くなかで、「震災後の風景とは、その切断面に現れた何かである」とする[18]。その切断面とはおそらく文明の不連続面であり、現れた何かとは現代文明が抱える矛盾であろう。一瞬姿を現した切断面はやがて、自然の力に飲み込まれるか、人為的な隠ぺいによって覆い隠されていく。そう考えるとき、文明の内に風景があるのではなく、文明は風景に内在する。われわれが風景を記憶しているのではなく、風景の方がわれわれを記憶しているように。

7　おわりに　見えない風景／実態のない風景の未来

2022年２月24日のロシアによるウクライナ侵攻以降、その戦況と被害が毎日のように報道されている。ウクライナのみならず世界中で日常が突然奪われ、人々の生活する普通の街や人類が数千年をかけて築いてきた歴史的遺産すら何の躊躇なく破壊されていく現実を目の当たりにする。戦争とともに気候変動と感染症の脅威が、これまで経験したことのない世界規模での風景の変化をわれわれに突き付けている。それまでとは異なる様相を呈した風景を前に、人間は風景の意味について考える。

未来の風景とは何か。

アラン・コルバンは「風景は評価され、環境は測定される」とした[19]。風景の範疇を拡張するならば、風景はいま視覚的な評価を越えて、環境として計測され数値化される対象となっている。気象観測は地球規模でより精緻になり、放射能濃度の測定も日々行われている。COVID–19の流行以降、ウイルスの検査・検出も日常化した。見えない風景が問われているといってよい。

地球科学の学問分野では、岩石や化石、古生物などから、地球の成立過程や環境変化を解明することで、地球の過去と現在を理解し、その先に未来を予測することが目指されている（PART Ⅰ第２章・PART Ⅲ第３章・PARTⅤ第23章）。古生物学者である石村氏は、自身の研究を環境をより正確に測る「ものさし（環境指標）」をつくる作業だとする（第25章）。見えない風景の多くは科学のものさしによって測られる。

そしてもうひとつの未来の風景は、実態のない風景であろう。インターネット上の仮想空間は際限なく膨張を続け、細部まで作り込まれた空間と世界中から参加する人々の活動が新しい風景を生み出している。特定の土地や場所、帰属する集団に依存しない風景である。AIもまた、膨大なデータを瞬時に再構築し、どこかにあってどこにもない風景を創り出す。

見える風景より見えない風景、実態のない風景が、やがてわれわれの世界を支配していくのだろうか。見える風景と見えない風景、実態のない風景をどのように生きるのか。環境問題の解決や平和な世界の実現、仮想空間と現実空間の高度な融合が希求されるいま、われわれに問われている課題である。

注

1 ケネス・クラーク（佐々木英也訳）［2007］『風景画論』（ちくま学芸文庫）筑摩書房。
2 ゲオルグ・ジンメル（杉野正訳）［1994］「風景の哲学」『ジンメル著作集12　橋と扉』白水社。
3 クリスチャン・ノルベルグ・シュルツ（前川道郎・前田忠直訳）［1991］『建築の世界―意味と場所』鹿島出版会。ピエーロ・カンポレージ（中山悦子訳）［1997］『風景の誕生―イタリアの美しき里』筑摩書房。
4 柄谷行人［1988］『日本文学の起源』講談社文芸文庫、20頁。初出「風景の発見――序説」『季刊藝術』1978年夏号、36-54頁。
5 志賀重昂［1894］『日本風景論』政教社。
6 小椋純一［1992］『絵図から読み解く人と景観の歴史』雄山閣出版。
7 「山紫水明、此の天然の美を除きては京都無しと云うも不可無きなり、（中略）山水の美風光は即ち京都主一の元素たり」『日出新聞』1895年11月１日など。
8 奥野健男［1972］『文学における原風景』集英社、45頁。
9 成田龍一［1998］『「故郷」という物語――都市空間の歴史学』吉川弘文館、18頁。
10 田村剛［1935］（「郷土風景と其の保存の急務」『風景』第２巻第３号、1935（昭和10）年３月、６頁。
11 小寺駿吉［1934］「「郷土風景」批判」『造園雑誌』１－１。
12 大阪営林局［1933］『嵐山風致林施業計画』、大阪営林局（1936）『東山国有林風致計画』。
13 広島では爆心地周辺のCGによる復元ほかが、東日本大震災の被災地では１/500でまちや村を復元する「失われた街」模型復元プロジェクトなどがある（https://www.losthomes.jp/about/）。
14 「人新世」は地質時代の区分のひとつとして、大気化学者パウル・ヨーゼフ・クルッツェン（Paul Jozef Crutzen, 1933-2021）が2000年に提唱した。科学の世界において提案された用語であるが、気候変動、生物多様性の喪失など環境変容が世界的な課題となるなか、経済学や芸術など幅広い分野において議論が進んでいる
15 中沢新一［2019］『増補改訂　アースダイバー』講談社。
16 中谷礼仁［2017］『動く大地、住まいのかたち――プレート境界を旅する』岩波書店。
17 東日本大震災を契機にその重要性が認められ、2015年になって国際誌「The Anthropocene Review」でも取り上げられた。https://journals.sagepub.com/doi/pdf/10.1177/2053019614565394
18 港千尋［2018］『風景論 変貌する地球と日本の記憶』中央公論新社。
19 アラン・コルバン（小倉孝誠訳）［2002］『風景と人間』藤原書店。

Column Ⅳ

細見和之

ホロコーストを問いなおす

ホロコーストについては、すでによく知られているかもしれない。ナチス支配下のドイツで600万人におよぶユダヤ人が殺戮された凄惨な出来事として——。しかし、これではとても不十分である。殺戮されたのは「ユダヤ人」だけでなく、シンティ、ロマといった少数民族、それに障害者、同性愛者も含まれていた。また、その多くが殺された場所はドイツではなかった。ナチスは、軍事的に併合したポーランドに「絶滅収容所」を6つ設置し、そこで多くの人々を殺戮していったのだった。ドイツ国内に設置されていた夥しい数の「強制収容所」は主としてドイツ人政治犯（ナチスへの反対派）を収容する場所だった。一方、「絶滅収容所」はそこに運ばれてきた人々を即座に殺戮してしまう場所、そこに労働があるとすればその人々の殺戮に関わるものだけだった。

殺戮されたユダヤ人の多くが東ヨーロッパに暮らしていたことも見逃されがちである。当時東ヨーロッパには、900万人近くのユダヤ人がいて、その人々が日常的に話していたのはイディッシュ語だった。フランクル『夜と霧』、ヴィーゼル『夜』、レーヴィ『これが人間か』は、いずれも絶滅収容所を生き延びた立場で記された第一級の証言であり文学だが、それぞれドイツ語、フランス語、イタリア語で記されている。本来はたくさん存在するはずのイディッシュ語での「証言」が私たちにはほとんど知られていないのである。

1948年パレスチナにイスラエルが建国され、75万人におよぶパレスチナ人が追放された。ホロコーストは現在しばしば「ショア」と呼ばれ、ヘブライ語で「災厄、災い」を意味している。イスラエル建国によってパレスチナ人が故郷を追われた出来事はアラブ語で「ナクバ」と呼ばれ、こちらも「災厄、災い」を意味している。この2つの災厄、災いの関係をどう捉えるか、それはまさしく21世紀に持ち越された大きな問いである。ユダヤ人がパレスチナに渡ってそこに国を造ろうとする運動は、エルサレムの丘シオンの名前からシオニズムと呼ばれるが、そのシオニズムを批判すること、さらにはイスラエルという国家を批判すること自体を「反ユダヤ主義」と見なす傾向も存在している。このような傾向に私たちは断固として抗ってゆく必要がある。

研究の原点④

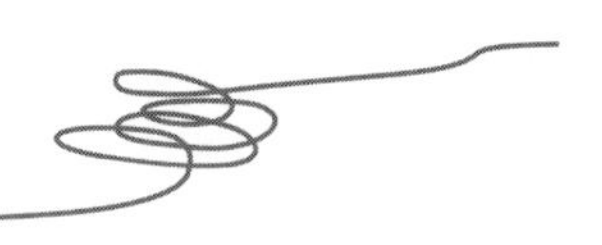

鵜飼大介（社会学・メディア史、第16章）

メディアが媒介する関係性

確たる原点はないのですが、いわゆるメディアというものが人間関係に及ぼす作用には関心をもってきました。言語であれ、文字であれ、ラジオやテレビであろうと、はたまた近年のインターネットであろうと、人間同士の関係を結びつけたり、分離したりする役割を果たしてきました。それぞれのメディアがもたらす、結合と分離のありかたに興味をかき立てられています。

合田昌史（ポルトガル・スペイン史、第17章）

郷里にあった世界分割線

いわゆる大航海時代の研究は、当初、航海術などの技術的進化に焦点を絞っており、なかでもユダヤ人の貢献を評価していました。その後、研究の対象は大航海時代の２強、ポルトガルとスペインによる世界分割の言説にシフトしていったのですが、振り返ってみると、その関心の原点は中学時代にありました。ある先生が歴史か社会の授業で、「このあたり（郷里の香川県西部）はぎりぎりでポルトガル領とされていた」という趣旨のお話をされていたのです。つまり大西洋に南北に引かれていた世界分割のラインは地球の反対側では岡山・香川のあたりをとおっていたということです。この話は長く忘れていましたが、脳裏に刻み込まれていたのでしょう。恩師でイギリス史研究家であった故・越智武臣氏が大学院生の私に世界分割に関する質問をされたとき、その記憶が鮮やかによみがえりました。

武田宙也（美学、第18章）

芸術と生の境界

幼いころから絵を描くのが好きで、思春期になると広く芸術一般に関心を持つようになりました。一方である時期から、芸術というのは美術館で観るような絵画・彫刻やコンサートホールで聴くような音楽だけを指すものだろうか、という疑問を抱くようになりました。たとえば私たちは普段から、道端で目にする草花のふとした美しさや、子どもが描いた落書きのなんともいえない味わいに心を動かされることがあります。しかしこれらは、あくまで日々の暮らしの一コマであって、一般に「芸術体験」とみなされることはありません。それでは、この日々の暮らし（＝生活）と芸術とはいったい何が違うのでしょうか？　言い換えれば、どこまでが芸術で、どこまでが生活なのでしょうか？　私のこれまでの研究の根底には、この芸術と生の境界（その不確かさ）をめぐる問いがつねにありました。

戸田剛文（哲学、第19章）

一回りして

特に何かがしたいというわけでもなく京都大学の創設時の総合人間学部に入学し、なんとなく哲学系の分野を選びましたが、難解な用語を使い賢そうに話す同じ分野の学生に反発し（嫉妬し？）、また以前は知りませんが、当時すでに京大生は裕福な家庭の子供も多く、そういう人々の高尚な感じにもいささかうんざりしている（嫉妬している？）中で、良き指導教員に出会い、少しずつ哲学の面白さに気付き始めました。もともと京都大学に対する勝手なイメージとして反権威のようなものをもっていて、それに対する共感というのがあったので（まあこれは勝手なイメージでしたが）、わりと批判的に物事をみる哲学という分野には合っていたのかなと思います。ですが、世俗という大勢を批判的に見ることが多い哲学者・学者の中にいるとそれにもなんとなく反感を覚え、一回りして元に戻るという、ようするに天邪鬼なところが僕の生の原動力です。

中嶋節子（建築学、第20章）

建築・都市・風景に刻まれる息づかい

高校生のときものをつくる職業につきたいと思い、そうだ建築家になろうと工学部の建築学科に入学した。当時のテレビドラマには、何故かお洒落でかっこいい建築家が登場し、そういう職業だと誤解したことが正直大きい。建築を学ぶうちに、新しいものを生み出すには歴史を知ることが大切だと思えてきた。先人の遺した建物には、それが建てられた時代の意匠、構造、材料、技術が詰め込まれているのはもちろん、それをつくった職人、建築家の思い、その建物を享受した人々の息遣い、背景にある社会や文化、政治、経済が深く刻まれている。ひとつの建物から見えてくる世界は想像以上に広くて深い。歴史研究の魅力に引きこまれた。それでもつくることへの興味は捨てきれず建築士の資格はとったものの、研究者の道を選択した。建築の歴史にはじまり、やがてそれらの集積としての都市へ、さらに都市から風景へと研究関心が広がっている。

未来からふり返る

地球と人類の未来

Introduction

PART Vで描かれる、あるいは描かれようとする未来の平和学には、まだ映像と音声が備わっていない。そして、「地球と人類の」とあるように、私たちの生きる環境、空間そのものを巨視的に捉えようとする。しかし、私たちは地球史の巨きさと知の危機をナイーブに受容するだけではなく、主体的に理念を投影していこう。

キーワードは「未来からふり返る」である。第21章は、未来世代間との正義の問題から、未来との関係を切り結び直す。第22章は、世界史の突端であるガザから、パレスチナのひとびとのただ一言を聞くために、西欧中心主義からいかにからだを翻せるか、と問いかける。第23章は、ミクロでナノな技術によってひらかれる現代文明の未来を示しながら、技術の担い手の責任を問い返す。第24章では、未来の宇宙に視点を設定し、地球外での共生に思いを馳せることで、現在の共生を「共生し続ける」ものとして考察する。第25章では「未来の終点」を見据え、そこから過去をふり返ることが、未来を見ることにつながると指摘する。

地球の水平線は日々に新しい。ふり返る、描き出す、切り拓く。未来を捉える動詞は、もっと無数にあるはずである。私たちの見せかけのリアリズムからは捨象されてきたそれを拾い上げるのは、地道な思考と、その横のつながりを意識してつくる私たちの協働性なのだろう。

第21章

世代間正義の哲学

〈近代の内破〉という課題

安部　浩
HIROSHI ABE
専攻は哲学（存在論、環境哲学、日本哲学等）。生きる糧は文藝（殊に詩歌）、音楽、美術、書道、遺物舊蹟、演劇（特に古典藝能）、映画等。

Key Words　世代間正義、世代間のライフボート・ジレンマ、新しい社会契約、仮想将来世代の制度化、直線的時間の変容

1　世代間正義という難題

地球と人類の未来を巡る問題系を形成している数々の難題の中でも、「世代間正義」こそは、その最右翼（の一つ）として挙げられうるであろう。初めに、これが難問である所以を詳らかにしておきたい。その為に、経済学者である小林慶一郎に倣って、世代間正義の問題を「世代間のライフボート・ジレンマ」（intergenerational lifeboat dilemma 以下「ILD」と略記する）と定式化することにする[1]。ILDとは何か。「一粒の麦、[...] もし死なば、多くの果を結ぶべし」[2]。同様に、数多の後続世代の存続の為には、それに先行する（少なくとも一つの）世代が——多大なる一時的犠牲と引き換えに——事態の抜本的打開に努むれば、それにて事足ることを我々人類は心得ている。しかるにそうした片務的な自己犠牲には凡そ何らの見返りもない。それよりも寧ろ、己一代の存続や保全に関する責任を自律的に果たすこと（別言すれば、自分の面倒は自分で見て、他に係累を及ぼさないこと）を己自身に対して堅く誓った上で、それをその都度全うしていくことこそが、各世代の本務なのである。その為、その時々の現在世代は、前述の捨身の行を挙って先送りにしていく。かくて我々はその回避策を予め知っていながら、むざむざと自滅の一途を辿ることになる。この知行

の不合一こそがILDに他ならぬ。

2 新しい社会契約とロールズの『正義論』の難点

では、かかるILD（世代間のライフボート・ジレンマ）に対して、我々は如何に応ずるべきであろうか。以下、本邦の近年の諸研究の中でも特筆大書に値する処方箋の一つとして、小林が唱道する「新しい社会契約」を取り上げることにしたい。卑見によれば、これは、米国の哲学者、J. ロールズ（図21-1）の主著である『正義論』にその理論的な支柱を求めつつも、「他者への共感」（A. スミス）、乃至は〈自己と他者の間での相互の承認〉なる発想の移植を以てして、同書の欠点を補わんとするものである。しからばその難点とは何か。夙に知られているように、ロールズは当該の書において、リベラルな社会の中核に据えられるべき「正義（justice）」（ここでは特に「公平（fairness）」と同義のそれが考えられている）の原理がいかなるものであるかを探究せんとする。そしてその為に彼は、いかなる共同体も未だ成立していないような仮説的状況を想定し、これを「原初状態（original position）」と呼ぶ[3]。この原初状態においては、各人は押し並べて「無知のヴェール（veil of ignorance）」を被せられている為、己が何者であるか――換言すれば、自らに備わっている社会的属性や知性、心理的傾向等がどのようなものであるか――を全く以て知らぬことになっている[4]。よってこの時、「誰でもない者」として不偏不党の観点から銘々の自己利益を図らざるをえぬ各人は何よりも先ず、（自分がどう転んでも損のないように）いかなる社会的立場の人をも相応に配慮する〈（公平としての）正義の原理〉を理性的な合議を通して選び取る筈である――こうした見立てが『正義論』の発足点をなす。ところが、たとえ原初状態において「世代間の貯蓄スケジュール」を取り決め、子孫に美田を恒久的に残し続ける手立てを講じようとも、そ

図21-1 ジョン・ロールズ（1971年）
出　典：*A Theory of Justice*（The Belknap Press of Harvard University Press, 1971版）のカバージャケットに掲載

の締結を遵守する合意――すなわち、如何程の時間を経ようとも、原初の決定事項と整合的である態度を保持し続けていく合意――を（合理的な計算に基づいて）後から反故にすることはいくらでも可能であり、そしてまた自らの利得を最大化すべく、後続世代に有用物を何も残さぬ暴挙に及んだところで、現在世代は誰からも罰せられる訳ではない点に、小林は同書の議論の難点を認める。これを要するに、ロールズ流の合理的・利己的人間観の下では、公正な世代間貯蓄の「時間整合性（time consistency）」の堅持は難事であるという指摘である[5]。

3　仮想将来世代の制度と『正義論』との関係

そこで小林は『正義論』における如上の人間観の偏向（と彼が考えるもの）を前述の〈自他の相互承認〉によって補正することを企図する。すなわち彼は、「将来世代の利益を擁護する政治アクター（仮想将来世代）を［…］新たな制度として創設する」[6]ことを合意する「新しい社会契約」を提案する。ここで「仮想将来世代」とは、経済学者、西條辰義が提唱し、国際的にも注目を大いに集めている政策決定の新手法（「フューチャー・デザイン」）の中で行われるロール・プレイング・ゲームにおいて、将来世代の役柄を演じることで、彼らの後世の利益を代弁し、擁護する立場から、現下の政治的意思決定に参画する現在世代の成員の謂である。だが前掲の言が示すように、小林の主張の独自性は、この仮想将来世代を制度化する必要性を強調するところにある。そしてその理由が、上述の〈相互承認〉なる発想の導入による『正義論』の修正の試みと密接に関係していることは、次の二つの引用文からも明らかである。「遠い将来世代まで射程に入れた世代間利他性は、広く社会全体では一般的な承認を受けられないとしても、『仮想将来世代』として創設された集団の中では、構成員相互の集団的承認を得ることができる」[7]。「その［『仮想将来世代』の］構成員は［...］相互の承認のメカニズムによって、将来世代の利益を第一に考える思考習慣を身に付けるようになるであろう」[8]。

しかしながら小林によれば、仮想将来世代の制度化はそもそも、「無知のヴェールで覆われた原初状態において、新しい社会契約として合意される」[9]ことで可能になる以上、『正義論』の修正を企図する彼の議論は――その注目すべき新基軸にも拘らず――先述の如く、あくまでも同書の理論的な枠組みを前提し、それを踏襲するものであると言わねばなるまい。しかるに、以上のように仮想将来世代の制度化の基盤をなす同書の所説はそれ自体、果たして磐石であると言えるのであろうか。

4 仮想将来世代の制度化の過程

今述べた点を検討する為の布石として、ロールズの所論に準拠した場合、仮想将来世代なる制度の創設（imaginary future people 以下「IFP」と略記する）が原初状態において如何なる仕方で合意されるに至るかを考察してみよう。既に見た通り、本制度は世代間正義の確保に資する為に新たに考案されたものであるが、周知のように、これと同じ目的を果たすべく、ロールズ自身は、後続世代の為に相応の財を遺すことで「各世代が先人から応分のものを受け取り、後来の人々の為に適正な取り分を渡すことを保証する」[10]ところの「適切な貯蓄の原理（just savings principle）」（「JSP」と略記）の制定を原初状態において取り決める必要のあることを予てより提唱している。よって『正義論』の議論の枠組みでは、IFPの設立はJSPの設定の延長線上に位置づけられることになる。つまり両者の合意の順序は〈JSP → IFP〉である。だがロールズの見るところ、JSPは後述の「格差の原理」（difference principle「DP」と略記）が狙いとする不平等の是正を世代間においても達成することによって、後者の原理を補完せんとするものである。そしてそうである以上、両者が承認される順番は〈DP → JSP〉となる。

かくてIFP（仮想将来世代の制度）の合意は〈DP（格差の原理）→ JSP（適切な貯蓄の原理）→ IFP（仮想将来世代の制度）〉という手順を経て行われることになるが、既述の通り、ロールズによれば、原初状態の場に集う人々が先ず承認するものは正義の原理である。詳言すれば、その原理には次の二つがある。一つは、「各人は、万人にとっての同様の体系と両立可能である限りで最も広範なる〈均等な基本的自由の体系全体〉に関して均等な権利を有すべきである」[11]旨を説き、人々の基本的自由を保障する「正義の第一原理」である。この第一原理は簡便に「自由の原理」とも呼ばれる（liberty principle「LP」と略記）。もう一つは、（a）「格差の原理」（すなわち前述の「DP」）と（b）「公平な機会均等」（fair equal opportunity「FEO」と略記）の条件が共に満たされている限りにおいて、人々の間に存在する不平等を認める「正義の第二原理」であり、具体的には以下の如きものである。「社会的・経済的不均衡は次のように調整せられるべきである。すなわちそれが、（a）適切な貯蓄の原理と整合的である限りにおいて、最も不遇な人々の利益（しかも最大限に期待される利益）になると共に、(b) 公平な機会均等という条件の下で万人に対して開かれている地位や職には、かかる不均衡が付いて回るものとなるように、である」[12]。但しここで注意すべきは、ロールズにとって、LP、DP、FEOは互いに等価ではなくして、寧ろ三者には優先順位が認められる点である。すなわち彼の所謂「優先規則」(第一と第二のそれ)[13]の説くところを要するに、それは、1.LP、2.FEO、3.DPの順である。

上来の議論により、『正義論』の理論的枠組みに即して考えた場合、IFP［仮想将来世代の制度］が制度化されるに至る方途は、〈LP［自由の原理］→ FEO［公平な機会均等］→ DP［格差の原理］→ JSP［適切な貯蓄の原理］→ IFP［仮想将来世代の制度］〉となる。しかるにここで、最初の三者の序列が別様ではなくして、まさにかく定められねばならぬ所以は那辺にあるのか。以下、それを我々なりの仕方で——とはいえ無論、能う限り事柄に即して——考察してみよう。

5 DP (格差の原理) の説明の一解釈

当該の三者の順位 (LP［自由の原理］→ FEO［公正な機会均等］→ DP［格差の原理］) を導出する『正義論』の理路とはいかなるものか。それを窺測する上で手掛かりとなるのは、DPの説明が行われている同書の次の一節である。「格差の原理が実際のところ表現しているものは、［個々人の］生得的な才能に係る［天の］配剤 (distribution) を或る点で［社会］共通の資産と見做し、この配剤が齎す［社会の成員同士の］相互補完によって可能にされるところのより一層大きな社会・経済的便益を［皆で］分かち合うことの合意である」[14]。以下、これを我々なりに敷衍しつつ、前述の理路の究明に努めることにしたい。

前掲の一節の趣意は三つの主張から構成されているように思われる。文言の上では明示的に表れていないとはいえ、これらの主張の筆頭に挙げられるべきは、西洋において古来有力であるところの或る正義観である。それを良く示しているのは、人口に膾炙した次の法諺に他ならない——「各人にその人のものを帰すること、まさにそれこそが最高の正義なり (Suum cuique tribuere, ea demum summa iustitia est.)」。つまりこの第一の主張に従えば、各人にその取り分を厳正に配当することこそが正義なのである。

だがここで次のような問いが生ずる。正義を実現すべく、各人に公正な配分を行う際、何処から何処までが、その正当なる取り分であるのか。別言すれば、そもそも何が〈その人のもの〉ではないのか。上述の通り、原初状態に集う者は銘々、無知の覆いを被せられ、自分がどのような人間であるかを一切知りえない訳であるが、その際、この自己認識の遮蔽の範囲は、己の「生得的資産（natural assets）や能力を巡る［天の］配剤における運（fortune）」[15]にまでも及ぶ。すなわちロールズに従えば、各人の天分は単なる偶有性にすぎぬのであって、その当人に本質的に帰属しているものではない。寧ろそれは我々の社会の「共通の資産」なのである。よって非凡なる才能を発揮して成功を収める人物が（原初状態の後に）世に出るにせよ、それは彼（女）が刻苦勉励したというよりは、時の運に偶々恵まれたことを意味する。さすれば、その偉業が齎す財は——それが本人の勤勉の所産たる〈個人の正当な取り分としての財〉である限りにおいては——当該の人物のものでもあるとはいえ、さりとてその財は、総体としては決して彼（女）だけのものではないと言わねばならぬ以上、かかる財の全てを彼（女）に我が物顔で専有させることは正義に反する。これが第二の主張である。

では件の偉才の生み成せる財は、誰のものでもあるべきか。第三の主張曰く、当の偉才の稟性が畢竟、社会の「共通の資産」である限りにおいて、その財は社会全体のものでもあるのでなければならない。その意味で、この財（正確に言えば、その財の中、天賦の才が齎した〈好運による財〉である部分）は社会の成員間で分かち合われるべきであるが、但しその際、当の財を以てして恤救（じゅっきゅう）せられるべきは就中、最も困窮せる人々——本人の落ち度というよりは寧ろ、最も甚だしき不運に偶々見舞われることで憂き目を見る人達——であると定めることが、社会の成員同士による「相互補完」となり、理に適っていると言えよう。

6 〈LP → FEO → DP〉なる順位の所以とロールズへの批判

万一如上の解釈に大過なくば、これを踏まえることによって、懸案の三者の序列（LP［自由の権利］→ FEO［公平な機会均等］→ DP［格差の原理］）が導出される所以を我々は以下のように再構成しうるであろう。すなわちそれは、〈1．社会の各成員に各種の基本的自由の均分（＝LP）を先ず行い、2．次いで機会均等の保障の下で自由に競争しあう各人の能力・功績に応じた財の不平等な分配（＝FEO）を一旦認めた後で、3．個々人の天分（乃至は生得的資産）の偶然的な相違が招来する社会・経済的格差を然るべく是正する為に、当該の財の再分配（＝DP）を改めて実施する〉といった理路である。

しかしながらロールズの如上の立論に対しては種々の反駁が既にして存在している。夙に知られている通り、例えばR. ノージックは次のように難ずる。「人々の生得的資産が道徳的観点から見て恣意的なものであるか否かを問わず、その人々にはこれらの資産、及びそこから生じてくるものに関する権限が与えられている」[16]。この駁言の眼目は、有能な個人が天分によって贏ち得たものは本来、その全てが当人の「権原（entitlement）」――つまり自らの手で正々堂々と得た財は、これを誰憚ることなく享受する資格が自分自身にあることを正当ならしめる根拠――に基づいて当人に帰属すべきであるにも拘らず、この〈権原に基づく財〉なる当該の個人の然るべき取り分を社会全体で再分配することをロールズはDP（格差の原理）の美名の下で不当にも強いているという点にある。

ロールズへのかかる批判をノージックが信奉するリバタリアニズム（就中、その個人的所有権至上主義）に帰することは無論誤りではないが、とはいえ、それを以て能事畢矣となすのは早計であろう。かく述べる理由はこうである。既述の通り、ノージックの所謂「権原」に基づく財をロールズは、〈個人の正当な取り分としての財〉と〈好運による財〉に二分し、後者をDPによる社会的再分配の対象とする。しかるに誰しもが認めざるをえないように、この二種類の財は、正確には区別されえないのではないか。だがそうであるならば、ロールズのDPは、有為な人々に不当な自己犠牲を強いかねないという謗りを原理的には免れえないことになる。それ故、これらの人々に彼らのものを帰することに成功しているとは到底言いえぬ以上、先述の第一命題――「各人にその人のものを帰すること、まさにそれこそが最高の正義なり」――に鑑みるに、〈ロールズは正義に悖るの虞無しとせぬ〉と我々は断ぜざるを得まい。以上のように、ロールズが依拠している（と思しき）件の命題に訴えることで、当のロールズの所謂DPの妥当性を反問せんとする狙いこそが、ノージックの前掲の言の深意ではないかと解せられるのである。

7　近代の内破――自己責任概念の極大化による世代間責任の可能性

事実、〈個人の正当な取り分としての財〉と〈好運による財〉の適切な峻別など、全知全能ならぬ我々にとっては凡そ不可能事であろう。だがそうであれば、DP（格差の原理）は正当性を欠き、原初状態における承認を得るに足らぬものであることになる。そしてこのことは無論、(そもそもDPに関する合意なくしてはなしえないところの)JSP(適切な貯蓄の原理)、及びIFP(仮想将来世代の制度)の制定もまた画餅に帰することを意味する。従って上来の議論により、『正義論』の所論には難点が潜んでいることが明らかとなった今、その理論的な枠組みに則った仮想将来世代の制度化の企図は、生憎至難の業に他ならぬという結論に我々は至らざるをえぬのである。

かくて我々は振り出しに戻り、小文の劈頭の問いに立ち返らざるをえぬことになる。すなわち、世代間正義の問題、就中ILD(世代間のライフボート・ジレンマ)に我々はどのように立ち向かうべきか。以下、この問いに対する我々なりの展望を粗描することにしたい。

先の概観からも明らかなように、ロールズの議論、及びそれに対するノージックの批判においては、「各人にその人のものを帰する」こととしての正義の内実を如何に把握すべきかが考察の焦点(の一つ)となった。これは私的所有、ひいては自己統治や自己責任――すなわち、〈自らに関して、しかも自らに対して責任があること〉[17]という意味におけるそれ――に係る問題であると言えよう。そしてより一層重要であるのは、今述べた意味での自己責任が、ILDを招来する思考法とでも称すべき〈その時々の現在世代による自治と自決〉の根幹をなす当の概念でもあるということである。

しからば、ILDの解決の為には、自己責任の概念の超克が必要であることは明らかである。さりながら他方において、近代の重要な遺産の一つである当該概念を闇雲に全否定することが愚挙であることもまた贅言を要すまい。ではどうすべきか。卑見によれば、我々の真の課題は、この自己責任なる近代的思考を正面から引き受け、その先鋭化(具体的に言えば、当該概念の極大化)を通して、却って将来世代に関する責任へと到る道を探ること――約めて言えば、近代の内破――にこそある。そしてその際、活路を拓くのは、我々の近代的な時間理解たる直線的時間を変容させる作業であるように思われる。どういうことか。

過去から現在、そして未来へと一方向的に進んでいく直線的時間。我が国の哲学者、九鬼周造がいみじくも指摘したように、この概念は蓋し〈或る時点における世界の状態が再度生ずることはない〉という一事を前提している[18]。別言すれば、直線的時間の不可逆性は同一の出来事の反復不可能性に基づいていると思しい。だがこの前提は決して不可疑のものではない。遠くはウパニシャッドや佛教における輪廻の教理、或いはストア派の宇宙再生論(palingenesia)、近くはドイツの哲学者、ニーチェの「同一物の永遠回帰」の説等、右の前提に異を唱える思想が古来散見することは、その証左である。

ではこれらの所論に従い、世界の諸状態の系列は無窮に繰り返されうることを認める見地に立ってみよう。周知のように、ドイツの哲学者、ハイデガーは我々の日常的な時間理解たる「世界時間」の規定の一つとして「日付可能性」を挙げた[19]。例えば「今」が我々にとっては常に〈〜している最中である今〉に他ならぬように、それぞれの時点は、当の時点に固有な時間の内実たる一定の「世界内部的」な出来事と不可分である。これが右の規定の主旨である。時間とその内実たる出来事との一体性を説く、かかる主張に鑑みるならば、同一の出来事の永劫回帰に関する如上の承認とは取りも直さず、時間それ自体の永劫回帰を是とすることに他ならぬ。つまりその際、九鬼も強調するように、時間は（その可逆性の故に）絶えず「厳密に円を描いている」[20]ところの「『車輪』として象徴される」[21]ことになる。故に、この円環的時間においては（例えば100億年後（？）の）宇宙の終焉の時点は、今から凡そ138億年前に「高温高密度の火の玉状態」（第1章第4節「ビッグバン宇宙」を参照）から宇宙が始まる瞬間と厳密に一致する。映画「2001年宇宙の旅」において、或る登場人物が老衰の果てに胎児の状態（「スター・チャイルド」）へ立ち返るように（PART II第10章を参照）、万物の歴史はその終極に至った刹那、劫初とそれ以降の過程を再度正確に繰り返していくのである。これを「第一命題」と呼ぼう。

さてここで上述の「直線的時間の変容」について説明したい。その要点は、先述した直線的時間の前提を緩和して、これを〈同一の出来事は必ずしも反復不可能であるとは限らない〉という新前提に置き換えることにある。それにより、旧知の直線的時間に円環的時間が重ね合わせられるに至る。かくて今や、我々の時間理解は二重化せられるが、その際、特筆に値するのは、かかる直線・円環的時間概念は、尋常の時間理解たる直線的時間と齟齬を来たす訳ではないことである。事実、この直線・円環的時間は、宇宙の開闢から終末に至る迄の直線的時間の全容をそのあるが儘の姿――正にそれが別様にはありえず、専らそのような仕方においてのみ存在しているあり方――に即して包摂している。つまり、通常、直線的時間の下で我々が現にそれを生きているところの経験的事実を些かも改変することなく、我々は如上の二重の時間理解を採用しうるのである。

しかしながら他方で、九鬼が説いたように、直線的時間と円環的時間には以下の如き相違点があることも看過せられるべきではない。仮に私がn回目の周期の宇宙に存在しているとしよう。そしてこの周期上の直線的時間における過去・現在・未来を「過去（n）」、「現在（n）」、「未来（n）」と表記することにしよう。これらは無論、銘々相異なり、互換的ではない以上、かかる三者からなる直線的時間は不可逆的な仕方で進行していくことになる。しかるに今述べた「現在（n）」は別の宇宙周期においても——例えばn－1回目の周期の現在、或いは又、n＋1回目の周期における現在（以下、それぞれを「現在（n－1）」、「現在（n＋1）」と略記する）として——反復せられるものであるが、これらは皆（その内実たる世界の状態共々）全く同じ一つの事象に他ならず、相互に交換可能である（「第二命題」）。そしてそれ故にこそ、円環的時間は可逆的なのである。

それでは、直線的時間のかかる変容——すなわち如上の差異を孕みつつ、直線的時間が円環的時間と二重写しになること——に伴って、件の自己責任の概念は如何にして最大化せられることになるのであろうか。試みに今、我々が現在（n）において自己責任を——従って自らに対して、自らに関する責任を——負うていると仮定する。この仮定と第二命題より、その際、我々は現在（n）において、現在（n－1）における我々に対して、現在（n＋1）における我々に関する責任をも担っていることになる（第三命題）。そこで、この第三命題が述べる〈現在（n＋1）における我々自身に関して、現在（n）の我々が負うている責任〉の内実を審察してみよう。直線的時間に則って因果的に考えるならば、現在（n＋1）の世界の状態は——ということはつまり、当該時点における我々の存在もまた——このn＋1回目の周期における宇宙の開闢に端を発する出来事（及び存在者）の系列によって可能になる。だが第一命題によれば、当の開闢はn回目の周期における宇宙の終極と同一である。しかもこのn回目の終極はそれ自体、これに先行する出来事と存在者の系列（例えば未来（n）におけるそれ）が因果的に可能ならしむるものに他ならない。すると以上の議論を基にして、我々はこう結論しうるであろう——現在（n＋1）における我々自身に関して、現在（n）の我々が担っている責任は、当該の責任が達せられる為の必要条件として、現在（n）の我々が未来（n）における出来事や存在者（従って又、未来世代）に関しても責任を負う必要があることを含意する。

他方で第三命題によれば、現在（n）において我々はまた、現在（n－1）の我々に対する責任を担っているのであった。このことは何を意味しているのか。現在（n－1）には畢竟、n－1回目の周期における宇宙の終極が後続する訳であるが、第一命題に従うならば、この終極はn回目の周期における宇宙の開闢そのものである。

そして今述べたn回目の開闢の後には更に、或る特定の出来事（乃至は存在者）の系列――例えば過去（n）におけるそれ――が連なることになる。以上を要するに、〈現在（n－1）→n－1回目の宇宙の終極＝n回目の宇宙開闢→過去（n）〉である以上、現在（n）における我々から見た場合、現在（n－1）とは、過去（n）の延長線上に（但し無論、その遡行的な半直線の遥か先方に）位置づけることが可能なものであると言える。すると我々は次のように言わねばなるまい。現在（n）における我々にとって、現在（n－1）の我々自身に対して担われるべき責任は、当の現在（n）の我々（現在世代）が先ず過去（n）の存在者の系列に対して（ということはつまり、過去世代に対して）責任を負い、次いでこの責任を更なる過去へ拡張していくことによって初めて果たされうるのであってみれば、そもそも過去（n）に対する責任なくしては、現在（n－1）に対する責任もまた凡そありえない。

直線・円環的時間なる二重の時間理解の下では、自己責任の概念はILD（世代間のライフボート・ジレンマ）の元凶であるどころか、却って現在世代が過去世代に対して、未来世代に関する責任を負うことを可能ならしめる当のものへと化しうる――素より粗笨極まる論述にすぎぬとはいえ、右の結論が導かれる理路は大略、以上の通りである。

8 結語に代えて

最後に、本章の如上の考察を踏まえ、序章の問題提起（平和学の理念の構築を阻害する「わけ知り顔のリアリズム」）に関して一言しておきたい。先ず確認せられるべきは、（世界を動かしているのは裏事情以外の何物でもない旨を説く）この「リアリズム」はそれ自体、いかなる意味においても当の「裏事情」に属するものではないことである。寧ろそれは――思想を拒絶する思想、乃至は理念に反対する理念として――それ自身も又、一個の思想・理念に他ならない。かかる〈理念否定の理念〉は就中、小説家、高橋和巳の所謂「平和に耐える理念」[22]、すなわち「［戦時の］極限状態でえた認識の［平時における］日常化と新たな活用」[23]を追究すべき「平和に耐える思想」[24]の形成を阻害してきた。だが「世界の微細なリアリティに迫るまなざし」（序章第4節を参照）を以てして、今一度、我々の日々の生活と社会の有り様を正視してみよう。メディア戦、心理戦、文化戦、生態戦、技術戦、サイバー戦、貿易・金融戦、経済援助戦、国際法戦等々――この泰平の世の暮らしは、かくも一般化し、多様化した「非軍事の戦争行動」[25]にどれほど満ち満ちていることか。「戦時」と二者択一の関係にある「平時」としてではなくして、両者の境界が不分明な〈平和と戦争の二重写し〉として、他ならぬ我々自身の日常生活を具に見つめ直すこと。我らが時代の平和学（より正確には「平和・戦争学」）の出立点は蓋し、まさにここにある。

注

1 小林慶一郎［2019］『時間の経済学――自由・正義・歴史の復讐』ミネルヴァ書房、2頁。
2 日本聖書協会［2003］『舊新約聖書』、154頁（ヨハネ傳福音書12. 24）。
3 John Rawls［1971 / 1999］*A Theory of Justice*, Cambridge, Massachusetts : The Belknap Press of Harvard University Press / Oxford: Oxford University Press（Revised edition), p. 12 / 11.（斜線記号「/」の前の頁番号は初版、後の頁番号は改訂版のそれを表す。以下も同様）。
4 Ibid.
5 小林『時間の経済学』48頁以下、180頁以下。
6 同、184頁以下。
7 同、191頁。
8 同、186頁。
9 同、183頁。
10 Rawls, *A Theory of Justice*（*Revised edition*), p. 254.
11 Rawls, *A Theory of Justice*, p. 302 / 266.
12 Ibid.
13 Ibid., p. 302f. / 266f.
14 Rawls, *A Theory of Justice*（*Revised edition*), p. 87.
15 Rawls, *A Theory of Justice*, p. 12 / 11.
16 Robert Nozick［1974］*Anarchy, State, and Utopia*, New York: Basic Books, p. 226.
17 ここで「～に関して責任がある（to be responsible for; verantwortlich sein für)」が〈責任の対象〉に関する責任を意味するのに対し、「～に対して責任がある（to be responsible to; verantwortlich sein vor)」とは、その対象に関する責任が然るべく果たされているか否かを判定するところの〈責任の審級〉に対する責任の謂である。
18 九鬼周造［2016］『人間と実存』岩波書店、207頁。
19 Martin Heidegger［1927］*Sein und Zeit*, Halle a. d. S.: Max Niemeyer, p. 407.
20 九鬼『人間と実存』、207頁。
21 同。
22 高橋和巳［1971］『邪宗門（下)』新潮社、130頁。
23 高橋和巳［1979］『人間にとって』新潮社、130頁。角括弧内は引用者による補足。
24 同、129頁。
25 喬良・王湘穂／坂井臣之助監修（劉琦訳）［2020］『超限戦　21世紀の『新しい戦争』』KADOKAWA、76頁。

第22章

《ガザ》から展望する世界と文明の未来

岡　真理

MARI OKA

パレスチナ問題とアラブ文学を両輪に、エグザイルを生きる人間のその生の低みから、人間とこの世界について、現代世界を規定する植民地主義とレイシズムについて、そして人権と国民国家の問題等について考えています。パレスチナ問題を文学的に研究することは、近代的学知の西洋中心主義について気づかせ、難民的生という例外状況を生きる者たちの経験からこの世界を解釈するという貴重な普遍的視座を与えてくれました。

Key Words　文明と野蛮、パレスチナ難民、ガザ地区、ダーバン宣言、「普遍的人権」

この宇宙が創造され、太陽系の片隅に地球が誕生し、その惑星に生命が生まれ、それが陸上生物となり、哺乳類、そして霊長類に進化し、ヒトがやがて人間となり、その人間が文明を生み出し、その文明の先端に私たちは今、生きている。その未来を展望するために、私たちが現在、生きている21世紀前半のこの世界の今がどのような世界なのか見つめてみたい。

1 過ちは繰り返されなかったか

21世紀の世界の現在は、当然のことながら20世紀とそれに先立つ世紀の歴史の上に築かれている。では、20世紀とは人間の歴史においてどのような時代であったのか。数千年にわたる人類史に特筆されるべき20世紀の出来事として私が挙げるとすれば、二度の世界大戦、そしてホロコーストと広島・長崎への原爆投下だ。

原爆（あるいは核兵器）は、人間の文明が人間に対していかなる害悪をもたらすかを人間に知らしめた。だが、そんなことは、原爆が投下されるはるか以前から、近代500年の歴史を通して、「文明化の使命」の旗印のもとヨーロッパ列強の植民地にされた世界中の者たちが、その身をもって体験し熟知していたことだ。犠牲者がアフリカやアメリカ大陸やアジアの者たちである限り、「文明」は、たとえ破壊兵器、殺戮兵器であろうと――いや、そうであればあるほど――「人間」を富ませ、そして「世界」に益をもたらした(「人間」とは西洋白人のことであり、「世界」とは西洋世界のことだ)。ホロコーストと原爆投下は、植民地主義を可能にした人種主義と、近代世界を可能にした「文明」システムが相まった、500年にわたる近代西洋の暴力のひとつの頂点だと言える。

「野蛮」とは、人間の人間性――他者もまた自分と同じ人間であること――を否定することだが、「文明」と「野蛮」を対立的に考えるのは、人種主義をその文明的本質とする西洋世界の世界観に私たちが絡めとられているからだ。過去200年、西洋世界は普遍的人権主義を掲げつつ、その「文明」の利器たる破壊兵器、殺戮兵器を駆使し、世界じゅうを植民地化した。普遍的人権主義「にもかかわらず」ではない。それと「ともに」だ。近代200年の西洋は、非西洋人は「人間」ではない、少なくとも普遍的人権概念が適用される西洋人と同じ人間ではないということをその歴史的実践を通して表明してきたのだった。原爆はそれを端的に例示している。広島と長崎で異なるタイプの原爆が投下されたのは、彼らにとって日本人が文字どおり黄色いサルでしかなかったからだ。

ナチス・ドイツは600万ものヨーロッパ・ユダヤ人のジェノサイドをおこなった。第一次世界大戦において「同胞」として祖国のために闘ったドイツやフランスのユダヤ人は、セム人として人種化され、工場における大量生産を可能にしたフォードシステムを想起させる「流れ作業」で組織的かつ効率的にガス室で「処理」された(アウシュヴィッツが「死の生産工場」と呼ばれる所以である)。人間の歴史は無数のジェノサイドで満ちているが(そしてまた20世紀は、ソ連、中国、カンボジアなど、体制による自国民のジェノサイドに特徴づけられる時代でもある)、ホロコーストは原爆同様、ヨーロッパの本質たる「人種主義」と「文明」の産物である。

20世紀の後半は、その前半に「世界」が経験した、これらの惨禍に対する反省の上にある。アウシュヴィッツ解放記念日、そして広島の原爆忌には、毎年、世界の国々の代表が式典に臨み、広島の平和公園の記念碑に刻まれている誓いが繰り返される――安らかに眠ってください、過ちは二度と繰り返しませんから。21世紀の地球社会に生きるとは、この誓いを生きるということを意味する。では、アウシュヴィッツで、あるいは広島で、70年以上誓われ続けている、二度と人類が繰り返してはならない過ちとはいったい何のことだろうか。第二次大戦後も数多くのジェノサイドがあったが、ユダヤ人に対するジェノサイドは起きていない。核実験や戦闘における劣化ウラン弾の使用による被曝はあるが、戦争で核兵器それ自体が使用され、大量死を招くという事態は起きていない。私たちは「誓い」を守っているのだろうか。そう誇りをもって断言できるだろうか。死者は安らかだろうか。

2 繰り返される悲劇

1947年11月、国連総会は、ナチスの支配から解放されたものの行き場がなく、連合軍の占領下に収容されている25万人ものユダヤ人難民問題を解決するために、パレスチナを分割し、そこに「ユダヤ国家」を建設することを賛成多数で可決した。

19世紀末、ヨーロッパのユダヤ人のあいだで、パレスチナにユダヤ国家を建設するという政治的プロジェクト（シオニズム）が生まれた。シオニストはパレスチナへの入植を開始、国連委任統治の名でパレスチナを植民地支配する英国の後ろ盾のもと、入植活動を推進した。これに危機感を抱いたアラブ人が1936年には反乱を起こしている。しかし、第二次世界大戦の戦勝国主導の国際社会は、ヨーロッパの反ユダヤ主義が生んだシオニズムに乗っかって、ホロコーストとは関係のないパレスチナ人にその代償を支払わせる形で、ヨーロッパにおける歴史的な反ユダヤ主義の犠牲者であるユダヤ人問題の解決を図ったのだった。

国連の分割案で「ユダヤ国家」とされる地域のユダヤ人口は6割だった。のちにイスラエル初代首相となるシオニズムの指導者、デヴィド・ベングリオンは決議を受けて、ユダヤ人口が6割では強力かつ安定的なユダヤ国家にはならないと語った。強力かつ安定的なユダヤ国家であるためには、ユダヤ国家内のパレスチナ人を可能なかぎり排除する必要があるということだ。民族浄化の教唆にほかならない。こうして、国連分割案決議の直後から、翌年5月のイスラエル建国をはさんで一年余のあいだ、のちにイスラエルとなるパレスチナの各地で、パレスチナ人に対する民族浄化——強制追放、集団虐殺、レイプ——が起こった。イスラエル出身のユダヤ人の歴史家、イラン・パペは、パレスチナ人の追放は、シオニスト指導部による民族浄化計画（D（ダーレト）計画）に則って遂行されたことを実証的に明らかにし、100万人以上のパレスチナ・アラブ人が暮らすパレスチナの地に、可能な限り純粋なユダヤ国家を建設するためには、パレスチナ人を民族浄化することが不可欠であり、パレスチナの民族浄化はシオニズムのプロジェクトに不可避的かつ本質的に孕まれていたと批判している。

こうして70万人以上のパレスチナ人が、故郷の村や町を追われ、1948年には占領を免れたヨルダン川西岸地区やガザ地区、そしてヨルダン、レバノン、シリア、エジプト、イラクなど、近隣のアラブ諸国に渡り、難民となった。75年後の現在、国連に登録しているパレスチナ難民は600万人近くにのぼり、今なお難民キャンプ暮らしを余儀なくしている者たちも多い。難民となることなく、パレスチナにとどまった者たちもいるが、そこはユダヤ人のためのユダヤ国家となり、ユダヤ人ならざる彼らは故国の地にいながらにして異邦人となってしまった。1948年、パレスチナ人の身に起きた、この故国喪失の民族的悲劇をアラビア語で「ナクバ」（「大いなる破局」の意）という。

ナクバでは、デイル・ヤーシーン、タントゥーラ、ダワーイメをはじめ、パレスチナの各地で集団虐殺が起きている。ユダヤ軍（イスラエル建国後はイスラエル国防軍）が占領した村では、パレスチナ人の男たちが集められると一列に並ばせられ、穴を掘らされた。そして一斉射撃。女と子供たちは村から追放される。夫や父親、息子の遺体を目に焼き付けながら。それは、数年前まで、ヨーロッパのユダヤ人の身に起きていたことだ。「ユダヤ人の祖国」は、パレスチナ人を現代のユダヤ人とすることで誕生したのだった。

3　信仰の人種化

ここで指摘しておきたいのは、ホロコーストとナクバという二つの出来事の外形的な類似性だけでなく、その内在的論理の共通性である。近代ヨーロッパでは、ユダヤ教徒は、アーリア人であるキリスト教徒のヨーロッパ人とは別の人種、セム人に人種化された。信仰が人種化されることで、ユダヤ人であることは、改宗しても変えることのできない「血」の問題となった。一方、パレスチナをはじめ中東のイスラーム世界では、キリスト教徒もユダヤ教徒も、同じ創造主（アッラー）から人間へのメッセージ（啓示）を書物の形で賜った「啓典の民」として共生してきた。エルサレムは、ユダヤ教、キリスト教、イスラームという三つの信仰の聖地であり、多様な信仰や民族に開かれていた。ひとつの信仰や民族による排他的専有とは対極の価値観である。中東・イスラーム世界において、人がユダヤ教を信仰するユダヤ人であり、同時に、アラビア語を母語とするアラブ人であることは何ら矛盾することではない。そのパレスチナの地を神がユダヤ人に与えた「約束の土地」であるとして、シオニストは、ユダヤ教徒を「ユダヤ人」、ムスリムとクリスチャンのパレスチナ人を「アラブ人」として人種化し、後者がこの地に住まう権利を否定したのだった。

かつて、ヨーロッパ人キリスト教徒に再征服されたイベリア半島で、ムスリムとユダヤ教徒の住民は「改宗か追放か」を迫られた。近代以前、それは「信仰」の問題であり、そうであるがゆえに、キリスト教に改宗することで、故郷の地にとどまることが可能だった。それと同じロジックが、500年後のヨーロッパでナチス・ドイツにより、信仰の人種化という近代的ひねりを加えられて、ヨーロッパ・ユダヤ人に対して繰り返された。クリスチャンであっても、世代を遡ることでユダヤ人の「血」が流れているとされ、最終的に彼らは、故国に住まう権利のみならず、人間として生きる権利それ自体を否定されたのだった。そのユダヤ人がナチス・ドイツの支配から解放された3年後、シオニストによって、ひとつの信仰による土地の排他的専有と信仰の人種化という西洋の歴史的ロジックが、パレスチナのムスリムとクリスチャンに対して繰り返されたのである。

「パレスチナ問題」が「アラブ人」対「ユダヤ人」の民族対立であるという観方それ自体が、シオニズムによって創られた認識の枠組みで問題を見ていることになる。ナチスのユダヤ人迫害を、「セム人」対「アーリア人」の対立と見ることが、ナチスのロジックに加担するのと同じであり、誤っているのと同様である。パレスチナ問題における真の対立は、人種主義及び他者との共存共生を否定する民族的一者による排他的世界観という西洋起源の価値観と、異なる者たち、異なる価値観と平和のうちに共存共生するという価値観の対立である。この問題の本質を捉えそこなっている限り、パレスチナとイスラエルの「紛争」をめぐって提示される――人種主義に根差す排他的価値観を、軍事力や「世界」の政治力によって犠牲者に強いる――いかなる解決も現実には機能しない。なぜなら人間は、歴史が証明しているように、その存在の本質において、自由と正義と尊厳を希求するからだ。

4 ダーバン宣言

ユダヤ人のジェノサイドは人間が人間に対して犯した大いなる過ちだった。人間を人種化し、異なる人種とすることで彼らに自分たちと対等な人間性を認めず、同じ人間として生きる権利を認めないこと。それは、近代500年の歴史を通して、西洋世界が非西洋世界に対して植民地主義を通して実践してきたことだが、それが20世紀半ばの数年間、彼ら自身の社会で、ナチスによるホロコーストという形で凝縮して生起した。この過ちを繰り返さないとは、なんぴとに対してであろうと、その人間性が否定され、人間らしく生きる権利が否定されてはならない、ということであるはずだ。ヒロシマの教訓とは、日本人だけが二度と核兵器の犠牲にならない、ということではないように。死者が願うのは、なんぴとも、このような死を死んではならない、人間が人間らしく生きるという権利を奪われてはならないということであるはずだ。

近代日本は、アジアにありながら「西洋」にならんとし、西洋同様、人種主義を自己の価値観にして、植民地主義によってアジアの人々が人間らしく生きる権利を踏みにじった。その歴史がこの国、この社会に今、生きる者たちに課す責任と同時に、「唯一の被爆国」を名乗る国の市民である私たちには、核兵器の使用に対してのみならず、他者の人間性を否定する人種主義と、人間が人間らしく生きる権利を奪われているという事態に対して、積極的に「否」の声を上げる責務を負っていると言えるだろう。

2001年、南アフリカのダーバンで開催された「反人種主義・差別撤廃世界会議」で採択された宣言では、植民地主義が非難され、奴隷制が人道に対する罪として認められた。西洋の人種主義と植民地主義の犠牲となり、普遍的人権を否定されてきた者たちは、この世界に生きるすべての人間に同じ人間性が認められることを求めて、日々、闘い続けている。2001年のダーバン宣言は、現段階におけるひとつの到達点だ。アジアの人々と自国に大きな惨禍をもたらした近代日本の歴史的ありように対する反省の上に制定された日本国憲法は、その前文で「われらは平和を維持し、専制と隷従、圧迫と偏狭を地上から永遠に除去しようと努めている国際社会において、名誉ある地位を占めたいと思う。われらは全世界の国民が、ひとしく恐怖と欠乏から免れ、平和の内に生存する権利を有することを確認する」と謳っているが、「国際社会で名誉ある地位を占める」とは、たとえば、このダーバン宣言に実践をもって応えることだ。

5 これが人間か

パレスチナのナクバから75年。1967年の第三次中東戦争では、1948年には占領を免れた東エルサレムを含むヨルダン川西岸地区、ガザ地区も占領され、歴史的パレスチナの全土がイスラエルの占領下に置かれた。「占領」とは例外的な非常事態のはずだが、イスラエルのパレスチナ占領は、国連安保理決議を踏みにじって半世紀を超えて続く。占領下のパレスチナ人の生も死も、主権者たる占領者の恣に委ねられている。

さらにガザ地区は、2007年からイスラエルによって完全封鎖されている。その前年、イスラエルと合衆国が「テロ組織」と見なすハマースがパレスチナ評議会選挙で勝利を収めた。ガザの封鎖は、「テロ組織」を代表に選んだパレスチナ人に対する集団的懲罰である。封鎖は今年、17年目に入る。16年もの長きにわたってガザ地区は、人間の自由な出入りも、物資の搬入・搬出も禁じられている。現在、360平方キロの土地に200万人以上もの人々が、文字どおり閉じ込められている（ガザは「世界最大の野外監獄」と呼ばれる）。ガザの住民の７割が、ナクバで難民となって、占領されたパレスチナからガザに逃れてきた者たちとその子孫だ。

長期にわたる封鎖でガザの経済は壊滅状態だ。燃料が入ってこない。発電所も稼働しない。ガザの住民の多くは、日本と同じ、近代的な都市生活をしている。高層住宅も多い。そのガザで、電気が一日数時間しか供給されないのだ。近代医療は電気に依存している。病院は救急車の出動を控えて、燃料を病院の発電機にまわし、人工透析も必要な時間の半分しか提供していないという。透析患者は直ちに命に別状はなくとも、長期的に見れば、確実に命を縮めているにちがいない。

電気がないので工場も稼働しない。工場が稼働しても、そもそも原材料が入ってこない。製品が作れたとしても、ガザの外に搬出することができない。失業率は44%(若者は60%近い)。８割の世帯が、国連や国際NGOの援助に依存している。食糧配給がなければ、今日を食いつなぐことができないのだ。40キロに及ぶ海岸線をもつガザで、漁業は基幹産業のひとつだったが、ガザ領海内で発見されたガス田を開発するために、イスラエルはガザの漁師たちの出漁を妨害し、漁師たちの多くが失業している。

そして、数年おきにガザを見舞うイスラエルによる大規模軍事攻撃がガザの崩壊に拍車をかける。この16年間に４度の攻撃があった。封鎖され、逃げ場のないガザの人々の頭上に、空から、陸から、海から、ミサイルや砲弾が見舞われるのだ。攻撃のたびに数百人、数千人が殺される。ガザからもイスラエル領内にロケット弾が撃ち込まれたりするが、両者の戦力は圧倒的に不均衡である。2014年の51日間戦争の際は、国連の学校も標的となり、避難していた住民や職員が犠牲になった。国連施設への攻撃は国際法違反である。

攻撃で下水処理場や浄水施設が破壊されても、封鎖により建築資材が入ってこないため、再建できない。その結果、200万人の住民の生活排水が、汚水処理されないまま、日々、地中海に大量に放出され、海を汚染している。海は、封鎖下のガザの住民に残された唯一の憩いの場、癒しの場だったが、その海が汚染されて、感染症で命に危険もあるため遊泳禁止となっている[1]。だが、電力共有が1日数時間とあっては、夏の暑さをしのげるのは海しかない。さらに、未浄化の生活排水や海水がガザの地下帯水層に浸透し、水道水の塩水化や汚染が進み、95%が飲料に不適とされる。浄水フィルターやミネラルウォーターを買えるのは、わずかな富裕層だけだ。住民の6割は満足に食事をとれない状況にある。健康に悪いと分かっていても、水道水を飲むしかない。汚染された水がガザの人々の健康を内側から蝕む。問題は水だけではない。国際援助の配給物資で食いつなぐ食生活。肉や魚など良質なたんぱく質をとることはできない。勢い、工場で大量生産される配給の油や砂糖、小麦で焼いたパンを大量に摂取することで生命維持に必要なカロリーを賄う結果、糖尿病などの生活習慣病が今や、ガザの風土病になっている。

蝕まれるのは肉体だけではない。このような状況のもとに15年以上置かれて、ガザの人々の多くが精神を病んでいるという。無理からぬことだ。そして今、自殺を最大の宗教的禁忌のひとつとするイスラーム社会にあって、若者の自殺が激増している。事故死として処理されるので転落死が多い。イスラエルとの境界フェンスに向かって突進し、イスラエルの狙撃手に射殺されるケースもある。そうすれば、その死は禁忌の自殺ではなく、大義のための殉難となるからだ。あるいは、一連のアラブ革命の発端となったチュニジアのムハンマド・ブアズィーズィーに倣って、公衆を前に自らの体に火を放つ者もいる。ブアズィーズィーのように、その死が世界の注目を惹き、世界が声を上げ、封鎖に終止符が打たれることを願ってだ。彼らに共通しているのは、自殺して、永遠に地獄で苦しむとしても、ガザのこの、いつ終わるとも知れない生き地獄を生きるよりはましだということだ。75年前、ナクバによって難民となり、キャンプのテントで雨露をしのぎ、配給の炊き出しで胃袋を満たしていたパレスチナ人は、その20年後、シオニズムの植民地主義的侵略と故国の占領に対し、銃を持って戦うことで、自らの歴史を切り拓く政治的主体へと変貌を遂げた。1975年、PLOのアラファト議長は国連で演説し、翌年、国連総会は、シオニズムをアパルトヘイトの一形態として――したがって廃絶されるべきものとして――認定した。それからさらに半世紀近い歳月が過ぎ、かつて、自由と正義と尊厳を求めて闘っていたパレスチナ人は、今、ガザで、健康を蝕まれ、国連の配給がなければ今日を生き延びることもできず、自分と子供たちの胃袋を満たすためだけに汲々となっている。世界は70年という歳月をかけて、「難民を再び難民に戻すことに成功した」のだ。

6 私には夢がある

イスラエルの国際法違反、安保理決議違反、そして、大模軍事攻撃のたびに繰り返される戦争犯罪の数々、それらはひとたびも裁かれたことはない。イスラエル不処罰のこの国際的「伝統」が、イスラエルを法外の存在とし、そしてパレスチナ人を、彼らにはいかような暴力も加えてよい存在としている[2]。

パレスチナ人をめぐるこの70年余の、とりわけガザのパレスチナ人が「これが人間か」というような生と死を生きてきた――あるいは死んできた――この封鎖下の16年を見るならば、人権や民主主義や人間の命の価値を謳う「西側世界」なるものにとって、彼らが掲げる普遍的人権の内実は、植民地主義の時代と同じように21世紀の今もなお、いささかも「普遍的」なものではなく、「人間」のなかに、パレスチナ人は入っていないことを証している。

中世イスラームの神秘思想家、マンスール・アル＝ハッラージュは地獄について、「地獄とは、私たちが苦しんでいるところではない。私たちが苦しんでいることを誰も聞こうとはしないところのことだ」と述べている。ガザは、そこに生きるパレスチナ人にとって「生き地獄」だが、ハッラージュに従えば、それを放置している、この世界そのものが真の地獄ということになる。

これが、21世紀のこの世界の《現在》だ。それでも私たちは未来を夢見ることができる。黒人に対する暴力のただ中で、キング牧師が未来を夢見たように。この《現在》ら、私たちはどのような世界と文明の未来を創り出すことができるか。それは、きみ自身が、これらの声を聞き取り、それにどう応答するかにかかっている。

注

1 海の汚染がイスラエル領海まで拡大したことで、ドイツの援助による下水処理プラントが稼働を始め、電力も1日12時間供給されるようになり、汚染は改善され、2022年夏には、ガザの海岸の3分の2で遊泳禁止が解除された。

2 たとえば、第二のノーベル平和賞と呼ばれるライト・ライブリフッド賞を受賞した、パレスチナ人権センター設立代表の弁護士のラジ・スラーニーの受賞スピーチ（2013年）などを参照されたい。https://rightlivelihood.org/speech/acceptance-speech-rajisourani/（retrieved on 2023/02/02）

参考文献

ジグムント・バウマン（森田典正訳）[2021]『近代とホロコースト　完全版』、ちくま学芸文庫。

野村真理［2012]『ホロコースト後のユダヤ人――約束の土地は何処か』金沢大学人間社会研究叢書。

イラン・パペ（田浪亜央江・早尾貴紀訳）[2017]『パレスチナの民族浄化――イスラエル建国の暴力』法政大学出版局。

ベン・ホワイト（脇浜義明訳）[2018]『イスラエル内パレスチナ人――隔離・差別・民主主義』法制大学出版局。

プリモ・レーヴィ（竹山博英訳）[2017]『これが人間か　改訂完全版 アウシュヴィッツは終わらない』朝日選書。

サラ・ロイ（岡真理・小田切拓・早尾貴紀編訳）[2009]『ホロコーストからガザへ――パレスチナの政治経済学』青土社。

＊この章は、『総人・人環フォーラム』2022年第41号掲載の再録である。

第23章

10億分の１の世界から見る人類の未来

高木 紀明
NORIAKI TAKAGI

走査トンネル顕微鏡という、量子力学的なトンネル効果を利用した顕微鏡を使い、物質表面において原子や分子が織りなすナノワールドを研究しています。静岡県磐田市出身、良いところです。最近では、海外サッカー、メジャーリーグ、将棋……、にわかですが色々見るのに大変です。

Key Words　ナノテクノロジー、電子デバイスの進歩、顕微技術、原子操作、カルダシェフ・スケール、文明進化のリスク

1　新しい研究分野

遥か昔、人類文明は肥沃な大地と水を利用できる大河の流域に産声をあげた。それ以来、人々は自然を理解しようと努め、生活に必要な道具の創作に励んできた。そこで培われた知と技は歳月をかけて蓄積され、ルネサンスや産業革命を経て現代に受け継がれている。18世紀後半からの200年余りの科学技術の進歩は目覚ましい。物理学では、農耕や祭祀のために始められた天体観測を元にニュートン力学が生まれ、それを契機に熱力学、電磁気学、統計力学、相対性理論、量子力学が誕生し、自然を精緻に理解しイノベーションにつなげられるようになった。銅や鉄の精錬や錬金術に始まった化学では、多様な元素や化合物の単離と同定、化学反応の理解と反応経路の開発により化学肥料や医薬品などの有用な化学製品を産み出し、80億人近くに膨れ上がった我々の生活を支えている。生物学では、進化論によるパラダイムシフトを経て、DNA（Deoxyribonucleic Acid）等の多様な生体分子や生命現象についてミクロな理解が進み、脳機能の解明や生命の起源などに迫りつつある。特に、20世紀後半からの電子デバイスの発展は、世界を高速ネットワークで繋ぎ、手のひらサ

イズのモバイル機器で情報を処理するICT（Information and Communication Technology）社会を作り出した。ナノテクノロジーやナノサイエンスと呼ばれる研究分野は、現代を支える柱の一つとなっており、物理学から生命科学までの広い学術分野にまたがり、現代を支える柱の一つとなっている。その深化は将来に向けた更なる発展の駆動力となると考えられる。本章では、ナノテクノロジーやナノサイエンスの誕生とその発展を振り返り、そこから窺える我々の未来を考える（19章にも、戸田による「科学と文明」に関する論考が示されており、そちらと併せてお読みいただければ幸いである）。

2　ナノテクノロジー・ナノサイエンスとは？

自然科学では小数点以下に0が複数続く小数を表す際、その煩雑さを避ける目的で接頭語が用いられる。10億分の1、0.000000001＝10^{-9}を表す“ナノ”は、ラテン語の非常に小さい人を意味するnanusに由来し、国際単位系を統括する国際度量衡総会において1960年に接頭語として定められた。20世紀の半ばから原子・分子スケールの小さな値が重要となってきたことを反映している。ちなみに、日本にも大陸から小数の概念はもたらされ、江戸時代に吉田光由によって書かれた「塵劫記」の中で、10億分の1を表す言葉として「塵」が紹介されている。同じく小さな数を表す「微」と組み合わせ「微塵」となると仏教の用語で物質を構成する最小単位を表す言葉となり、原子・分子の姿が重なってくる。

ナノテクノロジーは、ナノとテクノロジーを組み合わせた造語である。個々の原子・分子に立脚して、ナノスケールの物質の本質的性質や機能を追求することで普遍的な原理・法則を見出し、その応用として原子や分子をボトムアップ的に制御して新奇物質や機能性材料を生み出すとともに工学的に応用し、社会の利便性・効率性・安全性を向上させることを目的とする技術を指す。その研究対象は、原子や分子、その集団であるクラスターからDNAや細胞まで多彩である（カラー口絵、図20）。基礎物理・化学から材料工学・デバイス工学・化学工学などの応用分野、さらには医学・生命科学をも巻き込んだ一大研究領域を象徴する言葉となっている。ナノテクノロジーは、1980年後半から2000年前後に非常に脚光を浴び、いささか手垢がついてきたこともあり、最近では、ナノサイエンスもよく用いられる。ナノサイエンスは学術により重心をおいている感があるが、どちらも原子・分子の法則を用いて物質さらには世界を操作・制御することを目指している。以下では、ナノサイエンスも併せてナノテクノロジーを用いる。

ナノテクノロジーの端緒は、1959年開催のアメリカ物理学会においてR・ファインマンが行った「There is Plenty of Room at the Bottom」と題した特別講演である[1]。その講演の中で、「文字サイズを２万５千分の１に縮小すれば、針の頭にブリタニカ百科事典全24巻を掲載できる」などの例を挙げ、物理法則に反しない範囲において原子配列を制御し、原子を一つ一つ配置する“atom by atom”のモノ作りから生まれる新しい科学や工学の可能性を論じた。活用されていない極微の世界には未知の世界が広がっている、まさに、“Plenty of Room at the Bottom”である。こうした考察は、電子顕微鏡の発明と天然痘ウィルスの可視化、DNAの二重螺旋構造の提唱など、その当時の分子生物学的知見――小さな細胞は、生命の膨大な情報を格納し、生体分子が働く巨大な空間である――に想起されている。面白いことに、この講演の中ではナノという用語は一度も出てこない。ナノの承認が講演の翌年であったからと推察される。

ナノテクノロジーという用語を最初に用いたのは谷口紀男である。1974年に日本で開催された国際生産技術会議において、精密加工の精度が2000年には１nmの程度になるとし、原子レベルでの材料の加工・接合・組立からなる統合生産技術が必要になると予測した[2]（ボトムアップ的ではなくトップダウン的にバルクサイズの材料を加工することが念頭に置かれている）。背景には、1950年末に誕生したIC（Integrated Circuit）が、ムーアの法則[3]――ICに組み込まれたトランジスタの数が一定の期間（12〜24ヶ月程度）で倍になる――に従い、集積度が飛躍的に増大しLSI（Large Scale Integration）の時代に入ってきたことがある（図23-１）。

ナノテクノロジーが理系のオタク用語ではなく一般にも通じる言葉となった火付け役は、K・E・ドレクスラーである。彼は、『創造する機械――ナノテクノロジー』（相澤益男訳、パーソナルメディア、1992）を著し、ナノテクノロジーが実現する分子マシンによって拓かれる未来を論じた。ドレクスラーは、細胞内で活動するDNAや酵素などの生体分子が選択的に結合を構築・切断し生命活動に必須な分子を作り出す小さなマシン（ナノマシン）であると捉え、その構造や機能を追求し小型・高性能化することで、部品となる任意の原子・分子を掴んで操作するアームを持ち、設計図に従い部品を“atom by atom”で配置させて所望の分子を組立てる万能ナノマシン（アセンブラーと呼ばれる）が実現するだろうと考えた。さらに、アセンブラーを

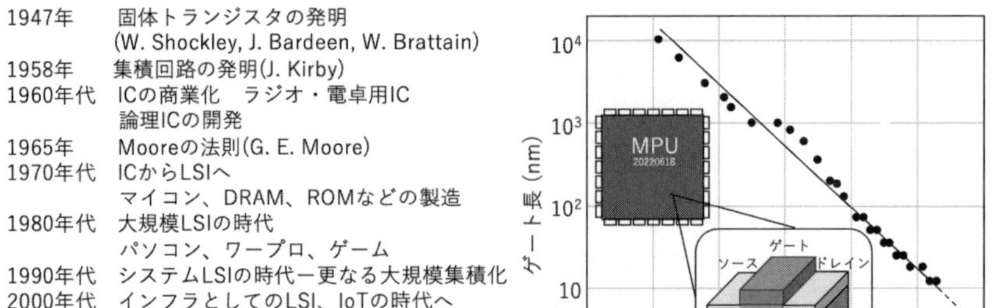

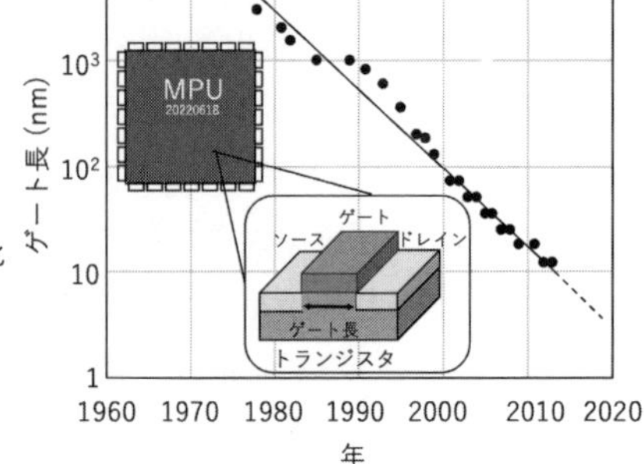

図23-1　半導体デバイスの歴史とトランジスタのゲート長の推移[22]

用いてナノコンピュータを作り、ナノコンピュータとアセンブラーが創造する技術革新を論じた。この本はベストセラーとなり、米国、欧州、日本などがナノテクノロジーに投資するきっかけの一つとなった[4]。

3 ナノテクノロジーの成果

1980年代以降のナノテクノロジーの成果を簡単にふれておく。最大の成果は、微細化が押し進めた飛躍的な電子デバイスの進歩である。半導体の微細加工はトップダウン的なアプローチであるが、光リソグラフィーやエッチングなどの多数の工程を組合せ、現在ではゲート長が10nm以下のナノ電子回路を実現している（図23-1）。演算速度を反映するクロック数は、数kHzから数GHzまで格段に進歩している。一方で、量子効果が問題となる数nmの限界に近づいており、デバイスの進歩が懸念される向きもある。しかし、“More than Moore”と呼ばれる電子デバイスに論理演算機能だけでなくセンシング・通信機能などの多機能化・システム化する動きや“Beyond Moore”と呼ばれる新しい動作機能や2次元単原子層物質などの新物質を探索する動きも活発に行われており、電子デバイスの進歩は今後も継続していくと予測される[5]。

基礎物理学的に最も重要な成果の一つは、ナノ物質の電気伝導度や熱伝導度がバルク物質と大きく異なる点である[6]。二つの電極の間のナノ接合を介した電気伝導測定では（図23-2(a)）、伝導に寄与する電子状態あたり伝導度は$G_0 = 2e^2/h$に量子

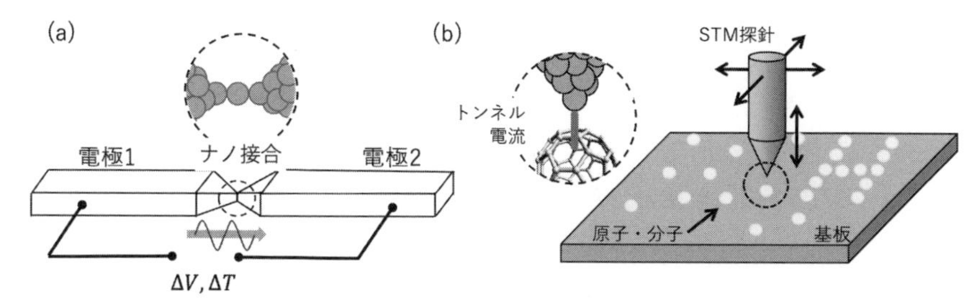

図23-2　(a) ナノ接合の伝導計測と (b) 走査トンネル顕微鏡 (STM)[22]

化される。ここで、eは電気素量、hはプランク定数であり、また係数の2は電子が上向き下向きスピンの自由度をもつことに対応している。ナノスケールの電気伝導度は、単純にはG_0の倍数（電子を運ぶ状態の数）となる。これは、バルク物質の電気伝導度が構成原子の熱振動や不純物散乱によって決まることと大きく異なる。また、ナノ接合の熱伝導度にも量子化が観測される。ナノの世界では量子力学的効果が顕著となるからである。これらに加え、単電子トンネリングやクーロンブロケードなどの非線形伝導、量子ドットにおける人工原子の創生など[7]、重要な成果を挙げるときりがない。

ナノテクノロジーの主役となる原子や分子を見る顕微技術にも大きな変革がもたらされた。走査トンネル顕微鏡STM（Scanning Tunneling Microscopy）の発明である[8]。STMは、尖った金属の探針を試料表面に1 nm程度に近づけたときに流れるトンネル電流を利用して表面の原子や分子を観察する顕微鏡である（図23-2 (b)）。原子像を見るだけでなく、一つ一つの原子・分子の電子状態や振動状態を計測したり、原子・分子を操作して表面上にナノサイズの原子配列を作ることもできる。ナノテクノロジーにおける観察・分析・操作を原子精度で実行する道具となっている[9]。さらに、STM技術から派生した原子間力顕微鏡などのプローブ顕微鏡も次々に開発され、物理から生命科学まで幅広く使われている。

いろいろなディシプリン（学問の諸分野）を結びつけてネットワーク・コミュニティ形成の触媒となっていることも成果である。それまでは互いに相互作用が少なかった研究分野を結びつけた。ナノセンサー、生体ナノロボット、ナノメディシン、ウェアラブルデバイスなどもこうした分野横断的連携の産物である。

では、ドレクスラーの唱えたアセンブラーの開発状況はどうだろうか？　彼の著作から30余年、さぞ進歩しただろうと期待されるかもしれない。しかし、まだまだ時間が必要であり課題も多い[10]。アセンブラーのモデルである生体分子が長い歳月をかけた進化の産物であることからも推察されるように、その実現はもとより大変な挑戦である。しかし、希望を持たせる成果も出ている。前述のようにSTMを用いると、アセンブラーの基盤要素技術である原子操作が可能である。STM自身はマクロスケールなツールであり、アセンブラーに搭載することはできないが、原子を精密に操作することは夢物語でなくなっている。また、分子マシンの合成に関しても成果が出ている。その象徴と言えるのが、2016年に「ナノ分子マシンの設計と合成」によりJ・P・ソバージュ、J・F・ストッダート、B・L・フェリンハにノーベル化学賞が贈られたことである[11]。3氏は、機械的に運動可能な分子を設計・合成し、それらがスイッチやモーターなどとして働くことを実証した。こうした成果は、ドレクスラーが思い描くアセンブラーには及ばないものの、その実現に向けた階段を我々はゆっくりと昇っていることを示している。生体分子の進化の過程を早回しで見ているとも言える。

4 現代文明のレベル評価

ロシアの宇宙物理学者N・S・カルダシェフは、地球外文明からの電波通信に関する論文[12]の中で、文明のテクノロジーレベルをその文明が消費・取扱えるエネルギーで評価することを提案した（カルダシェフ・スケールと呼ばれる）。一つの恒星を中心にしてその周りの惑星の文明レベルを、惑星における消費エネルギーと恒星が放出するエネルギーの大きさで評価するわけである。太陽と地球の関係に当てはめると、

タイプⅠ：太陽から地球に注がれるエネルギーを消費・取扱えるレベル
タイプⅡ：太陽の全ての放射エネルギーを消費・取扱えるレベル
タイプⅢ：太陽系が属する銀河系のエネルギーを消費・取扱えるレベル

現在我々が消費しているエネルギーは、1.8×10^{13}W[13]、太陽からのエネルギーは、1.8×10^{17}Wである[14]。我々が現在消費しているエネルギーは、太陽からのエネルギーに比べるとかなり小さく、現代文明はタイプⅠにも達していない。

エネルギーの観点以外でも、文明のレベルを評価する指標はいくつか提案されている。イギリスの物理学者J・D・バロウは、テクノロジーによる操作・制御対象

の次元やスケールを元に文明のレベルを評価することを提案している[15]。

タイプⅠ－：我々自身と同程度・目に見えるサイズの物体を操作・制御可能。
タイプⅡ－：光学顕微鏡で見える程度のミクロな対象を操作・制御可能。遺伝子操作による細胞操作・移植や遺伝子の解読
タイプⅢ－：分子間の化学結合を操作・制御し新物質を合成
タイプⅣ－：個々の原子を操作・制御し物質や人工生命を創成
タイプⅤ－：原子核や核子の操作・制御
タイプⅥ－：クォークやレプトンなどの素粒子の操作・制御
タイプΩ－：時空間の操作・制御

ここで述べられているタイプは、さまざまな要素技術を含んでおり、その全てを達成しているとは言えないものの、ナノテクノロジーの時代である現代は、タイプⅢ－を越え、タイプⅣ－にいると分類できそうである。

5 現代文明の発展と未来

最後に、ナノテクノロジーを含む科学技術の発展と現代文明の未来について述べ本章を閉じたいと思う。科学技術は革新的な概念や技術によるパラダイムシフト期とその後の熟成期を交互に繰返し進歩していく。今後も同様に科学技術の進化が進み文明を発展させていくと予想される。ナノテクノロジーに加えて量子コンピュータなどの量子情報処理技術[16]、機械学習や人工知能などの数理情報技術[17]、遺伝子編集などの分子操作技術[18]が、パラダイムシフトをもたらし更なる科学技術の進歩を推進していくと予想される。その成果の果実を享受するには数十年の月日を待つ忍耐強さが必要であるが、そうした日は必ずやってくる。前述した科学技術の分類で言えば、タイプⅣ－の技術が成熟し、タイプⅤ－やタイプⅥ－へと進化が続く。脳機能の解明、病気と老化の克服、人工生命の創生などが達成される。ICTと脳が一体となり、人々が国境、言語、身体的障害などの障壁を超えて繋がり情報を共有する時代が訪れる。

こうした文明の進化を制約するものは何だろうか。カルダシェフ・スケールが示すように、文明が進歩すると消費されるエネルギーは増える。そこで、我々が使えるエネルギーの上限を考えてみよう。太陽光エネルギーは前述の通り莫大であり、現

在人類が消費しているエネルギーの1万倍近い。数字上は太陽光エネルギーを少し拝借すれば現代文明の進化には十分であると言える。もちろん、太陽光発電は夜間に無力であるという問題がつきまとう。余剰電力を蓄電池で貯蔵する、日照量が多い地域で太陽光発電による水素・水素化物合成の大規模プラントを作り化石燃料の代わりに世界に供給するなどの解決策がある[20]。水素利用にはエネルギー効率に負の側面もあり薔薇色ではないが、有力な選択肢になる。更なる技術革新が必要であるが、エネルギー問題は解決できない問題ではなさそうである。

ただし、考えておくこともある。使ったエネルギーは熱として地球環境に溜め込まれる。効率よくエネルギーを消費する知恵が必要である。現在の電子デバイスでは、電荷を利用して情報処理を行なっている。処理速度を上げるために、デバイス素子の微細化と集積化が行われてきた。単位面積あたりの素子数が増すと消費電力も増え、デバイスを流れる電流はジュール熱として環境を加熱する。そこで、電荷ではなく電子がもつスピンを活用する動きも出てきている。スピンエレクトロニクスである[19]。省エネルギーデバイスにつながることが期待されている。また、様々な場面で排出される熱を熱電変換材料によって電力に変換し2次利用する動きもある[20]。こうした動きは実用化には至っていないが有望である。

エネルギー以外ではどうだろうか。文明の進化に伴い、今以上にさまざまな製品が日常に溢れるようになる。そうした製品を生み出すには原料となる資源が欠かせない。モバイル機器を考えると、半導体チップにはケイ素（Si）などの半導体、金、銀、銅などの金属、生産プロセスにはヘリウムガスや多数の有機化合物、バッテリーにはリチウムや高分子材料など様々な材料が使われている。地球にある天然資源は有限であり、埋蔵量を確認しておく必要がある[21]。Siは資源量として豊富であり、数100年単位で枯渇することはなさそうである。その他の資源は、概ね100年程度の埋蔵量がある。当面は保ちそうであるが、やがて深刻な問題となり得る。効率的なリサイクルや希少資源を豊富な資源に代替する材料の実用化が必要になる。リサイクル技術や材料開発は日進月歩であり、この問題をクリアすることを駆動力とする研究開発が文明の進化を加速する可能性もある。エネルギーや天然資源は、現代文明の進化を妨げる要因にはならないと考える。

文明進化のリスクとなるのは、むしろ享受する人間にあるかもしれない。上述のエネルギーや資源利用の転換は、産業構造や生活様式に変革をもたらす。対応できる者（国）とできない者の間における分断の種となる。また、最先端研究開発には巨額の予算が必要である。科学から得られるリターンが、投資に見合うか否か経済的合理性の問題は制約になりうる。多国間連携が必要となろう。

科学技術の進歩によりもたらされる未来では、我々はより自由になる。自由を得たとき、我々はどのように振る舞うか？　自由に溺れ・恐れるものと、自由を生かして人間の肉体・精神性・創造性や芸術性を更なる高みに上げ、その限界を探求するものに分かれると予想される。前者ばかりでは文明の進化は停滞してしまう。しかし、杞憂であろう。人類がホモサピエンスとしてアフリカの大地に生まれて以降、その一部は新天地を求めて世界に広がっていった。人類のDNAには新天地を求め限界に挑む遺伝子が埋め込まれている。後者のグループに牽引されて文明の進化は続いていく。進化の妨げとなるのは、我々の普遍的価値である人権・平等・博愛の精神を軽んじる偏狭な価値観や非民主的姿勢ではないかと思われる。カオス理論の有名な言葉に「南米で蝶が羽ばたくと地球の裏側で竜巻が起こる」がある。複雑系におけるバタフライ効果を表した言葉である。我々はネットワークで繋がった巨大な複雑系を構成しており、個々の偏った思想や言動が増幅されてブロック化や紛争に繋がっていく。結局、人類の未来は我々個々にかかっている。

注

1　講演全文は、http://www.zyvex.com/nanotech/feynman.html から読むことができる。「ナノスケール領域にはまだたくさんの興味深いことがある」と意訳されることが多い。
2　谷口紀男［1990］『機械工学会誌』56：427。1974年の講演資料ではないが、谷口のナノテクノロジーに対する考えが記述されている。
3　Moore, G. E.［1965］*Electronics* 38: 114.
4　例えば、クリントン政権はNational Nanotechnology Initiative を2000年に立ち上げ、ナノテクノロジー推進に巨額の研究予算をつけた。日本では、1989年から新技術事業団（現科学技術振興機構JST）による大型プロジェクトが立ち上がった。この流れは、CREST等に形を変えて細々と現在に引き継がれている。
5　International Technology Roadmap for Semiconductors 2015. International Roadmap for Devices and Systems 2021.
6　Roukes, M.［2001］*Scientific American* 285: 48.
7　Datta, S.［2018］*Quantum Transport: Atom to Transistor*. Cambridge Univ. Press.
8　Binnig, G., Rohrer, H., Gerber, Ch., and Weibel, E.［1982］*Phys. Rev. Lett.* 49: 57.
9　髙木紀明［2018］『現代化学』563：26。
10　Smalley, R. E.［2001］*Scientific American* 285: 76.
11　ノーベル財団ホームページ　https://www.nobelprize.org/

12 Kardashev, N. S. ［1964］ *Soviet Astronomy* 8: 217.
13 経済産業省・資源エネルギー庁［2021］『エネルギー白書2021』。
14 『高等学校 地学基礎』（令和 4 ［2022］ 年度用高等学校教科書）数研出版。
15 Barrow, J. D. ［1998］ *Impossibility: the limits of science and the science of limits*. Oxford Univ. Press.
16 武田俊太郎［2020］『量子コンピュータが本当にわかる！——第一線開発者やさしく明かす仕組みと可能性』技術評論社。
17 機械学習などの書籍は多数ある。例えば、2014 年より講談社から刊行されている杉山将編「機械学習プロフェッショナルシリーズ」がある。
18 Jinek, M., Chylinski, K., Fonfara, I., Hauer, M., Doudna, J. A., Charpentier, E. ［2012］ *Science* 337: 816.
19 『電気評論』2020 年7 月号（特集「スピントロニクス」）。
20 鈴木雄二（監修）［2021］『環境発電ハンドブック 第2 版』エヌ・ティー・エス。
21 Mineral Commodity Summaries 2022. https://doi.org/10.3133/mcs2022.
22 図b はIntel 社のB. Holt による講演資料（http://www.hotchips.org/wpcontent/uploads/hc_archives/hc17/2_Mon/HC17.Keynote/HC17/Keynote1.pdf）及び注 5 の文献をもとに作成した。ゲート長は、トランジスタの 2 つの電極（ドレインとソース）間の距離である。

第24章

身体運動から紐解く共生の未来

人類と地球、そして宇宙へ

萩生 翔大
SHOTA HAGIO
ヒトの運動の制御と学習について、行動学的・生理学的・計算論的な観点から研究しています。お酒を楽しむことも好きで、時にはグラスを片手に運動制御や研究アイデアについて考える時間を大切にしています。

Key Words 運動と重力、微小重力環境、宇宙と共生

身体を動かすこと、すなわち身体運動を対象として、日々研究している。運動と聞くと、スポーツや健康のためのエクササイズを思い浮かべる読者も多いかもしれないが、実は身体運動は日常生活そのものといっても過言ではない。例えば、食事をしたり、散歩に出かけたりといった行為は、腕を動かして食べ物を口まで運んだり、脚を動かして身体を移動させたりといった身体運動によって支えられている。また、会話や手話、メールの文字入力といった他者と関わるための手段も、身体運動によって実現されている。さらに、運動は私たちの身の回りの環境とも影響し合っている。野菜の皮を剥く際に、ピーラーを使うか包丁を使うかによって調理の仕方は変わるし、陸上で歩くか水中で歩くかによって歩き方が変わるだろう。つまり、身体運動は、私たち人類が他者と共生し、また、自然や環境と共生するための基盤であり、平和を実現するための手段でもある。ただし、私たちは生まれながらにして思い通りに運動ができたわけではない。一人一人の生涯において、共生する他者や環境に合わせて運動を柔軟に変化させることで、現在の運動機能が形成されてきた。さらに遡ると、ヒトの運動制御系は、非常に長い年月をかけて地球という環境に適応し、二足で立ち自由に手を使えるような身体構造とそれを制御する神経系を獲得

してきたのである。

そして、ここ数十年の間に、人類が地球という環境を離れて宇宙環境に進出する時代が到来した。宇宙への進出は、好奇心や探究心もさることながら、私たちが他者や自然との共生を継続していく未来とも関わっている。現代社会では、人口の増加や地球の資源不足などの問題が顕著であり、その中で、新たな土地や資源を求めて宇宙に進出するといった解決策も現実味を帯びてきた。ただし、宇宙という過酷な環境に人類が適応し、平和な共存を実現できるかどうかは未知数である。地球と宇宙との大きな違いの１つは、重力環境である。重力とは、地球などの天体上の物体にかかる引力と天体の自転によって生じる遠心力との合力である。国際宇宙ステーションのある地上約400km上空の環境や火星などの惑星では、物体にかかる重力が地球上よりも小さい。そのため、宇宙での滞在は、重力によって足の方向に引っ張られていた体内の水分が頭部方向へと移動する体液シフトや、重力を検知している感覚器官（前庭器官）が混乱を起こした結果生じる宇宙酔いなど、人体に様々な影響を与えることが知られている。しかし、宇宙環境にヒトの運動がどのくらいの時間をかけてどのように適応するのかについては、未だ十分な理解が得られていない。そもそも人類は、宇宙の重力環境でも地球と同じように運動ができるのであろうか？

本章では、まず、筋の働きに注目した著者らの研究を紹介しながら、ヒトの運動がどのように制御されているのかを説明する。そして、運動と重力との関係性について解説し、実際に宇宙に滞在した宇宙飛行士を対象として実施した著者らの研究などを通じて、人類と地球との共生そして宇宙との共生へと繋がる平和な未来について考えていく。

1 膨大の数の筋が織りなすチームワーク

身体運動は、私たちの腕や脚など、全身に存在する筋の働きによって生み出されている。脳が筋に「働け」という指令を送ることで、筋が収縮し、身体が動く。単純なように思えるが、その背後には脳が抱える大きな問題が潜んでいる。まず、私たちの全身には約400種類もの膨大な数の筋が存在する。そして、運動するたびに、脳はその１つ１つと向き合い、どの筋を、どのタイミングで、どのくらいの強度で働かせるかを決めなければならない。筋に指令を送る順番が少しでも変わってしまうと、意図した運動を実現することができない。例えばあなたが、400人もの従業員

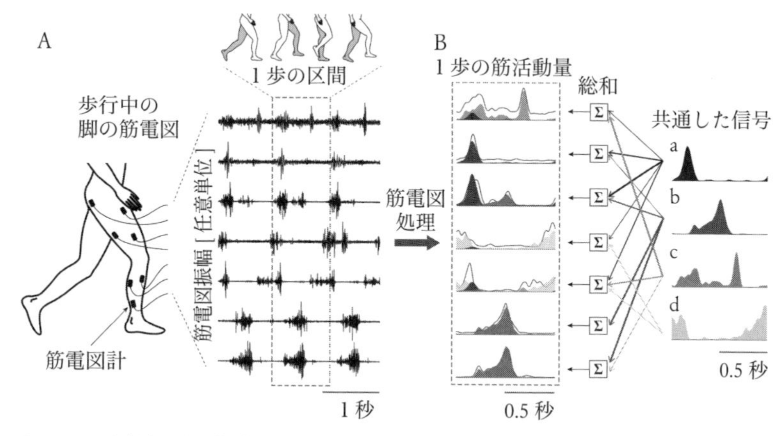

図24-1　歩行中の脚の筋電図および算出された共通信号
(A) 歩行時（3 歩）の脚の筋電図信号。上から、大腿直筋、大殿筋、外側広筋、大腿二頭筋、前脛骨筋、腓腹筋、ヒラメ筋の筋電図を示している。
(B) 1 歩の筋電図信号を処理して得た筋活動（輪郭曲線）がそれぞれ、4 つの共通信号（a、b、c、d）の組み合わせとして表現できることを示す。図は、Hagio et al. 2015 をもとに作成。

一人一人に、的確なタイミングで指示を出す必要があるとしたら、それがどれだけ大変なことか想像できるだろう。しかし、私たちは日常の運動を瞬時に作り出すことができるし、ほとんど失敗することもない。では、脳はどのようにして膨大な数の筋を指揮し、正確な運動を生み出しているのであろうか。

脳から筋に送られる指令は、小さな電極を皮膚の表面に貼り付けることによって測定できる。この測定によって得られる電気信号を筋電図と呼ぶ（図24-1A）。例えば、私たちが歩いている時の筋電図を、右脚のいくつかの筋から計測すると、1 歩 1 歩脚を動かすたびにそれぞれの筋が活動していることがわかる。しかし、筋ごとに活動の仕方が異なるため、理解が難しいこともある。そこで、著者らの研究チームは、コンピュータを使って筋電図の信号を分析した。この方法では、複数の筋から計測した筋電図の中に何か共通の特徴があるのではないかと考えたのである（Hagio et al. 2015）。すると興味深いことに、個々の筋の活動には、複数の筋に共通した信号が含まれていることが明らかとなった（図24-1B）。例えば、図 1 B の信号 a は、上から 5 番目までの大腿部や脛部の筋に共通して現れており、これらの筋が同じタイミングで一緒に働いていることを表している。歩行運動の場合、約 4 つの共通した信

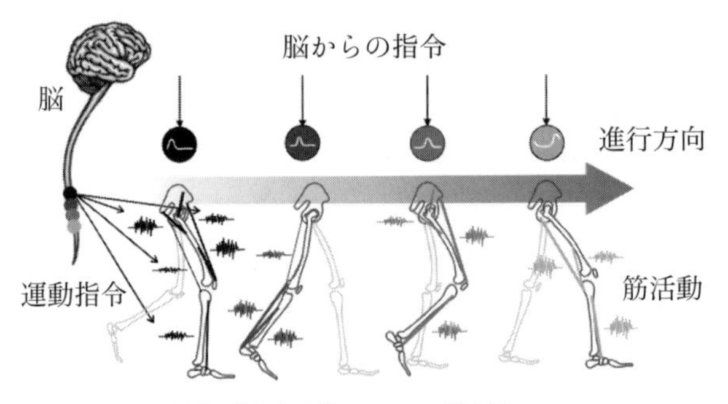

図24-2　歩行運動を作り出す筋シナジーの概念図

号が関与しており、a、b、c、dの各信号が、歩く際の足が地面に着地する段階、足で地面を蹴る段階、足が地面から離れる段階、足を前に進める段階に、順に対応していることがわかる。

これらの研究結果は、１つ１つの筋が独立して働くのではなく、特定のグループに属する複数の筋が協力して働いていると解釈することができる（図24-2）。先ほどの例の場合、図24-1Bの上から５つの筋が、１つの筋グループを形成して協力していると捉えることができる。こうした筋のグループは「筋シナジー」と呼ばれている。例えば、あなたが400人の従業員に指示を出す場合、１人１人に指示を出すよりも、従業員をいくつかのチームに分けてチームごとに指示を出す方が、業務が効率化されミスも少なくなるであろう。筋シナジーも同様に、脳の情報処理を簡略化し、正確な運動を行うための戦略の一部として機能している可能性がある。実際に、歩いている状態から急に走り出すと、各筋の活動は大きく変化するが、筋シナジー自体は変わらず、各筋シナジーが活動する強度やタイミングのみが変化することが示されている（Hagio et al. 2015）。さらに、歩いている時と二足で立っている時、自転車を漕いでいる時など、様々な運動時においても、共通した筋シナジーが関与していることが分かっており、脳の情報処理を簡略化する役割が窺える（Chvatal and Ting 2013; Barroso et al. 2014）。１つの身体で様々な運動ができることは、ヒトの優れた特徴の１つである。少なくともヒトに匹敵するほど多彩な運動ができるロボットは見たことがない。筋シナジーは、ヒトの運動制御系が多様な運動を生み出す仕組みを理解するための糸口になるのではないかとも考えている。

また、筋シナジーには個人差が現れることもあり、ある運動の得意・不得意やスポーツの経験、神経経路の損傷に伴う運動機能の変化など、個人の運動特性が反映されているとも考えられている。また、動物を対象とした研究からは、神経経路内に筋シナジーの構造が存在するといった報告もある（Levine et al. 2014）。神経系は、環境に応じて変化する性質（可塑性）を有しているため、健康な人またはトップアスリートなどの運動を目指して、筋シナジー自体を変えるようなトレーニングやリハビリテーション（リハビリ）方法を開発できる可能性もある。

膨大な数の筋が織りなすチームワークが私たちの運動を支えているのだ。

2 歩くためのカギは重力を知ること

しかし、私たちは生まれた時から正確に運動ができるわけではない。自転車に乗れるようになるまで何度も転びながら練習したように、私たちの脳は長い時間をかけて、周囲の環境に合わせて身体運動を学習してきた。生後間もない新生児は、母親やおもちゃに手を伸ばすといった意図した運動ができない。しかし驚くべきことに、介助者が適切に体を支えると、地面につけた足を交互に曲げ伸ばしする歩行のような運動が作られる（原始歩行という）。この時、脚から筋電図の信号を計測し上述した分析を施すと、いくつかの筋に共通した２つの信号を見ることができる（図25-1の共通信号b、dに対応; Dominici et al. 2011）。成人の４つの共通信号と比べるとその数は少ないが、むしろ生まれた時から２つあることは非常に興味深い。その後、約１年間の訓練を経て自立した二足歩行が獲得されるが、この過程で共通信号は４つにまで増える。増えた２つの共通信号および働く筋グループは、それぞれ歩行中の足が地面に着く瞬間と離れる瞬間に対応しており、つまり重力に対して抵抗し、適切なタイミングで身体を支えたり前に移動させたりする役割を果たしている。生後１年間の訓練は、まさに地球の重力に適応する過程であると言える。

そもそも私たちのほぼ全ての運動は、重力という強大な力に大きな影響を受けている。例えば、二足で立つという運動は、鉛直下向きに作用する重力に対抗して倒れないように体を支える運動である。また、目の前に置かれたカップに手を伸ばすといった運動も、自分の腕に作用する重力の大きさ（重さ）を考慮して運動を作り出さなければ、カップに届く前に手が下に落ちてしまう。では、重力環境が変わると、筋の働き方にどのような影響が現れるのであろうか。私たちの研究チームは、重力環境を模擬的に変化させるために、歩行者を一定の強度で吊り上げ、重力による

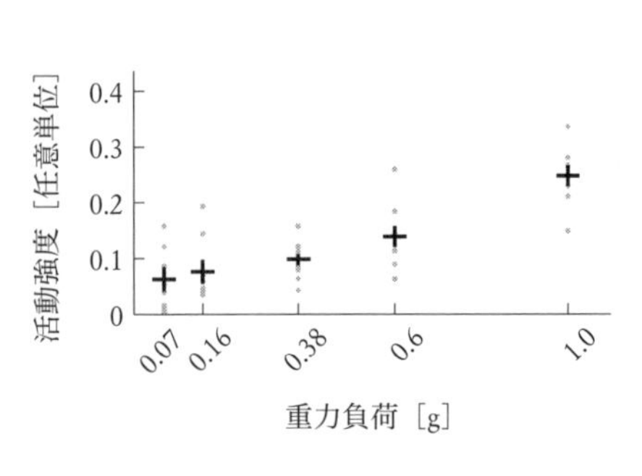

図24- 3　模擬的な低重力環境を利用した歩行実験とその結果
(A) トレッドミル上で歩いている被験者の体重を免荷し、模擬的に重力負荷を低減させた。
(B) 1つの筋グループ（図24- 1 Bの共通信号bに対応した結果を抜粋）における、重力負荷と活動強度との関係。
灰色の点は各個人のデータ、黒色の線は平均値と標準誤差を示している。図はHagio et al. (2021) より引用改変。

負荷を低減させるといった方法を試みた（図24-3 A; Hagio et al. 2021）。地球上の通常の重力環境（1 g）で歩く時と、低い重力環境（0.07gから0.6gまでの4つの場合）で歩く時の筋電図を比較したところ、一緒に働く筋のグループや働くタイミングには大きな違いはなかった。しかし、それぞれの筋グループが働く強度が変化することが明らかとなった（図24-3 B）。例えば、歩行中の足で地面を蹴る段階で働く筋グループ（図24-3 B、図24-1 Bの共通信号bに対応）では、重力負荷の減少に伴い、働く強度も次第に低下した。どうやら私たちの脳は、急激に重力負荷が変化したとしても、同じ筋グループを使って対応できる能力を持っていると考えられる。また、一時的な重力負荷の変化には影響されないほど、筋を制御するシステムが頑強であるという見方もできる。しかし、注意してもらいたいことは、この実験では、あくまで一時的に重力環境を変化させたということ、また、重力によって身体にかかる負荷のみを低減させたということである。では、実際に宇宙の微小重力環境で長期間過ごした際にも、同じ筋のグループを維持したまま地球上と同じように運動ができるのであろうか。

3 宇宙で過ごすと歩けなくなる？

学生時代、パラボリックフライトの実験に参加したことがある。飛行中の航空機のエンジンを停止して自由落下させることにより、機体内で十数秒間の微小重力環境（〜約0.03g）を作り出すといった実験である。初めて微小重力を経験した際、身体の重さが低減されることによる浮遊感を感じた。しかしそれ以上に、地面の方向がどちらか分からなくなるといった奇妙な感覚を覚えた。重力による鉛直下向きの直線加速度は、私たちの耳の奥にある耳石器と呼ばれるセンサーによって常に感知されている。そのため、地面の方向を正しく把握することができるのであるが、微小重力環境ではその手がかりを失ってしまう。重力が私たちに及ぼす影響の強大さを、身をもって感じた瞬間であった。

実際に宇宙に長期間滞在して微小重力環境に曝された宇宙飛行士を観察することで、重力が運動に及ぼす影響をさらによく理解することができる。まず、宇宙の微小重力環境下では、重力に拮抗して身体を支える必要がなくなるため、これまで地球上で身体を支えてきた筋がその役割を失い、萎縮していく。筋量が２週間で20％、３ヶ月以上の長期ミッションでは30％も減少するといった報告もある（Williams et al. 2009）。また、運動する際も、地球上のように身体や物体が重力によって下向きに加速する影響を考える必要がない。そのため、目の前の物体に手を伸ばすといった単純な運動でさえも、脳は宇宙の重力環境に合わせてそれぞれの筋への指令の大きさやタイミングを変えなければならない。こうした影響が重なり、宇宙から地球への帰還後しばらくの間は、宇宙飛行士の運動機能は大きく損なわれ、地上で正常に歩くことすら難しくなることがある。そのため、宇宙飛行士は、運動機能の低下を防ぐために、宇宙で何時間ものトレーニングを実施している。しかしそれでもなお、問題の解決には至っておらず、帰還後にリハビリを行って見かけ上は正常に歩けるようになったとしても、どこか運動に違和感を感じながら生活を送っていると聞く。

そこで私たちの研究チームは、数ヶ月間宇宙に滞在した宇宙飛行士を対象として、二足で立つという運動時における脚の筋の働き方が、宇宙滞在前後でどのように変化するのかを調査した（Hagio et al. 2022）。その結果、宇宙滞在前後では、地上での立位に関与する３つの筋グループの数自体は変わらなかった。しかしその一方で、グループ内で一緒に働く筋の組み合わせが変化することが明らかとなった。また、その変化が大きかった宇宙飛行士ほど、帰還直後の立位バランス機能の低下も大きく、さらに帰還後のリハビリ期間を経ても、飛行前と同じ筋グループに戻らないということが分かった。つまり、これまで用いられてきたリハビリの評価指標上では機能が回復したと見なされていた運動も、実際にはそれを作り出す際の筋の使い方が元には戻っていなかったことが判明した。二足で立つという運動は私たちの最も基本的な運動の1つであることから、筋グループ内の筋の組み合わせが変化したことは、地上での様々な運動に影響する可能性がある。現在、宇宙飛行士のリハビリ期間は帰還後45日程度とされているが、その妥当性を見直し、新たなリハビリプログラムを開発するきっかけにもなるのではないかと期待している。

宇宙飛行士を対象とした研究を通して、宇宙での滞在が身体運動に与える影響とその要因が少しずつ明らかになってきた。こうした知見は、宇宙滞在中、地球で運動するための筋グループをどのようにして維持すれば良いのか、もしくは、地球と宇宙の両方の環境に対応できるような筋グループを事前に形成することはできないか、といった解決策を模索するきっかけにもなっている。現時点では、宇宙滞在前後の運動の変化を調査している段階であるが、今後は宇宙滞在中に運動がどのように変化し、宇宙環境に適応していくのかといった過程にまで調査の幅を広げていく必要がある。

4 重力への適応から考える人類が共生し続ける未来

乳幼児が四つ這いからつかまり立ち、そして二足歩行を学習していくように、私たち人類は長い年月をかけて、重力による地面への拘束に縛られずに立ち上がり、歩くという運動を獲得してきた。この進化の過程で、手を使った巧緻な運動ができるようになったことは、生活様式を大きく変化させ、また、科学技術を高度に発展させた。科学技術の進歩は、宇宙という未知の領域への人類の進出を可能にし、重力からの更なる解放という新たな道を切り開いた。一般の人でも宇宙に行けるような時代になりつつある昨今、私たちが宇宙で暮らす生活が、ほんの少しずつではあるが現実のものになってきた。人類が宇宙に魅了される背景には、好奇心や探究心が大きく関与しているであろう。その一方で、宇宙への進出は、私たちの共生のあり方にも新たな光を当てている。現代社会において、人類は、人口の増加や地球資源の枯渇など、様々な課題に直面している。この中で、宇宙に新たな生活の場や資源を求めるといった発想は、人類が共生し平和な未来を築くための一環として現実的ではないだろうか。しかし、宇宙での生活を実現するには、まだ多くの課題が残っている。例えば、現時点では地球と宇宙とを気軽に行き来することに大きなハードルがある。これには宇宙飛行にかかる莫大なコストの問題が影響しているが、それに加えて、新たな重力環境に曝露された直後に運動機能が低下することも大きな問題である。月や火星などの探査中に転倒することは、宇宙服の損傷などにも繋がり、生死に関わる問題を引き起こす可能性がある。また、宇宙から地球に帰還した後も、地球での生活を継続していくためには、運動機能の低下は最小限に抑えたい。地球との共生、そして地球を越えて宇宙との共生へと繋がる平和な未来を築いていくためには、身体運動と重力との関係をより深く理解することが不可欠である。

科学の発展はまた、私たちに長寿という恩恵を与えた。しかし同時に、身体の老化やそれに伴う運動機能の低下が、身体不活動を引き起こし、その結果生じる生活や健康などに関連した問題は、ますます深刻化している。また、SNS（ソーシャル・ネットワーキング・サービス）の普及やオンラインでの授業や会議、宅配サービスの多様化などによって、家に居ながら他者と交流したり、必要なものを手に入れたりすることが容易になっている。このような状況で、動かないことが便利とされる風潮が世の中に広がりつつある。その結果、若い世代の身体不活動も以前より深刻な問題として浮上している。こうした地上での不活動による身体機能や運動機能の変化は、実は長期間の宇宙滞在によって引き起こされる変化と共通するところが多い。新時代における共生の中で生じたこれらの問題を解決するための手がかりとしても、身体運動と重力との関係性を理解することが重要なのである。さらに重力の理解は、私たち人類をはじめとする生物の身体が、地球上でどのように構築され、また、運動機能がどのように獲得され発達してきたのかといった、生物の基本原理の理解にも繋がる可能性がある。

私たち人類が、これまで地球上の重力と向き合ってきた過去や、自由を求めて重力に抗い続けていく未来を想像しながら、日々身体運動について研究しているところである。

引用文献

Barroso, F. O. et al. [2014] Shared muscle synergies in human walking and cycling. *J. Neurophysiol.* 112(8): 1984–1998.

Chvatal, S.A. and Ting L.H. [2013] Common muscle synergies for balance and walking. *Front. Comput. Neurosci*. 7(48).

Dominici, N. et al. [2011] Locomotor primitives in newborn babies and their development. *Science* 334: 997–999.

Hagio, S., Fukuda, M., Kouzaki, M. [2015] Identification of muscle synergies associated with gait transition in humans. *Front. Hum. Neurosci*. 9(48): 1–12.

Hagio. S., Nakazato, M., Kouzaki, M. [2021] Modulation of spatial and temporal modules in lower limb muscle activations during walking with simulated reduced gravity. *Sci. Rep*. 11(1): 14749.

Hagio, S. et al. [2022] Muscle synergies of multidirectional postural control in astronauts on Earth after a longterm stay in space. *J. Neurophysiol*. 127(5): 1230–1239.

Levine, A.J. et al. [2014] Identification of a cellular node for motor control pathways. *Nat. Neurosci*. 17: 586–593.

Williams, D., Kuipers, A., Mukai, C., Thirsk, R. [2009] Acclimation during space flight: Effects on human physiology. *Can. Med. Assoc. J*. 180: 1317–1323.

第25章

過去を振り返って未来を感じてしまった人類

石村 豊穂
TOYOHO ISHIMURA
古生物学・地球化学を基盤として環境解析分野の研究をしています。実際の研究では分析技術と分析機器の開発も行いながら古生物学・水産学・地質学・生物学などの複数の分野にまたがる共同研究を推進しつつも、最近はなぜか「お魚の研究」のニーズが高まって、魚類の回遊経路の解明と水産資源の保全に関する研究がメインになっています。実際、研究室の冷凍庫は魚とイカだらけ。地学の教員であることを自分でも忘れがち。

Key Words 微古生物学、リズム／イベント／ゆらぎ、未来の終点、未来の可視化、Future Earth、SDGs、知の共有

はじめに

私の専門に基づいて提示いただいた仮題は「古生物学・地球化学の視点で見る地球と人類の未来」です。柔軟に考えればよいものを、額面通りに壮大なスケールで受け取ってしまってなかなか筆が進みません。具体的なイメージが描けそうな未来像として、100年後の未来については学生へのレポートでも取り上げたことがありますが、その先まで見据えようとすると何をどこまで描けば良いのか。ひとまずは私の研究分野を背景にして地球の未来を感じるままに話を進めていこうと思います。

1 未来を描くために過去を知る

みなさんは古生物学というどのような研究を想像するでしょうか？ 古生物学は地球科学に属する理学系の一分野で、地球と生命そのものの長い歴史を研究対象としています。恐竜やアンモナイトなどの化石ハンターをイメージする方もいると

思います。骨の化石から生体機能を復元したり、どのような環境で生活していたかを解明する研究を想像するかもしれません。

しかし過去の一瞬を切り取って彼らが生きた世界に思いをはせるだけではなく、化石に残された当時の環境の痕跡を読み解いて、生命の進化とともに環境がどう変わっていったのかを調べ、その知見を元に一連の地球の環境変化を叙述していきます。そして理解した地球環境変動の歴史を元に、今後の未来を予測する。過去から学び未来への指針を示すわけです。

私の場合は微古生物学といって、海洋に生息する1mm以下の小さな生物の化石を調べる研究を基盤としてきました。特に有孔虫という単細胞生物は、カンブリア紀以降に爆発的な進化を遂げ、現在でも地球上のあらゆる海に広く生息しています。彼らは貝やサンゴと同じように炭酸カルシウム（$CaCO_3$）の固い殻を作るものが多く、死後は化石として地層の中に保存されます。マリンスノーという言葉をご存知の方も多いと思いますが、これは海洋表層に生息する有孔虫をはじめとする小さな生物や排泄物などが寄り集まって海底に沈降するもので、海底に沈んだあとは時代ごとに積み重なり堆積物を形づくります。彼らは長い年月をかけて地球の歴史を記録し続け、海洋調査や地質調査を通じて現代の私たちの前に姿を現してくれます。これら有孔虫の種構成や殻の化学組成を調べることで、彼らが生きていた時代の地球の様子を知る手がかりとなり、何万年も、何百万年も、大昔の地球の変化を順を追って復元することが可能になるのです。そして、今後の地球がどう変化していくかを予測するヒントを見いだすことにも繋がります。私自身はこの化学組成の変化を活用して、海の環境を知る新たな「ものさし（環境指標）」を作り、より正確に過去の環境を復元するための研究をしています。

2 環境変動の要因――リズム・イベント・ゆらぎ

さてここで、地球環境の変動要素ついても少し触れておきたいと思います。地球の未来を語るには、これまで地球上で何が起こってきたか、どんな法則性やイベントあったかを具体的に紐解かなければなりません。古生物・地球化学の立場では将来予測を高精度化するために現在から過去に向けての連続記録を元に、地球科学の諸分野との複合解析によって環境変化の「リズム・イベント・ゆらぎ」を明らかにし、地球の未来像のラフデッサンを描く基礎とします。

リズム：地球環境の変動は様々な要因が複雑に絡み合い、解釈が困難なものも多いですが、その中でも「環境変動のリズム」と呼べるような周期性があることがわかってきています。過去の連続記録に残されたリズムを読み解く研究の例として、第3章で石川尚人先生が紹介されていた「ミランコビッチサイクル」があります。石川先生のお話しでは、過去の寒冷期と温暖期の繰り返し（氷期・間氷期サイクル）を南極の氷から読み解く研究を紹介されていました。この数万年周期の環境変化は260万年ほど前から特に顕著に繰り返されてきた地球のリズムの一つで、現在は間氷期（暖かい時期）にあること、そしてこのリズムが繰り返されるとすればこれから数万年かけて氷期（寒い時期）に入っていくことも推定できます。氷期は北米大陸が氷河に覆われてしまうほどの寒さです。人類の将来を考えると若干の不安も覚えますが、私たちの祖先はこの氷期を何度も乗り越えてきたのは事実ですので苦難があってもまた乗り越えられるでしょう。なお、このミランコビッチサイクルの存在は約100年前に理論計算で指摘されていたものですが、実際にその影響が地球全体に及んでいたことが証明されてから40年ほどしか経っていません。地球システムの研究は20世紀後半に始まったばかりで、私たちはやっと地球のリズムを理解し始めたばかりなのです。

イベント：周期性がある環境変化についてはある程度の将来予測が立てやすいのですが、最も将来予測が困難な環境変動は「突発的なイベント」によるものです。過去の地球規模のイベントも化石記録の急激な変化から読み取ることができます。有名なものは白亜紀末に起きた巨大隕石の衝突で、恐竜の絶滅とその後の哺乳類の大繁栄への変革を引き起こしたことがわかっています。このような生命の絶滅イベントは大きなものから小さなものまで何度も引き起こされたと考えられており、その要因は隕石のような外的要因だけではなく、大規模な火山噴火や、海底からのメタンの噴出も急激な地球環境の変化を誘引したと推測されています。一方で、このようなイベントは、生物の絶滅を引き起こしつつも、その後の劇的な生物進化を促してきた事実もあります。私たちが地球の未来を一生懸命考えて環境保全の努力を続けたとしても、突発的な環境イベントが起きれば、地球環境も生物相も一瞬でリセットされることも十分にあり得る話なのです。

ゆらぎ：リズムとイベントに対して、変動はあるものの明確な周期性を持たない「自然のゆらぎ」と言うべき環境変化があることもよく知られています。これらの変動は数ヶ月続くこともありますし、数年単位で続くこともあります。ニュースでもよく耳にするエルニーニョ現象は、ペルー沖の海面水温が数年おきに温暖・寒冷に転じることで世界中に気候に連鎖的に影響を与えるものです。そのゆらぎの振幅は数年単位であるものの一定ではなく、変化が起きるメカニズムは最新の研究でも詳しくはわかっていません。エルニーニョがいつ始まりいつ終わるのかについては予測が非常に困難な一方で、気温の変化が産業と経済に与える影響も大きいため一年中ニュースとして報道されるのです。

やっと理解が進み始めたばかりの「地球のリズム」、予測が困難な「突発的なイベント」、理解も予測も難しい「自然のゆらぎ」、これらが複雑に絡み合って地球の歴史が作られてきており、そしてこれからの未来も変動を続けます。

3 時間スケールと「未来」の定義

さて、ここで地球と人類の未来を語る視点に立ち戻ってみます。未来を想像する上での難しさは、私たちの「未来」とはどこまで先のことなのだろうか？　という点です。地球科学の世界においての研究対象は「現在から過去」にいたる時間軸の上にあります。宇宙の始まりである138億年前が起点になり、地球が生まれた46億年前、生命が爆発的な進化を遂げた5.4億年前、そして恐竜が絶滅して哺乳類の時代になった6600万年前など、それぞれの時間軸と時代背景が具体的に想像できます。さらに過去１万年間の間氷期は温暖で安定した環境が続き、私たち人類が定住と農耕を進めて文明を発展させた時代で、考古学資料を含めた歴史記録からも時間軸に沿った史実を理解することが可能です。このように過去を振り返る際には起点、基準点、証拠がそろっているわけです。では明確な基準点や終点の無い「未来」に関して、私たちはどこまで思いをはせることができるのでしょうか？　そして科学の力を駆使してどこまで未来を見通せるのでしょうか？

個人レベルで先を見通す場合「未来」では無く「将来」という言葉を使うこともありますが、これは人の人生における数年から数十年が想定範囲となり、時間軸も、起点も、その終点も、ある程度具体的に設定することができます。しかし「未来」という言葉になると、その定義（時間スケール）は個々人がどこまで先の未来にどのような期待（希望）を寄せているかによって全く異なってくるように思います。私自身の場合も、幼少期には週末や夏休みのことを、学生時代には就職後や家庭のこと、家庭を持ってからは子供達の未来が、その時々で私の「未来の終点」の定義が異なっていた事を思い返しています。一方で、様々な要因で困窮する状況に直面している場合には明日や明後日の未来が大きなウエイトを占め、1年後すら考えられない状況にもなります。生活基盤が安定し、先の未来に期待を抱く精神的余裕が出てきたときに初めて、「未来」の時間軸が延長されるように思います。

これは個人に限らず、人類全体の未来に対する意識に関しても同様です。生活基盤や社会情勢が不安定になるほど、その当事者達は遠い未来を考える余力もなく、今日を生きることだけで精一杯になることは近代の歴史も示しているところです。実際に気候変動と社会情勢との関係を調査した研究結果では、エルニーニョによって環境が不安定化した年には、世界中で地域的な紛争が増加するという報告もなされています（Hsiang et al. 2011）。つまり、環境の不安定化が人々の「未来」への創造力を低下させ、さらなる不安定化の連鎖に結び付く事実とも言えます。この負の連鎖によって、私たちが創造する未来のスケールはより小さなものになってしまいます。この点については後のトピックでまた触れたいと思います。

次に、科学技術からどこまで未来を可視化できるかについてですが、前述の通りこの半世紀の間に科学的知見による将来予測の研究は劇的に向上しました。ただし、その予測対象となる未来は常に不確実性が伴い、科学の力で描ける未来は現状でも数十年から数百年先程度であることがほとんどです。将来予測の不確実性については、近年のCOVID-19によるパンデミックに関して皆さんも実感するところもあると思います。感染者の増減予測、経済とのバランス、人々の動向。人・社会・経済が複雑に絡み合い、数ヶ月先の生活ですら予測の難しさがあり、今も生活の傍らにはその影響が色濃く残っています。

古生物学の視点では数万年や数十万年という単位は昨日の出来事のように感じられますが、未来に方向を向けたとたん、数百年という単位が遠い遠い先にしか感じることが出来ないことを私自身初めて認識しました。

4 人類が感じる未来への期待と不安

「未来の定義」に難儀しながら、改めて感じたことがもう一つあります。人類は私たちが知る限りにおいて、個体が経験した記憶と知識を次世代に伝える術を持ち、その記憶や知識をもとに過去と未来を想像することが出来るおそらく唯一の生命体ということです。過去1万年の安定した環境で文明を発展させ、経験した記憶、得た感情、学習した知識を、文字や口述で後の世代にまで伝え、人類の共有知として活かすという集団学習能力を持ちました。そしてその中で新たに醸成された科学的知見をもとに、過去と未来の変化を見通す技術も少しずつ発展させ、未来への期待を寄せてきたわけです。

しかしその共有知は地球システムの複雑さを露見させ、さらに複雑な未来像を描き出すという連鎖につながっています。この連鎖は私たちの好奇心を刺激するとともに、未知の事象への不安を増大させることになります。地球への理解が進んだこの100年は、同時に未来への不安の世紀だったのかもしれません。

その不安解消に対して筆者を含めた科学者ができることの一つは、より具体的な未来像をシミュレートし「可視化」することです。漠然とした不安と世界観に対し、具体的な数値を用いて少しずつ今と未来を可視化する。まず10年先の未来を可視化することによって具体的な長期目標の設定が可能になり、さらに10年、またその先10年の未来予測に繋がります。そして100年後の社会の実現に向けたロードマップの策定によって初めて人々の不安が低減され、未来を希望を持って見通す余力が生まれてきます。同時にこの可視化は、今後起こりうる変化に私たちが適応していくための準備期間をも与えてくれます。未来への不安を希望に変えることで、本書の冒頭で細見先生が触れられた、人と地球の共生、そして「新しい平和学」へと繋がる道筋が初めて示されるのです。

5 地球の現状把握と2030年〜2100年の可視化

先に述べた未来の可視化に不可欠なもう一つの要素は、世界規模での社会の安定です。社会が不安定であれば、全てのロードマップは不確実なものとなり、100年先、1000年先を見据える作業が意味をなさなくなります。

21世紀に入って、Future EarthとSDGs（Sustainable Development Goals）の二つの大きな取り組みが進んできました。Future Earthはあまり聞き慣れないかも知れませんが、人類が地球環境に影響を与えた時代を人新世（人類世）を定義し、気候、環境、生態系などに人間活動が与えた影響を科学的な視点から正確に評価し、現時点での人類が生存できる範囲の限界（Planetary Boundaries）を具体的に把握することで、不可逆的な環境変化を回避することを目指しています（カラー口絵、図21）。

後者のSDGsは2030年をゴールとした「持続可能な開発目標」とされ、社会学的な側面も含めた17の個別目標が定められています。みなさんもご存知の通り、街を歩けば各所でSDGsが掲げられ、企業アピールも政策行政もSDGsが謳われます。一方でこの17の目標について個別の意義はわかるものの、それぞれが持続可能な開発にどのように結び付くのか、またSDGsそのものが何をめざしているのか、モヤモヤするとの意見をよく耳にします。私の授業でも「SDGsの本質がよくわからない」「流行にのっただけの空虚な環境煽り商法に思える」という言葉が学生達から聞こえてきます。たとえば「ジェンダー平等を実現しよう」という目標があります。この意義はよくわかりますが、この目標が持続可能な開発にどのように直結するのかは、イメージがつかみにくいように思えます。

ここでまた、シミュレーションと可視化が理解の深化に役立ちます。故ハンス・ロスリング（Hans Rosling）博士のwebツールGapminder（https://www.gapminder.org/tools/）は漠然とした将来像を可視化するツールとして非常に有用です。彼のデータ解析は社会を構成する幾つもの要素を並べてグラフ化し、産業革命以降の社会発展や経済活動の様相をインタラクティブに時系列で示してくれます。2022年11月、世界人口が80億人に到達しましたが、人口はこのまま増え続けるのでしょうか？　それとも社会の安定とともに減少に転じるのでしょうか？　彼のTEDプレゼンでは、2100年に世界人口は100億人程度で一定になることをわかりやすく解説してくれています。そしてその前提になるのは世界情勢の安定であり、貧困がなくなり、飢餓がなくなり、さらには女性の社会進出等の要因によって、人口の増減が平衡状態に達することで資源消費や食料生産などの将来予測の基礎が築かれることであると。ロスリング博士はGapminderを用いながら20世紀の変化を示しつつ説いています。彼の多数のTEDプレゼンは科学と社会、そして「地球と人類の未来」の理解に大きな助けになりますので是非御覧いただきたいと思います。

彼が示した2100年における世界人口100億人への道筋は、説得力のある未来予測であり希望でもあります。そして社会が安定するための前提となるSDGsの個別目標「ジェンダー平等」、「質の高い教育」、「安全な水とトイレ」など、17の目標が有機的に結び付くことによって初めて私たち人類に100年先の未来を考える余力をもたらすことに気付かせてくれます。2030年をゴールとしたSDGsの意義はここにあったのです。2100年に向けた人類のスタート地点の確立なのです。未来の不確実さは不安だらけでしたが、整理して考えて見ると遠い未来にも期待を抱けるような気がしてきます。

6 21世紀――世界の協働と混沌

さて、2030年以降の未来を語り始めた私たちですが、現実問題として今地球はどのような状況に置かれているのでしょうか？　今目の前で起きている人為起源の環境変動は、生命史における大量絶滅イベントに匹敵する急激な変化とも考えられています。一方で、科学的に地球環境変動の理解が進んだのは20世紀の終わりからで、今の地球に関しては私たちはまだまだ初学者なのです。

地球温暖化については、IPCC（気候変動に関する政府間パネル）の報告が理解の歴史を示しています。1990年の第１次報告書では「人類が地球環境に影響を与えている可能性がある」という慎重な表現を用い、その後約５年ごとに現状の理解を深め、2014年の第５次報告書までに「可能性が高い」「可能性が非常に高い」「可能性が極めて高い」と表現を変えてきました。そして2021年の第６次報告書では「人間活動が温暖化の要因であることは間違いない」と初めて明確に結論づけています。印象深いのは第４次報告書で言及された「地球温暖化の動きを遅らせ、さらには逆転させることは、我々の世代のみが可能な挑戦である」という一節です。

このように現状の理解が進む一方で、ここ数年の世界情勢は2030年に目指すべき世界の安定からは大きくかけ離れてきています。数年前までの私の授業では、21世紀は初めて世界が手を取り合った時代だと説明していました。これは20世紀後半に地球環境問題の理解が進み、東西冷戦が終わって比較的平和な世界が訪れ経済発展が進み、仮想ネットワークの普及によって世界の距離が近づいたことが背景にあります。その結果、国と国との駆け引きがありつつも、196カ国が参加した2016年のパリ協定（気候変動に関する国際的枠組み）に至り、世界が初めて手を取り合って、同じ未来へ目を向けて歩みを進めることができました。

しかしその直後、自国至上主義であり温暖化懐疑論者でもあるトランプ政権によって環境政策への支援が縮小された際には世界に衝撃が走り、パリ協定が崩壊することも危惧されました。実際に世界の気候変動研究の中枢であるNASA（アメリカ航空宇宙局）やNOAA（アメリカ海洋大気庁）の関係部署は閉鎖に追い込まれ、米国のパリ協定脱退へと続きます。温暖化対策が一気に後退したのです。

当時、ホワイトハウスの公式HPから気候変動に関する言及が一切消え去ったというニュースが話題になりました。このニュースを目にした時、私も「授業の内容を変えていかなければならないかな……」とSNSに記したのはよく覚えています。その後、幸いにもバイデン政権への交代によってパリ協定への復帰を果たし、数年の遅れを取り戻すべく世界は再び前を向き始めました。しかし世界の安定はまだ遠く、2020年のパンデミック、2022年にはロシアによるウクライナ侵攻。そして2023年、第22章で岡先生が触れられた前世紀から続くガザ地区の苦難も目の前に写し出されています。世界中で経済活動が安定しない、エネルギー供給が安定しない、目の前の生活が成り立たない。さらに考えたくも無い戦争拡大への不安も。この状況化で未来への展望と環境の保全は二の次になってしまいました。

これが世界の協働からはじまり混沌へと突入した21世紀の現状です。残念ながら地球と人類の未来に目を向けるための心の余裕がなくなる流れはまだ続いています。ほんの数年前、パリ協定までは世界中が手を取り合い100年後を語ることができる世界が広がっていたのに。私たちは今、1年後の未来を祈ることしかできなくなっているのかも知れません。

7 未来の広がり

地球科学と環境科学を授業で扱う中で常に考えさせられることは、地球、生命、人類、社会の有機的な繋がりを個々人が適切に理解し、社会全体で10年後の未来像を見据えることの重要性とその実現の難しさです。答えの無い問いに向き合い、未来を表現する。どのようにその裾野を広げていけるのか。

温暖化に関する事例を挙げてみます。大気中のCO_2濃度は産業革命以前には0.028%で一定の値でした。産業革命以降はCO_2濃度は上昇し続け、現在では平均0.042%という濃度に到達しています。この解釈について学生から質問を受けたことがあります。「CO_2はたかだか0.014%しか増えていないので温暖化には影響を与えたりはしないはず、やはりCO_2温暖化という説は疑わしい」という話を聞いたことがあるとのこと。大気中の全ての気体の中でのCO_2の増加率は確かに0.014%です。一方で、温室効果ガスであるCO_2自体に注目すると50%も増加していることになります。あまりにもかけ離れた数値です。ここではこれ以上踏み込みませんが、数字のマジックによる誘導の仕方によって、現状把握の方向性はいともたやすく道を踏み外してしまいます。断片的な情報の暴走は、時として短絡的なエコテロリズムや極端な温暖化懐疑論による社会の混乱も引き起こしてきました。そしてそれらを上手く利用する方々がいるのも事実です。老若男女、文系理系、職種や思想を問わず、正しい知識と視点、判断力を養う知の共有が未来を描いていく上で最も重要であることは確かだと思います。環境問題に限らずです。100年1000年先の未来「新しい平和学」を描いていくために。

8 おわりに

地球環境と生命は常に動的な平衡状態にあります。ゆらぎがありつつも、崩れること無くバランスを取って今の地球を形づくってきました。過去を振り返っても、カンブリア紀以降の5回の大量絶滅によって一時的に地球生命は危機を迎えましたが、その後は何事も無かったように生物の数も多様性も時間をかけて回復していることがわかります。リズムとゆらぎ、秩序だった無秩序の中を生命は生きてきましたが、そのたった一瞬に私たち人類はいるだけです。その一瞬に生きる私たちは、世代を超えて学習し、未来を感じ、その結果さらなる期待も不安も抱く。地球を知るほどに謎が深まり、私自身は100年より先の未来に強い思いをはせるには至りませんでした。でも考えすぎるから悩むんです。目の前にあるものにしっかりと向き合って、来たる変革への準備と適応をしていくステージがこの21世紀なのです。ただ、地球と人類の未来はその形を変えても永遠に存在し、歴史を刻み続ける気がしてなりません。そしてその終焉までの歴史にはやはり私も興味があります。授業でも学生によく言っているのですが、できれば幽霊にでもなって今後の地球と人類の変化を見て行きたい、新たな発見をもっと知りたい、そして「未来の終点」を見届けたいと願っています。でもおそらくは1人ぼっちで幽霊になるのはとても寂しいと思います。というわけで、幽霊仲間になって地球のリズムを一緒に感じていただける方を募集してます。是非お声がけください。一緒に未来を見て行きましょう。

引用文献

Hsiang, S. M., Meng, K. C., Cane, M. A. [2011] Civil conflicts are associated with the global climate. *Nature* 476 (7361): 438–441.

Column V

浅野耕太

地球環境の未来

これからの地球環境のゆくえを正確に見通すことは誰にもできない。しかし、このままいけば、遠からぬ未来に人類は何らかの形で破滅的で不可逆的なレジーム・シフトを経験することになると自然科学者は警鐘を鳴らし続けている。一方、社会はその先行きが不透明なことを言い訳の一つとし、十分な対策を講じようとはしていないように見える。環境経済学の分野で初のノーベル賞を受賞したノードハウスは、いまの気候変動対策の経済成長優先による立ち遅れ状態を「気候カジノ」と呼び、そろそろサイコロを振るのをやめて、対策に真摯に取り組むようにと訴えている。

地球環境保全に向けた最大の武器は、人類の歴史を通じて蓄積されてきた知識とその知識に基礎を置き、拡大されてきた我々の能力であると思う。能力といっても、高度な科学技術に基づき、実現できた飛躍的な生産能力や今後の技術革新の成果のみを意味するわけではない。むしろ、人々の無用な衝突を避け、公正で効率的に相互作用することを保証する、市場などの制度を整え、それを機能させ続けていくソフトな能力の充実こそ、現代社会の画期的なイノベーションの一つの姿である。ここでいう制度とは、組織や法律のみならず、慣習、慣行、慣例など、人々の相互作用を実際に支配するルールの意味である。

グローバルな環境危機の一つ、オゾン層の破壊はいまや食い止められようとしている。オゾン層を破壊するフロン層の使用を制限する議定書の輝かしい成果は良く知られている。その議定書の成立を可能とし、その遂行が確かなものとなるためには、適切なインセンティブに導かれた民間企業の代替技術開発と遂行を支援する機関の設置と国家間の協調が不可欠であった。目標に向かっての細やかなコーディネーションは優れた制度によってはじめて可能となる。この見過ごされがちな、制度をつくり、うまく活用する余地はまだまだ多くの地球環境保全の分野で残されおり、そのあたりに自然科学者と人文学者・社会科学者の連携の大いなる可能性があると断言できる。

研究の原点⑤

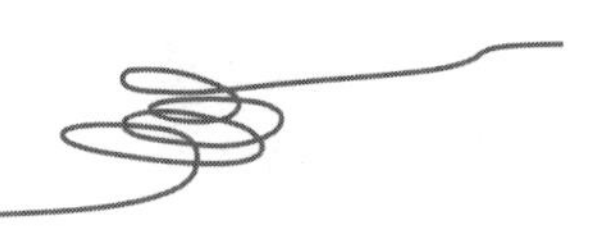

安部　浩（哲学、第21章）

尋究無源水

中学生の時に文学書を乱読。漢詩、漱石、坂口安吾、H・ヘッセ、J・P・サルトル等によって、知らぬ間に実存主義的な考え方に親しむ。高校時代に、高橋和巳、F・ドストエフスキー、埴谷雄高等を耽読。埴谷の『死霊』は枕頭の書となり、後に著者その人からも、存在の不可思議を思い知らされる。大学入学後、マイスター・エックハルトの説教集と共に、M・ハイデガーの『存在と時間』に邂逅。哲学の道なき道に足を取られ、観念し、その底無し沼に身を投げる。

岡　真理（パレスチナ文学、第22章）

更新し続ける現実

「パレスチナ問題に興味があるならこれを読みなさい」と学部1年のとき先生が貸してくれたパレスチナ人作家、ガッサーン・カナファーニーの作品集、そこにはユダヤ人が祖国をもつのと引き換えに虐殺され、故郷を追われ、異邦で難民として生きる──あるいは無惨な死を遂げる──パレスチナ人の姿が描かれていた。衝撃だった。ホロコーストは知っていても「パレスチナ難民」の存在は知らなかった。以来、文学を通してパレスチナ問題を思想的に考えたいと「アラブ文学」の道に進んだが、つねに最悪を更新し続けるパレスチナの現実は、文学研究だけに専心することを許してくれない。パレスチナとの出会いから40年後、イスラエル出身のユダヤ人の歴史家、イラン・パペが「漸進的ジェノサイド」と呼ぶパレスチナの絶えざる民族浄化が、紛れもないジェノサイドとしてガザで顕現している今だからこそ、文学が、文学のことばが、何よりも必要なのだと思ってやまない。

髙木紀明（表面科学・ナノサイエンス、第23章）

表面って何？

表面科学との出会いは、4回生の研究室配属ガイダンスです。超伝導、超流動、磁性、レーザー、化学反応論……、色々なキーワードを使った研究室説明がありました。その中で、「表面」は、研究対象として聞き慣れない・イメージの湧かないワードでした。研究室を覗くと、巨大な超高真空装置を使って実験するという、それまで想像したことのない光景でした。そんなわけで、表面科学という分野に進むこととなりました。この分野は、半導体デバイス、触媒、生化学センサーなどの産業応用から、結晶表面の構造や基礎物性（電子構造、磁性、光物性、超伝導……）など物理、化学、生物まで、表立っては見え難いけれども深く関係しています（実は、この“見え難さ”は気にいっている点の一つです）。私自身は、表面触媒反応などの物理化学的研究から始まり、表面分子ナノ磁性や自然界にない新奇2次元原子層物質の開拓研究と色々なことをつまみ食いしています。

萩生翔大（運動制御、第24章）

走ることが好きな少年の素朴な疑問から

「どうすれば速く走れるのか？」多くの子供たちが抱きそうな素朴な疑問が、私の研究の原点です。学生時代までは、陸上競技（400m走）に情熱を注いできました。競技中に怪我をした経験から、合理的な動作について考えるようになり、あれこれ試行錯誤してきたことが研究者の道に繋がりました。なぜ目の前のコップを取ることができるのか、なぜ長時間立っていられるのか、これらは毎日行っている行動であるにもかかわらず、その仕組みについて明確な理解が得られていないヒトの運動に強く魅了され、現在は、走る動作以外にも焦点を当て、ヒトの運動全般の包括的な理解を目指して運動制御の研究を行っています。ヒトの運動に関する実験研究では、実験システムの構築、データ計測・解析、チーム内での議論などのステップを経て研究が進んでいきます。運動について知りたいという思いと同じくらい、研究活動そのものが大好きで、現在は研究に情熱を注いでいます。

石村豊穂（古生物学、第25章）

前例はつくるもの

私自身の興味は昔から「もの作り」と「人」でした。大学では工学部系に入学したものの地球科学へ転向し、海の小さな化石を用いた環境解析を専門としました。その後、博物館勤務を経て化学との融合分野で博士号を取得し、大学・研究所で７年、そして高等専門学校（化学科）で８年、教育の現場で若い学生達と向き合った後に京都大学に着任しました。もう何が専門なのだか、何者なのかもわかりません。AB型の双子座ですのでそう言う人なのだと思います。でも特定分野の分析技術では世界一を独走しているらしく、学生達と楽しみながら研究も人生も歩みを進めたいと考えているようです。そんな研究室のモットーは「小さなウソになれるな」「取り返しのつく失敗はどんどんしろ」「多様性をもちつづけろ」「前例はつくるもの」です。前例が無いから……ではなく、前例というのは誰かがつくってくれたもの。私たちも良い前例を作りながら新しい種を蒔いていきたいなと。

浅野耕太（環境経済学、Column V）

他人（ひと）の気持ち

物心ついてからずっと思っていることがある。それは、他人（ひと）の気持ちはわからないということである。それでは自分の気持ちはわかるのかと問われると、少し心もとないところがないわけではないが、他人の気持ちよりはずいぶんましな気がする。

消費者選択の理論を紹介する経済学の講義を初めて受講した時、モノに対する現実の購買行動をこの曖昧模糊とした気持ちが規定することを学び、その逆が気になった。行動結果からその時の人の思いを探りうる可能性である。

環境問題は、環境に対する人々の思いが現行の社会経済システムにおいて十分に活かされていないことに根本的な原因がある。値札が付いていない環境は市場では扱われていないといったほうがわかりやすいであろうか。環境問題の解決には、人々が環境にどのような思いを抱いているかを考慮に入れることが重要であり、他人（ひと）の気持ちはわからないと思いながらも、少しでもわかりたいと思ったことが研究の原点だった気がしている。

座談会　新しい「平和学」をもとめて

（2023年10月 2 日収録）

Member

細見和之［司会］（京都大学大学院人間・環境学研究科人間・社会・思想講座 教授）
　ドイツ思想、比較文学

岩谷彩子（京都大学大学院人間・環境学研究科文化・地域環境講座 教授）
　文化人類学、「ジプシー」／ロマ研究

岡　真理（早稲田大学文学学術院 教授）
　現代アラブ文学、パレスチナ問題

郭　旻錫（京都大学大学院人間・環境学研究科東アジア文明講座 講師）
　東アジア哲学、日韓比較思想史

中嶋節子（京都大学大学院人間・環境学研究科文化・地域環境講座 教授）
　都市史、建築史

萩生翔大（京都大学大学院人間・環境学研究科認知・行動・健康科学講座 准教授）
　運動制御学、神経生理学

堀口大樹（京都大学大学院人間・環境学研究科言語科学講座 准教授）
　ロシア語学、ラトビア語学、スラヴ語学、バルト語学

京都大学学術出版会（以下、KUP）：「平和学」という言葉が今、果たして真に響くのかというと、非常に難しい問題が立ちはだかると考えています。この語の見直しや問い直しを通して、大学／学究／知の目指すべきすがたを考えるべきではないか。そのためには今何が必要なのか。各学問が、そして京大の人間・環境学が今何を言うのかを討議して、「学問で平和はつくれるか？」という問いを考えたいと思っています。

人間・環境学＝平和学の礎を考える

細見：私自身は20世紀のユダヤ系の思想が専門で、ホロコーストの問題が必ず関わってくる。この大学に着任して８年くらいですが、授業をしながらホロコーストについても学生に話してきました。学生にホロコーストを考えるとはどういうことなんだろうといったときに、一番広い視点では「やっぱりこれは平和学なんだよ」という言い方をしてきたんです。日本では平和学がなかなか盛んにならないという現実があるんですけれども、素朴に考えたとき、京大のどこかにたとえば「平和学研究所」「平和学研究センター」があってもいいなあと思うのに、必ずしもそういうものがない。総合生存学館（思修館）はそういうのがありうるのかなあと思ったり、人文研もそういう場所でありうるだろうし、他に平和学のセンターにふさわしいところはありうると思うんですけど、人間・環境学研究科は結局、ある意味では「平和学」の場と言ってもいいんじゃないかという気持ちが僕にはあったんでね。そう思って教えてきたところもあるんですけど、そうしますと例のコロナ禍が始まりました。

フランクフルト学派（20世紀、ユダヤ系の思想家が中心となったグループ）が一番考えてきたのは自然支配の問題でした。人間の自然支配というのは貫徹され得ない。むしろ自然支配の暴力性が、人間の社会の方に逆にブーメランみたいに降りかかってくる。そういう問題をどうするか。最終的には自然との「宥和」という難しいテーマになるのですけれども、そう考えていくと本当にコロナというのは人間が支配しにくい自然です。これもよく言われていることですけれども、原生林みたいなところをどんどん開発していって、それまで出遭ったことのないウイルスと出遭ってしまう、持ち帰ってしまうという現実があって、おそらくこういうことが起こってしまっている。電子顕微鏡でしか見えない相手をどうやって支配するか、その厄介な問題とずっと取り組んできたんですね。インフルエンザもワクチンで騙し騙し流行をなんとか抑えていくやり方しかできない。おそらくコロナウイルスもそうだろう。ウイルスでこれまで人類が撲滅できたのは天然痘だけだということです。ですからほとんどのウイルスとは何らかの共存の形を考えていかざるを得ない。そういう厄介な問題になんとかかたがつきかけたときに、ロシアによるウクライナ侵攻が起こってしまった。

ただ、直接コロナやウクライナ侵攻をどう考えるかという問題より広い視野で、平和学というのは考える必要があると思っているんですけれども、直接的にはそういうことも現

細見和之

にあったということです。そういうなかで私たちは授業を続け、学生と何らかの形でそれについて話をする機会も多かったと思います。

そんな中で「人間・環境学への招待」を5年間にわたって連載していただいて、単行本にするときに、やっぱり「平和学」を柱にできないかと思ったわけです。

今日集まっていただいたみなさんは、ご専門がさまざまな分野にまたがっています。人間・環境学で考えるときにおもしろいなと思うのは、いわゆる自然研究、理科系の先生方の視点が活かせるということです。平和な状態じゃないと自然研究もできないという問題ももちろんありますけど、もっとそういうのを超えて、自然研究から、平和学の礎になるものを学んでいくことができないかとも思うのです。私はガルトゥングという人の平和学の話を序章でしましたが、彼の場合にはあくまでいわゆる私たちが言う文系の視点がだいたいなんですが、でも人間に対する畏敬とか生命に対する畏敬というものがやっぱり必要なんだということをガルトゥングも言ってます。そういう人間、生命、さらにいうと宇宙に対する畏敬を考えるときに、自然科学の視点も大事になってくる。そういう意味ではガルトゥングが言っている平和学にも自然科学的な視点を組み込むことができるという思いが私にはあるわけです。

1回の座談会で何もかも問題が解決したり網羅的に問題が出せるわけではないと思いますから、今日はそういうことを考えていくきっかけという形になればと思います。

被害者 / 加害者

細見：岩谷先生の場合は文化人類学的な視点、特にロマ（「ジプシー」と呼ばれてきた人々の自称）の視点で見たときに平和という問題はどうなるんだろうということがあります。ご研究からの関心で、平和学ということについてお話しいただけますか。

岩谷：京大で博士号をとって最初に就職したところが龍谷大学のアフラシア平和開発研究センター（現・グローバル・アフェアーズ研究センター）だったんですが、そこでは平和学とはなにか、紛争解決にはどのような道筋があるのか、研究する機関でした。そのあとで広島大学に8年くらいいました。広島という土地じたいが毎日平和ということと直結するようなところがあるので、そこでもっと平和について考える機会がありました。

細見：なるほど。

岩谷：京都に来てからはあまり平和について考える機会はなかったのですが、自分の科研費研究で第二次世界大戦とどのように向き合うのかがテーマになり、授業の中でもホロコーストを扱うことになりました。ホロコーストは、若い学生さんの間でも関心が高いテーマなんですね。ですが世代交代ということもあって、「直接戦争の時代に生きたことがない私たちは、いま何をするべきなのか」「何ができるのか」ということに対してすごく現実的な戸惑いを抱えています。ひと世代前だったら、平和は大事で、平和憲法を維持しないといけない、二度と戦争を繰り返してはならないということが確固とした目標としてあったと思います。ところが、世界各国が核を持ち始めている現代に、どう私たちがそのことに向き合ったらいいのか、学生さんからいろんな意見が出ました。

講読した本は『ホロコーストとヒロシマ――ポーランドと日本における第二次世界大戦の記憶』(加藤有子編、みすず書房、2021年)だったんですけれども、被害者であると思われたポーランドは実は加害者でもあったということをポーランド人がどう受けとめるかということが重いテーマとして議論されています。ヒロシマも一見被害者なわけだけれども、なぜ広島に原爆が落とされたのかを考えると、広島が軍都であったことを切り離すことはできない。つまり日本も諸外国に危害を加える立場だったということが背景にあって原子爆弾投下ということがあったわけで、そこのあたりは割とオブラートに包まれて広島では語りつがれてきています。現在の広島平和記念資料館の展示を見ても、やはり原爆が投下され、その被害者となるところからスタートするんですよね。「被害者でもあり加害者でもありうる私たち」というところから何を平和学として考えるべきなのかということについて、授業でも私自身のテーマとしても考えたいところです。

ロマは国家を持ってこなかったので、国家の思惑で戦争に動員されたりとか、今回のウクライナでも、パスポートや市民であることを証明する書類がなかったりするんですね。そのため、彼らはウクライナからの避難民とは認められなくて、結局保護の対象にならないとか、どこにいても差別を被ってきたのがロマの歴史です。そういう人たちの視点から平和、戦争というものをどう捉えられるのかということを、むしろ私が貢献できるとしたらそのあたりなのかなと思っているところです。

岩谷彩子

細見:ありがとうございます。ロマから見た平和とはどういうことなのか、ということですね。授業で、被害者から始まってしまう視点に加害者という視点を加えるとどうなるのか、加害と被害の関係をどう考えていくか。そこから学生とのディスカッションが始まったという形ですか。

岩谷:授業では『ホロコーストとヒロシマ』のあとに、京大にもいらっしゃったラン・ツヴァイゲンバーグさんが書かれた『ヒロシマ――グローバルな記憶文化の形成』(若尾祐司・西井麻里奈・髙橋優子・竹本真希子訳、名古屋大学出版会、2020)という、原爆投下以後の広島の市民運動や街の作られ方について精緻に歴史史料から検討した本を扱いました。それを続けて読むことで、さらにヒロシマについて外国人の視点も含めて多角的に精査するということができました。私たちにとって広島、長崎、それからアイヌや沖縄の問題も大事です。そういうマイノリティの視点から平和を考えるということが大事だと思います。

特権化されるホロコースト

細見：岡先生の場合はパレスチナ問題がご専門で、ホロコーストの問題と合わせて合同ゼミみたいにできたらいいよねと言い合っていて、その統一テーマはやっぱり平和学なんじゃないの、と随分前から一緒に議論してきたんです。なかなか実現していないんですけど、そういう気持ちの中で声をおかけしました。今、岩谷先生からご自身のされている授業や研究とのからみをお話ししていただいたのですが、岡先生はいかがでしょう？

岡：私は学生時代に「パレスチナ問題」と言われるものに出会って、以来ずっとパレスチナとかかわってきました。岩谷先生の研究されているロマの位置づけとすこし似ていますが、パレスチナ人も国がありません。イスラエルの建国で民族浄化されて、難民になってしまった者たち。あるいは祖国にとどまったんだけれどもそこはユダヤ人の国になってしまって、祖国にいるのに異邦人になってしまった者たち。また、西岸やガザの人たちは、祖国にいるけど、そこはイスラエルに占領されてしまった。要するに、パレスチナ人は、「国民」ではないんです。たとえばイスラエルのパレスチナ人の場合、彼らはイスラエルの市民ではあるけれども、イスラエルのユダヤ人が国民であるのとは違って、彼らは国民ではありません。

細見：はい。

岡：私は日本でずっと生まれ育ってきて、パレスチナ問題に出会うまで、在日朝鮮人の問題も沖縄の問題もアイヌの問題も、もちろんそういう人たちがいてそのような問題がある、ということは知識としては知ってはいたけれども、本当の意味では知らなかった。それは今の学生さんもそうだと思います。高校の授業でパレスチナのことを習ったりしても、大学のオムニバス授業で一回、パレスチナについて話をすると、「全然知らなかった」という感想が返ってきます。知らないに決まっています。高校の授業でシオニズムの何たるか、占領の何たるかといったことは教わらないんだから。知らなくて当たり前なのに、知らなかったということになんで驚くのだろうと考えてみると、学生たちはパレスチナやパレスチナ人の現実について話を聞くまでは、知ってるつもりだったということです。受験勉強をして、世界史の授業でも習って、パレスチナ問題とかシオニズムということばを習ってるから、自分たちは知っていると思っていたら、全然、現実を知らなかった、ということに気づかされた。私自身もそうでした。パレスチナを知ることを通して日本の植民地支配の問題や在日朝鮮人の問題に出会ってきました。

　だからパレスチナ問題に出会わなかったら日本の植民地主義の問題にも出会わなかっただろうと思います。そういう意味で、細見先生の基調論考（序章）にすごく違和感があるのですが、「平和」について語りながら、「植民地主義」という言葉が出てこない。ホロコーストはパレスチナとも深くかかわっています。アドルノの有名な言葉をひいておられますが、では、アウシュヴィッツの前は詩を書くことは野蛮ではなかったのか。私自身、植民地主義やレイシズムの問題を語りながら、アウシュヴィッツの前は野蛮ではなかったのかという問いを突き付けられるまで、そこには思い至りませんでした。なんでホロコーストが常に、人類史的な参照点にされるのかと言ったら、それは白人が白人を、ヨーロッパ人がヨーロッパ人を殺戮したからであって、それ以前の、西洋の人間が非西洋の世界を植民地にして、あれだけジェノサイドが起きていたのに、そうしながら詩が書かれていたことの野蛮さがまったく問題にされないということの西洋中心主義。アドルノにしてもハンナ・アレントにしても、カントにしても、そういう白人中心主義、西洋中心主義がつとに批判されている。アレントの書いたものを読んでも、レイシストだなと思う部分もあるし、これからの新しい平和学をもとめていくとしたら、ホロコーストが常に参照点にされるということ、もちろん人間の歴史において大きな出来事であることはたしかだけれども、ホロコーストばかりが特権化されるということ

岡　真理

の背景には何があるのか、そのことをもっと批判的に考えなければいけないと思います。ヨーロッパでヨーロッパのユダヤ人が、あるいはヨーロッパ人が大量に殺戮されると、それは人類史の未曽有の出来事とされる。一方でパレスチナで起きていることは、中東とかイスラーム世界とかアラブ世界で起きることは特殊な出来事とされる。誰が殺されるのかによって、普遍化される出来事と、特殊化される出来事という、まさに知の二重基準が常にあって、それを批判していかなくてはいけないんじゃないかという思いがすごくあります。私の論考（第22章）もガザを引き合いに出しながら、そのことを言っています。

加害を認識／追及しない日本の責任

岡：もうひとつ、パレスチナと出会って、私が常々考えているのは、人権というのは「国民の特権」でしかないということ。「人間の権利」と言うのだから、何はなくとも人間である以上人権は誰であっても保障されてしかるべきなのに、人権の実態は国民国家の存在によって保障される「国民の特権」であるということを前提に、人間とホームランド、祖国/故郷との関係について研究プロジェクトをおこなってきました。そこから見えてきたのは、アレントが見抜いているように、市民権を剥奪することによって、剥奪された人間に対しては何でもできるようになるということです。

ホロコーストの特権化を批判しながらも引き合いに出してしまいますが、ジョルジョ・アガンベンがアウシュヴィッツの被収容者を例に言っているような、人間がただの「剥き出しの生（bare life）」にされてしまうような暴力のありようのこと。世界中にbare lifeと言えるような、「お前たちを生かすも殺すも俺様の勝手だ」みたいな形で、殺されている者たちがいます。日本の入管の収容施設でウィシュマ・サンダマリさんが殺された出来事。若い女性の方が病気なのに診てもらえずに亡くなったということで社会的に大きな問題になったけれども、入管の施設ではこれまで毎年のように人の命がうばわれている。だからアウシュヴィッツ的状況というのは日本の中にもあるわけです。広島、長崎で、原爆によって殺された者たちもbare lifeだったと思います。アメリカにとって彼らは殺してもいい存在だったということです。

日本が自身の侵略の問題、加害の歴史をきっちり問題にしてこなかったから「剥き出しの生」に還元された自分たちの被害のことをしっかり語ることができないという側面もあります。都市に対する戦略爆撃、日本は敗戦まで重慶に対しておこなっていたゲルニカや、東京大空襲や広島・長崎を知っていても、重慶を知らなかったら、広島・長崎におけるアメリカの犯罪を、日本がしっかり批判することはできないですよね。日本における平和学の前提として、日本が行った戦争犯罪を日本人自身が批判していかなくてはいけない。私たち、「原爆投下」って言いますよね。これも、アメリカの戦後統治支配におけるある種の婉曲語法なのではないか、という気がします。実際は原爆投下による「大量虐殺」です。それを原爆「投下」というと、アメリカには、そこで起こした大量虐殺ではなくて、「投下した責任」しかないかのようになってしまう。広島平和記念公園の「安らかに眠って下さい 過ちは繰返しませぬから」という記念碑の文言は、日本のアジア侵略の結果としての原爆によるジェノサイドと考えると、ああいう書き方になると思いますが、戦後の日本の歴史はそういうかたちで、アメリカがレイシズムに基づいて大量虐殺したということをしっかり批判してこなかったのではないかと思うんです。その結果がベトナムの北爆であり、そして2001年のアフガニスタンであり、2003年のイラクです。

2004年にイラクの方たちが広島の原爆記念日に合わせて来日して、広島で、「60年前に広島に原爆を落とした者たちが今、私たちの頭上にミサイルを落としている」ということを訴えたのですが、その言葉が全然受け止めてもらえなかった。私自身、そのとききちんと受け止めることができなかった。でも彼女はそう言えば、日本人に「伝わる」と思ったんですよね。でも、彼女のその言葉は、単に「アメリカが今、私たちを攻撃している」という事実を述べたという形でしか、理解されなかった。アメリカの戦争犯罪を「戦争犯罪」として言ってこなかった日本の戦後世界における平和構築における責任は、すごくあるな、と今考えています。

細見：いろんな問題が指摘されました。ホロコーストがある意味で特権化されてしまうことは西洋中心主義ではないかという問題、植民地主義の問題、日本の加害の問題を考えることによって、原爆の問題でも、アメリカに対する視点も違ってくるんじゃないかということですね。すべてに関して曖昧な語法というか、はっきりとしない形ですべての問題が先送りされていって、それが今にまで至っているというご指摘だったと思います。

〈具体的な他者〉の訓練不足

細見：郭旻錫先生は韓国のご出身ということがあって、東アジアあるいは韓国の視点から見たときに日本の問題はどんなふうに見えているのか、今ずっと中国、台湾の問題がホットになってしまっているんですけど、それに対してもう少し距離をおいた冷静な視点で何か見えてくるものがないかと思っておりました。郭先生、いかがでしょう。

郭：先生方の話を受けて、という形でお話しさせてください。さきほど岩谷先生が、被害者からとしてではなくて加害者からとして見ればどう見えるのか、というお話をしてくださって、岡先生が、加害を言わないから被害も正確に言えない、という趣旨のことを言ってくださったと思うんですけれども、加害と被害の関係の複雑さ、難しさということがあると思います。これは、自然と人間の関係という問題にもかかわってきますが、この問題はものすごく難しい。自然支配は貫徹されないという論旨に繋がると思うんですけれども、どっちがどっちを支配しているのかわからなくなる。人間が自然を支配しているのか、それとも自然に支配されているのか。平和ということを考えるときにも、平和を唱えるだけではだめであって、加害と被害の関係の難しさ、人間と自然の関係の難しさをまず考えてみなければならない。だいたいの戦争は平和という名分の下で起こるんですよね。

一同：うん。

郭：だから、誰が何をどう平和にするのかという、そういう難しさ。平和が空虚に聞こえるのはこのためだと思います。具体的に平和というものをどう考えていくのか。ただ被害者として平和を言うと平和になるのか。それとも加害者も言えるのか。そういう問題も含めて、そこを具体的に考えないといけないと思うんです。

私の研究してきたことから言いますと、日本社会でそれが難しいのは、岡先生も仰ったと思いますが、戦前に日本がやったことを加害も被害も含めて正確に見ようとしない。加害も被害も抽象的になっていると思います。ホロコーストが人類的な観点から特権化されるのもそのためだと思います。わかりやすいから。それで具体的な難しい、加害/被害の二重的な、いろいろな複雑な関係については思考停止して、ホロコーストみたいな象徴にもっていく。そこでは加害/被害ということがはっきりしているから、抽象的な加害/被害ではない具体的な関係性には目をつぶることができる。そういう構造になっているのかなと思います。

戦前戦中期の朝鮮と日本の関係を主に研究してきましたが、そこも非常にわかりやすいですね。日本は加害者だ、韓国朝鮮は植民地支配された被害者だという、そういうわかりやすい地点にとどまっていて、そこで前に進めない状態になっていると思うんですよね。たとえば「韓国はいろいろな被害を受けましたね、被害者ですよね」と言われると、「まあそうだけど…」としか言えない。そういう語り方が戦前戦中期に日本がやったことの加害性を正確に捉えようとしているとは思いません。私が研究したのは、そういう加害/被害

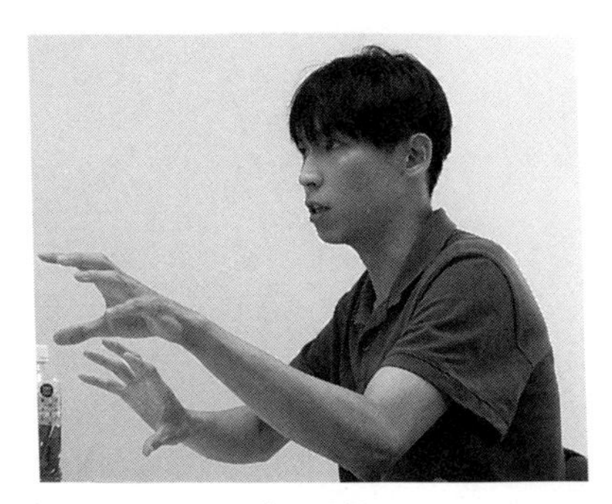

郭　旻錫

の既存の枠組みをどういうふうにより具体的に思考するのか。日本と朝鮮が具体的に何をしたのかをもう一回見てみて、そこから加害/被害の意味をもう一度問うてみるというのが、私がこれまでやってきた研究の一つのモチベーションだったんです。

結局、東アジアとの具体的な付き合いという経験が（日本は）非常に弱い気がして。具体的な他者ですよね。アメリカみたいな守ってくれる後ろ盾みたいな他者、あるいは強いロシアみたいな“悪い”他者とかではなくて、すぐ隣国、すぐ隣にいる具体的な他者を考える思考、その訓練が足りない気がします。具体的な関係というのは加害もあって被害もあるわけですよね。友達、隣の人を傷つけたり、また逆に傷つけられたりするように、具体的な関係であるからこそ加害もあって被害もあったりすると思うんですけれども、そういう具体的な他者と向き合える訓練がすごく足りない。島国ということもあると思うんですけれども。でも最近は韓国と文化交流も多いですし、個人的な交流も多いから、そういうことはちょっとずつなされていると思います。アジアという具体的な他者に対する訓練をもうちょっとやっていかなければならないという気がします。それができないのは戦前というものがすごく大きいと思います。戦前アジアで何をやったのかという戦争の歴史があるから、アジアを具体的な他者として、そこから関係性を築いていくということにおいて大きなひとつの障害になっているというふうに思っていて。私ができるのは戦前のそういう経験を研究者として明らかにするということがあり、それと同時に、具体的にじゃあアジアを、日本社会をどういうふうに私が経験していくか。そこから具体的な平和が見えるんじゃないかというふうに思っています。

細見：ちょうど今年が関東大震災から100年で、ということは関東大震災のときの朝鮮人虐殺から100年ということで、その研究会やシンポジウムも開催されているんですけど、日本全体から見ると、そのことをどのように100年後に振り返っていくかという認識が非常に弱いですね。僕自身は、地元（丹波篠山）の鉱山に朝鮮人がたくさん働きに来ていたというのがあって、そのあとの民族学校や民族学級の問題を扱ったりしているんですけれど、実際にはそういう具体的な付き合いがあった。たとえば町の集会場として使っていた場所が民族学校の場所として使われたりするわけです。その間、集会場としては使えなくなるという状態があった。本当はそこで具体的な関係、付き合いがあったんだけど、全然そのことにたいして振り返るとか、位置づけるということができていない。日本人は特に関東大震災、その際の朝鮮人大虐殺という具体的なかたちでまさしく関係があったはずなんですけどね。それが全然位置づけられていない、反省されていないという感じですね。振り返ったときに非常に抽象的な「植民地支配だった」のような言い方になってしまう。私自身も自分の身近なところでそれを感じています。

統治／支配から包摂／適応へ

細見：中嶋先生のご専門は建築論、都市論です。平和と都市とはある意味でつながっているところがあると思うんです。国家というとどうしても戦争という形になる場合も多いですが（都市国家というものもありますが）、文明の単位としての都市が平和との関係でどういう位置を占めているか、ということを考えました。

中嶋：私は工学部建築学科を卒業し、建築と都市の研究者として、またそれらをつくる技術者として活動しています。研究者としてはこれまで人間が築いてきた建築と都市の歴史、それらの総体として立ち現れる風景について考えてきました。

自戒をこめて振り返ると、人々の行為の場を考究する、つくるという立場にありながら、建築学、都市計画学といった分野は、「平和」について必ずしも高い注意を払ってこなかったように思います。それぞれの時代の目の前の課題に対して、ひとまずつくることを優先してきたといえます。よい見方をすれば、技術者はつくることによって時代の要請に答えようとしてきたという理解も可能でしょう。

もちろん戦争と建築・都市、平和と建築・都市についての言説は数多く蓄積されてきました。たとえば戦争や国家のプロパガンダとしての建築や都市のあり方に対する批判などです。ナチス・ドイツは建築やそれらがつくりだす都市景観をプロパガンダのためのメディアとして利用していました。戦中の日本でも、日本的な造形を唯一無二のものとして持ち出したり、日本の美をことさら喧伝することで、民族や国への帰属意識を高めるといった同様の状況がありました。

そうした戦争にいわば加担する建築や都市のあり様が、戦後は大きく変わります。そこでは手のひらを返したように、平和な建築、平和な都市がめざすべき像とされました。建築においては「空間の民主化」が大きなテーマになります。復興のプロセスに民衆をどのように取り込んで行くのか、また民衆に開かれた空間をどのように創出するのかが考えられました。こうした転換は建築家や都市計画家たちの戦争に対する反省によるものであることは確かですが、むしろ日本の場合多くは戦災復興のコンセプトとして「平和」イメージが加害者としての総括なしに持ち込まれたように感じています。つまり、最終的に空襲や原爆投下で甚大な被害を受けた被害者、敗戦国としての戦後復興であり、加害者であったことを含め戦争そのものを批判的に乗り越えようとする意識は高くなかったと考えています。

というのは国内の復興の一方で戦後日本は、アジアの国々に公共施設やホテル、ダムなどを建設することで戦後賠償を果たしていきます。現在のODAにつながるのものです。こうした賠償事業が日本の建設業界がアジアへと再び進出する足がかりとなり、アジアにおける新たな支配的な構造をつくることになりました。戦争を経験した建築家は戦後アジアを語ることはタブーであったと回顧していますが、冷戦時代の到来や朝鮮戦争を背景にアジアへの進出は加速していきました。タブーに

中嶋節子

向き合わなかった日本は「平和」について考える機会を逸したともいえるでしょう。その後短期間で、日本は戦後復興と国際復帰、経済成長を遂げたことで、敗戦という機会を得たにもかかわらず、アジアにおける立ち位置、隣人としてのアジア諸国との関係を再構築できないまま現在に至っているといってよいと思います。このことは郭先生の先ほどのお話につながります。

建築や都市は権力の所在や統治のかたち、生活のあり様を具現化したものです。細見先生からいただいた文明の単位としての都市と平和というお題に立ち戻ると、建築や都市をつくるということはどういうことなのかを、歴史的な時間軸や世界的な広がりを視野に入れた文明という視点から、改めて考える必要がある時期に来ていると感じています。各地で引き起こされている戦争はもちろん、気候変動やパンデミックを人類の課題として共有している現在、「平和」の意味するところはこれまでと違ったものとなっていると思います。伴って都市や建築のあり様も変わっていくはずです。

現在の建築・都市づくりで進められているのは、人々の行為を等価に受け入れることができる包摂的な場の創出です。人々の記憶を刻み、サスティナブルでレジリエントな建築と都市が目指されています。また、環境や社会への「適応力」も求められています。

岡：空間の民主化というのは、たとえばどういうものがありますか？

中嶋：だれでもが自由にアクセスできる「ひらかれた」市民ホールや広場などがそれにあたります。ヒエラルキーのない水平方向に広がる空間をイメージしていただければと思います。併せて人々が創造のプロセスを共有していく、行為としての建築・都市のあり方です。与えられるのではなく、つくる・使うプロセスそのものに参加することもまた空間の民主化においては重要です。

岡：なるほど。

細見：「適応力」も新しいキーワードになるのかなという感じがしますね。

根本は「支配されている」ヒト

細見：適応ということについて、身体から見るとどうでしょうか。萩生先生の場合は運動制御学なんですが、特に宇宙に出ていったときの人類がどうなっていくかという身体的側面からの研究をなさっています。新しいテクノロジーの場合、どうしても軍事技術の開発が先にいきますよね、飛行機もそうですし、原子力にしてもそうですよね。まず軍事開発という絶対的な目標があって、莫大な予算と時間が注がれる。あるいは、ものすごく速いテンポで成果が求められる。その結果原爆ができてしまって、それを事後的に平和利用していくみたいな流れがあって、それに対して今宇宙はどうなんだというのはすごく重要な問題だと思います。

萩生：私の専門は運動です。運動というとスポーツを連想される方も多いですが、それだけではなくて目の前の物を取ったりとか、歩いたりとか、今している会話とか食事、日常の動作すべてが研究の対象です。正直に言って「平和」ということと、今の専門とを重ねて考えたことがなかったので、スケールの大きな話はできないかもしれませんが、自然と人との共存や共生という視点から考えてみます。

平和について考える根本として、最初に細見先生から、ヒトの自然支配の暴力性に関するお話があったのですが、運動という視点で考えると、ヒトは環境を支配しているというよりも、環境に支配されていて、その環境に運動を適応させているというのが、基本的な考え方です。地球で一番大きい支配力というと重力になります。重力のなかでヒトは二足で真っ直ぐに立って姿勢を維持したり歩いたり、またその結果手がうまく使えるようになりました。他にも、水中で活動するか、陸上で活動するかによっても運動の仕方は変わります。一方で、ヒトは道具を作ることができるわけで、たとえばペンを作ったり調理器具を作ったり、そういう点ではその道具を自分が支配しているという観点ももちろんあると思いますが、実際にその道具を自分で扱う、操作してうまくつかいこなすためには、「支配される」必要があります。具体的には、その道具がどのように動くのかといった物理的な特性を脳の中に表現し記憶しています。そういう意味では、やはり「人間は自然に支配されている」という考え方が根本にあると思います。

萩尾翔大

先ほどの中嶋先生の物づくりのお話をお伺いして、場所や空間を実際に活用していく人というのはその場に支配され、その中で適応が生じるのかな、そういう構図が運動という視点で見ると成り立つのかなと思いました。また最近では、スマホの使用頻度が増えたことで認知機能や記憶力が低下したりといった問題が指摘されており、つまり、自分が支配しようと思って作ったものに逆に支配されてしまって、自分の機能が衰えてしまっている。大切なことは、考え方ですかね。自然をこちらが支配するのではなくて、支配されることもある。それは自然と人とだけではなくて、おそらく人と人とも同じだと思うんです。自分が支配的になる側面だけじゃなくて、人に支配される部分もあるし、超えられない、超えていってはいけない部分もあるということを再認識する必要があるのかなというのが、運動という視点からの、自然と人との共生のひとつの見方になります。

もうひとつ、宇宙の話です。もともと宇宙開発は軍事的な力を誇示するためという側面もあり、特にアメリカとロシアが競いながら宇宙開発を進めてきた歴史があります。しかしその中で宇宙の開発や探究の限界が訪れて、2011年に各国が協力する形で国際宇宙ステーション（ISS）が地球の軌道上約400kmに建設されました。宇宙飛行士はISSに行って、いろいろな医学的な実験をしたりしていますが、そこは国境がないことで知られています。現在はアメリカやロシア、日本も含めて15か国が入っているというところなんですね。ウクライナ侵攻問題で、ロシアが参加を継続するのか抜けるのかという議論はあったのですが、結局今年、結論としては残留すると。一緒に残って研究することが決定されました。宇宙開発の背景には軍事的な力の誇示というものがあるんですけれども、宇宙利用や宇宙開発の中での探究心とか、本質的にもっている意味は別にあって、そこには争いのない平和、国境のない環境というものが成り立つのかなというのが、私の意見ですね。

細見：なるほど。

被害／加害の知覚バイアス

萩生：もうひとつ、加害と被害に関して。戦争と平和という規模ではないですけれど、授業で扱う似たようなテーマがあります。さきほど運動の話をしましたが、運動というのは感覚と密接に関連しています。例えば、自分が相手を叩いた時、どれくらいの力で叩いたかという感覚の情報を得ます。相手に叩かれたら、どれくらいの強さで叩かれたかという感覚情報を得る。運動が感覚とセットになって連関していますが、ここで得られる感覚にはバイアスがあり、自分の運動、つまり自分が相手を叩いたときに、自分がどれぐらいの力で相手を叩いたかという感覚情報は、少し減弱されるんです。たとえば私があなたを叩いて、同じ力で次はあなたに叩いてくださいと伝えて叩かれて、じゃあ次はまた私があなたと同じ力で叩きます……というのを続けていくと、どんどん力が強くなっていきます。感覚のバイアスというものがあるので、加害よりも被害の方がどうしても強く感じられてしまいます。自分は同じ力で叩かれているはずなのに、被害を受けていることが印象に刻まれるので、こうした感覚のバイアスも、争いの根本にあるのかなと思います。

岡：どうして、自分が与えた力よりも、少ないというふうに思うんですか？

萩生：自分が運動する際には、運動した結果どのような感覚の情報を得るのかを脳が予測できているので、大きな感覚として得る必要がないからです。これは感覚減弱といわれていますが、ヒトはいろんな情報を常に受けているので、重要度の低い情報って大きく返ってくると、混乱するんです。予測できる情報は、重要度の低い情報の部類になります。

ただ、相手から叩かれるという運動は自分では予測しきれないので、そういう情報は強く感じてしまいます。くすぐりとかもそうです。自分で自分をくすぐっても、たいしてくすぐったくないですよね（笑）。しかし、相手にくすぐられるとくすぐったいと感じる。これも同じ理由で説明できます。自分の運動は、予測できるので、感覚が少し減弱されるというのが、根本にあります。

細見：自分の運動は、知覚自体がコントロールできているんだけれど、不意にくるもの、向こうに主体性があるもの、こっちがコントロールできないものは、過剰な情報になってしまう。
萩生：そうですね。
岩谷：予測するってことが大事なんですね。
萩生：まさにそうです。ただその難しいところは、他者を完璧に予測するってことは不可能、できないんです。
細見：たしかに自分で自分をくすぐっても、全然こそばない。
一同：(笑)
細見：なるほど。でも、それが結局国家単位でもあるという事態だとすると、惨憺たることでもあれば、すごくシンプルなことでもある。
萩生：そうですね。
細見：宇宙の国際ステーションでロシアも含めて一緒にやってるというのもおもしろいな。「国境なき医師団」とかああいうふうなのはやっぱり可能性があるなと思ってしまう。つまり、ある種の普遍的な目標というのがやっぱりあるんですね。要するに、傷ついた者や病気の者は敵味方ではなくて癒さないといけないみたいなね。その目標で一点になれる者は国境を越えていける。宇宙開発でも現に研究を進めていくうえでは結局敵も味方もありえないじゃないかということですね。こんな難しい問題を解こうとしている、仲間以外の何物でもない。地球上では争っても宇宙ステーションでは仲良くする、非常に逆説的ですが。いろいろなことを考えさせられるお話でした。

「今だからこそ学ぶべきだ」

細見：そういう競争なんかをまたどのように活かしていくかということも必要かなと思いつつ、じゃあ、堀口先生、ここまでの話でいかがでしょうか。

堀口先生の場合はロシアのウクライナ侵攻のときの座談会（「総人・人環フォーラム2022年第41号」収録）も出ていただいたんですけど、この状況のなかで、堀口先生が授業の中で思われていたことなどを中心にお話ししていただきました。あらためて、東ヨーロッパという地域で考えたときの平和という問題の難しさ、言葉の問題を含めてお話ししてもらえたらと思います。
堀口：私は言語学を専門にしています。言語学の中でも２つ軸があって、一つはオーソドックスな言語学、文法と語彙の研究です。それ自体は、これまで戦争と平和について考える必要がそれほどなかったというか、のんきに研究してきたんですけれども、もう一つの軸として、社会言語学的な研究で、言語とナショナリズムとか言語と国家、国民、民族との関係。特に旧ソ連のバルト三国のラトビアが専門で、ロシア語とラトビア語を研究してきました。

ですので、ロシアによるウクライナ侵攻でいいますと、そもそも国と言語って一致しないわけですね。国の数はせいぜい200ぐらい。でも言語の数は数え方によって世界で3,000～6,000あるわけですので、本来は関係ないのかもしれない。でもウクライナにはウクライナ語があり、ロシアにはロシア語というのがあるわけですよね。ウクライナではウクライナ語をもっと推進していきましょうという動きがあり、なおかつロシアもロシアで、旧ソ連

堀口大樹

の国にいるロシア語を話す人たちを、うまく自分たちのために政治的に利用しているわけで、そういったことを見ています。

ここまではどちらかと言えば自分の研究の関心なんですけれども、もっと身近な例として教育があります。ロシア語教育、外国語教育。侵攻が2022年２月に起きて、４月が学期初めじゃないですか。そのときに、どういう顔をして学生の前に立てばいいのかって私は思いました。別に何も言わず、起こっていることを無視して授業を始めてもよかったと思うんですけど、できなくて。どういうふうに授業を始めればいいのかとか、今後どうやって授業に行けばいいのかなとか。春休みにずっと考えてたんです。

で、やっぱり、ロシア政府のことは批判しました。侵攻のことは批判した。初修外国語は１回生と２回生の授業があります。２回生の授業は顔見知りの学生たちで、１月までだったら普通に接して話していたわけです。授業の最初は「こんにちは」とロシア語で言うんです、Здравствуйте と。そのあと、言葉を準備してきたはずなんだけれども、５秒ぐらい無言になっちゃいましたね。教室が無言になってしまいました。でも学生たちもなんとなくわかってくれたのかなと思います。なんで無言になったのかなとか。１回生の学生は初対面だったので、ロシアのウクライナ侵攻に対する自分の考えを言いました。

よく、「今だからこそロシア語を学ぶべきだ」とか、知るべきだという声をよく聞きます。学生からも聞きますね。私も、言語を学ぶことは単に文法や語彙を学ぶのではなくて、その言語を話されている地域にアンテナを張ることだと思っていますので、ロシア語を学ぶことがロシア政府を支持することじゃないんですよというのは、最初の授業で言いましたね。あと、「理解」という言葉を私たちもシラバスで使いますが、「理解」って「賛同」という意味も含みうるのかなと思ったので、「ロシア語を学ぶことでロシアを知る」、「知る」きっかけになればいいなと思うと、１回生の学生さんたちには言いました。「今だからこそ○○を学ぶべきだ」の「今」の背景が戦争というのは、ものすごく悲しいことだなと思いますね。

それに関連して、学生からではないんですが、「敵の言語は学ぶべきだ」というような言説がたまにあるんです。そういう人たちが実際その言語を学ぶことはないと思うんですが、「ロシア語って敵の言語なんだ」と考えると、「えっ、私はどうやってその敵の言語を教えればいいんだ」と、つっこみを入れてしまいましたね。スパイを養成するわけでもあるまいし。

なので、基本的には、ロシア語の文法と語彙に関しては、これまで通り粛々と教えてきたつもりです。ただ、時事や文化の話をするときには、やはり戦争の話をします。昨年度学生に「ロシアによるウクライナ侵攻は、ロシア語学習に対して影響がありましたか」とアンケートをしてみました。その回答として、「ロシア語を勉強していることが、ロシアを支持しているように思われたので、それは嫌だった」という意見がちょっとありました。でも、そう思われてしまうのはちょっとわかる気もして。なぜかというと、憎くてその言語を学ぶということは普通ないと思うんですよね、たぶん…。

あとは「将来ロシア語でロシア語話者とコミュニケーションをしたいのに、その相手が侵攻を支持していると思うとモチベーションが下がる」という回答が印象的でした。たしかに統計などで国民による侵攻に対する支持率は依然高めで、私個人としても憂えています。ロシア語教育に関して言うと、ロシア語の反戦歌を学生たちと一緒に聴いたことがあります。ロシアでも戦争に反対している人たちがいるっていうことを紹介しました。あとはロシア語とウクライナ語の違いを話したり、ウクライナ語の音楽を聴いたりしたこともありました。

細見：2022年4月からの授業をどうするか、ロシア語を教えるというのはロシアを「理解」するというのではなく「知る」ことだ、と位置づけを与えながら行われたということですね。あればNATOの東方拡大自体が問題だったという見方もありますね。要するに、アメリカは決して正義の味方ではないという視点。岡さんの話でもあったけれど、長い目で見たら20世紀の前半からアメリカの戦略というのがずっと続いていて、その延長ということがありますね。やはりNATOとロシアの代理戦争という側面も持っていて、そういう視点を提示するのは今はやりにくいですか。

堀口：やりにくいですね。

細見：必ずしも世界全体が「ロシア反対」とはならない。それにはそれなりの根拠があるという気もするんですよ。プーチンが独裁で言論を全部封じているから戦争支持率が高いというだけでは何か弱いような気がして、逆にロシアの方からするとすべてアメリカの宣伝によって全部がパッキングされてしまっているんだという意識だってあると思うんですね。そのあたりが議論がしにくい雰囲気もあるように思います。

堀口：あとやはり、「まだ」というか「もう」というか1年ですね、この戦争が始まって。まだ終わっていないので、歴史になっていないような気がするので語りづらい。

細見：特に歴史家は語れないと言いますね。何十年経って史料が開示されないと本当のところはわからないんだと。

「回避する」「逃げる」ということ

細見：ここからは折り返していろいろな議論をしたいんですけど、岩谷先生はロマの視点の平和ということをまだ積極的な形でお話していただけていなかった気がしますが、いかがでしょう。

岩谷：まず私、ここへ呼ばれたということ自体戸惑ってびっくりしたんです。というのもロマが主体となって何かを語るとか歴史を語るということが、あまりないんですよね。常に例外的でエクストラな存在だったので、研究者もそんなに多くない。なんでそうなのかというと、彼ら自身、自分たちを名乗らないんですよ。だから、ある意味では〈私〉という主体、主語を持たない。日本語も言語の構造としてそうかもしれませんが、ロマの人たちは歴史的な主体となるのに後ろ盾となるものをもっていなかった。国家だったり、領土だったり、記憶ですよね。民族としての記憶、自分たちがどこからきてなぜいまここにいるのか、そういう歴史がない。自分たちの文字で書いた文書もない。それはユダヤ人やそのほかの文明を作ってきた人びとまったく違うところだった。さらにそういう背景があるから彼らの中も分散的で、お互いにちょっとグループが違うと全然仲良くない、全然知らないということがある。「自分たち」というまとまり、あるいは国家という土地を持たないということが、結果的に彼らを何らかの名乗りをしない民族にしてきました。

それが良いこととしては、戦争の主体にはならなかったんですね。加害の主体にもなりづらかった。戦争があると動員はされますが、自分たちがどこかを侵略するとか滅ぼすとかそういう思考にならないんです。「自分たち」がまとまらないからです。常に分散的なのです。ポグロムやホロコーストのような"悪い"ことに対しては、「逃げる」ことを第一にやってきた人々です。紛争に対する向かい方として、戦争がひとつ、そして和平交渉があると思いますが、紛争研究の第一人者であるケネス・E・ボールディング（1910–93）が人類の紛争に対する向かい方の一つとして、回避する、つまり「逃げる」ということを言っています。日本語でも「逃げるが勝ち」という慣用句がありますが、「逃げる」というのも紛争回避の手段なんです。ロマの人たちがやってきたことっていうのは、これしかなかった。平和について彼らのこうしたやり方でどこまで考えられるか、私はこれまで注目してきました。コミュニティが分散的であること、および衝突を回避し続けることが何を意味するのか、現代の文脈で考えたいと思っています。

ですが、それを今の文脈（ウクライナ侵攻）で考えると、当初ロシアに対してウクライナ国民が戦うかどうか、すごい論議があったと思うんです。日本の中でも平和を志向する人は、戦うべきではないという意見もありましたよね。ゼレンスキー大統領が徹底抗戦を呼びかけた結果、男性は国家の外に出られず、半強制的に戦争に動員されることが今でも是になって、全世界の先進国がそれをサポートしている。それは新たな戦争の憎しみを生み続けているという矛盾があります。じゃあ逃げるのはどうなのか。逃げるとそれはロシアの侵略を許すことになり、ウクライナという国家がなくなる可能性は大きいですよね。そうなることと戦って人を殺して新たな悲しみや憎しみを生むこと、どちらがどうなのかということを、究極的な問いとして考える必要がある。そこが最近起こっている出来事で平和を考える機会として私にとっては切実ですね。ロマの立場からすると逃げるという選択肢をとるだろうと思うんですけれども、それが実際大きな紛争になったときに可能なのか、その可能性というのはどういうものがありえるのかを平和学として考えてみたいところです。

細見：ロマの場合だと、事実上「逃げる」というのはどうするんですか。降参するということになるのか。

岩谷：逃げるんです、とにかく人がいないところへ。国境内に閉じるという発想ではないわけです。もっとも逃げた先でまた迫害を受けたりするわけなんですけど。

KUP：岩谷先生が仰るように、語りをしようとする主体を持たないロマという主体のありかたは、これまで国際関係論と同一視されるような平和学の射程から、もののみごとにこぼれ落ちていた人たちなのではないかと思います。近現代史と人類の未来をヴィジュアルとして思い描くとき、主体として〈人類〉の群像というものがぱーっと浮びますが、その語りにも入ろうともしないし入らなかった人たちがいる。岡先生の難民のお話もありましたように、主体にならない人たちは新しい平和学のキーワードになると思います。ただどういうキーワードになるのかはちょっと難しいですよね。キーワード化の暴力というものも感じています。

「人間」という問いのずらし/解体

KUP：「新しい平和学」というコンセプトに対して理系の先生方が言及されていることで印象的なのが、一方的に人類は生かされている、圧倒的なのは自然の側であるという。自然は実は人類を必要としていない。私たちはそもそも自然と共生できるような存在なのだろうか。とにかくまったく想像のつかないことが自然科学を研究しているとあらわれるので、それに対していかに謙虚になれるかだということの指摘です。

細見：謙虚になるというのは大事なポイントだと思います。ガルトゥングの言う「畏敬」の念はある意味では謙虚ということでもあると思うんですね。だから、萩生さんの言われたように環境を支配しているのではなくて圧倒的に環境に支配されているというか、そのなかででもやっぱり暴力的な形で、現象的には環境を支配しているような気になるだとか、環境を自分が変えているような気持ちになるとかはやっぱりある。

だからどの視点で見るかですね。人間の視点で見るかぎり人間は自然を支配しているつもりかもしれないけれど、大きな視点で見れば全然支配していない、むしろされている。基本的には重力に支配されているし、その重力に適応しながらなんとかやっているというところですね。自然から見た視点を平和学にどうやって組み込むかということでもある。平和ということ自体が結局人間の視点でしょう、ということが言われるかもしれない。しかし我々はまさしくその人間の平和自体がきわめて危機的なところにあり、その人間の視点で見た平和のきわどさをどうやって乗り越えていくかというときに、やはりマクロ的な自然の視点を組み入れるという方向があるんじゃないかとまた一方で思うんですね。

中嶋：戦争や災害は自然と人間とのせめぎ合い、あるいは両者の関係をクリアにわれわれの前に提示してくれるきっかけになります。その状況に対してわれわれは謙虚さと畏敬の念をもって考えることが重要なのだと思います。そこに人間側と自然側の対立構造じゃない平和学につながるヒントが見つけられるのではと考えています。

私は人類が構築してきたものを研究していますが、それを戦争や災害はいとも簡単に壊してきました。戦争では構築物が文明や文化、記憶の象徴であるが故に破壊の対象とされます。被害を受けた方は破壊されたことによって自分たちが築いてきたものの意味を改めて知ることになります。災害もまた人間の営みをある意味否定するものです。そして構築物と生活が失われた土地は、やがて自然が何事もなかったかのように飲み込んでいきます。そこに自然と人間とが接続する様、またそれぞれの時間の流れの違いが見えてくるように思います。

本文（第20章）では風景について書きました。風景は人間の内にあるのか、それとも風景の内に人間があるのかという問いが執筆の出発点にあります。われわれは建築や都市を築くことで風景を作り出しているように考えていますが、実は風景の長い時間軸のなかではその存在はごく一時期の状況に過ぎないことに自覚的であるべきではないかとの反省もこめています。風景について考えるなかで、自然と人間の「境界」がとても重要であることに気づきました。「境界」はさまざまな問題に敷衍できるキーワードだと思います。「平和」をめぐっても「境界」を考えることは有効ではないでしょうか。

人間という主体 / 人間的主体

郭：先生方から、人間というのは一方的に生かされていると、人間というのは共存するとか言えないくらい一方的に支配されるものだという視点が出ています。先ほど萩生先生のお話では、運動というものは自然に支配されることだとも仰っていましたが、私は人文学の側だからちょっと悲しいというか。基本的に人間に対する信頼がある立場から考えてみると、先ほどの定義を伺って、ちょっと寂しいなと。

一同：(笑)

郭：いま中嶋先生が仰った、境界の話は大事だと思います。最近読んだ文化人類学の本で『マツタケ――不確定な時代を生きる術』（アナ・チン著、赤嶺淳訳、みすず書房、2019）というのがあって、非常に面白く読んだんですけれども、それが人間と自然の境界の話で、我々が自然だと思っていたものがどれだけ人間的なものか、人間的だと思っていたものがどれだけ自然的なものか、という境界の曖昧さということを実証的に追った作品として理解しました。つまり、一方的に人間の側が主体で、自然の側が客体であるわけではない。

さきほど、まとまりになれないから主体になれない、というお話がありましたが、主体になる時点である程度暴力的だと言えます。何かを強く主張したり、踏み込んで言えば何かを認識すること自体がある種の暴力だと思います、他者を一方的に認識することですから。だから「逃げる」、主体にならないという手もあると思いますが、主体になったり平和はこれだ、と言ったりする瞬間にある程度暴力になってしまうおそれがあって、ではどうすればいいか考えたいと。

ちょっと話が変わるんですが、例えば儒教であれば、「天の命ずる、これ性と謂う」。だから基本的にすごく謙虚な立場なんです。人間よりも天が上位にあって、天が命じることが人間の本性であるという考え方です。だからといって人間的な主体が軽んじられるかというと全然そうではなくて、ものすごく強い。人間は天が命じることを実践して、天の働きに参与することができる。だから人間の立場はものすごく高いんです。「主体」という言葉も重要なんですけれど、人間と自然ということが、一方がただただ支配されるというのは私は寂しいので、人間・環境学というのは、支配されているという謙虚な立場をとりながらも、どうすれば人間的な主体という立場を強く打ち出して、自然ということをもっと豊かにするのか。そういうことが大事だと思いました。

岩谷：私もちょうど『マツタケ』について話そうと思っていたんです。人類学者アナ・チンが書いた民族誌なんですけれども、マツタケって荒廃地に出てくるんですよ。アメリカの荒廃地とマツ林が舞台です。そこで、日本のマツタケの市場を目指してカンボジアの移民・難民、PTSDを抱えたベトナム戦争の元帰還兵といった、アメリカでも周縁的な人々が、マツタケ狩りをする話です。そこにはブローカーたちも絡むんですけれども、人と森、マツタケ、といろいろな存在のネットワークがそこでは偶発的に生まれていて、その延長線上に日本の市場に届くマツタケもあるという話で。経済的な市場ネットワークもあるし、自然間のネットワークもある。大きな視点でみると絶望的な状況的でも人びとや自然はつながっていて、次の世代につながっているということが語られている民族誌です。

このようなアナ・チンの研究が代表的なんですけれども、これまで人間中心主義的に「人類」を語って考えてきた視点を批判する、非人間中心主義的な人類学的研究が近年提出されています。そこでかつて言われていた「人間」は、岡先生も仰っていたように西洋中心的な人間観でしかなかった。人類学ってそういう西洋中心主義を批判するところから生まれた学問なので、もっとそれを敷衍するならば、「人間とは何か」という問いもいったん解体して、自然も含めて鉱物や、さまざまな地球変動も含めたもののなかで、人間ということを考えるべきだと、人類学の視点は移ってきています。

細見：なるほど。

岩谷：だから、狭義の意味での平和学じゃないというのはそういうあたりなんだろうなと思います。

岡：たいへん興味深くお話をうかがっていたんですが、まず理系の先生方の、自然にとって人間は必要じゃないという、たぶん人間がいなくなっても地球はちゃんと存在していくというお話。私はSFが好きなのですが、私たちにとってのこの人類の歴史って、地球における人類の歴史の何回目かじゃないかなと思ったりします。アトランティスのように、人類の文明の絶滅が何度かあって、その絶滅から生き残った者たちが次の文明を生み出すというのを繰り返しているんじゃないかと。とりあえず人間なので、自分であれ文明であれ人類であれ、それが生き残るということを考えてしまいますが、その意味ではウイルスだってそうですよね。ウイルスと同じことを人間という条件でやっているにすぎないのかなと。天然痘が撲滅されたみたいに、この私たちという人間がリセットされるということもあるんだろうなと思います。そしてさきほど郭先生が儒教についてお話しくださって、とても興味深かったのですが、イスラームだと、人間も石ころも、アッラーによる被造物という点では平等なんです。それとロマの「逃げる」。結局なんで紛争になって戦争になるかといったら、逃げないからですよね。自分たちの土地を侵略されたと言って、逃げずに戦うから。ロマの人たちの、土地に縛られない生き方、争わないという生き方は示唆的だと思いました。

パレスチナのように「侵略された」と考えると「抵抗」となっていくんだけれども、でもクルアーンでは、そういう目にあったら「逃げなさい」とアッラーは言ってるんです。

岩谷：ああ。

岡：地球全部がアッラーがお創りになった広大なアッラーの土地なのだから、もしここにいて迫害されるんだったら、別の土地に行きなさいと。だからパレスチナの民族解放組織であるハマースはパレスチナの「解放」を掲げてて戦ってるけど、そのことをIS（イスラーム国）は、イスラームとして間違っている、領域国家に囚われている、と批判しています。細見先生が引用されているカントとまさに同じですね、地球全部が私たちの土地だと考えるなら。

岩谷：厳密なことを言うとイスラエルを建国したユダヤ人も、実は神を待たなきゃいけないんですよ。

細見・岡：そうそう。

岩谷：神様がやってくるまで待たなきゃいけないのに、あそこに勝手に帰還して国をつくったっていうのは、実はユダヤ教の本来の教えからしたらおかしいんですよね。

細見：超正統派の宗教家は批判していますよね。イスラエルをつくったのは世俗的なユダヤ人ですからね、決して宗教的に敬虔なユダヤ人ではない。

岡：それがまた現在は捻じくれてしまって、宗教的ナショナリストと呼ばれるユダヤ人が、パレスチナは神がユダヤ人に与えた土地なのだと言って、積極的に占領地での入植や、パレスチナ人の迫害をおこなってもいます。

KUP：ここで戸田剛文先生の章（第16章）での指摘に触れます。人間は人に対してすぐに相手が間違っていると信じ込んでしまいがちだけれども、自分が間違っているかもしれないという強い自覚をもち、それでも人間ができることとして科学を発展させて、経済的にも物質的にも豊かさを追求するとことが、やはり理想としては平和の推進力になるんじゃないか、と。あえて楽観的に書くが、と仰っているのですが、人類全体が可謬性をもっていると認識してお互いにブレーキをかけながらも、豊かさを理想とするというのが結局平和に向かうことになるんじゃないかという議論です。さっき郭先生が仰った人への信頼、ウイルスと私たちは同じことをして生存しようとしているということ、そうした指摘とも戸田先生章は響き合っているように思います。

岡：自然にとって人間というものが、存在しようがしまいが関係ないとしたときに、人間が生き残ろうとしていたり、平和を考えたりするということは、人間中心主義で考えるかぎり人間中心的な平和しか出てこないのではないか。気候変動があったとしても、によって迷惑を被る種もいるだろうけど、気候が変動しても地球は続いていくとしたら、そうした視点に立ったときの平和ってなんだろうと思います。

細見：僕自身は自分も自然だと思ってるから、ある意味では自然と人間を対立させない視点も必要じゃないかなと思っているんです。自然の一部ですからね、自分自身が。なんか突拍子もないこと言うみたいですけど、条件のひとつとして人間が従わないといけないのは、重力も大きいけれども、あたりまえですけど太陽もすごく大きいと思うんです。太陽のエネルギーを生命というかたちで保存するということが始まった。ただ単に太陽を浴びて、ぬくもって冷えて、ぬくもって冷えて、というんじゃなくて、それをいのちとして保存するということが始まっちゃった。その生命というのが、途方もない、太陽エネルギーを蓄積するという方法を身につけてしまって、非常に過剰なエネルギーを持っている。今太陽が昇らなくなれば全部アウトですけど、毎日太陽が昇ってくるからその過剰なエネルギーを我々は蓄えているわけです。近代というのはそれが経済的にも軍事的にも圧倒的に大きなものになった。でも、食糧問題ひとつ解決していない。だから結局その過剰なエネルギーをどうしていくかがうまくいってないと思うんです。自然の一部の我々は過剰にもったエネルギーをどうしていいかわからない。ジョルジュ・バタイユはそこで歴史的にふりかえって、どういうふうにその過剰なエネルギーを人類が破滅的でない方法で処理してきたかを考えて、それがたとえばエロティシズムの問題であったりするわけですね。しかしそれが今は結局戦争になってしまっているというのがバタイユの晩年の一番考えていたことですね。僕は結構真面目にそのバタイユの考え方を引き継ぎたいと考えているところがあります。ちょっと子どもっぽい話に聞こえるかもしれませんけど、僕はだから自然と人間というのを分けないで、その太陽エネルギーを過剰に蓄積する方法を身に着けてしまった人間が、そのことによって地球環境自体が大きな問題を抱えていることに対してどういうふうに向き合うか、対処していくかというのが、自分自身が自然の一部として問われていると考えています。平和学というのはそういう問題に最終的にいきつくと思っているところがあります。非常に抽象的かもしれませんけれど、そういうイメージを持っています。

そういうところで先ほどのロマの向き合い方とか、遊牧民がもってきた向き合い方、あるいは宗教が考えてきた世界の在り方とかそういうものを全部もういっぺん洗いざらい考え直して、何かが見えてこないかと思っています。だから圧倒的に人間は自然に支配されているんだとか、人類が在ろうが在るまいが自然にとって関係ないんだということでは済まない、そこに連続性を見て考えていきたいんですよね。

リアリズムと「極端」という感覚、中庸

KUP：座談会でお伺いしたかったのが、「中庸」という概念についてです。石村先生章（第25章）で、人類が生存できる基準のなかの現在地を示した図（カラー口絵、図21）が引かれています。「極端なこと」をどこに設定するか、これ以上はだめだという設定をすべきかという論点です。

現代世界の課題の一つに、人間の動物利用があまりにも極端だということがあります。身近で顕著な例は乳牛です。日本の農業で乳牛ほど生産性が急激に増加した種はなく、仔牛のために必要な乳量（年間約1000kg）の10倍以上、自分の体重の10倍以上の乳を毎年分泌する高分泌牛が多く飼われています。年間3万kg以上を分泌する「スーパーカウ」もいます。また、競走馬の種付けが年に数百回に及ぶというのも、身体的感覚として自然に極端だと感じられる事例の一つかもしれません。この身体的感覚が共存の局面で大事なのではないか。「わけ知り顔のリアリズム」、「こういうものだ」と利用される動物たちのリアリズムが、本当にそのままでいいのかと問題視され始めています。

岡：卵もそうですよね、工場生産というリアリズム。搾乳なんかも非常に機械化されていて。

細見：ホルモンをたくさん打って、人工的にね。

岩谷：中庸というのは東洋思想で重要ですし、郭先生いかがですか。

郭：中庸は非常に重要です。中庸が幾何学的な中間ではないというのがやはり大事だと思います。さきほど人間と自然の境界の曖昧さについて言いましたが、中庸はその境界線を幾何学的に引くことではなくて、その関係を実践的に築いていくことではないか。中庸とはけっきょく関係性のことだと思います。具体的な他者との関係性です。それは幾何学的な計算ではなく、具体的な感覚であるから、訓練と積み重ねが必要となります。

岡：イスラームでも「ほどほどに」ということは重要です。

堀口：ただ戦争だと明確な対立構造がある。戦争に直接巻き込まれている人たちにとってははっきりと敵と味方があって、中庸どころではないかもしれない。ましてや現在進行形の戦争だと、中庸を実践するのはとても難しいのが実際のところでしょうか。

萩生：運動という点においても「ほどほどに」は重要で、私たちは多くの場合その範疇で日常生活を送っています。一方で、人類が宇宙に進出するというのは、脳にとってはすごく極端なことだと思います。現在の私たちの身体は、人類が1Gという地球の重力環境下に非常に長い年月をかけて適応した結果です。そのプロセスの中で、宇宙に行って微小重力下で運動するということは、基本的には想定されていないはずです。そのため、たとえ短期間でも宇宙で滞在すると、筋肉が萎縮するなど、地球で生活するための身体機能や運動機能が大きく損なわれます。ただ、視点を変えると、宇宙滞在で起こる身体や神経系の変化は、宇宙環境への適応だと捉えることもできます。運動という点に関しては、脳は不変的な基準を持つというより、差分で物事を捉えます。脳の予測と実際との差分です。そのため、極端な環境でも、基準をその環境に合わせて適応するということがある程度可能ですし、宇宙で生活し生涯を遂げるということであれば、それで問題ないのかもしれません。どこに基準を置くのかによって、中庸や極端の捉え方が変わるように思います。

KUP：基準によって中庸を実践可能にできないか、という切り口が想定できるでしょうか。物理学の先生が仰っていた話で、（アリストテレスの）中庸というのはあまり意味がなかったんじゃないかと。哲学史のなかで生まれて、でもそこであまり効力を発揮しないまま人類史は進んできてしまったのではないかというご指摘です。ただ、それをそうだと言って過ぎるには中庸は惜しいように見えます。

岩谷：仏教では核心的な考え方ですよね、偏らない、空即是色の考え方、つまり色（欲）にも空（悟り）にも「固着しない、執着しない、中庸であれ」というのは仏教のコアとなる概念。でもその考え方って、やっぱりわかりにくいんですよね。

細見：はい。

岩谷：ターゲットを絞って、敵とか味方っていう置いちゃう考え方の方がわかりやすいから、「どっちでもない真ん中を狙え」って「何言っているんだ」っていう感じで、政策として実現性が見えなかったりとか、ショートスパンでは結果が見えなかったりするので、なかなか狙いにくいんだとは思うんです。仏教のタイムスパンってすごく長いじゃないですか。56億何千万年後に弥勒菩薩がやってくるとかそういう単位で考えているので、科学者が仏教の考え方に魅かれるというのも、そういうタイムスパンに軸足を置いた世界の考え方にシンパシーを覚えるんじゃないでしょうか。日本から平和学を考える際に、仏教学の視点とか、中庸という東洋思想の概念からさらに飛躍した考え方を出すことができたら面白いんじゃないかと思いますね。

細見：アナーキズムの元祖と言われるプルードンも意外と、『貧困の哲学』でいろんなことを言うけれども、彼が追求しているのは最終的にはある種の中庸思想ですね。ラジカルに考えているように見えるひとたちが、非常に極端なことを結局言っているのに対して、プルードンなんかはある種の中庸思想だと思います。

しかしその中庸は人間のある種の直感から来るというところがあると思うんです。極端なものに対する違和感とか含めての直感、アリストテレスもプルードンもそうだと思うし、その直感というのはどこからきているかというと僕の言い方ではやはりある種の人間的自然ではないか。観念ではなくて身体感覚とつながった、その意味で人間の自然と接点をもっているような場所から出てくる感覚。「やっぱりこれちょっとおかしいやろ」「これちょっと行き過ぎやん」っていう、頭よりも身体とつながった自然感覚だという気がします。

ものづくりのゆくえ

岡：日本はまだ「額に汗してこつこつと働く」ということに価値がおかれている社会であるように思います。お金持ちになれたらいいけれども、みんながみんな、すごいお金持ちになりたいと思っているわけではなく、職人さんがこつこつと何かに打ち込んでいくとか、そういうことが人間として素晴らしいことだという価値観がまだある。極端に富を持つ人たちって、実は日本にもいるけれども、アメリカとかに比べれば全然少ない。

20世紀後半、社会主義陣営が崩壊したあとのグローバルな格差の拡大ってすごいですよね。日本もそうなりつつあるんだけれども、資本の拡大、額に汗して働くんじゃなくて投資でどんどん富が増大していって、それと比例して資源が収奪され、人間が搾取され、そのことがまた気候変動にもつながるものを生み出しているとしたら、そうではない世界の根本的なあり方を考えていく必要があると思います。

中嶋：以前にくらべ、最近はコンサルに就職する学生が圧倒的に増えていますね。工学部でもコンサルなんですよ。かつてはメーカーでものづくりが定番だったんですが。

岩谷：ううん、そうかあ。

中嶋：みんながコンサルタントになって、いったい誰がモノ作るんだろうと思います。

岡：今平和学を考えるときに、京大もそうだけれども「産・官・学」といったかたちでいかにしたら儲かるかという、今のグローバルな資本主義社会のありようを前提としたうえで、どうやってより儲けていくか、どうやって大学がそれに参画できるかが評価されてお金がつくみたいな感じになっていますが、それってもしかしたら平和学とは全然違う方向かもしれない。

中嶋：国も投資を非常に推奨していますよね。投資しないと生きていけないぞぐらいに言っています。もらっているお給料だけでは暮らしていけるはずがないみたいな。

細見：だけどすべてが投資で儲かるはずがないわけで、要するにギャンブルですよね。だからギャンブルではやっぱりだめだろう。それこそ中庸にいかざるをえない。僕自身はやっぱりコツコツ仕事をする職人タイプが好きで、それで食べていけたら一番いいんですけどね。どうなんだろう。そういうあたりを平和学のなかで示せるのでしょうか。投資的ではないありかた。だけど京大生じたいも割とそういう世界観に染まっている。

中嶋：就職先だけを見ると、コンサルがものすごく増えているのは事実ですよね。

細見：だけど一方でものづくりということをよく言いますね。

中嶋：そうですね、ものづくりは言いますね。両極化していますね。

細見：いわゆる小さな町工場なんかを一方で礼賛する流れもありますよね。それがやっぱり両極化しているのかな。

宙ぶらりんに耐えられる力

中嶋：中庸というと、「ほどほど」という意味もありますが、「物事を決めない状態を維持していく力」も中庸として大事だと思います。白黒はっきり、勝ち負けはっきりするのではなくて、そうじゃない「宙ぶらりん」な状態を維持していく力です。それは考えることを放棄するのではなくて、いつかどこか確かな状況にたどりつくまで急がないで考え続けることです。ゴールを先に設定してそこを目指さなきゃいけない、いかにそこに早くたどり着くかを考えなきゃいけないと頑張ることは一見、合理的で効率的で、非常に正しいことのように思えるけれども、そうではなくて「宙ぶらりん」で考え続けていると、想定しなかった良いゴールがあるときひょこっと向こうからやってくるということがあります。地域住民とのまちづくりの現場では、こういったことがときどき起こります。

細見：なるほど、なるほど。

中嶋：最近はネガティブ・ケイパビリティという言葉をよく聞くようになりました。性急に結論や理由を求めるのではなく、不確実で不思議といった不安定で懐疑的な状況に身を置くことができる能力、いわば「消極的受容力」ですね。ジョン・キーツの言葉から発して心理学や精神医学で取り上げられているようです。決して排除するのではなくて、受け入れつつ考え続ける。京都大学って、そういう場所のような気がしています。特に総合人間学部は、決めないで悩みながら、考え続ける4年間っていうのが。実はいいんじゃないかな。いい場合も悪い場合もあるんですけど。

一同：(笑)

中嶋：そういう力がつく場所っていうのが、とても大切で、貴重だと思います。

岩谷：なるほどね。

中嶋：技術者教育や専門家教育をしなくてはならない学部は、知識を入れる勉強をせざるを得ないですが、そうではない総人、人環では「宙ぶらりん」ななかでいろんなことを考える続ける力をつけて欲しいです。そうした人材が育ってくれることが、大きな意味での平和につながると期待したいです。

KUP：最初の方で、加害責任、加害責任を問わない責任を曖昧にすることの問題が指摘されました。これを受ければ、曖昧にはしない、一方で「中途半端」に耐える力が今の知には必要であり、平和学が踏みとどまるためのキーワードになるのではないでしょうか。

細見：今日はほんとにいろんな話を出していただきまして、なかなかこういうふうにして集まってくださいっていうのも大変なんで、こういうふうにいろいろなジャンルの人の話を聞ける機会をもてて、僕自身はすごくいい時間を過ごさせていただきました。ありがとうございました。

座談会への追記

司会・細見和之

2023年10月２日の午後にこの座談会は開催された。座談会の前提として、2019年末からのコロナ禍、そして2022年２月24日からのロシアのウクライナへの侵攻があったことは事実である。しかし私としては、直近の現実に密着するよりももうすこし遠い射程で、いわば原理的にあらためて「平和学」について議論し合いたいと考えていた。しかし、その座談会のわずか５日後の10月７日、思わぬ事態が生じた。ハマース主導によるパレスチナ人戦闘員のイスラエルへの越境奇襲攻撃がなされ、これに対してイスラエルがガザ地区への甚大な報復攻撃を開始したのである。座談会の終わりのほうで、萩生翔大さんから、相手から叩かれたときの強さは自分が叩くときの強さよりも大きく感じられるという指摘があって、参加者一同、なるほどと納得し、私など笑いながら受けとめてさえいたのだが、それが恐るべき現実として展開されてゆくさまに戦慄せざるを得なかった。

その後、イスラエルは空爆にくわえて地上戦をも展開してゆき、ガザ地区の保健省の発表によると2024年４月21日の時点でガザ地区の犠牲者は34,000人を越えており、そのうち72%が女性と子どもであるという。イスラエルの攻撃から半年以上をへたいまも停戦の見通しは立っていない。国際社会のまさしく眼前でこのような事態が公然と続くことに、そして私たちがそれを押し留める術をまったく知らないことに、ロシアのウクライナ侵攻とともに、いたたまれない思いを禁じることができない。

私自身はドイツの20世紀のユダヤ系思想を研究しており、ホロコーストについてもそれなりに考察してきた。つまり、亡命でもしていなければ確実にガス室に送られていたような思想家が私の研究対象である。そういう立場で現在のガザ地区の状況を見るにつけ、いくつもの場面の重なりに胸が塞がる。

たとえば、ガザ地区は2007年以来、イスラエルによって完全封鎖の状態にされ、物資の搬入・搬出ともイスラエルの徹底管理下に置かれてきたが、そのガザ地区のありさまは、ワルシャワをはじめ、絶滅作戦が展開される直前、東ヨーロッパの主要都市のゲットーにユダヤ人がすし詰め状態にされていたことを思わせずにいない。あるいは、イスラエル軍の空爆と地上戦によって瓦礫の山と化したガザ地区で、薬や治療道具はもとより、水も食糧もどんどん枯渇してゆくなか、何十万人ものひとびとが難民と化している状況は、絶滅収容所へ向かう移送列車の内部がガザ地区の全体にまで拡大されているかの印象がある。ガザ地区全体が何台も連ねられていた移送列車の内部と化して、絶滅収容所に向かって進んでいるのである。ホロコーストの場合、過酷な旅の果てに列車がようやく絶滅収容所にたどり着いたとき、貨車のなかでは半分近くのひとびとがすでに死に絶えていたこともあるのだ。

このようなイスラエルの常軌を逸した報復攻撃に対して私は、まさしくホロコーストを考察してきた身としてイスラエルを批判しないわけにゆかないが、「イスラエルを批判する者は反ユダヤ主義者だ」という非難がイスラエル側からは発せられる。実際にそれによって、欧米では、イスラエル批判を口にした者を反ユダヤ主義者として取り締まる動きも見られる。あるいは、イスラエル批判のデモが認可されなかったりもしている。これほど理不尽なことはないだろう。ユダヤ教徒あるいはその家系のものを「ユダヤ人である」という理由だけで差別し抑圧し排除する人種主義的な「反ユダヤ主義」と、国家としてのイスラエルのありかたに対する批判は、まったく次元の違う話である。実際、イスラエルに暮しているのではないユダヤ教徒、いやイスラエルに暮らしているユダヤ教徒のなかにさえ、イスラエルに批判的なひとびとは十分存在しているのである。

そもそも1948年のイスラエルの建国自体がきわめて暴力的になされたことを、私たちは忘れるわけにはゆかない。イスラエルの建国によって当時パレスチナに暮していた75万人のパレスチナ人が故郷を追われ、難民と化した。以来、じつに75年以上ものあいだ欧米諸国は、そしてそれに追随する私たちの日本もまた、その問題を解決できないまま、いまにいたってしまったのである。

ここで急いで念押ししておきたいのは、座談会のわずか5日後に10月7日を迎えたことで慄然として終わっていてはならないということである。10月7日を特別に思う現実の歴史認識に、すでに大きな声の側の見方がそっと滑り込んでいるとも言えるからだ。10月7日以前と以降で連続しているものに目を向けておくことこそが重要だ。本書で座談会の補稿を設けるのは、この姿勢を明確にするためである。そして残念なことに日本の主流メディアがパレスチナのことを報道する頻度はどんどん下がり、このままでは10月7日以前に戻ってしまう日も遠くないかもしれない。私たちがすべきなのは、すでにある世界認識・歴史認識に今動いている世界を当てはめることではなく、私達の認識を変えていくことで、今まで聞こえていなかった声を、「聞こうとしてこなかった」と直視することだ。直視するのは勇気も要る。多くの人数で直視するためには、さまざまな場におけるアカデミズムの力が必要となり、そのためにこそ、協働が必要となるのである。

なお、今回のイスラエルによるガザ地区への報復攻撃については、座談会参加者のひとり岡真理さんが、京都大学と早稲田大学での講演にもとづく著書『ガザとは何か――パレスチナを知るための緊急講義』(大和書房、2023年12月)を文字どおり緊急出版されている。日本の主流をなすメディアでは報道されていない肝心要の問題について、岡さんは聴衆に渾身の力で語りかけている。是非ご一読を願いたい。その岡さんの京都大学での講演で最後に引かれている「イスラーム中世の神秘主義の思想家」マンスール・アル＝ハッラージュの言葉をここでも引いておきたい。

> 地獄とは、人々が苦しんでいるところのことではない。
> 人が苦しんでいるのを誰も見ようとしないところのことだ。

(2024年4月21日)

あとがき

本書は、京都大学大学院人間・環境学研究科とその学部に相当する総合人間学部の教壇で現に教えている研究者、あるいはかつて教えていた研究者が、宇宙の創生期のビッグバンから人類と地球の未来にいたるまで、それぞれの専門にしたがって、新たな知を触発する研究の魅力あるいは研究対象の魅力を執筆したものです。目次をご覧いただければ一目瞭然、通常の文系と理系といった垣根を大きく越えた一冊となっています。実際、総合人間学部の学生全員には、主専攻・副専攻を修得したうえで、「研究を他者に語る」というハードルが課されています。自分の卒業研究を異分野の教員にきちんと説明できなければ卒業が認められません。学際性というよりも「越境する学知」、それが人間・環境学研究科と総合人間学部の教員と学生を日々鼓舞しているスローガンです。

こんなことが可能なのは、人間・環境学研究科と総合人間学部がかつての京都大学旧教養部を土台にして発足したからです。京都大学は長らく「自由な学風」で知られてきましたが、それをいちばん顕著に体現していたのが旧教養部でした。数学の入試問題で解答できない問いがあえて出題されたり、教員同士で同人誌を発行してそこにアカデミックな研究だけでなく、小説や詩を掲載し合ったり——それが旧教養部でした。その気風は人間・環境学研究科と総合人間学部に着実に受け継がれてゆき、越前屋俵太さんをディレクターとする「京大変人講座」といういかにも京大的な連続企画の講師としても、しばしば人間・環境学研究科の教員が登場しています。

「自由の学風」というと人文科学の特徴と思われがちかもしれませんが、理系の研究者にもそれがはっきりとうかがわれるところが、人間・環境学研究科と総合人間学部です。実際、ドイツ思想を専攻している私が人間・環境学研究科に着任したとき、最初に親しく言葉を交し合ったのは、理系の先生方でした。学問の最先端でありながら、その風とおしのよさに、正直私は胸を打たれました。

1991年（平成3年）、京都大学に人間・環境学研究科が設立された際、「人間と自然の共生」が研究科のいちばん大きなテーマに設定されていました。当時は、1972年に開催された国連人間環境会議（ストックホルム）から20年あまりをへて、「持続可能な開発」に地球規模で取り組む必要が強く訴えられていました。その後さらに30年をへて、「持続可能な社会」という言葉がすっかり定着しましたが、そのテーマはますます切実なものとして私たちの眼前に浮かび上がってきています。

本書の編集に取りかかった段階では、序章に記しているとおり、コロナ禍とロシアのウクライナ侵攻が前提としてありました。ところが、本書に収録している座談会から5日後の2023年10月7日、今度はパレスチナのハマス主導による奇襲攻撃に対する「報復」としてイスラエルによるガザ地区への空爆、さらに地上戦が激しく展開されることになりました。ウクライナでもガザ地区でも停戦の兆しはなかなか見られません。いまこそ、社会科学のみならず、人文科学、自然科学の最先端の知を踏まえた「新しい平和学」が必要です。

なお、本書の各パートの論考は、私が編集長を務めてきた総合人間学部と人間・環境学研究科の広報誌『総人・人環フォーラム』第37号〜第41号に5年間にわたって連載された原稿に基づいています。単行本化にあたって、それぞれの執筆者には最新の研究成果を盛り込む形での、大幅な加筆修正をお願いしました。また、京都大学学術出版会の嘉山範子様からは単行本化にあたって種々のアドバイスとともに大きなサポートをいただきました。あらためて感謝を申し上げます。

2024年4月21日
細見 和之

索　引

＊本文中に登場する表記と索引項目名とが必ずしも一致していないものもある。

執筆者一覧（掲載順）

＊所属先が人間・環境学研究科の場合は、「京都大学大学院」の記載を省略した。

細見 和之（ほそみ・かずゆき）［編者］ 序章、Column IV、座談会への追記
人間・環境学研究科 人間・社会・思想講座教授。専門はドイツ思想、比較文学。主著に『フランクフルト学派』（中公新書、2014年）。

阪上 雅昭（さかがみ・まさあき） 第1章
人間・環境学研究科 名誉教授。専門は物理学。主著に「変分オートエンコーダーを用いた乳幼児期の語彙発達過程の探索」（萩原広道、水谷天智、山本寛樹、阪上雅昭［共著］）『認知科学』30巻4号、2023年。

小木曽 哲（こぎそ・てつ） 第2章
人間・環境学研究科 地球・生命環境講座 教授。専門は岩石学・地球化学。主著に“Detecting micrometer-scale platinum-group minerals in mantle peridotite with microbeam synchrotron radiation X-ray fluorescence analysis”（*Geochemistry, Geophysics, Geosystems* vol.9, 2008）。

石川 尚人（いしかわ・なおと） 第3章
富山大学都市デザイン学部 地球システム科学科 教授。専門は古地磁気学。主著に“Differential rotations of north Kyushu Island related to middle Miocene CW rotation of SW Japan”（*Journal of Geophysical Research*, vol. 102, 1997）。

篠原 資明（しのはら・もとあき） 第4章
人間・環境学研究科 名誉教授。専門はあいだ哲学。主著に『あいだ哲学者は語る――どんな問いにも交通論』（晃洋書房、2018年）。

森成 隆夫（もりなり・たかお） Column I
人間・環境学研究科 物質科学講座 教授。専門は物性物理学。主著に『熱・統計力学講義ノート』（サイエンス社、2017年）。

加藤 眞（かとう・まこと） 第5章
人間・環境学研究科 名誉教授。専門は生態学。主著に『日本の渚』（岩波新書、1999年）。

西川 完途（にしかわ・かんと） 第6章
人間・環境学研究科 地球・生命環境講座 教授。専門は動物系統分類学。主著に主著に『学研の図鑑LIVE　爬虫類・両生類』（森哲・西川完途・鈴木大監修、学研、2016年）。

佐藤 博俊（さとう・ひろとし） 第7章

人間・環境学研究科 地球・生命環境講座 助教。専門は菌類系統分類学。主著に“The evolution of ectomycorrhizal symbiosis in the Late Cretaceous is a key driver of explosive diversification in Agaricomycetes”（*New Phytologist* 241, 2024）。

宮下 英明（みやした・ひであき） 第8章

人間・環境学研究科 地球・生命環境 教授。専門は藻類学。主著に“Chlorophyll d as a major pigment”（Hideaki Miyashita et al., *Nature* 383, 1996）。

神川 龍馬（かみかわ・りょうま） 第9章

京都大学大学院農学研究科 応用生物科学専攻海洋微生物学講座 准教授。専門は水圏微生物学。主著に『京大式 へんな生き物の授業』（朝日新書、2021年）。

木下 千花（きのした・ちか） 第10章

人間・環境学研究科 芸術文化講座 教授。専門は日本映画史、表象文化論。主著に『溝口健二論——映画の美学と政治学』（法政大学出版局、2016年）。

阪口 翔太（さかぐち・しょうた） Column II

人間・環境学研究科 地球・生命環境講座 助教。専門は植物系統進化学。主著に『日本における森林樹木の遺伝的多様性と地理的遺伝構造』（戸丸信弘・内山憲太郎・玉木一郎・阪口翔太編、ミドリ出版、2022年）。

小村 豊（こむら・ゆたか） 第11章

人間・環境学研究科 認知・行動・健康科学講座 教授。専門はシステム脳科学、生命知能学。主著に「予測する脳が生み出す知覚世界」（共著、『臨床精神医学』48(12)、2019）。

林 達也（はやし・たつや） 第12章

人間・環境学研究科 認知・行動・健康科学講座 教授。専門は健康科学・内科学（糖尿病・内分泌代謝学）・骨格筋代謝とその制御機構・生活習慣病の運動療法など。主著に“Evidence for 5'AMP-activated protein kinase mediation of the effect of muscle contraction on glucose transport”（*Diabetes* 47 (8), 1998）。

藤田 耕司（ふじた・こうじ） 第13章

人間・環境学研究科 名誉教授。専門は進化言語学・生物言語学。主著に *Advances in Biolinguistics: The Human Language Faculty and Its Biological Basis*（co-editor, with C. Boeckx, Routledge, 2016）。

青山 拓央（あおやま・たくお） 第14章

人間・環境学研究科 人間・社会・思想講座 教授。専門は哲学。主著に『時間と自由意志——自由は存在するか』（筑摩書房、2016）。

小倉 紀蔵（おぐら・きぞう） 第15章

人間・環境学研究科 東アジア文明講座 教授。専門は東アジア哲学。主著に『朱子学化する日本近代』（藤原書店、2012年）。

船曳 康子（ふなびき・やすこ） Column III

人間・環境学研究科 認知・行動・健康科学講座 教授。専門は児童精神医学。主著に“Development of a multi-dimensional scale for PDD and ADHD”（Funabiki Y, Kawagishi H, Uwatoko T, Yoshimura S, Murai T., *Research in Developmental Disabilities* 32(3), 2011）。

鵜飼 大介（うかい・だいすけ） 第16章

人間・環境学研究科 共生世界講座 助教。専門は社会学、メディア史。主著に『文字の比較社会学』（人文書院、近刊）。

合田 昌史（ごうだ・まさふみ） 第17章

人間・環境学研究科 名誉教授。専門は近世ポルトガル史。主著に『大航海時代の群像――エンリケ・ガマ・マゼラン』（山川出版社、2021年）。

武田 宙也（たけだ・ひろなり） 第18章

人間・環境学研究科 芸術文化講座 准教授。専門は美学・芸術学。主著に『フーコーの美学――生と芸術のあいだで』（人文書院、2014年）。

戸田 剛文（とだ・たけふみ） 第19章

人間・環境学研究科 人間・社会・思想講座 教授。専門は哲学。主著にトマス・リード著『人間の知的能力に関する試論』（翻訳、上・下、岩波文庫、2022-2023年）。

中嶋 節子（なかじま・せつこ） 第20章

人間・環境学研究科 文化・地域環境講座 教授。専門は都市史・建築史。主著に『近代日本の歴史都市』（共著、思文閣、2013年）。

安部　浩（あべ・ひろし） 第21章

人間・環境学研究科 人間・社会・思想講座 教授。専門は哲学。主著に*Environmental Philosophy and East Asia. Nature, Time, Responsibility*（co-editor, with M. Fritsch and M. Wenning, Routledge, 2022）。

岡　真理（おか・まり） 第22章

早稲田大学文学学術院 教授。専門は現代アラブ文学。主著に『ガザに地下鉄が走る日』（みすず書房、2018年）。

髙木 紀明（たかぎ・のりあき） 第23章

人間・環境学研究科 物質科学講座 教授。専門は表面科学。主著に“Single Molecule Quantum Dot as a Kondo Simulator” (R. Hiraoka, E. Minamitani, R. Arafune, N. Tsukahara, M. Kawai, N. Takagi, *Nature Communications* 8, 2017)。

萩生 翔大（はぎお・しょうた） 第24章

人間・環境学研究科 認知・行動・健康科学講座 准教授。専門は運動制御学。主著に“Muscle synergies of multidirectional postural control in astronauts on Earth after a longterm stay in space” (Hagio S et al., *Journal of Neurophysiology* 127(5), 2022).

石村 豊穂（いしむら・とよほ） 第25章

人間・環境学研究科 地球・生命環境講座 教授。専門は微古生物学・地球化学。主著に「極微量炭酸塩の高精度安定同位体比分析の実現――ナノグラム領域の新たな環境解析」（『地球化学』55巻3号、2021年）。

浅野 耕太（あさの・こうた） Column V

人間・環境学研究科 共生世界講座 教授。専門は環境経済学。主著に『政策研究のための統計分析』（ミネルヴァ書房、2012年）。

学問で平和はつくれるか？

2024年6月5日　初版第一刷発行

編　著　京都大学大学院
人間・環境学研究科

発行人　足　立　芳　宏

京都大学学術出版会
京都市左京区吉田近衛町69番地
京都大学吉田南構内（〒606-8315）
電　話（075）761-6182
FAX（075）761-6190
Home page http://www.kyoto-up.or.jp
振　替　01000-8-64677

ISBN978-4-8140-0520-8
Printed in Japan

装幀・ブックデザイン　上野かおる
印刷・製本　亜細亜印刷株式会社
定価はカバーに表示してあります